MARCELO HUGO DA ROCHA
Coordenação

PRÁTICA
TRABALHISTA

MARCELO HUGO DA ROCHA
Coordenação

DOUGLAS CAETANO
FAGNER SANDES

PRÁTICA
TRABALHISTA

9ª edição
2025

- Os autores deste livro e a editora empenharam seus melhores esforços para assegurar que as informações e os procedimentos apresentados no texto estejam em acordo com os padrões aceitos à época da publicação, e todos os dados foram atualizados pelos autores até a data de fechamento do livro. Entretanto, tendo em conta a evolução das ciências, as atualizações legislativas, as mudanças regulamentares governamentais e o constante fluxo de novas informações sobre os temas que constam do livro, recomendamos enfaticamente que os leitores consultem sempre outras fontes fidedignas, de modo a se certificarem de que as informações contidas no texto estão corretas e de que não houve alterações nas recomendações ou na legislação regulamentadora.

- Data do fechamento do livro: 18/12/2024

- Os autores e a editora se empenharam para citar adequadamente e dar o devido crédito a todos os detentores de direitos autorais de qualquer material utilizado neste livro, dispondo-se a possíveis acertos posteriores caso, inadvertida e involuntariamente, a identificação de algum deles tenha sido omitida.

- Direitos exclusivos para a língua portuguesa
  Copyright ©2025 by
  Saraiva Jur, um selo da SRV Editora Ltda.
  Uma editora integrante do GEN | Grupo Editorial Nacional
  Travessa do Ouvidor, 11
  Rio de Janeiro – RJ – 20040-040

- **Atendimento ao cliente: https://www.editoradodireito.com.br/contato**

- Reservados todos os direitos. É proibida a duplicação ou reprodução deste volume, no todo ou em parte, em quaisquer formas ou por quaisquer meios (eletrônico, mecânico, gravação, fotocópia, distribuição pela Internet ou outros), sem permissão, por escrito, da SRV Editora Ltda.

- Capa: Tiago Dela Rosa

DADOS INTERNACIONAIS DE CATALOGAÇÃO NA PUBLICAÇÃO (CIP)
DE ACORDO COM ISBD
ELABORADO POR ODILIO HILARIO MOREIRA JUNIOR – CRB-8/9949

C128p   Caetano, Douglas
Passe na OAB 2ª fase – completaço® – prática trabalhista / Douglas Caetano, Fagner Sandes ; coordenado por Marcelo Hugo da Rocha. – 9. ed. – São Paulo : Saraiva Jur, 2025.

408 p. – (Passe na OAB 2ª fase – Completaço®)
ISBN: 978-85-5362-727-1 (Impresso)

1. Direito. 2. OAB. 3. Exame de ordem. 4. Prática trabalhista. I. Sandes, Fagner. II. Rocha, Marcelo Hugo da. III. Título. IV. Série.

	CDD 340
2024-4059	CDU 34

Índice para catálogo sistemático:
1. Direito 340
2. Direito 34

Dedico esta obra à minha amada filha, Giovana,
aos meus queridos pais, Cleide e Caetano (*in memoriam*), que,
com muita luta, me proporcionaram a maior herança
que um pai pode deixar para um filho, o estudo;
às minhas irmãs, Camila e Ana Paula, que me apoiam incondicionalmente.
Ao meu Tio, colega de profissão e grande amigo,
Dr. Douglas Gianoti, que sempre serviu como minha fonte de inspiração,
não só no mundo do Direito, mas também na vida.
À minha companheira de todas as horas, minha
amada Yelena, por todo apoio incondicional.
Aos meus milhares de alunos espalhados por todo o Brasil, afinal
eles são responsáveis, diariamente, por tornarem meu sonho realidade.
Sem, contudo, deixar de agradecer a Deus pela minha saúde, o que me
proporcionou a oportunidade de trabalhar na confecção desta obra.
Lembre-se, sua sorte é você quem faz!

Forte Abraço.

Douglas Caetano

Primeiramente agradeço a Deus,
pela generosidade que decorre apenas de sua graça.
À minha esposa, Karolyn, pela paciência e compreensão de sempre durante a
revisão e ampliação desta obra, o que demonstra o amor que nutre por mim.
À minha mãe, Rita, ao meu pai, Valmir, e à minha irmã, Tatiane, pois,
diante de todas as dificuldades que o mundo nos ofertou durante esse árduo
e longo caminho percorrido até aqui, conseguimos superar todos
os desafios com êxito, por meio unicamente do estudo
e sob a graça de Deus, de modo que afirmo a vocês, meus alunos:
é pela educação que a vida das pessoas muda.
Dedico, ainda, aos meus familiares e amigos que, de modo
próximo ou distante, sempre acreditaram em mim, depositando
sua confiança em minha vitória.
Outrossim, aos nossos alunos de 2ª fase da OAB e a todos
os leitores, dedico esta vitoriosa obra que, indubitavelmente,
fará toda a diferença no seu dia a dia.
Acreditem em vocês e muito sucesso!
Abraços.

Fagner Sandes

Sobre os autores

Coordenação
MARCELO HUGO DA ROCHA

Autores
DOUGLAS CAETANO
Advogado. Pós-graduado em Direito e Processo do Trabalho. Professor de Direito e Processo do Trabalho para OAB e concursos públicos. Professor do curso de pós-graduação em Direito e Processo do Trabalho da Escola do Legislativo Professor Wilson Brandão (Teresina). Professor do curso de pós-graduação em Direito e Processo do Trabalho da Faculdade Evolutivo (Fortaleza). Autor de livros jurídicos e para concursos.

FAGNER SANDES
Advogado no Brasil e em Portugal. Mestre em Direito (Estado, Constituição e Cidadania) pela Universidade Gama Filho. Pós-graduado em Direito e Processo do Trabalho. Professor Universitário Licenciado da FACHA/RJ. Fundador do programa de pós-graduação em Advocacia Trabalhista na Prática da Escola de Direito Hélio Alonso (FACHA). Foi Professor da Universidade Santa Úrsula/RJ e da Faculdade Lusófona/RJ. Professor do Centro de Estudos Jurídicos da Faculdade Unyleya. Professor de cursos de pós-graduação da Universidade Santa Úrsula, da Universidade Candido Mendes, da Faculdade Unyleya, da UNIVEM, do Instituto Nêmesis, do Curso Tríade, do CBEPJUR, da FACHA, da PUCPR e da UniEvangélica. Professor na Faculdade Vitória em Cristo. Professor na Faculdade Legale. Professor da Escola Superior de Advocacia da OAB. Membro da Comissão de Direito Econômico da OAB, Seccional Rio de Janeiro. Ex-membro do IBDESC e associado à Abrinter. Ex-Presidente da Comissão de Direito do Trabalho Internacional do IBDESC. Membro e Relator do Instituto Brasileiro de Direito e Religião. Professor de cursos preparatórios para concursos e OAB. Autor de livros jurídicos e para concursos. Consultor. Conferencista (Brasil/Portugal). Parecerista. Fundador do Instituto Gênesis. Foi Presidente da Comissão de Direito Constitucional e Estudos Comparados da ABA/RJ. Foi Presidente da Comissão de Direito Constitucional da 1ª Subseção da OAB (Nova Iguaçu/RJ). Foi Vice-Presidente da Comissão de Garantismo Jurídico Processual da OAB/RJ. Foi membro de diversas comissões da OAB. Foi Diretor da Escola Superior de Advocacia da OAB de Duque de Caxias/RJ. Diretor Acadêmico do Instituto Europeu de Pesquisa em Direito – IEPD, com sede em Portugal.

Nota da coordenação

A coleção **Passe na OAB 2ª Fase** com sete volumes, um para cada disciplina optativa, nasceu na primeira série "**Questões & Peças Comentadas**", lançada em 2011. Nesse período, foi lançada outra série para completar a preparação: "**Teoria & Modelos**". Então, em 2017, lançamos a primeira edição do **Passe na OAB 2ª Fase – Completaço**®, que reunia a experiência de ambas as abordagens das séries anteriores num único livro para cada disciplina.

Com o tempo, reunimos novas ferramentas para seguir pelo caminho mais rápido para aprovação na OAB. Incluímos roteiros passo a passo, súmulas selecionadas, cronograma de estudos, quadro de incidência de peças e vídeos, além de melhorias na apresentação do conteúdo com quadros, esquemas e uma diagramação mais amigável e didática. A experiência dos autores, todos professores reconhecidos, também está presente no livro que você tem em mãos e no conteúdo *online* disponível por meio do acesso ao *QR Code* ao longo da obra. Você encontrará mais questões dissertativas comentadas, peças processuais exemplificadas e vídeo. O cronograma de estudos para 40 dias de preparação e as súmulas selecionadas também estão disponíveis para acessar de forma *online*, incluindo novas atualizações dos autores. É por isso que escolhemos "Completaço" como título para esta coleção: o conteúdo é mais que completo, é Completaço!

Bons estudos e ótima aprovação!

Marcelo Hugo da Rocha
@profmarcelohugo

Apresentação

Olá, amigo(a), tudo bem?

Estamos aqui, juntos, para apresentar a você a nova edição da nossa obra, que o(a) ajudará na aprovação do Exame de Ordem. Trata-se de livro *Passe na OAB 2ª fase – Completaço® – Prática Trabalhista*.

Você que, na hora da inscrição, escolheu direito do trabalho terá à sua disposição um livro completo para ser aprovado(a) na OAB, pois preparamos um verdadeiro "mapa da mina" da aprovação nessa disciplina.

Qual é o conteúdo do livro que o faz tão completo?

Você irá encontrar nas próximas páginas um livro que contém:

1. teoria de direito do trabalho;
2. teoria de direito processual do trabalho;
3. cronograma de estudos (conteúdo digital);
4. resoluções de peças já cobradas nos exames anteriores da OAB, incluindo os mais recentes exames, bem como peças decorrentes de questões simuladas;
5. questões discursivas já cobradas e com o gabarito, em direito do trabalho;
6. questões discursivas já cobradas e com o gabarito, em direito processual do trabalho;
7. todas as questões estão atualizadas com a Reforma Trabalhista e leis posteriores que tenham alterado o texto perene da CLT, além da jurisprudência pertinente e aplicável a cada caso.

Você verá que o material foi redigido em linguagem simples e direta, pois entendemos que você deve otimizar o seu tempo e estudo, valendo-se de um único material – direto e completo – para acertar as quatro questões discursivas e a peça processual.

Então, não tenha dúvida, é esta obra que fará de você nosso(a) colega de profissão, pois ela foi elaborada por dois advogados que lecionam para a preparação para o Exame de Ordem há anos e atuam na seara trabalhista todos os dias, elaborando peças, realizando audiências e sessões nos tribunais, despachando com juízes, desembargadores e ministros, ou seja, nossa experiência prática, somada à teórica, faz desta obra algo ímpar para sua aprovação.

A sua expectativa é que o livro possa auxiliá-lo(a). A nossa é que a obra, com o seu estudo diuturno, irá aprová-lo(a) e servir como consulta no seu cotidiano.

Esperamos muito que este livro o(a) ajude e que você seja aprovado(a) no Exame de Ordem.

Conte conosco, sempre!

Forte abraço dos Professores

Douglas Caetano e Fagner Sandes

Sumário

Sobre os autores VII
Nota da coordenação IX
Apresentação XI
Quadro de incidência de peças XXXI
Cronograma de estudos XXXIII

Parte I – Teoria... 1
1. Teoria de direito do trabalho 1
   1.1. Definição.. 1
   1.2. Divisão do direito do trabalho 1
   1.3. Fontes do direito do trabalho... 1
      1.3.1. Hierarquia das fontes formais 2
   1.4. Princípios... 2
      1.4.1. Princípio da irrenunciabilidade de direito 2
      1.4.2. Princípio da continuidade da relação de emprego........................... 3
      1.4.3. Princípio da primazia da realidade 3
      1.4.4. Princípio da proteção 4
      1.4.5. Princípio da inalterabilidade contratual lesiva................................. 4
      1.4.6. Princípio da aplicação subsidiária do direito comum 5
   1.5. Relação de emprego 5
      1.5.1. Empregado.. 5
      1.5.2. Carteira de Trabalho e Previdência Social... 6
      1.5.3. Outros tipos de empregados... 7
         1.5.3.1. Teletrabalhador 7
         1.5.3.2. Empregado rural – Lei n. 5.889/73 e Decreto n. 73.626/74 9
         1.5.3.3. Empregado público.. 10
         1.5.3.4. Empregado doméstico... 10
         1.5.3.5. Empregado aprendiz.. 14
   1.6. Trabalhador em sentido amplo.. 16
      1.6.1. Trabalhador autônomo 16
      1.6.2. Trabalhador eventual.. 16
      1.6.3. Trabalhador avulso.. 17
      1.6.4. Trabalhador voluntário – Lei n. 9.608/98... 17

	1.6.5.	Estagiário – Lei n. 11.788/2008	18
	1.6.6.	Trabalhador temporário – Lei n. 6.019/74	19
	1.6.7.	Trabalhador terceirizado – Lei n. 6.019/74	20
		1.6.7.1. Terceirização na Administração Pública e a Súmula 331 do TST.	21
	1.6.8.	Entidades religiosas e seus membros	23
1.7.	Empregador		23
	1.7.1.	Poderes do empregador	23
	1.7.2.	Grupo econômico	24
		1.7.2.1. Responsabilidade solidária passiva	24
		1.7.2.2. Responsabilidade solidária ativa	25
1.8.	Sucessão trabalhista		25
	1.8.1.	Efeitos	25
	1.8.2.	Requisitos	26
	1.8.3.	Sucessão nos casos concretos	26
		1.8.3.1. Sucessão de empresa integrante de grupo econômico	26
		1.8.3.2. Sucessão na falência ou recuperação judicial	26
		1.8.3.3. Sucessão entre entes de direito público	26
		1.8.3.4. Sucessão na privatização	26
1.9.	Contrato de trabalho		26
	1.9.1.	Elementos essenciais	27
	1.9.2.	Trabalho ilícito x trabalho proibido	27
	1.9.3.	Classificação quanto ao prazo	27
	1.9.4.	Do contrato de trabalho intermitente	28
	1.9.5.	Suspensão e interrupção do contrato de trabalho	29
		1.9.5.1. Suspensão	29
		1.9.5.2. Interrupção	29
	1.9.6.	Alteração do contrato de trabalho	29
		1.9.6.1. Regra geral	29
		1.9.6.2. Requisitos para alteração válida	30
		1.9.6.3. *Jus variandi*	30
		1.9.6.4. Alteração de função	30
		1.9.6.5. Alteração da duração do trabalho	30
		1.9.6.6. Alteração do salário	31
		1.9.6.7. Transferência do empregado	31
		1.9.6.7.1. Regra geral	31
		1.9.6.7.2. Exceções	31
		1.9.6.7.3. Adicional de transferência	31
		1.9.6.7.4. Despesas decorrentes da transferência	32
		1.9.6.7.5. Transferência vedada por lei	32

1.10.	Jornada de trabalho	32
	1.10.1. Sobreaviso e prontidão	32
	1.10.2. Tempo residual à disposição do empregador	32
	1.10.3. Hora *in itinere*	33
	1.10.4. Controle da jornada de trabalho	33
	1.10.4.1. Jornada controlada	33
	1.10.4.2. Jornada não controlada	34
	1.10.5. Limitação da jornada de trabalho	34
	1.10.5.1. Jornada reduzida de trabalho	34
	1.10.6. Trabalho sob o regime de tempo parcial	35
	1.10.7. Horas extras	35
	1.10.7.1. Horas extras nas atividades insalubres	35
	1.10.7.2. Horas extras por necessidade imperiosa	36
	1.10.7.3. Supressão das horas extras habituais	36
	1.10.7.4. Acordo de compensação individual	36
	1.10.7.5. Banco de horas	37
	1.10.7.6. Semana espanhola	37
	1.10.8. Trabalho noturno	37
	1.10.8.1. Características	37
	1.10.8.2. Jornada mista ou prorrogada	38
	1.10.9. Intervalos	38
	1.10.9.1. Intervalo intrajornada	38
	1.10.9.2. Intervalo interjornada	38
	1.10.9.3. Descanso semanal remunerado (DSR)	38
	1.10.9.3.1. Características	39
	1.10.10. Férias	39
	1.10.10.1. Período aquisitivo	39
	1.10.10.2. Período concessivo	39
	1.10.10.3. Aviso das férias	39
	1.10.10.4. Férias dos membros de uma mesma família	39
	1.10.10.5. Prazo das férias	39
	1.10.10.6. Perda do direito às férias (art. 133 da CLT)	40
	1.10.10.7. Remuneração das férias	40
	1.10.10.8. Férias coletivas	40
	1.10.10.9. Abono pecuniário	41
	1.10.10.10. Fracionamento das férias	41
1.11.	Jornada especial de 12x36	41
1.12.	Prescrição	41
	1.12.1. Contagem do prazo	42

1.12.2.	Início e término da contagem do prazo	42
1.12.3.	Causas impeditivas da prescrição	42
1.12.4.	Causas suspensivas da prescrição	42
1.12.5.	Causa de interrupção da prescrição	43
1.12.6.	Prescrição total e parcial	43
1.12.7.	Prescrição do FGTS	44
1.13. Salário e remuneração		45
1.13.1.	Salário	45
1.13.2.	Remuneração	45
1.13.3.	Gorjetas	45
1.13.4.	Parcelas salariais	46
1.13.5.	Parcelas não salariais	46
1.13.6.	Meios de pagamento de salário	47
1.13.6.1.	Pagamento feito em dinheiro	47
1.13.6.2.	Pagamento em cheque ou depósito bancário	47
1.13.6.3.	Salário-utilidade/Salário *in natura*	48
1.13.7.	Regras de proteção ao salário	48
1.13.8.	Equiparação salarial	49
1.13.9.	Salário-substituição	50
1.13.10.	Atividades insalubres	50
1.13.10.1.	Perícia	50
1.13.10.2.	Graduação do adicional	51
1.13.10.3.	Base de cálculo	51
1.13.10.4.	Parcela condicional	51
1.13.11.	Atividades perigosas	51
1.13.11.1.	Adicional e base de cálculo	51
1.13.11.2.	Exposição intermitente e eventual	52
1.13.11.3.	Comissões	52
1.14. Aviso prévio		53
1.14.1.	Lei n. 12.506/2011	53
1.14.2.	Aviso prévio concedido pelo empregador	53
1.14.3.	Aviso prévio concedido pelo empregado	54
1.14.4.	Aviso prévio x garantias de emprego	54
1.15. Estabilidade		55
1.15.1.	Tipos de estabilidade	55
1.16. FGTS – Lei n. 8.036/90		58
1.16.1.	Obrigação do recolhimento	58
1.16.2.	Alíquotas	58
1.16.3.	Prazo para recolhimento	59

	1.16.4.	Afastamentos	59
	1.16.5.	Aposentadoria espontânea	59
1.17.	Proteção do trabalho do menor		60
	1.17.1.	Trabalho proibido ao menor	60
	1.17.2.	Limites à duração do trabalho do menor	60
	1.17.3.	Prescrição	60
1.18.	Proteção do trabalho da mulher		60
	1.18.1.	Limites ao carregamento de peso	60
	1.18.2.	Proteção à maternidade	60
	1.18.3.	Licença-maternidade	60
	1.18.4.	Direitos assegurados ao adotante	61
	1.18.5.	Rompimento contratual por recomendação médica	62
	1.18.6.	Trabalho insalubre	62
	1.18.7.	Intervalos para amamentação	62
	1.18.8.	Creches	62
1.19.	Extinção do contrato de trabalho		63
	1.19.1.	Justa causa	63
		1.19.1.1. Princípios da justa causa	63
		1.19.1.2. Faltas graves	64
		1.19.1.3. Faltas graves fora do art. 482 da CLT	66
		1.19.1.4. Verbas rescisórias	67
	1.19.2.	Rescisão indireta	67
		1.19.2.1. Verbas rescisórias e demais direitos	68
	1.19.3.	Pedido de demissão	68
		1.19.3.1. Verbas rescisórias	68
	1.19.4.	Dispensa sem justa causa	69
		1.19.4.1. Verbas rescisórias e direitos	69
	1.19.5.	Culpa recíproca	69
	1.19.6.	Distrato	69
		1.19.6.1. Verbas rescisórias	69
	1.19.7.	Fato do príncipe	70
		1.19.7.1. Verbas rescisórias	70
	1.19.8.	Da rescisão do contrato por força maior	70
		1.19.8.1. Das verbas rescisórias	70
	1.19.9.	Prazo para quitação das verbas rescisórias	70
	1.19.10.	Da homologação da extinção do contrato	71
	1.19.11.	Da forma de pagamento das verbas rescisórias	71
		1.19.11.1. Procedimento para requerimento do seguro-desemprego e movimentação do FGTS	71

	1.19.12. Da assistência na rescisão do contrato de trabalho	71
	1.19.13. Da dispensa coletiva	71
	1.19.14. Efeitos da quitação por meio do PDV	72
1.20.	Do dano extrapatrimonial	72
1.21.	Direito de greve – Lei n. 7.783/89	73
	1.21.1. Efeitos sobre o contrato de trabalho	73
	1.21.2. Greve abusiva	73
	1.21.3. Greve em atividades essenciais	74
1.22.	Direito coletivo	75
	1.22.1. Liberdade sindical ou livre associação	75
	1.22.2. Sindicato	75
	1.22.3. Unicidade sindical	75
	1.22.4. Registro do sindicato perante órgão competente	75
	1.22.5. Categoria profissional, econômica e diferenciada	75
	1.22.6. Base territorial mínima de atuação sindical	76
	1.22.7. Atribuições e prerrogativas dos sindicatos	76
	1.22.8. Convenção coletiva x Acordo coletivo	77
	1.22.9. Duração dos efeitos da norma coletiva	77
	1.22.10. Limites da norma coletiva	77
	1.22.11. Acordado (negociado) x legislado	77
1.23.	Comissão de Conciliação Prévia	78
2. Teoria de direito processual do trabalho		79
2.1.	Princípios	79
	2.1.1. Princípio do *jus postulandi*	79
	2.1.2. Princípio da conciliação ou conciliatório	79
	2.1.3. Princípio da irrecorribilidade imediata das decisões interlocutórias .	80
	2.1.4. Princípio da normatização coletiva	80
	2.1.5. Princípio da oralidade	81
	2.1.6. Princípio da celeridade	81
	2.1.7. Princípio da concentração	81
	2.1.8. Princípios da subsidiariedade e supletividade	81
	2.1.9. Princípio da imediação ou imediatidade	82
	2.1.10. Princípio da busca da verdade real	82
	2.1.11. Princípio da ultrapetição ou extrapetição	82
	2.1.12. Princípio da *non reformatio in pejus*	82
	2.1.13. Princípio da publicidade	83
2.2.	Competência da Justiça do Trabalho	83
	2.2.1. Definição	83
	2.2.1.1. Relação de trabalho e relação de emprego	83

		2.2.1.2.	Complementação de aposentadoria	83
		2.2.1.3.	Entes de direito público externo e organismos internacionais..	84
		2.2.1.4.	Servidores públicos e trabalhadores de cartórios extrajudiciais...	84
		2.2.1.5.	Conflito envolvendo entes sindicais	85
		2.2.1.6.	Ações constitucionais de defesa	85
		2.2.1.7.	Danos morais e materiais	85
		2.2.1.8.	Ações possessórias	86
		2.2.1.9.	Greve	86
		2.2.1.10.	Execução das contribuições sociais e fiscais	86
		2.2.1.11.	Penalidades administrativas impostas pelos órgãos de fiscalização do trabalho	87
		2.2.1.12.	Ações de cobranças de profissionais liberais	87
		2.2.1.13.	Homologação de acordo extrajudicial	87
	2.2.2.	Competência em razão do lugar	87
	2.2.3.	Conflito de competência	88
2.3.	Partes e procuradores	89
2.4.	Assistência judiciária, gratuidade de justiça e isenção	90
2.5.	Processo judiciário do trabalho	91
	2.5.1.	Da distribuição e do distribuidor	92
	2.5.2.	Prazos processuais	92
		2.5.2.1.	Contagem dos prazos	92
		2.5.2.2.	Prazos para as pessoas jurídicas de direito público	93
		2.5.2.3.	Suspensão e interrupção dos prazos	93
	2.5.3.	Comunicação dos atos processuais	94
2.6.	Despesas processuais	95
	2.6.1.	Custas	95
	2.6.2.	Honorários periciais	95
	2.6.3.	Honorários advocatícios	96
	2.6.4.	Honorários do intérprete	97
2.7.	Certidão negativa de débitos trabalhistas	97
2.8.	Nulidades no processo do trabalho	97
	2.8.1.	Conceito	97
	2.8.2.	Princípios das nulidades	98
		2.8.2.1.	Instrumentalidade das formas ou finalidade	98
		2.8.2.2.	Prejuízo ou transcendência	98
		2.8.2.3.	Convalidação ou preclusão	98
		2.8.2.4.	Interesse ou interesse de agir	98
		2.8.2.5.	Utilidade ou aproveitamento dos atos processuais praticados	98

		2.8.2.6.	Renovação dos atos processuais viciados ou saneamento das nulidades	99
2.9.	Dissídio individual			99
	2.9.1.	Da ação (reclamação) trabalhista		99
		2.9.1.1.	Forma da reclamação e requisitos. Petição inicial	99
		2.9.1.2.	Tutela de urgência	99
		2.9.1.3.	Emenda e aditamento da petição inicial	100
		2.9.1.4.	Indeferimento da petição inicial	101
	2.9.2.	Elementos da ação		101
2.10.	Procedimentos			102
	2.10.1.	Procedimento ordinário		102
	2.10.2.	Procedimento sumário		103
	2.10.3.	Procedimento sumaríssimo		103
2.11.	Audiência			105
	2.11.1.	Aspectos preliminares		105
	2.11.2.	Desenvolvimento		106
		2.11.2.1.	Presença das partes e substituição	106
		2.11.2.2.	Ausência das partes	107
		2.11.2.3.	Tentativa de conciliação e oferecimento de resposta	108
		2.11.2.4.	Instrução processual e adiamento da audiência	108
		2.11.2.5.	Trâmites finais	109
	2.11.3.	Respostas do reclamado		110
		2.11.3.1.	Prescrição e decadência	110
		2.11.3.2.	Compensação, retenção e dedução	111
		2.11.3.3.	Reconvenção	111
2.12.	Provas no processo do trabalho			112
	2.12.1.	Definição, finalidade e objeto da prova		112
	2.12.2.	Ônus da prova		112
	2.12.3.	Princípios norteadores		113
		2.12.3.1.	Princípio do contraditório e da ampla defesa	113
		2.12.3.2.	Princípio da necessidade da prova	113
		2.12.3.3.	Princípio da unidade da prova	114
		2.12.3.4.	Princípio do livre convencimento ou persuasão racional ..	114
		2.12.3.5.	Princípio da imediação	114
		2.12.3.6.	Princípio da aquisição processual	114
		2.12.3.7.	Princípio da isonomia probatória	114
		2.12.3.8.	Princípio do inquisitivo ou inquisitorial	114
	2.12.4.	Meios de prova		115
		2.12.4.1.	Depoimento pessoal e confissão	115

		2.12.4.2. Documentos	116
		2.12.4.3. Perícia	116
		2.12.4.4. Testemunha	117
2.13.	Sentença nos dissídios individuais		119
	2.13.1.	Breves considerações	119
	2.13.2.	Requisitos essenciais e complementares	119
	2.13.3.	Intimação da União e acordo após o trânsito em julgado	120
	2.13.4.	Correção de erros materiais	120
	2.13.5.	Intimação da decisão	120
	2.13.6.	Da responsabilidade por dano processual	121
2.14.	Recursos no processo do trabalho		121
	2.14.1.	Conceito	121
	2.14.2.	Princípios	121
		2.14.2.1. Duplo grau de jurisdição	121
		2.14.2.2. Taxatividade	122
		2.14.2.3. Voluntariedade	122
		2.14.2.3.1. Duplo grau de jurisdição obrigatório ou reexame necessário	122
		2.14.2.4. Unirrecorribilidade ou singularidade	123
		2.14.2.5. Fungibilidade ou conversibilidade	123
	2.14.3.	Efeitos dos recursos	124
		2.14.3.1. Efeito devolutivo	124
		2.14.3.2. Efeito suspensivo	125
		2.14.3.3. Efeito substitutivo	125
		2.14.3.4. Efeito translativo	125
		2.14.3.5. Efeito regressivo	126
	2.14.4.	Pressupostos de admissibilidade	126
		2.14.4.1. Pressupostos intrínsecos ou subjetivos	126
		2.14.4.1.1. Legitimidade	126
		2.14.4.1.2. Capacidade	126
		2.14.4.1.3. Interesse	126
		2.14.4.2. Pressupostos extrínsecos ou objetivos	127
		2.14.4.2.1. Recorribilidade do ato	127
		2.14.4.2.2. Adequação	127
		2.14.4.2.3. Tempestividade	127
		2.14.4.2.4. Regularidade na representação processual	128
		2.14.4.2.5. Preparo	128
	2.14.5.	Recursos em espécie	131

     2.14.5.1. Recursos de revista com idêntico fundamento de direito (recurso repetitivo) 131
     2.14.5.2. Embargos no TST 132
     2.14.5.3. Recurso adesivo 132
     2.14.5.4. Recurso extraordinário 133
2.15. Liquidação de sentença 133
  2.15.1. Conceito e finalidade da liquidação 133
  2.15.2. Tramitação da liquidação da sentença 134
  2.15.3. Da impugnação a liquidação trabalhista 135
2.16. Execução 135
  2.16.1. Definição 135
     2.16.1.1. Princípios da execução 135
        2.16.1.1.1. Princípio da igualdade de tratamento 135
        2.16.1.1.2. Princípio da natureza real da execução 136
        2.16.1.1.3. Princípio da limitação expropriatória 136
        2.16.1.1.4. Princípio do exato adimplemento ou efetividade 136
        2.16.1.1.5. Princípio da utilidade ao credor 137
        2.16.1.1.6. Princípio da não prejudicialidade do devedor 137
        2.16.1.1.7. Princípio da primazia do credor trabalhista 137
     2.16.1.2. Legitimidade ativa 137
     2.16.1.3. Legitimidade passiva 137
        2.16.1.3.1. Desconsideração da personalidade jurídica 138
     2.16.1.4. Competência 139
  2.16.2. Títulos executivos 139
  2.16.3. Execução provisória e definitiva 140
  2.16.4. Aplicação subsidiária da Lei de Execuções Fiscais 141
  2.16.5. Mandado de citação 141
  2.16.6. Penhora 142
     2.16.6.1. Dos bens penhoráveis e impenhoráveis 143
     2.16.6.2. Da penhora sobre bem de família 143
     2.16.6.3. Execução contra massa falida ou empresa em recuperação judicial 144
  2.16.7. Embargos à execução 145
     2.16.7.1. Embargos à execução na execução por carta precatória 145
     2.16.7.2. Impugnação do exequente 145
     2.16.7.3. Trâmites finais da execução trabalhista 146
        2.16.7.3.1. Da avaliação 147
     2.16.7.4. Remição da execução 148
     2.16.7.5. Execução de prestações sucessivas 148

	2.16.8.	Embargos de terceiro	148
	2.16.9.	Execução contra a Fazenda Pública	148
2.17.	Procedimentos especiais		149
	2.17.1.	Inquérito para apuração de falta grave	149
	2.17.2.	Dissídio coletivo	149
		2.17.2.1. Classificação	150
		2.17.2.1.1. Dissídio coletivo de natureza econômica	150
		2.17.2.2. Dissídio coletivo de natureza jurídica	152
		2.17.2.3. Dissídio coletivo de natureza mista ou híbrida	152
		2.17.2.4. Competência e recursos	152
	2.17.3.	Ação de cumprimento	153
	2.17.4.	Mandado de segurança	153
	2.17.5.	Ação rescisória	153
	2.17.6.	Ação de consignação em pagamento	153
	2.17.7.	Homologação de acordo extrajudicial	153

Parte II – Peças processuais ... 155
1. Petição inicial e defesa do reclamado ... 155

1.1.	Reclamação trabalhista		155
	1.1.1.	Apresentação	155
	1.1.2.	Características e requisitos	155
	1.1.3.	Como identificar a peça	161
	1.1.4.	Aspectos relevantes sobre a reclamação trabalhista	161
		1.1.4.1. Da responsabilidade subsidiária e solidária	161
		1.1.4.1.1. Terceirização	161
		1.1.4.1.2. Trabalho temporário	162
		1.1.4.1.3. Sucessão trabalhista	163
		1.1.4.2. Verbas rescisórias	163
		1.1.4.3. Benefícios na justiça gratuita	166
		1.1.4.4. Rescisão indireta	166
		1.1.4.5. Indenização por danos extrapatrimoniais, materiais, estéticos e pensão vitalícia	167
		1.1.4.6. Tutela provisória	167
	1.1.5.	Questão da peça profissional	169
	1.1.6.	Modelo da peça	172
1.2.	Ação de consignação em pagamento		179
	1.2.1.	Apresentação	179
	1.2.2.	Características e requisitos	179
	1.2.3.	Como identificar a peça	181
	1.2.4.	Questão da peça profissional	181
	1.2.5.	Modelo da peça	183

1.3.	Inquérito judicial para apuração de falta grave			185
	1.3.1.	Apresentação		185
	1.3.2.	Características e requisitos		186
		1.3.2.1.	Prazo para ajuizamento	188
		1.3.2.2.	Procedimento	188
	1.3.3.	Questão da peça profissional		188
	1.3.4.	Modelo da peça		188
1.4.	Ação de cumprimento			189
	1.4.1.	Apresentação		189
	1.4.2.	Características e requisitos		190
	1.4.3.	Questão da peça profissional		192
	1.4.4.	Modelo da peça		192
1.5.	Mandado de segurança			193
	1.5.1.	Apresentação		193
	1.5.2.	Características e requisitos		194
	1.5.3.	Como identificar a peça		195
	1.5.4.	Questão da peça profissional		196
	1.5.5.	Modelo da peça		196
1.6.	Ação rescisória			197
	1.6.1.	Apresentação		197
	1.6.2.	Características e requisitos		197
		1.6.2.1.	Hipóteses de cabimento	199
		1.6.2.2.	Competência e legitimidade	200
		1.6.2.3.	Procedimento e prazo	200
	1.6.3.	Como identificar a peça		201
	1.6.4.	Questão da peça profissional		201
	1.6.5.	Modelo da peça		201
1.7.	Contestação			203
	1.7.1.	Apresentação		203
	1.7.2.	Características e requisitos		203
		1.7.2.1.	Compensação	209
	1.7.3.	Como identificar a peça		209
	1.7.4.	Contestação com reconvenção		209
	1.7.5.	Questões da peça profissional		210
	1.7.6.	Modelo da peça		215
	1.7.7.	Exceção de incompetência		224
	1.7.8.	Questão da peça profissional		224
	1.7.9.	Modelo da peça		224
	1.7.10.	Exceção de suspeição ou impedimento		225

		1.7.10.1.	Apresentação e requisitos	225
	1.7.11.	Questão da peça profissional		226
	1.7.12.	Modelo da peça		227
2.	Recursos e processo de execução			228
	2.1.	Recurso ordinário		228
		2.1.1.	Apresentação	228
		2.1.2.	Requisitos de admissibilidade	228
			2.1.2.1. Cabimento	228
			2.1.2.2. Interesse recursal e legitimidade	230
			2.1.2.3. Tempestividade	231
			2.1.2.4. Preparo	231
		2.1.3.	Procedimento	232
		2.1.4.	Como identificar a peça	232
		2.1.5.	Espécies de vícios atacados por meio do recurso e pedido específico	233
		2.1.6.	Fundamentos mais comuns	234
		2.1.7.	Estrutura da peça	234
			2.1.7.1. Questões da peça profissional	236
		2.1.8.	Modelo da peça	237
		2.1.9.	Contrarrazões do recurso ordinário	242
		2.1.10.	Questão da peça profissional	245
		2.1.11.	Modelo da peça	245
	2.2.	Recurso de embargos de declaração		248
		2.2.1.	Apresentação	248
		2.2.2.	Características e requisitos	248
		2.2.3.	Competência	250
		2.2.4.	Como identificar a peça	251
		2.2.5.	Estrutura da peça	252
		2.2.6.	Questão da peça profissional	252
		2.2.7.	Modelo da peça	253
	2.3.	Recurso de revista		253
		2.3.1.	Apresentação	253
		2.3.2.	Características e requisitos	254
			2.3.2.1. Cabimento	254
			2.3.2.2. Prequestionamento	257
			2.3.2.3. Da transcendência	258
			2.3.2.4. Rito sumaríssimo	259
			2.3.2.5. Efeitos	259
		2.3.3.	Como identificar a peça	260
		2.3.4.	Competência e procedimento	261

	2.3.5.	Estrutura da peça	261
		2.3.5.1. Petição de interposição	262
		2.3.5.2. Petição das razões	262
	2.3.6.	Questão da peça profissional	263
	2.3.7.	Modelo da peça	263
	2.3.8.	Contrarrazões ao recurso de revista	265
2.4.	Recurso de agravo de petição		268
	2.4.1.	Apresentação	268
	2.4.2.	Características e requisitos	268
	2.4.3.	Como identificar a peça	269
	2.4.4.	Competência	269
	2.4.5.	Fundamentos mais comuns	270
	2.4.6.	Estrutura da peça	270
		2.4.6.1. Petição de interposição	270
		2.4.6.2. Petição das razões	271
	2.4.7.	Questão da peça profissional	271
	2.4.8.	Modelo da peça	272
2.5.	Recurso de agravo de instrumento		273
	2.5.1.	Apresentação	273
	2.5.2.	Características e requisitos	274
	2.5.3.	Como identificar a peça	276
	2.5.4.	Competência	276
	2.5.5.	Fundamentos mais comuns	277
	2.5.6.	Estrutura da peça	277
		2.5.6.1. Petição de interposição	278
		2.5.6.2. Petição das razões	278
	2.5.7.	Questão da peça profissional	279
	2.5.8.	Modelo da peça	279
2.6.	Recurso de agravo interno		280
	2.6.1.	Apresentação	280
	2.6.2.	Características e requisitos	280
	2.6.3.	Como identificar a peça	281
	2.6.4.	Competência	281
	2.6.5.	Estrutura da peça	282
		2.6.5.1. Petição de interposição	282
		2.6.5.2. Petição das razões	283
	2.6.6.	Questão da peça profissional	284
	2.6.7.	Modelo da peça	284
2.7.	Embargos no TST		285

	2.7.1.	Embargos infringentes	286
		2.7.1.1. Modelo da peça	286
	2.7.2.	Embargos de divergência	287
		2.7.2.1. Modelo da peça	288
2.8.	Recurso extraordinário		289
	2.8.1.	Apresentação	289
	2.8.2.	Características e requisitos	289
	2.8.3.	Competência e cabimento	290
	2.8.4.	Petição e procedimento	290
	2.8.5.	Identificação da peça	290
	2.8.6.	Estrutura da peça	291
		2.8.6.1. Petição de interposição	291
		2.8.6.2. Petição das razões	291
	2.8.7.	Questão da peça profissional	292
	2.8.8.	Modelo da peça	292
2.9.	Embargos à execução		294
	2.9.1.	Apresentação	294
	2.9.2.	Características e requisitos	294
	2.9.3.	Como identificar a peça	295
	2.9.4.	Competência	295
	2.9.5.	Fundamentos mais comuns	296
	2.9.6.	Estrutura da peça	296
	2.9.7.	Questão da peça profissional	297
	2.9.8.	Modelo da peça	298
2.10.	Exceção de pré-executividade		299
	2.10.1.	Apresentação	299
	2.10.2.	Características e requisitos	300
	2.10.3.	Como identificar a peça	301
	2.10.4.	Competência	301
	2.10.5.	Estrutura da peça	301
	2.10.6.	Questão da peça profissional	302
	2.10.7.	Modelo da peça	303
2.11.	Impugnação à liquidação de sentença		304
	2.11.1.	Apresentação	304
	2.11.2.	Características e requisitos	304
	2.11.3.	Competência	304
	2.11.4.	Identificação da peça	304
	2.11.5.	Estrutura da peça	305
	2.11.6.	Questão da peça profissional	305

2.11.7.	Modelo da peça	305
2.12. Embargos de terceiro		306
2.12.1.	Apresentação	306
2.12.2.	Características e requisitos	307
2.12.3.	Petição inicial e procedimento	307
2.12.4.	Identificação da peça	308
2.12.5.	Estrutura da peça	308
2.12.6.	Questão da peça profissional	309
2.12.7.	Modelo da peça	310
2.13. Execução de título extrajudicial		312
2.13.1.	Apresentação	312
2.13.2.	Características e requisitos	312
2.13.3.	Competência	312
2.13.4.	Petição e procedimento	312
2.13.5.	Como identificar a peça	313
2.13.6.	Estrutura da peça	313
2.13.7.	Questão da peça profissional	314
2.13.8.	Modelo da peça	314

Parte III – Questões discursivas		317
1. Direito do Trabalho		317
1.1.	Princípios do Direito do Trabalho	317
1.2.	Empregado	317
1.3.	Empregador	318
1.4.	Terceirização	319
1.5.	Salário e remuneração	319
1.6.	Contrato de Trabalho. Modalidades. Prazo	326
1.7.	Jornada de trabalho	327
1.8.	Bancário, jornada de trabalho e alteração do contrato de trabalho	329
1.9.	Repouso semanal remunerado	331
1.10.	Férias	331
1.11.	Suspensão e interrupção do contrato	332
1.12.	Acidente de trabalho e FGTS	333
1.13.	Estabilidade provisória	334
1.14.	Término do vínculo de emprego – PDV – Fato do Príncipe	336
1.15.	Greve	338
1.16.	Prescrição	339
1.17.	Direito coletivo do trabalho	340
2. Direito processual do trabalho		341

2.1.	Competência		341
	2.1.1.	Ação possessória. Greve	341
	2.1.2.	Competência. Decisão interlocutória. Recurso ordinário	341
2.2.	Reclamação trabalhista		342
	2.2.1.	Reclamação plúrima. Horas extras	342
	2.2.2.	Reclamação trabalhista. Perempção	343
	2.2.3.	Reclamação trabalhista. Pedido. Insalubridade. Tutela provisória	344
2.3.	Audiência		344
	2.3.1.	Revelia. Confissão. Consequências jurídicas	344
	2.3.2.	Revelia. Preposto. Obrigatoriedade de ser empregado	345
	2.3.3.	Reclamante. Substituição	346
2.4.	Respostas do réu		347
	2.4.1.	Contestação. Preliminar. Terceirização ilícita	347
	2.4.2.	Contestação. Compensação	349
	2.4.3.	Litispendência. Multas. Instrumento normativo	350
	2.4.4.	Poder público. Juros. Responsabilidade subsidiária	350
	2.4.5.	Exceção de incompetência territorial	351
2.5.	Provas		351
	2.5.1.	Prova pericial. Adicional de periculosidade	351
	2.5.2.	Prova testemunhal. Contradita. Substituição	352
	2.5.3.	Ônus da prova	353
	2.5.4.	Intérprete. Despesas processuais	354
2.6.	Sentença		355
	2.6.1.	Dano moral. Juros e correção monetária	355
	2.6.2.	Acordo judicial. Coisa julgada	355
2.7.	Recursos		356
	2.7.1.	Decisão interlocutória. Recurso ordinário	357
	2.7.2.	Embargos de declaração. Preparo	357
	2.7.3.	Recurso de revista. Agravo de instrumento. Embargos de declaração	357
	2.7.4.	Embargos de declaração. Recurso ordinário	357
	2.7.5.	Recurso adesivo. Preparo	358
	2.7.6.	Gratuidade de justiça em sede recursal	359
	2.7.7.	Recurso. Prazo. Preparo	359
	2.7.8.	Recurso. Agravo de instrumento. Prazo	360
	2.7.9.	Recurso de revista. Preclusão. Embargos de declaração. Cabimento	360
	2.7.10.	Reexame necessário. Recurso de revista	361
	2.7.11.	Preparo. Agravo de instrumento	362
2.8.	Execução		363
	2.8.1.	Massa falida	363

		2.8.2.	Reexame necessário. Execução contra a Fazenda Pública. Precatório. RPV....	364
		2.8.3.	Embargos de terceiro	364
		2.8.4.	Execução provisória. Mandado de segurança	365
		2.8.5.	Incidente de Desconsideração da Personalidade Jurídica.............	366
	2.9.	Prescrição...............		366
		2.9.1.	Prescrição. Prevenção............	366
		2.9.2.	Prescrição. Suspensão. Independência de jurisdições............	367
	2.10.	Ações especiais		368
		2.10.1.	Ação de cumprimento.............	368
		2.10.2.	Mandado de segurança. Decisão interlocutória. Recurso ordinário...	368
		2.10.3.	Inquérito judicial para apuração de falta grave.............	369
		2.10.4.	Ação rescisória	369
	2.11.	Banco Nacional de Devedores Trabalhistas. CNDT		370
		2.11.1.	BNDT. CNDT............	370

Súmulas selecionadas............ 371

Referências 373

Quadro de incidência de peças

PEÇAS	EXAMES										
Recurso ordinário	35º	XXXI	XXVI	XXV	XXIV	XXI	XIX	XVI	XV	IX	VII	III
Petição inicial	XXXIV	XXXIII	XXX	XXVII	XXII	XX	XIV	XII	40º			
Contestação	XXXII	XXVIII	XXIII	XVIII	XVII	XI	VIII	VI	V	IV	II	37º
Contestação com reconvenção	XXV											
Embargos de devedor/embargos à execução/embargos à penhora, com citação do art. 884 da CLT OU embargos de terceiro	XIII	39º										
Ação de consignação em pagamento	XXIX	X										
Contrarrazões de recurso ordinário	XX											
Mandado de segurança	36º											
Agravo de petição	38º	41º										

Cronograma de estudos

Acesse o *QR Code* e veja o cronograma de estudos de 40 dias elaborado pelos autores com sugestão do que você pode estudar em cada um dos dias antes da prova.

> https://uqr.to/1yheo

Parte I – Teoria

1. TEORIA DE DIREITO DO TRABALHO

1.1. Definição

Direito do trabalho é um conjunto de normas e princípios que regulamentam as relações individuais e coletivas de trabalho e emprego, buscando em sua essência equiparar os interesses das partes envolvidas nas referidas relações.

A doutrina majoritária considera o direito do trabalho como um ramo do direito privado.

1.2. Divisão do direito do trabalho

O direito do trabalho se divide em individual, que estuda os contratos individuais de trabalho, e coletivo, que cuida da organização dos sindicatos, solução de conflitos, normas coletivas e direito de greve.

1.3. Fontes do direito do trabalho

Fonte significa a origem do direito, de onde vem. No Direito do Trabalho elas são classificadas em:

a) Materiais: são fatores sociais, políticos, econômicos e culturais que ocasionam o surgimento da norma, não geram direitos ou obrigações. Exemplo: no ano de 2020, o mundo sofreu com a pandemia do Coronavírus, que causou o fechamento temporário de algumas empresas, e obrigou o legislador a criar novas normas de direito do trabalho para regulamentar tal situação.

b) Formais: é, propriamente, a exteriorização do direito, por meio de leis, normas coletivas, regulamentos das empresas etc. Geram direitos e obrigações. Elas são classificadas em:

- **Autônomas:** derivam da vontade das partes, sem a intervenção do Estado, por exemplo, as normas coletivas.
- **Heterônomas:** derivam da vontade do Estado, não têm a intervenção das partes (Constituição Federal — CF, Consolidação das Leis do Trabalho — CLT, Leis esparsas).

1.3.1. Hierarquia das fontes formais

No Direito do Trabalho prevalecerá a fonte formal que for mais benéfica ao empregado, independentemente de o conflito ocorrer entre a CF e um acordo coletivo. Nesse caso, o acordo irá prevalecer sobre a CF, desde que seja mais favorável ao empregado. Com efeito, há uma mitigação na hierarquia das fontes.

Dessa maneira, em um conflito entre a Constituição Federal e um acordo coletivo, o referido acordo prevê o valor do adicional de horas extras de 60%, enquanto a CF prevê um adicional de 50%, prevalecerá o acordo, conforme o princípio da norma mais favorável para o empregado.

Ainda nesse sentido, vale destacar que o princípio da norma mais favorável comporta uma exceção, que ocorre quando o conflito é entre um acordo coletivo de trabalho e uma convenção coletiva de trabalho, prevalecendo, **sempre**, a disposição prevista no **acordo coletivo**, mesmo que prejudicial para o empregado, conforme art. 620 da CLT.

1.4. Princípios

Os princípios são a base estrutural do ordenamento jurídico, que dão suporte aos operadores do direito, como juízes, advogados, membros do Ministério Público, e servem de inspiração para o legislador. O Direito do Trabalho, por ser um ramo autônomo do direito, possui seus próprios princípios, que passaremos a estudar a partir de agora.

1.4.1. Princípio da irrenunciabilidade de direito

Este princípio também é chamado de **princípio da indisponibilidade de direitos**. Ele informa que devido à natureza de ordem pública das normas que instituem o Direito do Trabalho (normas cogentes), que não admitem livre estipulação entre as partes, o empregado não pode renunciar seus direitos. Exemplo: o empregado não pode renunciar ao seu salário, não pode renunciar às férias, mesmo mediante uma eventual coação do empregador.

O referido princípio visa proteger o empregado de uma possível coação do empregador para aceitar, por exemplo, a gozar das férias sem receber a respectiva remuneração.

Entretanto, em determinadas situações específicas, o referido princípio comporta exceção, por exemplo, no caso da criação de um novo regulamento sobre a complementação de aposentadoria privada na empresa, em que o empregado escolhe aderir ao novo regulamento renunciando aos direitos previstos no regulamento anterior, levando em consideração que os dois continuarão existindo ao mesmo tempo, conforme dispõe o item II da Súmula 288 do TST.

Outro exemplo de exceção ao princípio da irrenunciabilidade encontra-se na Súmula 276 do TST, que autoriza o empregado renunciar o tempo que resta de aviso prévio durante o cumprimento do aviso concedido pelo empregador e de forma trabalhada, no caso de comprovar a obtenção de um novo emprego, dispensando o empregador do pagamento do tempo restante.

No entanto, advertimos que o art. 444, parágrafo único, da CLT estabelece que a livre estipulação mencionada na cabeça do artigo aplica-se às hipóteses previstas no art. 611-A, com a mesma eficácia legal e preponderância sobre os instrumentos coletivos, no caso de empregado portador de diploma de nível superior e que perceba salário mensal igual ou superior a duas vezes o limite máximo dos benefícios do Regime Geral de Previdência Social.

1.4.2. Princípio da continuidade da relação de emprego

A relação de emprego, formada entre empregado e empregador, presumidamente é contínua, uma vez que, em tese, o empregado precisa do emprego para subsistência, de forma que em regra não irá abandonar o emprego sem um motivo aparente. Nesse sentido, a regra é que a relação de emprego não tenha um dia estipulado para terminar.

Com base no princípio da continuidade, o empregado, de forma presumida, não põe fim a relação de emprego, de forma que, se houver dúvida sobre a forma de extinção do contrato de trabalho, a obrigação de provar qual foi a modalidade de extinção é do empregador. Na verdade, o contrato de trabalho é de trato sucessivo, o que gera presunção em favor do empregado, como consta na Súmula 212 do TST.

Outrossim, sempre que o contrato for celebrado por prazo determinado, tal situação deverá ser provada, a fim de afastar a presunção em favor do empregado. Desta forma, doutrina e jurisprudência majoritária entendem, por exemplo, que o contrato de experiência deve ser escrito, pois é exceção ao contrato por prazo indeterminado.

Este princípio também se aplica no caso da sucessão de empregadores, situação em que a alteração do empregador ou estrutura jurídica da empresa não extingue ou gera qualquer efeito no contrato de trabalho em vigor, em razão da ideia de continuidade, conforme arts. 10, 448 e 448-A da CLT.

1.4.3. Princípio da primazia da realidade

O Direito do Trabalho vai sempre dar preferência para o que efetivamente aconteceu no mundo dos fatos em detrimento daquilo que foi formalizado no mundo do direito (primazia dos fatos em detrimento de documentos, por exemplo). Não importa a existência de um documento que vai contrariamente aos fatos, prevalecem os fatos, desde que o conjunto probatório seja adequado. Exemplo clássico desse princípio é o pagamento "por fora", pelo qual a empresa anota na CTPS um salário X, mas na verdade paga X + 2, no qual o "2" é fora do contracheque. Pode o juiz, pela análise das provas, por exemplo pelo depoimento de uma testemunha, reconhecer o pagamento por fora, dando prioridade para os fatos provados em detrimento da existência do que consta na CLT, nos termos do art. 9º.

Para o Direito do Trabalho, os fatos têm mais relevância que os ajustes formais (ex.: contrato de estágio irregular, contrato de prestação de serviço autônomo, demissão sem justa causa mascarada por acordo para extinção do contrato etc.).

Outro bom exemplo é extraído da Súmula 12 do TST: as anotações apostas pelo empregador na carteira profissional do empregado não geram presunção *juris et de jure*, mas apenas *juris tantum*.

1.4.4. Princípio da proteção

Tal princípio tem por finalidade proteger a parte hipossuficiente na relação de emprego, qual seja, o empregado. Visa, em verdade, deixar o empregado em igualdade de condições com o empregador, concedendo-lhe alguns benefícios.

Este princípio pode ser dividido em outros três:

a) *In dubio pro operario*

Todas as vezes que existir uma dúvida na interpretação de uma norma jurídica de direito material, deve esta ser interpretada em favor do empregado. Exemplo, segundo a doutrina, é a Lei n. 12.506/2011 (Lei do aviso prévio proporcional), que não informa se a proporcionalidade do aviso prévio deverá ser aplicada no aviso concedido tanto pelo empregado quanto pelo empregador, de forma que com base no princípio do *in dubio pro operario*, a interpretação é de que deve ser aplicada apenas quando favorecer o empregado.

b) Norma mais favorável

Sempre que existirem duas ou mais normas para o mesmo caso, aplica-se a mais favorável ao empregado, por exemplo, no conflito entre a Lei n. 12.506/2011, que prevê que para cada ano trabalhado na empresa, o empregado adquire mais três dias de aviso prévio proporcional e uma Convenção Coletiva de Trabalho (CCT), que prevê para o mesmo caso cinco dias a mais de aviso prévio, irá prevalecer a CCT.

Entretanto, o referido princípio comporta exceção, pois, no caso do conflito entre um acordo coletivo e uma convenção coletiva de trabalho, como já vimos, sempre vai prevalecer o acordo, conforme dispõe o art. 620 da CLT. Exemplo: uma convenção coletiva prevê o adicional de horas extras de 70%, enquanto o acordo coletivo prevê um adicional de horas extras de 60% para a mesma categoria. Irá prevalecer o acordo coletivo, mesmo prevendo um adicional menor, conforme determina o artigo citado.

c) Condição mais benéfica

Sempre que o empregado estiver diante de duas ou mais condições previstas no regulamento da empresa ou contrato de trabalho, aplica-se aquela que for mais benéfica a ele. Exemplo: o regulamento da empresa prevê o benefício de contagem de tempo de serviço para promoção, com limite de 5 anos, de forma que se o empregador alterar o regulamento e aumentar tal período para 10 anos, mencionada alteração não se aplica aos empregados que estavam na empresa à época da regra anterior, consoante entendimento do TST consagrado na Súmula 51.

Esse princípio visa assegurar o direito adquirido.

A Súmula 288 do TST também averba essa faceta do princípio em estudo.

1.4.5. Princípio da inalterabilidade contratual lesiva

Esse princípio, em regra, veda as alterações do contrato de trabalho que tragam prejuízo ao empregado. Por outro lado, as alterações favoráveis são permitidas e incentivadas. Observem os arts. 444 e 468 da CLT.

Trataremos mais a fundo do referido princípio quando estudarmos alteração do contrato de trabalho.

1.4.6. Princípio da aplicação subsidiária do direito comum

A Reforma Trabalhista deu nova redação ao antigo parágrafo único do art. 8º da CLT, agora § 1º, e autorizou a aplicação subsidiária do direito comum ao direito do trabalho, sem a necessidade de ser verificada a compatibilidade da norma de direito comum a ser aplicada e os princípios do direito do trabalho. Em nosso sentir, nada foi alterado, uma vez que a obrigação da compatibilidade da norma a ser aplicada ao direito do trabalho decorre de uma conclusão lógica.

Exemplos de aplicação de normas do direito comum ao direito do trabalho são os arts. 50 do Código Civil e 28 do CDC, que versam sobre a desconsideração da personalidade jurídica.

1.5. Relação de emprego

A relação de emprego é a relação formada entre empregado e empregador, valendo lembrar que todo empregado é trabalhador, mas nem todo trabalhador é empregado.

Trabalhador é toda pessoa que exerce um esforço físico ou intelectual destinado a produção.

Nesse ponto da matéria vamos fazer um acordo. Primeiro estudaremos a figura do empregado e suas características, e logo em seguida passaremos para o estudo do empregador.

1.5.1. Empregado

É toda pessoa física, que trabalha de forma pessoal, não podendo se fazer substituir, de forma habitual e subordinada, mediante pagamento de contraprestação (salário), nos termos dos arts. 2º e 3º da CLT.

Requisitos:

a) Pessoa física

Pessoa física (natural) é aquela que não é jurídica. Na relação de emprego deve haver a entrega de energia do trabalho humano.

b) Pessoalidade

O empregado não pode se fazer substituir, deve prestar o serviço de forma pessoal, exceto em algumas situações excepcionais, por exemplo durante as férias ou afastamento do trabalho e em casos autorizados pelo empregador. A obrigação que decorre do contrato de trabalho é personalíssima, de maneira que somente poderá ser desenvolvida pelo empregado contratado.

c) Habitualidade ou Não Eventualidade

Significa criar no empregador uma expectativa de retorno ao trabalho em determinado dia e horário. Não se exige a continuidade (de segunda a sexta-feira), mas sim que não seja eventual ou esporádico.

Ainda nesse sentido, deve-se analisar dois requisitos, quais sejam: a) trabalho de forma repetida, ou seja, a atividade desenvolvida pelo empregado deve ser repetida no tempo com previsibilidade de ocorrer futuramente; e b) atividade permanente da empresa, que trata do desenvolvimento de atividades que estejam inseridas na atividade-fim ou meio da empresa (critério finalístico).

d) Subordinação

Significa estar sob ordens de alguém, obedecer às ordens do empregador, de modo que o empregado está no universo de direção por parte do empregador. Daí decorre os poderes do empregador na relação empregatícia, por exemplo, determinar a jornada de trabalho, o valor do salário, época das férias.

e) Onerosidade

Consiste na contraprestação acordada pelo empregado pelo serviço prestado ao empregador, por exemplo, o salário.

Os requisitos para configuração do vínculo empregatício são cumulativos, de modo que a ausência de qualquer um deles afasta a relação de emprego.

Qual a importância do preenchimento dos requisitos citados acima? O preenchimento dos supracitados requisitos configura o vínculo empregatício, que gera a relação de emprego entre o empregado e seu empregador, de maneira a aplicar as disposições previstas na CLT e no art. 7º da CF.

Ainda nesse aspecto, vale ressaltar que a exclusividade na prestação dos serviços ou o local da prestação dos serviços não são requisitos para a configuração do vínculo empregatício, muito embora possa se tratar de cláusulas do contrato de trabalho.

1.5.2. Carteira de Trabalho e Previdência Social

A Carteira de Trabalho e Previdência Social (CTPS), como é normalmente denominada, trata-se de um documento de propriedade do empregado, que contém as informações sobre a relação de trabalho, por exemplo, dados do empregador, salário, data da admissão, período do gozo das férias, reajustes salariais etc.

No momento em que o empregado inicia sua prestação de serviço, é obrigatório o preenchimento da CTPS (anotação do contrato de trabalho), e as anotações são inseridas pelo empregador, que tem o prazo de 5 (cinco) dias para anotar o documento e devolvê-lo para o empregado, conforme dispõe o *caput* do art. 29 da CLT, alterada pela Lei n. 13.874/2019.

Ainda nesse sentido, vale ressaltar que o empregador não pode inserir anotações desabonadoras na CTPS do empregado, por exemplo, que o contrato foi rescindido por justa causa, sob pena de ser condenado ao pagamento de indenização por danos morais, caso o ofendido venha a reclamar na justiça.

A Reforma Trabalhista alterou a redação do art. 47 da CLT, no sentido de aumentar a multa pela não realização do registro do empregado de um salário mínimo regional para R$ 3.000,00 (três mil reais) por empregado não registrado, de maneira que na reincidência o valor será dobrado.

O valor da multa para as microempresas e empresas de pequeno porte é de R$ 800,00 (oitocentos reais) por empregado não registrado.

Ainda é importante destacar que no caso da ausência de registro não se aplica o critério da dupla visita. O critério da dupla visita estabelece que, sempre que entrar em vigor uma lei com uma nova obrigação para o empregador, na primeira fiscalização sofrida após a vigência da referida lei, este não poderá ser autuado, entretanto, como dito anteriormente, tal critério não se aplica no caso em tela, autorizando a autuação logo na primeira fiscalização após a vigência da lei.

Na hipótese de o empregador registrar o empregado, mas deixar de anotar todas as informações contidas no parágrafo único do art. 41 da CLT, a multa aplicada será de R$ 600,00 (seiscentos reais) por empregado prejudicado, conforme dispõe o art. 47-A da CLT, introduzido pela Reforma Trabalhista.

A Lei n. 14.438/2022 incluiu os arts. 29-A e 29-B na CLT, no sentido de prever multa pela inobservância do disposto no art. 29, *caput*, e § 1º, os quais tratam do prazo para anotação da CTPS e das informações que devem ser anotadas, de forma que na reincidência o valor será dobrado.

O valor da multa para as microempresas e empresas de pequeno porte é reduzido.

Ainda é importante destacar que no caso da ausência de anotação não se aplica o critério da dupla visita.

1.5.3. Outros tipos de empregados

Além do empregado urbano (denominado de típico), a legislação trabalhista ainda nos apresenta outros tipos de empregados, que por alguma condição excepcional recebe tratamento diferenciado do urbano. Em regra, esses tipos de empregados são regulamentos por legislação especial, por exemplo, o rural e o doméstico.

1.5.3.1. Teletrabalhador

A figura do empregado que trabalha em seu domicílio já era regulamentada pela CLT em seu art. 6º, entretanto, a Reforma Trabalhista tratou de regulamentar a figura do teletrabalhador, por meio dos arts. 75-A a 75-E.

A Lei n. 14.442/2022 alterou os arts. 75-B, 75-C, 62, III, e incluiu o art. 75-F, todos da CLT, alterando consideravelmente o tema. Assim, nosso estudo sobre o tema terá como base os arts. 75-A a 75-F da CLT, alterados ou incluídos pela Lei n. 14.442/2022.

Nos termos do art. 75-B da CLT, alterado pela Lei n. 14.442/2022, teletrabalho ou trabalho remoto é aquele que o empregado desenvolve preponderantemente ou não, fora das dependências da empresa, realizado por meios tecnológicos de informática e comunicação. O legislador se preocupou em enfatizar a importância da utilização de meios tecnológicos para diferenciar o teletrabalho do trabalho externo.

O § 1º do art. 75-B, incluído pela Lei n. 14.442/2022, autoriza a presença habitual do empregado em regime de teletrabalho na empresa, sem que com isso reste descaracterizado o teletrabalho.

A Lei n. 14.442/2022 trouxe outra novidade para o tema, uma vez que autorizou a contratação do empregado em regime de teletrabalho para prestar serviços por produção, tarefa ou jornada, conforme o novo § 2º do art. 75-B da CLT.

Nessa mesma linha, o § 3º do referido artigo, também incluído pela lei, dispõe que apenas estará excluído do controle de jornada o teletrabalho ou trabalho remoto contratado por produção ou tarefa.

A lei fez questão de indicar que o teletrabalho ou trabalho remoto não se confunde ou equipara a telemarketing ou teleatendimento.

O art. 75-B também ganhou o § 5º, que prevê que o tempo de uso de equipamentos tecnológicos, ferramentas digitais ou aplicativos de internet, fora da jornada de trabalho, não configura tempo à disposição do empregador, prontidão ou sobreaviso, salvo acordo individual ou norma coletiva em sentido contrário.

Com a lei, o art. 75-B passou a prever no § 6º a possibilidade da aplicação do teletrabalho ou trabalho remoto a estagiários e aprendizes.

No campo do direito coletivo, a lei incluiu o § 7º ao art. 75-B da CLT, que prevê a aplicação da norma coletiva do local da base territorial do estabelecimento.

De forma semelhante, no § 8º do mencionado artigo, a lei passou a prever que, ao empregado contratado no Brasil que escolha trabalhar em teletrabalho ou trabalho remoto fora do país, será aplicada a legislação brasileira, salvo as disposições da Lei n. 7.064/82 ou acordo individual estabelecido pelas partes.

Por fim, o art. 75-B ganhou o § 9º, que dispõe que os horários de trabalho e meio de comunicação entre as partes poderá ser estipulado por meio de acordo individual, desde que observados os repousos previstos em lei.

A Lei n. 14.442/2022 também alterou a redação do *caput* do art. 75-C e passou a prever que o teletrabalho ou trabalho remoto deverá constar de contrato escrito, mas o empregador não precisa descrever quais serão as tarefas desenvolvidas durante o contrato de trabalho.

O empregador poderá alterar o regime do contrato de trabalho de presencial para teletrabalho somente com anuência do empregado por meio de aditivo contratual, e poderá alterar de regime de teletrabalho para presencial sem anuência do empregado, também por meio de aditivo contratual, mas deverá conceder um prazo de 15 dias para adaptação, conforme o art. 75-C e seus parágrafos.

A lei incluiu o § 3º ao art. 75-C, prevendo que o empregador não será responsável pelas despesas do retorno ao trabalho, caso o empregado tenha optado pelo teletrabalho ou trabalho remoto fora da localidade prevista no contrato, salvo acordo entre as partes em sentido contrário.

A responsabilidade pela aquisição, manutenção e fornecimento dos equipamentos para que o trabalho remoto seja desenvolvido, bem como os custos com a infraestrutura, deverá ser acordada em contrato. É possível que, por questão de facilidade, o empregado adiante o pagamento de tais despesas e o empregador fique responsável por reembolsar ao empregado o valor adiantado.

Os bens econômicos disponibilizados pelo empregador para a realização do trabalho não serão considerados salário-utilidade, conforme o art. 75-D da CLT.

É de responsabilidade do empregador instruir os empregados sobre a prevenção de acidentes ou doenças do trabalho, e o empregado deverá assinar termo de responsabilidade escrito confirmando que recebeu as instruções, porém tal documento não tem o condão de elidir a responsabilidade do empregador em caso de eventual acidente ou doença do trabalho, conforme o art. 75-E e seu parágrafo único.

A Lei n. 14.442/2022 incluiu o art. 75-F na CLT, que passou a dispor que o empregador deverá dar preferência, em relação a vagas de teletrabalho ou trabalho remoto, aos empregados com deficiência ou empregado e empregada com filho ou criança sob guarda judicial de até quatro anos de idade.

1.5.3.2. Empregado rural – Lei n. 5.889/73 e Decreto n. 73.626/74

Empregado rural é a pessoa física que, em propriedade rural ou prédio rústico (aquele destinado à exploração agroeconômica), presta serviços com habitualidade a empregador rural, mediante subordinação e salário. A Constituição Federal igualou os direitos dos trabalhadores rurais e urbanos.

Em verdade, não é o local da prestação do serviço que definirá se o empregado deverá ser considerado rural, mas sim, a atividade exercida pelo empregador, de forma que, se o empregador exercer atividade agroeconômica com finalidade de lucro, o empregado será rural, mesmo que trabalhe no perímetro urbano. Assim, será rural o empregado de uma horta em pleno centro da cidade de Fortaleza, e será urbano o empregado de um centro de informações meteorológicas estabelecido no agreste nordestino.

A Constituição Federal equiparou os direitos do empregado rural com os direitos do urbano. Todavia, a Lei n. 5.889/73 ainda garante alguns direitos diferenciados ao rural, que passaremos a analisar a partir de agora.

Características

a) Intervalo intrajornada

É de no mínimo uma hora e o máximo vai variar conforme os usos e costumes da região, de acordo com o art. 5º da Lei n. 5.889/73.

b) Serviço intermitente

Não é computado o tempo transcorrido entre uma e outra parte da tarefa diária, quando esta tem sua execução dividida, desde que a circunstância tenha sido anotada na CTPS. Exemplo: a ordenha do gado, que ocorre ao amanhecer e ao entardecer, se entre a primeira e a segunda ordenha do dia o empregado rural não exercer outra atividade, o tempo entre uma parte e outra da tarefa não será computado como jornada de trabalho, de acordo com o art. 6º da Lei n. 5.889/73.

c) Salário-utilidade

A base de cálculo do salário-utilidade do rural é o salário mínimo, independentemente do salário recebido pelo empregado, e poderá ser conferido a título de utilidade apenas 20% com habitação/moradia e até 25% para alimentação. O desconto deverá ser previamente autorizado pelo empregado, de acordo com as alíneas *a* e *b* do art. 9º da Lei n. 5.889/73.

d) Redução da jornada durante o aviso prévio

No caso do aviso prévio concedido pelo empregador rural, o empregado rural terá direito de se ausentar do trabalho por um dia por semana (art. 15 da Lei n. 5.889/73), diferentemente do que ocorre com o empregado urbano, que pode escolher entre reduzir a jornada normal de trabalho em duas horas diárias ou faltar sete dias seguidos, sem prejuízo da remuneração.

e) Hora noturna

A hora noturna do empregado rural vai variar de acordo com a sua atividade, se **na agricultura o período noturno é das 21 horas de um dia até às 5 horas da manhã** do dia seguinte, se na pecuária o período noturno é das 20 horas de um dia até as 4 horas da manhã do dia seguinte, sendo que, em ambos os casos o adicional noturno será de 25% sobre o valor da hora diurna. Ademais, vale ressaltar que não se aplica a hora reduzida ou ficta no caso do rural (art. 7º da Lei n. 5.889/73).

f) Contrato temporário rural

O art. 14-A da Lei n. 5.889/73 disciplina a possibilidade de o empregado rural ser contratado por meio de um contrato de trabalho temporário, desde que o empregador rural seja pessoa física e o contrato tenha duração de no máximo dois meses dentro do período de um ano. (art. 14-A, § 1º, da Lei n. 5.889/73).

1.5.3.3. Empregado público

É o empregado aprovado em concurso público que presta serviços à Administração Pública por meio de um contrato de trabalho, que é regido pela CLT, tendo todos os direitos igualados aos do empregado urbano.

O empregado público que ingressou nos quadros da Administração Pública sem ser aprovado em concurso público, caso tenha o contrato de trabalho rescindido, somente terá direito ao valor da contraprestação e depósito de FGTS, conforme dispõe a Súmula 363 do TST. Exemplo: imagine que o prefeito de um determinado município resolveu contratar seu cunhado, sem concurso público, para o cargo de coveiro do cemitério municipal. A população local toma ciência do fato, de forma que o prefeito é obrigado a rescindir o contrato entre a prefeitura e seu cunhado. Nesse caso, em razão do teor da Súmula 363 do TST, o ex-coveiro irá receber apenas o saldo de salário e o FGTS.

1.5.3.4. Empregado doméstico

A Constituição Federal estabelece que:

> Art. 7º São direitos dos trabalhadores urbanos e rurais, além de outros que visem à melhoria de sua condição social:

(...)
Parágrafo único. São assegurados à categoria dos trabalhadores domésticos os direitos previstos nos incisos IV, VI, VII, VIII, X, XIII, XV, XVI, XVII, XVIII, XIX, XXI, XXII, XXIV, XXVI, XXX, XXXI e XXXIII e, atendidas as condições estabelecidas em lei e observada a simplificação do cumprimento das obrigações tributárias, principais e acessórias, decorrentes da relação de trabalho e suas peculiaridades, os previstos nos incisos I, II, III, IX, XII, XXV e XXVIII, bem como a sua integração à previdência social.

Como se pode notar, a Constituição Federal praticamente igualou os direitos do empregado urbano com os do doméstico. Os direitos dos domésticos foram devidamente regulamentados pela Lei Complementar n. 150/2015, que passaremos a estudar a partir de agora.

a) Conceito

O art. 1º define que empregado doméstico é toda pessoa física que presta serviço de forma pessoal, onerosa, subordinada, contínua, não lucrativa, para pessoa ou família, no âmbito residencial desta, por mais de duas vezes por semana.

O menor de 18 anos NÃO pode trabalhar como doméstico.

b) Duração do trabalho

Em regra, a jornada de trabalho do doméstico não pode ultrapassar 8 horas diárias e 44 horas semanais, nos termos do art. 2º da LC n. 150/2015.

- **Horas extras:** as horas extras são aquelas trabalhadas além do permitido em lei (8 horas diárias e 44 horas semanais) ou do acordado em contrato, e conforme dispõe o art. 2º, § 1º da LC n. 150/2015, devem ser remuneradas com, no mínimo, um acréscimo de 50% sobre a hora normal.
- **Banco de horas:** empregado e empregador podem celebrar acordo de banco de horas para compensação das horas extras, desde que o façam por escrito, e somente poderão ser compensadas as horas extras a partir da 41ª hora (art. 2º, § 4º). Exemplo: imagine que existe banco de horas celebrado entre empregado e empregador doméstico, e no mês de outubro o empregado realizou 52 horas extras. As primeiras 40 horas extras deverão ser pagas, independentemente da existência do banco de horas, enquanto o saldo de 12 horas poderá ser compensado por meio de banco de horas. Agora imagine que o empregado fez apenas 38 horas extras no mês, na mesma condição de banco de horas da situação anterior. Nesse caso, mesmo com banco de horas celebrado entre as partes, as 38 horas extras deverão ser pagas, uma vez que não extrapolou 40 horas extras no mês.
- **Trabalho aos domingos e feriados:** os trabalhos, aos domingos e feriados trabalhados e não compensados, deverão ser pagos em dobro, conforme art. 2º, § 8º, da LC n. 150/2015.
- **Regime de tempo parcial:** nos termos do art. 3º da LC n. 150/2015, trabalha, em regime de tempo parcial, o doméstico que tem sua jornada de trabalho semanal máxima de 25 horas, com salário proporcional àquele que trabalha sob a jornada normal.

Um detalhe importante é que mesmo trabalhando em uma jornada reduzida, se for preciso, o empregado doméstico em regime de tempo parcial poderá fazer horas extras, por meio de acordo escrito, respeitando no máximo 1 hora por dia até o limite de 6 horas diárias.

As férias desse empregado serão proporcionais. Cuidado, pois o art. 130 da CLT não se aplica para o doméstico em regime de tempo parcial, haja vista que a lei complementar regulamenta o tema e a LC n. 150/2015 não determina que seja aplicada a CLT.

c) Contrato por prazo determinado

Em regra, o contrato de trabalho do empregado doméstico deve ser celebrado por prazo indeterminado, entretanto, conforme dispõe o art. 4º da LC n. 150/2015, o empregador doméstico poderá celebrar contrato de trabalho por prazo determinado em situações excepcionais:

- experiência (90 dias, admitindo-se uma prorrogação);
- necessidade transitória da família (2 anos, admitindo-se uma prorrogação);
- substituição temporária (2 anos, admitindo-se uma prorrogação).

O contrato de experiência tem por finalidade testar o empregado, ou seja, verificar se o empregado realmente tem aptidão para o exercício da atividade laboral. O fato da necessidade transitória pode ser explicado por meio de um exemplo: imagine que seu primo, que mora fora do país, resolve passar uma temporada de dois meses com você. Ocorre que você não sabe nem fritar um ovo, e pretende dar comodidade para seu visitante, de forma que poderá contratar um empregado doméstico por prazo determinado, pois comprovada a necessidade transitória. A substituição temporária ocorre quando o empregador doméstico precisa substituir seu atual empregado doméstico de forma temporária, por exemplo, no caso da licença-maternidade da empregada doméstica.

Na rescisão antecipada dos contratos por prazo determinado, independente da espécie, aplicam-se as indenizações previstas nos arts. 6º e 7º da lei complementar. No caso de o empregador romper o contrato antecipadamente, deverá indenizar o empregado no valor da metade daquilo que ele ainda teria para receber. Se o empregado romper o contrato antecipadamente, ficará obrigado a pagar ao empregador a mesma indenização do caso anterior, desde que comprovado que este sofreu algum prejuízo.

Não se aplica o aviso prévio, nas rescisões dos contratos por prazo determinado, conforme previsão expressa do art. 8º da LC n. 150/2015.

d) Jornada especial

Por meio de acordo individual escrito, as partes podem estabelecer jornada especial de trabalho de 12 horas de trabalho por 36 horas consecutivas de descanso, conforme art. 10 da lei complementar.

Os trabalhos aos domingos e feriados, bem como a prorrogação do trabalho noturno já estão devidamente compensados no descanso de 36 horas, de forma que não serão remunerados.

O intervalo intrajornada poderá ser observado pelo empregador, ou trabalhador, e se trabalhado deverá ser quitado nos termos do art. 71, § 4º, da CLT.

e) Trabalho doméstico durante viagem

Somente será computada como hora de trabalho durante acompanhamento do empregador doméstico em viagem, a hora efetivamente trabalhada, que deverá ser acrescida de um adicional de 25%, conforme inteligência do art. 11 da LC n. 150/2015.

f) Controle de jornada

O empregador doméstico é obrigado a controlar a jornada de trabalho do empregado doméstico, por qualquer meio permitido em lei, mesmo que possua apenas um empregado, conforme art. 12 da lei complementar.

g) Intervalo intrajornada

Conforme dispõe o art. 13 da LC n. 150/2015, é obrigatória a concessão de intervalo intrajornada de mínimo 1 hora e no máximo 2 horas.

O intervalo poderá ser reduzido para 30 minutos, por acordo escrito entre as partes.

Para os empregados que residem no local da prestação do serviço, o intervalo poderá ser concedido de forma fracionada, em até dois períodos, desde cada um deles tenha no mínimo 1 hora, no máximo de 4 horas por dia.

h) Adicional noturno

Considera-se noturno o trabalho realizado entre as 22 horas de um dia as 5 horas da manhã do outro. Aplica-se a hora reduzida de 52min e 30 segundos, bem como adicional de 20% sobre o valor da hora diurna, nos termos do art. 14 da lei complementar.

i) Jornada mista

Considera-se jornada mista aquela que abrange tanto o período diurno quanto o noturno, sendo que se aplicam as regras do noturno para toda jornada, conforme art. 14, § 4º, da LC n. 150/2015. Exemplo: o empregado inicia a jornada às 19 horas (período diurno até as 22 horas) e termina às 03 horas da manhã (período noturno a partir das 22 horas). Nesse caso, as regras do trabalho noturno serão aplicadas inclusive no período considerado diurno (das 19 às 22 horas).

j) Intervalo interjornada

Entre duas jornadas de trabalho deve haver um intervalo de no mínimo 11 horas, conforme art. 15 da lei complementar.

k) Férias

As férias serão concedidas em regra por meio de um intervalo de 30 dias, podendo ser fracionada, a critério do empregador, em até dois períodos, sendo que um deles não poderá ser menor do que 14 dias, conforme art. 17 da LC n. 150/2015.

O empregado doméstico poderá abonar até 1/3 das suas férias, desde que requerido com antecedência de 30 dias do término do período aquisitivo.

l) Descontos

Conforme dispõe o art. 18 da LC n. 150/2015, em regra são vedados os descontos no salário do empregado referentes a alimentação, vestuário, higiene ou moradia, bem como por despesas com transporte, hospedagem e alimentação em caso de acompanhamento em viagem.

Entretanto, por exceção, é possível o desconto de adiantamentos, e desde que por meio de acordo por escrito entre as partes, também é possível o desconto com plano de saúde, odontológico, seguro de vida e moradia, desde que o empregado resida em local diverso do da prestação do serviço.

m) FGTS

Conforme dispõe o art. 21 da LC n. 150/2015, é obrigatória a inclusão do empregado doméstico junto aos depósitos do FGTS.

O empregador doméstico é obrigado a recolher mensalmente o valor referente ao FGTS mensal e periódico, bem como o valor referente a Indenização Compensatória do FGTS pela rescisão sem justa causa do contrato de trabalho. Aqui ocorre a antecipação do recolhimento do valor da indenização compensatória do FGTS (multa de 40%).

Na hipótese de o contrato de trabalho ser extinto por justa causa, termo final, falecimento do empregado e aposentadoria, o valor referente a indenização compensatória deverá ser devolvido ao empregador.

Se a rescisão ocorrer por culpa recíproca, o empregado terá direito apenas a 1/2 do valor referente à indenização compensatória, sendo a outra metade devolvida para o empregador.

n) Justa causa

A Lei Complementar n. 150/2015 praticamente copiou as faltas graves previstas no art. 482 da CLT, com uma novidade, submeter a maus tratos, criança, idoso, enfermo ou deficiente que esteja sob seus cuidados direta ou indiretamente (art. 27, I).

o) Rescisão indireta

No que tange as hipóteses da rescisão indireta do contrato de trabalho, a lei complementar também admitiu as possibilidades previstas no art. 483 da CLT, com uma novidade, qual seja no caso de o empregador praticar qualquer das formas de violência doméstica ou familiar contra mulheres, na presença do empregado (art. 27, parágrafo único).

A falta grave do empregador configura-se pela violência doméstica ou familiar contra mulheres e não necessariamente em face da empregada doméstica.

1.5.3.5. Empregado aprendiz

Aprendizagem é um contrato que tem por finalidade a união do trabalho com ensino, conforme preconizam o art. 7º, XXXIII, da CF e os arts. 428 e seguintes da CLT.

a) Características

O contrato de aprendizagem possui algumas características especiais, quais sejam:

- forma solene, ou seja, deve ser escrito;
- prazo determinado, máximo dois anos, exceto portador de necessidades especiais;
- idade do aprendiz limitada entre 14 e 24 anos, sendo que o portador de necessidades especiais não tem limite de idade;
- inscrição em programa de aprendizagem, com anotação na CTPS;
- comprovação de matrícula e frequência à escola;
- salário mínimo hora;
- FGTS, com alíquota diferenciada (2%).

b) Jornada de trabalho do aprendiz

A jornada de trabalho do aprendiz é especial, limitada no art. 432 da CLT, sendo que, em regra, não poderá exceder de seis horas diárias, podendo ser de até oito horas diárias para os aprendizes que já tiverem completado o ensino fundamental, se nelas forem computadas as horas destinadas à aprendizagem teórica.

c) Extinção do contrato de aprendizagem

Em regra, o contrato termina com o decurso do prazo (dois anos), ou quando o aprendiz completar 24 anos.

O contrato ainda poderá ser rescindido antecipadamente, nos termos do art. 433 da CLT, nas seguintes hipóteses:

- desempenho insuficiente ou inadaptação do aprendiz;
- falta disciplinar grave;
- ausência à escola que cause a perda do ano letivo;
- a pedido do aprendiz.

Não se aplicam ao contrato de aprendizagem as indenizações previstas na rescisão antecipada dos contratos por prazo determinado.

d) Férias

As férias do aprendiz menor de 18 anos deverão coincidir com o período de férias escolares, e com relação ao maior de 18, preferencialmente, deverão coincidir com as férias escolares.

e) Descumprimento das condições especiais para contratação do aprendiz

Verificado o descumprimento das condições especiais, a contratação seguirá a regra geral, qual seja, contrato por prazo indeterminado.

f) Empregado aprendiz e deficiente

As empresas, dependendo do número de empregados, devem manter em seus quadros um número mínimo de empregados aprendizes e deficientes. A dúvida fica por conta de saber qual cota o empregado irá preencher quando, ao mesmo tempo, for aprendiz e deficiente. A resposta fica respondida pela análise do art. 93, § 3º, da Lei n. 8.213/91, que dispõe que, nesse caso, o empregado será considerado para o preenchimento da cota de deficiente.

1.6. Trabalhador em sentido amplo

Quando iniciamos o estudo da relação de emprego, combinamos que iríamos estudar primeiro a figura do empregado e depois a do empregador. Ocorre que, antes de adentrarmos ao estudo do empregador, vamos tratar do trabalhador, para traçarmos um paralelo com o empregado, e acabar de uma vez por todas com a confusão entre essas duas figuras do direito do trabalho.

Trabalhador é toda pessoa que desenvolve um esforço físico ou intelectual destinado a uma produção, e que não preenche alguns ou um dos requisitos do vínculo empregatício.

Como regra geral, falta algum dos requisitos configuradores do vínculo empregatício para o trabalhador, daí por que não é, em regra, protegido pela CLT.

Temos como modalidades de trabalhadores, por exemplo:

1.6.1. Trabalhador autônomo

É a pessoa física que presta serviços habitualmente por conta própria a uma ou mais de uma pessoa, assumindo os riscos de sua atividade econômica.

Não tem subordinação.

Não se aplica à CLT, pois os contratos travados com os contratantes dos serviços são regidos pelo Código Civil ou legislação especial.

Como exemplo de trabalhador autônomo, não gostaria que fixasse uma profissão em especial, pois que esse não é o requisito para sua configuração. Em verdade, podemos citar como exemplos de trabalhadores autônomos, o pintor, que foi contratado para pintar seu escritório, ou até mesmo o técnico de informática, que foi contratado para instalar a rede de informática deste. Tanto o pintor quanto o técnico de informática irão decidir por quanto tempo vão trabalhar por dia, qual o valor que irão cobrar pelo serviço, utilizando suas próprias ferramentas. Perceba que em ambos os casos, os trabalhadores são contratados sem subordinação, bem como assumem o risco do negócio.

A Reforma Trabalhista acrescentou o art. 442-B na CLT, informando que, caso restem devidamente preenchidas as formalidades para contratação do trabalhador autônomo, a Justiça do Trabalho não poderá reconhecer o vínculo empregatício. Em nosso sentir, salvo melhor juízo, as formalidades exigidas pela CLT tratam do contrato escrito e ausência de subordinação.

1.6.2. Trabalhador eventual

É a pessoa física que presta serviço em caráter eventual, a uma ou mais empresas, sem relação de emprego. Ex.: O eletricista contratado apenas para fazer um reparo nas instalações elétricas de uma empresa.

Não tem habitualidade, pois o serviço é prestado de forma esporádica.

Não estão previstos os requisitos da configuração da "**não eventualidade**": atividade repetida e permanente da empresa tomadora.

Aqui a dica é analisar a atividade ou as atividades desenvolvidas pela empresa contratante. Se a atividade a ser desenvolvida pelo trabalhador for uma atividade que se repete na empresa contratante e ocorre de forma permanente, não há como falar em ausência de habitualidade. Exemplo: imagine um frigorífico que de forma mensal precisa fazer a manutenção de um determinado maquinário, e acaba contratando um trabalhador para desenvolver tal atividade. Nesse caso não há como denominar tal trabalhador de eventual, uma vez que este está exercendo uma atividade repetida e permanente da empresa contratante. Por outro lado, imagine que o mesmo frigorífico teve um problema no seu sistema elétrico e contratou um trabalhador para solucionar o problema. O trabalhador compareceu na sede da empresa e resolveu o problema em dois dias de trabalho. O frigorífico não precisa desse trabalhador de forma repetida, pois sabe lá quando terá novo problema na sua parte elétrica, razão pela qual resta configurada a figura do trabalhador eventual.

Não se aplica à CLT, pois os contratos travados com os contratantes dos serviços são regidos pelo Código Civil ou legislação especial.

1.6.3. Trabalhador avulso

É a pessoa física que presta serviço a uma pessoa ou mais, por intermédio do sindicato da categoria profissional ou órgão gestor de mão de obra. Ex.: Movimentador de mercadorias que faz carga e descarga de mercadorias, intermediado pelo Sindicato ou estivador que faz carga e descarga de navios nos portos, intermediado pelo Órgão Gestor de Mão de Obra (OGMO).

Não tem habitualidade, pois que só trabalham quando são chamados pelo sindicato ou pelo órgão gestor de mão de obra.

A relação é trilateral, composta pelo Sindicato ou Órgão Gestor de Mão de Obra, trabalhador avulso e tomador dos serviços.

> **ATENÇÃO!**
> Muito embora o avulso não seja empregado, a CF, em seu art. 7º, XXXIV, lhe assegura os direitos trabalhistas como se empregado fosse.

O trabalhador avulso portuário é regulamentado pela Lei n. 12.815/2013.

1.6.4. Trabalhador voluntário – Lei n. 9.608/98

É a pessoa física que presta serviço de forma NÃO remunerada a entidade pública de qualquer natureza ou a instituição privada sem fins lucrativos.

Não tem onerosidade.

Não se aplica à CLT, os contratos travados com os contratantes dos serviços são regidos por legislação especial.

1.6.5. Estagiário – Lei n. 11.788/2008

É uma espécie de relação de trabalho, sem previsão na CLT. Tem lei específica e finalidade de colocar em prática o que foi aprendido em aulas teóricas.

O estágio pode ser obrigatório ou não.

a) Relação trilateral

A relação de trabalho é formada de modo trilateral, ou seja, entre a Instituição de ensino, o estagiário e a instituição concedente do estágio.

b) Requisitos (art. 3º) da relação trilateral

- matrícula em curso específico;
- termo de compromisso;
- compatibilidade de atividades.

c) Estagiário estrangeiro (art. 4º)

O estudante estrangeiro poderá fazer estágio, desde que observado o prazo do visto temporário de estudando.

d) Estágio na administração pública (art. 9º)

É possível a realização de estágio em órgãos da administração pública.

e) Jornada de trabalho (art. 10)

- Quatro horas diárias e vinte horas semanais, nos casos de alunos do ensino especial e últimos anos do ensino fundamental;
- Seis horas diárias e trinta semanais, nos casos de alunos do ensino superior, da educação profissional de nível médio e do ensino médio regular;
- Cursos que alternem teoria e prática com aulas presenciais poderão ter jornada de até quarenta horas semanais.

f) Prazo (art. 11)

O contrato de estágio poderá ser de até dois anos, com exceção do portador de deficiência.

g) Bolsa remuneratória (art. 12)

A bolsa remuneratória é obrigatória nos casos de estágio não obrigatório.

h) Recesso (art. 13)

O estagiário terá direito a 30 dias de recesso nos contratos com prazo de vigência igual ou superior a 1 ano, ou proporcionais nos contratos com prazo menor do que 1 ano, coincidindo com as férias escolares. Por se tratar de recesso, não existe o pagamento de 1/3 de férias.

1.6.6. Trabalhador temporário – Lei n. 6.019/74

No dia 31 de março de 2017, a Lei n. 6.019/74 foi alterada pela Lei n. 13.429/2017 (Lei da Terceirização), que estabeleceu nova regulamentação para o trabalho temporário.

Trata-se de uma relação trilateral formada pela Empresa de Trabalho Temporário, pelo trabalhador temporário e pela empresa tomadora, que tem por finalidade a intermediação de mão de obra.

Na ocasião a empresa tomadora contrata a empresa de trabalho temporário para que esta lhe forneça os trabalhadores temporários.

A relação trilateral é como se fosse uma pirâmide, em uma ponta temos a empresa tomadora, na outra a empresa de trabalho temporário, no cume o trabalhador temporário em relação a empresa tomadora e o empregado em relação a empresa de trabalho temporário.

a) Atividade-fim ou atividade-meio

Nos termos do art. 9º, § 3º, da Lei n. 6.019/74 (acrescido pela Lei n. 13.429/2017, o trabalhador temporário pode ser contratado para atuar tanto na atividade-fim quanto na atividade-meio da empresa tomadora.

b) Hipóteses de cabimento

Por se tratar de um contrato por prazo determinado, o trabalho temporário é considerado uma exceção à regra, de maneira que só pode ser utilizado em situações específicas, indicadas no art. 2º da Lei n. 6.019/74, quais sejam: a) necessidade de substituição transitória de pessoal permanente e b) demanda complementar de serviços. Como exemplo de substituição transitória, podemos citar a empresa que deu férias para seu único empregado do Departamento Pessoal, e não pode ficar com o setor vazio. Com relação a demanda complementar, o exemplo clássico é o aumento das vendas nas lojas do comércio no final do ano.

c) Vínculo empregatício

O vínculo empregatício do trabalhador temporário é com a empresa de trabalho temporário, muito embora preste seus serviços na sede da empresa tomadora, conforme dispõe o art. 10 da Lei n. 6.019/74.

d) Responsabilidade

Na hipótese de a empresa de trabalho temporário não pagar as verbas trabalhistas ou rescisórias do trabalhador temporário, a empresa tomadora responde de forma subsidiária pelo pagamento das mesmas, nos termos do art. 10, § 7º, da Lei n. 6.019/74, salvo no caso de falência da empresa de trabalho temporário, situação em que a responsabilidade da empresa tomadora passa a ser solidária, conforme dispõe o art. 16 da mesma lei.

e) Contrato de trabalho

O contrato de trabalho entre o trabalhador temporário e a empresa de trabalho temporário deverá ser escrito e conter os direitos conferidos ao trabalhador, bem como deverá ser de no máximo 180 dias, podendo ser prorrogado por mais 90 dias, mesmo que de forma descontínua, conforme art. 10, §§ 1º e 2º, da Lei n. 6.019/74.

f) Contratação de trabalhador temporário durante a greve

A Lei n. 6.019/74, em seu art. 2º, § 1º, proíbe expressamente a contratação de trabalhador temporário pela empresa tomadora durante a greve de seus empregados, salvo nos casos autorizados na Lei n. 7.783/89.

g) Atendimento médico, ambulatorial e de refeição

Os trabalhadores temporários terão o mesmo atendimento médico, ambulatorial e de refeição que os empregados da empresa tomadora dos serviços, conforme inteligência do art. 9º, § 2º, da Lei n. 6.019/74.

1.6.7. Trabalhador terceirizado – Lei n. 6.019/74

A terceirização passou vários anos sendo regulamentada apenas pela Súmula 331 do TST. Porém, em março de 2017, foi promulgada a Lei n. 13.429/2017 que alterou a Lei n. 6.019/74 que passou a regulamentar o tema.

Trata-se de uma relação trilateral composta pela empresa prestadora de serviços a terceiros, trabalhador terceirizado e empresa contratante, que visa à contratação de uma empresa especializada para prestação de serviços por meio de intermediação de mão de obra.

A dica aqui é que a grande diferença entre a relação jurídica que ocorre no trabalho temporário e na terceirização é que nessa o objeto é a contratação da prestação de serviços, enquanto naquela o objeto é a contratação da intermediação da mão de obra, propriamente dita. Em resumo, na terceirização a empresa contratante contrata serviços, no trabalho temporário a empresa contratante contrata pessoas, mesmo que de forma indireta.

a) Abrangência

A Lei n. 13.467/2017 alterou a Lei n. 6.019/74, e de forma expressa passou a autorizar a terceirização da atividade principal da empresa contratante, nos termos do art. 4ª-A. A referida alteração aumentou muito o leque de possibilidades de contratação de empresas terceirizadas. Atualmente é possível que uma determinada empresa contrate empresas terceirizadas para lhe prestar todos os serviços especializados que sua atividade empresarial necessitar. Por exemplo, é possível que um hospital, empresa contratante, contrate uma clínica especializada em serviços médicos de imagem (raio x) para lhe prestar serviços como empresa terceirizada. Outro exemplo, uma oficina de funilaria e pintura contrata uma empresa especializada em serviços de pinturas de automóveis para lhe prestar esses serviços. Percebam que tanto o serviço médico de imagem quanto a pintura de autos são atividades-fim do hospital e da oficina, respectivamente.

b) Quarteirização

A empresa prestadora de serviços a terceiros está expressamente autorizada pelo art. 4º-A, § 1º, da Lei n. 6.019/74 a subcontratar outras empresas para prestação de serviços, sendo que a responsabilidade entre elas será subsidiária.

c) Autorização para funcionamento

A empresa de prestação de serviços a terceiros deverá preencher os requisitos previstos no art. 4º-B da Lei n. 6.019/74 para seu funcionamento.

d) Contrato de trabalho terceirizado

O contrato de trabalho terceirizado deverá seguir os requisitos previstos no art. 5º-B da Lei n. 6.019/74, por exemplo, ser escrito, qualificar as partes, especificar o serviço a ser prestado, apontar o prazo, se houver sido estipulado e apontar o valor.

e) Responsabilidade

A responsabilidade da empresa de prestação de serviços a terceiros para com as verbas rescisórias do trabalhador terceirizado é subsidiária, conforme dispõe o art. 5º-A, § 5º, da Lei n. 6.019/74.

f) Quarentena

Os arts. 5º-C e 5º-D proíbem a empresa de prestação de serviços terceirizados de possuir em seu quadro societário pessoas que tenham prestado serviços como empregado ou trabalhador sem vínculo para a empresa contratante, nos últimos dezoito meses, bem como o empregado demitido da empresa contratante de lhe prestar serviço como empregado da empresa terceirizada, antes do prazo de dezoito meses, contados da extinção do contrato de trabalho.

1.6.7.1. Terceirização na Administração Pública e a Súmula 331 do TST

A Lei n. 13.429/2017 foi criada para regular a terceirização entre particulares, razão pela qual no que se refere a terceirização na Administração Pública, esta continua sendo regulada, na parte que não colide com a lei, apenas pela Súmula 331 do TST.

A intermediação de mão de obra (contratação mediante empresa interposta) é ilegal, salvo nos casos de trabalho temporário.

O caso em comento, no que tange a formação do vínculo de emprego diretamente com o tomador do serviço, diz respeito a terceirização na atividade privada, quando faltar a impessoalidade ou a insubordinação.

Se a terceirização é irregular, o vínculo de emprego se forma diretamente com o tomador dos serviços.

Mesmo se a terceirização for ilícita, **não gerará vínculo** de emprego com o Estado, ante a indispensabilidade do concurso público.

> III – Não forma vínculo de emprego com o tomador a contratação de serviços de vigilância (Lei n. 7.102, de 20-6-1983) e de conservação e limpeza, bem como a de

serviços especializados ligados à atividade-meio do tomador, desde que inexistente a pessoalidade e a subordinação direta.

São admitidas pela jurisprudência as seguintes hipóteses de terceirização:
a) serviços de vigilância, regulados pela Lei n. 7.102/83;
b) serviços de conservação e limpeza;
c) serviços especializados ligados a atividade-meio do tomador.

Nas três hipóteses, não pode existir pessoalidade e subordinação em relação ao tomador dos serviços, sob pena de desconsideração da terceirização e consequente vínculo direto com o tomador dos serviços.

No que tange a possibilidade da terceirização na atividade-fim (o que prejudica a incidência de parte da Súmula), inclusive, junto a administração pública, pelos julgamentos recentes do STF, dos quais destacamos o Recurso Extraordinário n. 958.252, que deu origem ao tema 725 da Repercussão Geral, bem como do Recurso Extraordinário n. 635.546, é possível terceirizar todas as atividades.

> IV – O inadimplemento das obrigações trabalhistas, por parte do empregador, implica a responsabilidade subsidiária do tomador dos serviços quanto àquelas obrigações, desde que haja participado da relação processual e conste também do título executivo judicial.

O tomador do serviço que terceiriza licitamente determinada atividade fica sujeito à responsabilização subsidiária nos casos de inadimplemento do empregador (prestador de serviço). Exige-se, contudo, que o tomador dos serviços tenha participado do processo desde a fase cognitiva e conste do título executivo judicial.

> V – Os entes integrantes da Administração Pública direta e indireta respondem subsidiariamente, nas mesmas condições do item IV, caso evidenciada a sua conduta culposa no cumprimento das obrigações da Lei n. 8.666, de 21-6-1993, especialmente na fiscalização do cumprimento das obrigações contratuais e legais da prestadora de serviço como empregadora. A aludida responsabilidade não decorre de mero inadimplemento das obrigações trabalhistas assumidas pela empresa regularmente contratada.

A Administração Pública responde subsidiariamente, desde que comprovada sua conduta culposa, não bastando o mero inadimplemento das obrigações trabalhistas pelo prestador dos serviços.

A conduta culposa da Administração, no caso da terceirização, é a ausência de fiscalização do contrato público, celebrado com a empresa terceirizada. O STF mantém a responsabilidade subsidiária.

> VI – A responsabilidade subsidiária do tomador de serviços abrange todas as verbas decorrentes da condenação referentes ao período da prestação laboral.

A responsabilidade subsidiária do tomador de serviços abrange parcelas indenizatórias e condenatórias decorrentes da condenação imposta ao prestador de serviços.

1.6.8. Entidades religiosas e seus membros

A Lei n. 14.647/2023 alterou o art. 442 da CLT, incluindo o § 2º, que, em regra, dispõe sobre a inexistência do vínculo empregatício entre as entidades religiosas e seus membros, que exerçam atividade, integral ou parcialmente, ou que estejam em formação ou treinamento.

Entretanto, o § 3º do referido dispositivo, também incluído na CLT pela Lei n. 14.647/2023, informa que a impossibilidade do reconhecimento do vínculo não se aplica quando o desvirtuamento da finalidade religiosa ou voluntária.

1.7. Empregador

Empregador é a pessoa física ou jurídica, que assumindo o risco do negócio: a) admite; b) assalarie; e c) dirige a prestação do serviço, conforme podemos observar no *caput* do art. 2º da CLT:

1.7.1. Poderes do empregador

a) Poder diretivo

O poder diretivo está inserido no dia a dia de trabalho das empresas, sendo exteriorizado por meio das ordens emanadas do empregador, para dirigir a relação de emprego. É uma prerrogativa que o empregador tem de criar normas, de "mandar", de dirigir **a relação de emprego**. Exemplo: Criar regimento interno, determinar o uso de uniforme, proibir o uso de boné etc.

A Reforma Trabalhista introduziu o art. 456-A à CLT, prevendo que o empregador está autorizado a definir o padrão de uniforme, bem como a incluir logomarcas de terceiros, sem ferir direito a imagem do empregado, desde que os uniformes e as logomarcas não causem situações constrangedoras.

A Reforma também definiu que é de responsabilidade do empregado a higiene do uniforme, salvo quando necessitar de cuidados especiais.

b) Poder disciplinar

É a prerrogativa que o empregador tem de punir o empregado, no caso do cometimento de alguma irregularidade.

Penalidades:
- **Advertência:** não tem previsão legal, sendo uma construção doutrinária, que pode ser verbal ou escrita, aplicada em casos do cometimento de faltas leves.
- **Suspensão:** tem previsão legal no art. 474 da CLT, e consiste num período em que o contrato de trabalho fica suspenso e o empregado não goza de seus direitos no mencionado prazo. A suspensão do contrato de trabalho como penalidade tem prazo máximo de 30 dias, aplicada em casos de faltas de natureza média ou reincidência.

- **Justa causa:** tem previsão legal no art. 482 da CLT, e consiste na rescisão do contrato de trabalho de forma a retirar do empregado alguns direitos trabalhistas que normalmente teria na rescisão **sem** justa causa, sendo aplicada em casos de cometimento de falta grave (casos previstos em lei).

c) Poder fiscalizador

É a prerrogativa que o empregador tem de fiscalizar o trabalho e a conduta do empregado na relação de emprego. Ex.: Uso correto dos EPIs; revista pessoal.

1.7.2. Grupo econômico

Ocorre quando duas ou mais empresas que, apesar de possuírem personalidade jurídica própria, atuam em conjunto. A doutrina separa o grupo econômico em duas espécies, quais sejam, vertical e horizontal. Vertical quando uma empresa está sob a subordinação de outra, e horizontal quando ambas as empresas estão em pé de igualdade, porém, atuam em conjunto.

A Reforma Trabalhista introduziu nova redação ao § 2º do art. 2º da CLT, ampliando o conceito de grupo econômico e prevendo expressamente a figura do grupo econômico horizontal, no qual as empresas não precisam estar sob o controle uma da outra, bastando que atuem em conjunto.

Percebe-se que o grupo econômico pode ser *vertical* (controle, direção ou administração de uma empresa em face das demais) ou *horizontal* (todas as empresas mantendo suas respectivas autonomias).

Outra alteração trazida pela Reforma Trabalhista no que tange a figura do grupo econômico foi a introdução do § 3º ao art. 2º, o qual expressamente dispõe que a mera identidade de sócios não é suficiente para configuração do grupo econômico, sendo necessário comprovar a atuação em conjunto.

É indiferente, para caracterização do grupo econômico, que as empresas integrantes explorem a mesma atividade econômica.

Para configuração do grupo econômico, é imprescindível que as empresas – exploradoras de atividade econômica – visem o lucro, de forma que entidades beneficentes ou filantrópicas não formam grupo econômico, bem como é impossível reconhecimento de grupo econômico no âmbito do trabalho doméstico.

1.7.2.1. Responsabilidade solidária passiva

Todas as empresas do grupo podem ser chamadas a responder pelos créditos trabalhistas dos empregados do grupo, independentemente da empresa que tenha contratado ou anotado a CTPS (art. 2º, § 2º, da CLT).

Imaginem que existe um grupo econômico formado pelas empresas "A", "B" e "C". A empresa "A" contrata José, anota sua CTPS. José presta serviço somente para a empresa "A". Ao término do contrato, a empresa "A" não paga as verbas rescisórias de José. O questionamento é: será que as empresas "B" e "C", que não contrataram José, bem como não utilizaram da sua mão de obra, terão responsabilidade sobre as verbas rescisórias que a empresa "A" deixou de pagar. A resposta é sim, uma vez que por fazerem parte de um grupo econômico, aplica-se a teoria do empregador único, que de forma simples significa dizer que é como se as três empresas ("A", "B" e "C") fossem uma só, de maneira que uma responde pelas dívidas trabalhistas da outra, como se para ela o empregado tivesse prestado o serviço.

Vale dizer que as demais empresas podem ser chamadas para compor o polo passivo, ainda que na execução e mesmo que não tenham sido demandadas na fase de conhecimento, já que a responsabilidade é solidária (aspecto passivo).

1.7.2.2. Responsabilidade solidária ativa

A prestação de serviços simultaneamente para mais de uma empresa do grupo, em regra, não gera mais de um contrato de trabalho. Aqui, também, deve ser aplicada a teoria do empregador único. Em razão das empresas do grupo econômico serem tidas como uma única empresa, o fato do empregado contratado por uma delas vir a prestar serviço para a empresa que o contratou e a outra do mesmo grupo, desde que dentro da sua jornada de trabalho e na atividade para a qual foi contratado, não garante mais um vínculo empregatício, salvo se houver ajuste escrito em contrário firmado entre empregado e empregador, consoante Súmula 129 do TST.

O empregado pode acionar, na fase de execução do processo trabalhista, qualquer empresa do grupo econômico, ainda que ela não tenha participado da fase cognitiva do processo e não conste do título executivo.

1.8. Sucessão trabalhista

Ocorre a sucessão trabalhista sempre que houver alteração do polo subjetivo da relação de emprego, seja pela alteração da propriedade da empresa, seja pela mudança de sua estrutura jurídica etc.

1.8.1. Efeitos

A sucessão trabalhista não tem o condão de alterar os contratos de trabalho em vigor, razão pela qual o sucessor assume a responsabilidade pelos direitos trabalhistas do sucedido.

Muito embora o TST, por intermédio de sua jurisprudência, por exemplo, a OJ n. 261 da SDI-1, já entendesse que na ocorrência da sucessão trabalhista a responsabilidade pelos débitos trabalhistas, mesmo com relação aqueles contratos de trabalho firmados anteriores a sucessão, fosse da empresa sucessora, a Reforma Trabalhista positivou tal entendimento por meio da inclusão do art. 448-A na CLT.

- **Na sucessão em relação ao trabalhador:** nada muda em relação ao contrato ou aos direitos adquiridos do empregado;
- **Na sucessão em relação ao sucedido:** em princípio deixa de ter qualquer responsabilidade, entretanto, responde solidariamente caso tenha ocorrido fraude, sendo que tal responsabilidade se estende também aos sócios retirantes, no caso de fraude.
- **Na sucessão em relação ao sucessor:** responde por todos os débitos trabalhistas, presentes e pretéritos.

1.8.2. Requisitos

Para que configure a sucessão trabalhista, devem estar presentes os seguintes requisitos:

a) alteração da estrutura jurídica ou na propriedade da empresa;
b) continuidade da atividade empresarial.

Lembre-se de que a cláusula de não responsabilização não gera efeitos no Direito do Trabalho, valendo apenas para exercício do direito de regresso do sucessor, sendo, portanto, nula se for oponível ao trabalhador, nos termos do art. 9º da CLT.

1.8.3. Sucessão nos casos concretos

1.8.3.1. Sucessão de empresa integrante de grupo econômico

O sucessor que adquire apenas uma das empresas integrantes do grupo econômico não tem responsabilidade solidária com as demais empresas do grupo, salvo se comprovada má-fé ou fraude na sucessão, conforme entendimento da OJ n. 411 da SDI-1 do TST.

1.8.3.2. Sucessão na falência ou recuperação judicial

O sucessor, por meio de aquisição de estabelecimento em leilão ou hasta pública na falência ou recuperação judicial, não responderá pelos débitos trabalhistas da empresa adquirida, conforme dispõem os arts. 60, parágrafo único, e 141, II, da Lei n. 11.101/2005.

1.8.3.3. Sucessão entre entes de direito público

Na ocorrência do desmembramento de município, o novo município não será responsável pelos débitos trabalhistas dos empregados que prestavam serviços para o antigo município, respondendo cada município pelo período da prestação do serviço.

1.8.3.4. Sucessão na privatização

Ocorrendo a privatização de empresa pública, o sucessor (empresa do setor privado) é responsável pelos débitos trabalhistas do sucedido (Estado), haja vista a convalidação das contratações sem o devido concurso público, conforme inteligência da Súmula 430 do TST.

1.9. Contrato de trabalho

É o acordo de vontades, tácito ou expresso, verbal ou escrito, pelo qual uma pessoa física (empregado) coloca seus serviços à disposição de uma pessoa física, jurídica ou ente despersonalizado ou equiparado (empregador), que corresponde a relação de emprego.

De forma simples, o contrato de trabalho é a exteriorização da relação de emprego.

1.9.1. Elementos essenciais

Considerando o art. 8º, § 1º, da CLT e o art. 104 do Código Civil, em síntese podemos afirmar que estes são os elementos essenciais:

a) agente capaz;
b) forma prescrita ou não proibida em lei;
c) objeto lícito.

1.9.2. Trabalho ilícito x trabalho proibido

No que se refere ao objeto do contrato de trabalho, não se pode confundir trabalho ilícito com trabalho proibido. O trabalho ilícito é caracterizado pela tipificação de crime ou contravenção penal na realização da atividade laboral, por exemplo, quando o empregado trabalha como apontador do jogo do bicho (OJ n. 199 da SBDI – 1 do TST); já o trabalho proibido ocorre quando a atividade laboral é desenvolvida sem observância das normas legais, por exemplo, o trabalho noturno do menor de 18 anos.

O trabalho ilícito gera nulidade absoluta do ato jurídico (*ex tunc*), enquanto o trabalho proibido gera anulabilidade do ato jurídico (*ex nunc*). O trabalho ilícito não gera efeitos, já o trabalho proibido gera efeitos. Nessa linha de raciocínio, o apontador do jogo do bicho não tem garantia aos direitos trabalhistas oriundos do seu contrato, por outro lado, o menor de 18 anos que trabalha numa atividade insalubre, tem direito ao adicional de insalubridade.

1.9.3. Classificação quanto ao prazo

a) **Regra:** Prazo indeterminado, ou seja, é aquele que não tem previsão de término (**princípio da continuidade**).

> Art. 443. O contrato individual de trabalho poderá ser acordado tácita ou expressamente, verbalmente ou por escrito, por prazo determinado ou indeterminado, ou para prestação de trabalho intermitente.

b) **Exceção:** Prazo determinado, ou seja, aquele que tem uma data pré-determinada para terminar, estabelecida desde o seu início. Somente é permitido em algumas situações (art. 443, §§ 1º e 2º, da CLT).

Hipóteses:
- Serviço cuja natureza seja transitória: ocorre quando a natureza do serviço prestado é passageira ou transitória, por exemplo, no caso de uma empresa que adquire um equipamento importado da Alemanha, em que apenas o técnico alemão tem condições de ensinar os empregados brasileiros a lidar com o referido equipamento. Nesse caso, a empresa está autorizada a contratar o técnico alemão por prazo determinado, uma vez que seu trabalho não será contínuo,

pelo contrário, será desenvolvido de forma passageira, no caso em comento, apenas até os empregados brasileiros aprenderem a lidar com o equipamento. O prazo é de no máximo 2 anos, admitindo-se uma prorrogação dentro do período (art. 445 da CLT).
- Serviço cuja atividade empresarial seja transitória: se dá quando a atividade empresarial é passageira ou transitória, por exemplo, a empresa que foi contratada para organizar uma feira agropecuária. É possível que a empresa contrate seus empregados por prazo determinado, já que sua atividade se restringe a organização daquele evento, sendo que após o término do evento a empresa deixará de prestar seus serviços. O prazo é de no máximo 2 anos, admitindo-se uma prorrogação no período (art. 445 da CLT).
- Contrato de experiência: é aquele contrato que tem por finalidade verificar se empregado e empregador irão se adaptar as condições da relação de emprego. O prazo é de no máximo 90 dias, admitindo-se uma prorrogação no período (art. 445, parágrafo único, da CLT).

Características do contrato por prazo determinado:
- Indenização pelo término antes do prazo (arts. 479 e 480 da CLT).
- Aviso Prévio (Súmula 163 do TST e art. 481 da CLT), em regra, nos contratos por prazo determinado, não há falar em concessão do aviso prévio, uma vez que, ao chegar ao seu termo, não ocorre surpresa por parte dos seus signatários. Entretanto, em se tratando de rescisão antecipada do contrato com cláusula assecuratória do direito recíproco de rescisão antecipada, aplicam-se as regras da rescisão do contrato por prazo indeterminado, inclusive o aviso prévio.
- Referida situação também se aplica ao contrato de experiência.
- Garantia de emprego (Súmulas 244 e 378 do TST): muito embora o contrato por prazo determinado e estabilidade no emprego sejam institutos antagônicos, haja vista que um impede e o outro prorroga o contrato, no que tange a estabilidade gestante e acidentária, por exceção, e entendimento do TST, aplicam-se ao contrato por prazo determinado. Com relação a estabilidade gestante, chamo a atenção para o fato do contrato temporário, que recentemente, o TST, entendeu que por se tratar de um contrato por prazo determinado não se aplica a estabilidade.
- Para sucessão de contratos a termo entre as mesmas partes, faz-se necessário observar um prazo mínimo de seis meses, caso contrário, o contrato será considerado um contrato por prazo indeterminado (art. 452 da CLT).
- O empregador não poderá exigir do futuro empregado experiência maior do que seis meses na função, como requisito para contratação.

1.9.4. Do contrato de trabalho intermitente

A Reforma Trabalhista alterou a redação do art. 443 da CLT para incluir mais uma modalidade de contrato de trabalho, qual seja o contrato de trabalho intermitente (§ 3º), marcado pela alternância de períodos de atividade e inatividade.

O trabalho intermitente foi regulamentado pelo art. 452-A e seus parágrafos e incisos da CLT, pela Reforma Trabalhista, com as seguintes características:
a) Contrato escrito e anotado na CTPS.
b) Valor hora ou dia igual ao valor do salário mínimo por hora ou equivalente aos salários dos demais empregados da empresa.
c) Convocação por meio idôneo com antecedência mínima de três dias.
d) O empregado tem um dia útil para responder.
e) A recusa não descaracteriza a subordinação.
f) É devida multa de 50% da prestação do serviço, pelo descumprimento, sem justo motivo.
g) Durante o período de inatividade, o empregado poderá prestar serviços a outros contratantes.
h) Com exceção ao saque do FGTS, todas as demais parcelas remuneratórias deverão ser quitadas no término da prestação do serviço.
i) O empregador deverá efetuar o pagamento do FGTS e do INSS com base no valor pago de salário durante o mês.
j) A cada doze meses, o empregado terá direito a um mês de férias, em que não poderá ser acionado.

1.9.5. Suspensão e interrupção do contrato de trabalho

1.9.5.1. Suspensão

Suspensão é a paralisação temporária dos serviços, na qual o empregado não recebe salários e não há contagem de tempo de serviço para nenhum fim, exceto nos casos de acidente de trabalho e prestação de serviço militar, como se extrai do art. 4º, § 1º, CLT. Ex.: período de greve.

1.9.5.2. Interrupção

Interrupção ocorre quando a empresa continua pagando salário ao empregado durante a paralisação temporária do serviço, bem como o referido tempo inativo conta como tempo de serviço. Ex.: férias.

O art. 473 da CLT traz em seu bojo vários casos de interrupção do contrato de trabalho. Recentemente, o inciso III do art. 473 foi alterado pela Lei n. 14.457/2022, que passou a prever a possibilidade da interrupção do contrato de trabalho por cinco dias consecutivos, no caso de nascimento do filho, adoção ou guarda compartilhada, contados a partir do nascimento do filho. A Lei não informou qual será o termo inicial da contagem do prazo no caso de adoção ou guarda compartilhada, mas entendemos que seja a partir da regularização de ambas em âmbito judicial.

1.9.6. Alteração do contrato de trabalho

1.9.6.1. Regra geral

É vedada a alteração unilateral do contrato de trabalho (art. 468 da CLT).

1.9.6.2. Requisitos para alteração válida
a) Consentimento do empregado.
b) Ausência de prejuízo ao empregado.

Faltando um dos requisitos, a alteração será nula, devendo a cláusula ser substituída pela norma geral.

1.9.6.3. *Jus variandi*

Em decorrência do poder diretivo, o empregador pode promover algumas alterações unilaterais no contrato de trabalho, visando à melhor organização do espaço físico ou do modo da prestação do serviço.

a) Ordinário: permite pequenas modificações, sem causar prejuízo ao empregado. Ex.: exigência do uso de uniforme.

b) Extraordinário: limitado pela lei, possibilita alterações mais expressivas, capazes de causar efetivo prejuízo ao empregado. Ex.: reversão.

1.9.6.4. Alteração de função

a) Rebaixamento: é a alteração da função do empregado, para outra de menor importância. É vedada. Se o empregado não estiver atendendo as expectativas do empregador, que seja demitido, se for o caso, mas não rebaixado.

b) Reversão: é o retorno do empregado que exerce função de confiança ao cargo efetivo anteriormente ocupado. É permitida por expressa disposição de lei (art. 468, § 1º, da CLT). A Reforma Trabalhista incluiu o § 2º ao art. 468 da CLT, alterando entendimento sedimentado pelo TST por meio da Súmula 372, no que se refere à retirada do valor da gratificação de função.

De acordo com o novo § 2º do art. 468, independentemente do tempo que o empregado permanecer na função de gerente, o empregador poderá revertê-lo à função anterior, inclusive poderá deixar de pagar a gratificação que o empregado recebia pela função.

c) Aproveitamento: ocorre quando o empregado tem a função alterada em razão da extinção do cargo por ele ocupado. É permitida, tendo em vista ser preferível mudar a função a perder o emprego.

d) Readaptação: é a alteração de função por recomendação do INSS, aplicável ao empregado que permaneceu afastado e perdeu a capacidade laboral. É permitida, vedada a redução salarial.

e) Mudança imposta por lei: obviamente, é lícita. Ex.: mudança de função do menor que se ativa em local prejudicial a sua saúde.

1.9.6.5. Alteração da duração do trabalho

a) Horário de trabalho: pequenas alterações no horário de trabalho se inserem no âmbito do *jus variandi* ordinário, por exemplo, o empregado tem a seguinte jornada, entrada às 8h com saída às 18h, sendo possível o empregador alterar para entrada às 7h e saída às 17h.

b) **Turno de trabalho:** é lícita a alteração do turno de trabalho, salvo do diurno para o noturno, ou ainda quando a alteração provocar inequívoco prejuízo ao empregado. Ex.: quando o empregado tiver outro emprego que cause a incompatibilidade de horário.
c) **Jornada de trabalho:** a redução da jornada é sempre lícita, visto que a mais benéfica ao empregado. A dilação da duração normal do trabalho, por sua vez, é ilícita, visto que prejudicial.

1.9.6.6. Alteração do salário

A redução de salário somente é possível com a correspondente redução da jornada de trabalho, e ainda assim apenas nas seguintes hipóteses:
a) mediante previsão em norma coletiva;
b) mediante solicitação expressa do empregado, decorrente de inequívoco interesse extracontratual;
c) para adoção do regime de tempo parcial.

1.9.6.7. Transferência do empregado

Transferência do emprego é a alteração do local de trabalho que implique a mudança de domicílio do empregado, conforme art. 469 da CLT. Logo, caso não haja mudança de domicílio, o termo a ser utilizado é remição.

1.9.6.7.1. *Regra geral*

A transferência unilateral é vedada, exigindo o consentimento do empregado.

1.9.6.7.2. *Exceções*

As exceções estão previstas nos §§ 1º, 2º e 3º do art. 469 da CLT:
a) empregados que exercem cargo de confiança, desde que haja necessidade de serviço;
b) contrato que tenha a condição implícita ou explícita, desde haja necessidade do serviço;
c) extinção do estabelecimento;
d) sempre que, existindo a real necessidade do serviço, a transferência for provisória.

Nos casos apontados nas letras a e b, é necessário comprovar a real necessidade do serviço em outra localidade, nos termos da Súmula 43 do TST.

1.9.6.7.3. *Adicional de transferência*

Sempre que a transferência for provisória, será devido adicional, no valor de 25% do salário, independentemente da situação que ocorrer, conforme dispõe a OJ n. 113 da SDI 1 do TST.

1.9.6.7.4. Despesas decorrentes da transferência

As despesas decorrentes da transferência correm por conta do empregador (art. 470 da CLT).

1.9.6.7.5. Transferência vedada por lei

Empregado detentor de garantia no emprego, conforme *caput* do art. 543 da CLT, desde que a alteração implique na impossibilidade do exercício do cargo sindical.

1.10. Jornada de trabalho

É o tempo em que o empregado permanece à disposição do empregador, aguardando ou executando ordens, de acordo com o *caput* do art. 4º da CLT.

Assim, a jornada de trabalho se divide em:

a) trabalho efetivo;
b) tempo à disposição do empregador; e
c) sobreaviso e prontidão.

1.10.1. Sobreaviso e prontidão

Aplicando a analogia, ocorre quando o empregado permanece aguardando chamado para o serviço, sendo submetido a controle do empregador, por meio telemático, mantendo-se a sua disposição, sendo que no sobreaviso o empregado permanece fora da sede da empresa, na sua casa ou noutro lugar combinado com o empregador, enquanto na prontidão o empregado permanece na sede da empresa (art. 244, §§ 2º e 3º, da CLT e Súmula 428 do TST).

Dessa forma, resta claro que o uso dos elementos telemáticos e eletrônicos, por si só não caracteriza o sobreaviso, pois é indispensável que o empregado demonstre estar à disposição do empregador, e ter o direito de ir e vir restringido pelo empregador.

Sobreaviso: Aguardando ordem em casa ou outro lugar indicado pelo empregador – **Adicional de 1/3 do valor da hora normal – 24 horas**.

Prontidão: Aguardando ordem na sede da empresa – **Adicional de 2/3 do valor da hora normal – 12 horas**.

Em ambas as situações, tão logo o empregado seja acionado e inicie o trabalho, passa a receber a remuneração da hora na sua integralidade.

1.10.2. Tempo residual à disposição do empregador

Trata-se de uma tolerância de tempo que o empregado tem no início e no término da jornada, que, se respeitados seus limites legais, não será computado como tempo à disposição do empregador (art. 58, § 1º, da CLT).

Essa tolerância foi limitada em cinco minutos na entrada e cinco na saída (limite global de 10 minutos).

Se o limite residual for excedido, todo o tempo será considerado como hora extraordinária.

Se a variação do horário for inferior a dez minutos no dia, mas superior a cinco minutos, na entrada ou na saída, será computada como tempo extraordinário.

A Reforma Trabalhista incluiu o § 2º ao art. 4º da CLT, dispondo que se o empregado, por vontade própria, decidir permanecer na sede da empresa além da sua jornada de trabalho, para proteção pessoal ou atividades particulares, esse tempo não será considerado como tempo à disposição do empregador, mesmo que seja maior do que os limites de tolerância impostos pelo § 1º do art. 58 da CLT.

A Súmula 449 do TST, que é anterior a Reforma, considera inválida a cláusula de norma coletiva que flexibiliza o tempo residual previsto na CLT.

1.10.3. Hora *in itinere*

Uma das maiores alterações trazidas pela Reforma Trabalhista, em se tratando de direito material do trabalho, foi a questão da jornada *in itinere*.

Antes da Reforma, nos termos do art. 58, § 2º da CLT e Súmulas 90 e 320 do TST, o tempo que o empregado gastava com o deslocamento da sua casa para o trabalho e vice-versa, desde que o trajeto fosse realizado com transporte fornecido pelo empregador, bem como a empresa ficasse localizada em local de difícil acesso ou não servido por transporte público, seria tempo à disposição do empregador, e deveria ser computado na jornada de trabalho do empregado.

Ocorre que a nova redação do art. 58, § 2º da CLT deixa claro que o tempo gasto pelo empregado de casa para o trabalho e vice-versa, independentemente da forma utilizada para deslocamento, não é tempo à disposição do empregador.

Nessa esteira, a Reforma Trabalhista também revogou o § 3º do art. 58, que previa a possibilidade da fixação do tempo médio de horas *in itinere*, bem como a Súmula 429 do TST, que tratava do tempo gasto entre a portaria da empresa e o local de efetivo trabalho, também perdeu seu efeito, uma vez que o novo § 2º do art. 58 é no sentido de que independe a forma do deslocamento para não configuração da hora *in itinere*.

1.10.4. Controle da jornada de trabalho

A jornada de trabalho, em regra, possui uma limitação legal que, por via de consequência, precisa ser controlada pelo empregador.

Entretanto, alguns empregados não estão obrigados a ter sua jornada controlada. Assim, dividimos a jornada de trabalho em Controlada e Não Controlada.

1.10.4.1. Jornada controlada

Em regra, os estabelecimentos com mais de 20 empregados estão obrigados a controlar a jornada, nos termos do art. 74, § 2º, da CLT, alterada pela Lei n. 13.874/2019.

Ainda nesse sentido, o novo § 4º do art. 74 permite o registro de ponto da jornada de trabalho por exceção, desde que mediante acordo individual escrito ou norma coletiva, no qual somente serão anotadas as horas extraordinárias, quando houver, deixando de ser obrigatória a anotação da hora de entrada e saída, se ocorrerem dentro do horário contratado.

1.10.4.2. Jornada não controlada

Como dito anteriormente, alguns empregados não têm a jornada controlada, em razão da atividade exercida ou por conta do cargo ocupado.

Os casos em que não se controla a jornada estão dispostos no art. 62 da CLT.

a) Atividades externas "incompatíveis" com controle de jornada.

b) Cargos de gerência (gestão), desde que recebam salário no mínimo 40% superior ao cargo efetivo.

Cuidado com o caso específico do bancário, que, para não ter a jornada controlada, deve desempenhar a função de gerente geral de agência bancária, nos termos da Súmula 287 do TST.

A Lei n. 14.442/2022 alterou a redação do inciso III do art. 62 da CLT, que passou a dispor que o empregado em regime de teletrabalho que seja contratado por produção ou tarefa também não precisa ter o horário de trabalho controlado.

Efeitos

Os empregados cuja jornada não é controlada não fazem jus aos direitos previstos no capítulo da duração do trabalho, por exemplo, horas extras, adicional noturno, hora reduzida noturna e descansos, salvo DSR.

1.10.5. Limitação da jornada de trabalho

A jornada normal de trabalho está regulada no art. 7º, XIII, da CF e no art. 58 da CLT.

Em regra, a jornada de trabalho não pode ultrapassar 8 horas diárias e 44 horas semanais.

Porém, não são todos os empregados que gozam dessa jornada (8h diárias e 44h semanais), existem os empregados que, por conta das especificidades da função, determinada por lei ou norma coletiva, acabam tendo jornada diferenciada.

1.10.5.1. Jornada reduzida de trabalho

Não são todos os empregados que gozam da jornada de 8 horas diárias e 44 horas semanais, pois existem empregados com jornada diferenciada, por lei ou norma coletiva.

a) Bancários – 6 horas diárias e 30 horas semanais (art. 224, *caput*, da CLT).

b) Telefonistas – 6 horas diárias e 36 horas semanais (art. 227 da CLT).

c) Turno ininterrupto de revezamento – 6 horas diárias e 36 horas semanais (art. 7º, XIV, da CF).

d) Advogado – 4 horas diárias e 20 horas semanais.

1.10.6. Trabalho sob o regime de tempo parcial

Conforme alteração trazida pela Reforma Trabalhista, trata-se de uma modalidade de contratação em que o empregado tem uma jornada de trabalho de até 30 horas semanais sem direito à realização de horas extras ou até 26 horas semanais podendo realizar até seis horas extras na semana (art. 58-A, *caput*, da CLT).

Na hipótese da realização de horas extras, elas deverão ser remuneradas com um adicional de 50% sobre o valor da hora normal, conforme o § 3º, inserido no art. 58-A da CLT pela Reforma Trabalhista.

No caso do empregado ser contratado sob uma jornada de trabalho menor do que vinte e seis horas semanais, por exemplo, vinte horas semanais, na hipótese de ele vir a trabalhar vinte e duas horas semanais, terá o direito de receber duas horas como extra, conforme o § 4º do art. 58-A. O referido parágrafo ainda limitou a quantidade de horas extras em até seis horas semanais, mesmo que a jornada seja menor do que vinte e seis horas semanais.

O § 5º do art. 58-A da CLT autorizou a compensação das horas extraordinárias realizadas, desde que ocorra na próxima semana após a sua realização. Caso não ocorra a compensação, as horas extras deverão ser pagas no pagamento do salário do mês subsequente a sua realização.

A Reforma Trabalhista ainda realizou duas grandes alterações nas características do antigo regime de tempo parcial. A primeira relacionada à possibilidade de o empregado contratado sob tal regime abonar um terço de suas férias (conversão de 1/3 dos dias de férias a que tiver direito em abono pecuniário). A segunda, também referente às férias, confere ao empregado o gozo de férias de no mínimo trinta dias (art. 58-A, §§ 6º e 7º, da CLT).

1.10.7. Horas extras

Horas extras são as horas trabalhadas pelo empregado além da sua jornada normal de trabalho.

A Reforma Trabalhista melhorou a redação do art. 59 da CLT, no sentido de que passou a utilizar a expressão "horas extras" e não mais "horas suplementares", bem como ao deixar claro que o acordo de prorrogação de jornada poderá ser celebrado por acordo individual e norma coletiva, excluindo a expressão "contrato coletivo de trabalho".

A Reforma também equalizou a CLT à Constituição Federal quanto ao valor do adicional de horas extras ao alterar a redação do § 1º do art. 59, e disciplinar que o adicional mínimo pela realização das horas extras é de 50% (cinquenta por cento) sobre o valor da hora normal.

A Reforma ainda revogou o § 4º do art. 59 da CLT, que vedava a compensação de jornada pelo empregado contratado sob o regime de tempo parcial.

1.10.7.1. Horas extras nas atividades insalubres

Nas atividades insalubres, a realização de horas extras depende de autorização do órgão competente em matéria de higiene e saúde do empregado, conforme art. 60 da

CLT. Ocorre que a Reforma Trabalhista incluiu o parágrafo único ao referido artigo, excluindo da obrigatoriedade relatada acima o trabalho desenvolvido em jornada especial de trabalho de 12x36.

1.10.7.2. Horas extras por necessidade imperiosa

A Reforma Trabalhista alterou o § 1º do art. 61 da CLT, para autorizar a realização de horas extras por necessidade imperiosa do empregador, sem a obrigação de informar, posteriormente, o Ministério do Trabalho e Emprego.

Efeitos

a) O empregador deverá remunerar o empregado com o valor da hora normal mais o adicional de, no mínimo 50%, nos do art. 59, § 1º, da CLT ou art. 7º, XVI, da CF.

b) Compensação do tempo trabalhado a mais em um dia, de forma que o empregado trabalhe menos em outro.

1.10.7.3. Supressão das horas extras habituais

Na hipótese da supressão das horas extras habituais (horas extras realizadas por mais de um ano), o empregador fica obrigado a pagar uma indenização ao empregado, proporcional na quantidade de horas extras habituais realizadas no mês, em relação a quantidade de tempo que ficou prestando serviço em horaextra habitual, nos termos da Súmula 291 do TST.

1.10.7.4. Acordo de compensação individual

Acordo de compensação individual ocorre quando o empregado trabalha um período maior do que sua jornada normal de trabalho durante a semana para compensar esse tempo de trabalho a maior com folga aos sábados. Exemplo: O empregado trabalha, de segunda a sexta-feira, 8 horas e 48 minutos, para folgar aos sábados.

Características

a) individual;
b) escrito ou tácito;
c) certeza da compensação.

A Reforma Trabalhista claramente dialogou com a Súmula 85 do TST, de forma que a positivou em alguns aspectos e a contrariou em outros.

A primeira menção à Reforma que merece destaque é a inclusão do § 6º ao art. 59 da CLT, que passou a admitir a validade do acordo de compensação de forma tácita, desde que a compensação de jornada ocorra dentro do mês da realização das horas extras.

Outro ponto importante foi o fato de ter positivado a ideia de que a ausência do preenchimento dos requisitos legais para celebração do acordo de compensação da jornada implica somente o pagamento do adicional de horas extras, uma vez que a hora já foi compensada pela folga, conforme o novo art. 59-B, incluído pela Reforma Trabalhista na CLT.

Ainda, com relação à Reforma Trabalhista e à Súmula 85, o parágrafo único do art. 59-B dispõe que a realização de horas extras habituais não descaracteriza o acordo de compensação.

1.10.7.5. Banco de horas

Ocorre quando empregado e empregador celebram acordo para que o empregado trabalhe em regime de horas extras em determinados dias para diminuir a jornada em outros, sem uma definição prévia dos dias em que irá fazer horas extras ou dos dias em que irá folgar, nos termos do art. 59, § 2º, da CLT, *abaixo transcrito*. Entretanto, o empregador é obrigado a compensar a jornada extraordinária no prazo máximo de um ano, contado da realização da hora extra, sob pena de ser compelido a realizar o pagamento.

A Reforma Trabalhista inclui o § 5º ao art. 59 da CLT, *in verbis*, dispondo sobre a possibilidade da celebração do Banco de horas por meio de acordo individual escrito, desde que a compensação da jornada ocorra dentro do período máximo de seis meses, contados a partir da realização da jornada extraordinária.

A Reforma ainda alterou o § 3º do art. 59 da CLT, incluindo em sua redação a previsão de que seus efeitos também se aplicam ao banco de horas celebrado por acordo escrito.

1.10.7.6. Semana espanhola

A semana espanhola é uma forma de compensação de jornada de trabalho em que o empregado que perfaz jornada semanal de 44 horas labora 40 horas numa semana e 48 horas em outra, sempre de modo alternado. Dessa forma, o empregado, em uma semana, trabalha 8 horas por dia de segunda a sexta e 4 horas no sábado, e na outra semana, trabalha 8 horas por dia de segunda a sexta e não trabalha aos sábados. Para ter validade é necessária a celebração de acordo coletivo ou convenção coletiva de trabalho.

1.10.8. Trabalho noturno

Trata-se do trabalho realizado no período noturno, que garante ao empregado o recebimento do adicional noturno, para compensar o desgaste físico.

1.10.8.1. Características

a) **Período noturno:**
    a.1) Urbano: 22h às 5h.
    a.2) Rural: Agricultura = 21h às 5h/Pecuária = 20h às 4h.

b) Hora reduzida: 1 hora equivale a 52 minutos e 30 segundos; não se aplica para o Rural.

c) Adicional: de 20% para Urbano e 25% para Rural sobre a remuneração.

1.10.8.2. Jornada mista ou prorrogada

Entendem-se como jornadas mistas ou prorrogadas aquelas em que o empregado ingressa no trabalho em um período e termina no outro. Ex.: Iniciou a jornada no período diurno (18h) e terminou no período noturno (24h) ou iniciou no período noturno (24h) e terminou no período diurno (6h). Nesse sentido, também temos a jornada prorrogada, que ocorre quando a jornada de trabalho do empregado alcança todo período noturno (22h/5h) e ainda se estende além desse horário, por exemplo, até as 7h, nesse caso o adicional noturno é estendido a toda jornada de trabalho, inclusive quanto ao período de prorrogação (observe o art. 73, §§ 4º e 5º, e a Súmula 60 do TST).

Aplicam-se as regras do trabalho noturno para o empregado que trabalha em turno ininterrupto de revezamento, nos termos da Súmula 213 do STF.

1.10.9. Intervalos

É o período que o empregado tem para descansar e se alimentar, sendo que, durante o intervalo, em regra, o empregado não permanece à disposição do empregador.

1.10.9.1. Intervalo intrajornada

É o intervalo realizado dentro da jornada de trabalho (INTRA = DENTRO).

a) Jornada de 4 a 6 horas: 15 minutos de intervalo (art. 71, § 1º, da CLT).

b) Jornada acima de 6 horas: mínimo 1 hora e no máximo 2 horas para intervalo (art. 71, *caput*, da CLT).

Intervalos superiores podem ser estabelecidos por normas coletivas.

A Reforma Trabalhista autorizou a redução do intervalo intrajornada mínimo para trinta minutos, desde que por meio de convenção coletiva ou acordo coletivo de trabalho, conforme art. 611-A, III, da CLT.

Na hipótese de o empregado não gozar ou gozar de forma parcial do intervalo, o tempo suprimido deverá ser pago com o adicional de 50% sobre o valor da hora normal. Referido *pagamento tem natureza indenizatória* (art. 71, § 4º, da CLT).

1.10.9.2. Intervalo interjornada

Trata-se do intervalo de uma jornada para outra de trabalho, que deve ser de pelo menos 11 horas consecutivas (art. 66 da CLT).

1.10.9.3. Descanso semanal remunerado (DSR)

Consiste na folga de 24 horas consecutivas concedida ao empregado semanalmente, preferencialmente, no domingo, de acordo com o previsto no art. 67 da CLT.

1.10.9.3.1. Características

a) Compensação em outro dia.
b) Adicional de 100% (quem trabalha deve receber em dobro).
c) Descontado na falta injustificada.

O adicional somente é devido ao empregado que trabalhar no domingo ou feriado, desde que não seja seu dia de trabalho. Ex.: empregado que trabalha por escala, e seu dia de trabalho cai no domingo, não tem direito ao adicional.

Da análise da referida OJ chegamos às seguintes conclusões: a) a periodicidade do DSR não pode ser superior a sete dias; e, b) caso ultrapasse o referido período, deverá ser remunerado em dobro.

1.10.10. Férias

Férias é o período de descanso anual, que deve ser concedido ao empregado após o exercício de atividades por um ano, ou seja, por um período de 12 meses (art. 129 da CLT).

1.10.10.1. Período aquisitivo

São os 12 meses em que o empregado trabalha para adquirir o direito as férias.

1.10.10.2. Período concessivo

São os 12 meses subsequentes ao período aquisitivo, em que o empregado deverá gozar as suas férias.

1.10.10.3. Aviso das férias

O empregado deve ser avisado, por escrito, da concessão das férias 30 dias antes do seu início, nos termos do art. 135 da CLT.

1.10.10.4. Férias dos membros de uma mesma família

Membros de uma mesma família que trabalhem em um mesmo estabelecimento ou empresa podem, se quiserem, gozar férias no mesmo período, desde que não resulte prejuízo ao empregador (art. 136, § 1º). Por exemplo: imagine uma construtora que possui apenas dois engenheiros em seu quadro, que são casados. No caso de ambos gozarem de férias no mesmo período, o empregador irá sofrer prejuízo, pois ficará sem nenhum engenheiro para desenvolver suas atividades.

Estudantes menores de 18 anos têm direito de fazer coincidir as férias do trabalho com as escolares, nos termos do § 2º do art. 136 da CLT. Esse direito é potestativo, ou seja, não pode ser contestado pelo empregador.

1.10.10.5. Prazo das férias

Todos os empregados têm direito a 30 dias corridos de férias, com exceção dos empregados domésticos contratados em regime de tempo parcial, e aqueles que faltam de forma injustificada durante o período aquisitivo, conforme tabela abaixo (art. 130 da CLT).

Art. 130. Após cada período de 12 (doze) meses de vigência do contrato de trabalho, o empregado terá direito a férias, na seguinte proporção:

Número de Faltas Injustificadas	Dias de Férias
Até 5	30
De 6 a 14	24
De 15 a 23	18
De 24 a 32	12

1.10.10.6. Perda do direito às férias (art. 133 da CLT)

a) Empregado que pede demissão e não retorna em 60 dias.
b) Empregado que permanece em gozo de licença remunerada por mais de 30 dias.
c) Empregado que deixa de trabalhar, recebendo salário, em virtude de paralisação total ou parcial de serviços da empresa, por mais de 30 dias.
d) Empregado que tenha recebido prestações previdenciárias (auxílio-doença ou acidente) por mais de 6 meses, ainda que descontínuos.

1.10.10.7. Remuneração das férias

a) O empregado perceberá a remuneração que lhe for devida, com acréscimo de 1/3 (constitucional) (art. 142, *caput*, da CLT e art. 7º, XVII, da CF).
b) Se concedidas fora do prazo, as férias devem ser remuneradas em dobro, inclusive o 1/3 constitucional (art. 137 da CLT).
c) Se parte for concedida fora do prazo, esses dias deverão ser remunerados em dobro (Súmula 81 do TST).

1.10.10.8. Férias coletivas

Podem ser concedidas férias coletivas a todos os empregados da empresa, ou a todos os empregados de um dos estabelecimentos, ou ainda aos empregados de um ou mais setores, conforme dispõe o art. 139 da CLT.

O fracionamento é permitido, desde que em dois períodos e se nenhum deles for inferior a 10 dias.

O empregador deverá: a) comunicar o MTE com 15 dias de antecedência; b) enviar cópia do comunicado ao Sindicato de Classe; e c) afixar o aviso no local de trabalho.

Na concessão das férias coletivas, aqueles empregados que ainda não completaram o período aquisitivo gozarão de férias proporcionais, iniciando-se então novo período aquisitivo, conforme art. 140 da CLT.

O abono pecuniário somente é cabível se previsto em acordo coletivo (art. 143, § 2º, da CLT).

1.10.10.9. Abono pecuniário

O empregado pode abonar no MÁXIMO 1/3 do período das férias, desde que requeira com antecedência de 15 dias do término do período aquisitivo (art. 143 da CLT).

1.10.10.10. Fracionamento das férias

Em regra, pelo Princípio da Continuidade, as férias devem ser gozadas de uma só vez.

A Reforma Trabalhista trouxe sensível alteração à regulamentação das férias ao autorizar, desde que mediante acordo entre empregado e empregador, o fracionamento das férias em até três períodos, sendo que um deles não seja inferior a 14 dias, e os demais não sejam inferiores a 5 dias.

A Reforma ainda prevê a possibilidade do fracionamento das férias dos menores de 18 anos e dos maiores de 50 anos, pois revogou o § 2º do art. 134 da CLT.

Nesse mesmo passo, a Reforma ainda incluiu o § 3º ao art. 134 da CLT, que dispõe que as férias não podem começar no período de dois dias que antecedem feriado ou descanso semanal remunerado.

1.11. Jornada especial de 12x36

A Reforma Trabalhista inovou ao positivar na CLT, por meio do art. 59-A, a possibilidade de o empregado trabalhar em jornada especial de trabalho de 12 horas de trabalho por 36 horas de descanso.

Nesse sentido, a Reforma foi além do disposto na Súmula 444 do TST, que até então regulamentava a jornada de 12x36, e autorizou sua validade por meio de acordo individual escrito entre empregado e empregador.

O art. 59-A da CLT, ainda autorizou a indenização do intervalo intrajornada.

O parágrafo único do art. 59-A da CLT, também inserido pela reforma, ainda prevê que, no caso de o empregado laborar em jornada especial de 12x36, a remuneração mensal já engloba o descanso semanal remunerado e o trabalho em feriados. No mesmo sentido, o referido parágrafo também preconiza que o trabalho em feriados e em prorrogação do período noturno já estão compensados no tempo de 36 horas de descanso, de forma que não devem ser pagos pelo empregador.

1.12. Prescrição

É a perda da pretensão (exigibilidade) de reparação de determinado direito violado, devido à inércia do titular, em determinado período de tempo fixado em lei.

A Reforma Trabalhista alterou a redação do art. 11 da CLT e trouxe um melhor entendimento do que realmente é a prescrição, deixando claro que o que se perde por ocasião da prescrição é a pretensão do exercício do direito e não o direito em si.

Nesse mesmo sentido, a Reforma revogou os incisos I e II do referido artigo, que faziam distinção entre os prazos prescricionais para o empregado urbano e rural.

A prescrição trabalhista é tanto bienal quanto quinquenal, nos termos do art. 11 da CLT e do art. 7º, XXIX, da CF/88.

Na prescrição bienal, o prazo é de dois anos, contados do término do contrato de trabalho, para o empregado ajuizar a reclamação trabalhista.

Na prescrição quinquenal, o prazo é de cinco anos, contados de forma retroativa, do ajuizamento da ação, para o empregado reclamar seus direitos trabalhistas. Exemplo: imagine um empregado que trabalhou 30 anos numa determinada empresa, sempre realizando horas extras, mas nunca recebeu por elas. Uma semana após o término do contrato, ajuíza reclamação trabalhista, sendo que somente terá direito de reclamar na referida ação os últimos cinco anos de horas extras, contados de forma retroativa do ajuizamento da ação. Assim, se ajuizou a ação em 11-10-2023, somente terá direito as horas extras realizadas entre a data do ajuizamento da ação até 11-11-2018.

Não obstante, a Constituição também trata do assunto, de modo que é fácil afirmar que a prescrição trabalhista é matéria de índole constitucional, já que o inciso XXIX do art. 7º dispõe que são direitos dos trabalhadores urbanos e rurais, além de outros que visem a melhoria de sua condição social, *ação, quanto aos créditos resultantes das relações de trabalho, com prazo prescricional de cinco anos para os trabalhadores urbanos e rurais, até o limite de dois anos após a extinção do contrato de trabalho.*

1.12.1. Contagem do prazo

A contagem do prazo se dá nos termos do art. 132 do CC, c/c o art. 1º da Lei n. 810/49, repete-se o dia e o mês, alterando-se apenas o ano.

1.12.2. Início e término da contagem do prazo

O prazo prescricional começa a fluir a partir da lesão do direito ou do conhecimento desta, isto é, a partir do nascimento da ação em sentido material.

O prazo prescricional termina no mesmo dia e mês do começo, e, se for não útil, prorroga-se para o dia útil subsequente, conforme art. 132 e seus parágrafos do CC, o que é reconhecido e aplicado pela jurisprudência.

1.12.3. Causas impeditivas da prescrição

Sem prejuízo do previsto no Código Civil, ocorrem, haja vista a CLT, algumas situações que impedem que o prazo prescricional comece a fluir ou de continuar o seu curso; são as chamadas causas impeditivas e suspensivas.

- **Hipótese:** empregado menor de 18 anos (art. 440 da CLT) impede o início do prazo prescricional.

1.12.4. Causas suspensivas da prescrição

São situações que paralisam o curso do prazo prescricional já iniciado, o qual será retomado, do ponto onde parou com o fim da causa suspensiva.

- **Hipótese:**
a) submissão de demanda a Comissão de Conciliação Prévia (art. 625-G da CLT);
b) auxílio-doença ou aposentadoria por invalidez NÃO suspende o curso da prescrição, salvo se o trabalhador ficar totalmente incapacitado de recorrer ao judiciário (OJ n. 375 da SBDI 1 do TST);
c) petição de homologação de acordo extrajudicial, no que diz respeito aos direitos especificados no acordo, conforme o art. 855-E da CLT.

1.12.5. Causa de interrupção da prescrição

São situações que demonstram uma providência inequívoca do interessado em defender seus direitos, de forma que paralisam o andamento do prazo prescricional.

Cessada a causa de interrupção, o prazo prescricional começa a contar do início, desprezando-se o prazo decorrido até então. Essa é a grande diferença entre ela e a suspensão do prazo prescricional.

> **ATENÇÃO!**
> A prescrição só pode ser interrompida uma única vez (art. 202 do CC).

Conforme dispõe a Reforma Trabalhista que inseriu o § 3º ao art. 11 da CLT, a prescrição somente é interrompida pelo ajuizamento da reclamação trabalhista, mesmo que arquivada e perante juiz incompetente. Se arquivada, a interrupção somente se aplica aos pedidos idênticos deduzidos na ação arquivada, o que também está descrito na Súmula 268 do TST.

No entanto, como ainda não houve cancelamento e nem sabemos se o TST irá cancelar, é de bom tom registrar a previsão da OJ n. 392 da SDI-1 do TST: "O protesto judicial é medida aplicável no processo do trabalho, por força do art. 769 da CLT e do art. 15 do CPC de 2015. O ajuizamento da ação, por si só, interrompe o prazo prescricional, em razão da inaplicabilidade do § 2º do art. 240 do CPC de 2015 (§ 2º do art. 219 do CPC de 1973), incompatível com o disposto no art. 841 da CLT".

Em nosso entendimento, ainda que com a inserção do § 3º no art. 11 da CLT, não fica prejudicado o uso do protesto, já que a reclamação trabalhista citada deve ser entendida como ação trabalhista, *lato sensu*.

1.12.6. Prescrição total e parcial

Na prescrição total, decorrido o prazo legal, perde-se a possibilidade de pleitear tudo, isto é, todas as parcelas são alcançadas pela prescrição. Na prescrição parcial, é fulminado apenas a pretensão de parte dos direitos.

A prescrição bienal é sempre total. A não observância da prescrição quinquenal pode levar a prescrição total (quando o direito lesado não está assegurado por preceito de lei) e também pode dar ensejo ao seu reconhecimento de modo parcial (quando o trabalhador ajuíza uma ação ainda com contrato de trabalho ativo, conseguindo apenas os últimos 5 anos).

Note que a Súmula 308, I, do TST determina que a prescrição quinquenal (contada para contratos extintos) dar-se-á da data do ajuizamento da ação e não da extinção do contrato, pois nesse último caso temos que contar a bienal.

> **ATENÇÃO!**
> O TST já entendia que, sobre a alteração do pactuado em contrato de trabalho ou regulamento da empresa, no que não estivesse assegurado em preceito de lei, aplicava-se a prescrição quinquenal total, conforme entendimento da Súmula 294. Ocorre que, com a Reforma Trabalhista que inseriu o § 2º ao art. 11 da CLT, tal entendimento passou a ser positivado em nossa legislação, bem como deixou claro que tal prescrição se aplica não só quanto à alteração, mas também quanto ao descumprimento do contrato ou regulamento.

Assim, caso ocorra o descumprimento ou alteração de um direito pactuado em contrato de trabalho ou regulamento da empresa, não previsto em lei, o empregado deverá ajuizar a ação no prazo de cinco anos da lesão ao direito, sob pena de ser aplicada a prescrição total, conforme teoria do ato único, por exemplo, o empregado recebe vale alimentação previsto apenas no regulamento da empresa, a qual por sua vez resolve no dia 2 de outubro de 2018 cessar o pagamento do referido benefício, de forma que o empregado tem até o dia 2 de outubro de 2023 para ajuizar a reclamação trabalhista pleiteando o vale alimentação devido, independentemente do contrato de trabalho estar ou não em vigor, sob pena de prescrição quinquenal total.

O prazo prescricional da prescrição total quinquenal é contado da data da lesão em diante, enquanto o prazo prescricional da prescrição parcial (contratos em vigor) ou quinquenal (contratos extintos) é contado de forma retroativa do ajuizamento da reclamação trabalhista.

1.12.7. Prescrição do FGTS

Para os casos cujo termo inicial da prescrição, ou seja, a lesão ao direito, que no caso em tela é a ausência de depósito do FGTS, ocorreu após a data do julgamento proferido pelo STF (13-11-2014), aplica-se, desde logo, o prazo de cinco anos. Para aqueles em que o prazo prescricional já estava em curso antes do julgamento, aplica-se o que ocorrer primeiro: trinta anos, contados do termo inicial, ou cinco anos, a partir do julgamento.

No que toca a aplicação da Súmula 362 do TST, as ações ajuizadas antes da data da decisão proferida pelo STF no ARE 709.212 (13-11-2014) em nada serão atingidas pelos efeitos *ex nunc* da referida decisão, aplicando-se a elas a regra antiga da prescrição trintenária. Porém, em razão do acórdão emanado do STF, a Súmula 362 do TST teve que ser alterada e, com isso, a regra de modulação tem sido aplicada da seguinte maneira (exemplificação), para as ações ajuizadas após 13-11-2014, mas cujos contratos, antes da decisão do STF, seriam atingidos pela trintenária: Ajuizamento da ação em 16-5-2018, aplica-se a prescrição quinquenal, cujo prazo vence primeiro (considere data da admissão do autor em: 1º-11-1991 + 30 anos = **1º-11-2021** ou 13-11-2014 + 5 anos = **13-11-2019**). Ou seja, a quinquenal ocorrerá primeiro e, portanto, é ela que será aplicada. Esse raciocínio se aplica para ações ajuizadas após 13-11-2014!

Embora não concordemos, pois este modo de aplicação viola todos os princípios de regência do direito do trabalho (e os princípios têm natureza normogenética, segundo Canotilho), é o que vem sendo aplicado, com raras exceções, pela Justiça do Trabalho.

No nosso modo de ver, o marco deve ser a lesão (não recolhimento) e não o ajuizamento da ação (onde se buscará a pretensão creditícia pelo não recolhimento), já que o contrato de trabalho é de trato sucessivo e, ademais, por deixar o trabalhador à margem de melhor aplicação do art. 7º, *caput,* da CRFB/88, já que não melhora sua condição social. Ou seja, no caso acima exemplificado, como o contrato fora firmado em 1º-11-91 e nunca teve recolhimento para o FGTS, o certo seria aplicar, em nosso entendimento, a prescrição trintenária, observando-se, obviamente, o prazo de 2 anos para deduzir a pretensão em juízo (prescrição bienal).

Com relação às ações declaratórias, que tenham como fim as anotações para fins de Previdência Social, estas são imprescritíveis, nos termos do art. 11, § 1º, da CLT.

1.13. Salário e remuneração

1.13.1. Salário

É a contraprestação devida ao empregado pela prestação de serviços, em decorrência do contrato de trabalho, pago diretamente pelo empregador de forma habitual, conforme art. 457 da CLT.

1.13.2. Remuneração

É a soma de todas as parcelas recebidas pelo empregado, pagas diretamente pelo empregador (salário mensal, por hora, por tarefa etc.) e indiretamente (ex.: gorjetas) por terceiros, em virtude do contrato de trabalho.

Assim, remuneração é gênero, do qual salário é uma das espécies (art. 457 da CLT).

1.13.3. Gorjetas

Gorjeta é o valor pago pelo cliente, ou, ainda, cobrado pela empresa em razão da prestação do serviço. A figura da gorjeta é mais comum em restaurantes, bares, hotéis e motéis. A gorjeta foi disciplinada pelo § 3º do art. 457 da CLT que dispõe:

As gorjetas não integram a base de cálculo para composição do: a) aviso prévio; b) adicional noturno; c) horas extras; e d) DSR, conforme dispõe a Súmula 354 do TST.

Na hipótese de inexistir norma coletiva prevendo a respeito dos critérios de rateio das gorjetas, este será feito com base em decisão tomada por uma comissão de empregados, constituída para tal finalidade.

As empresas que cobrarem a gorjeta na nota de serviço poderão reter do valor arrecadado o valor dos encargos sociais, desde que previsto em norma coletiva até o percentual de 20% quando inscrita no regime de tributação federal diferenciado e até 33% quando não for inscrita.

No caso da gorjeta paga por terceiros, os critérios de retenção serão definidos em norma coletiva, facultando os mesmos critérios do § 14.

Os valores das gorjetas recebidas deverão ser anotados na CTPS dos empregados.

As gorjetas cobradas por mais de doze meses incorporam-se ao salário do empregado.

As empresas com mais de 60 empregados deverão constituir uma comissão para fiscalizar a arrecadação e distribuição da gorjeta, sendo que seus membros representantes dos empregados terão estabilidade provisória no emprego nos termos da norma coletiva que a regulamentar.

1.13.4. Parcelas salariais

Parcelas salariais são aquelas pagas em razão da contraprestação do trabalho, diretamente pelo empregador, ou seja, são pagas pelo trabalho realizado e de forma habitual, conforme dispõe o art. 457, § 1º, da CLT.

A Reforma Trabalhista alterou a redação do § 1º, deixando claro que somente tem natureza salarial além da importância fixa pega pelo empregador, as gratificações legais, por exemplo, o adicional de horas extras, insalubridade, periculosidade e as comissões.

As referidas parcelas não podem ser pagas de forma englobada, sem a devida discriminação, sendo que tal prática denomina-se salário complessivo, previsto na Súmula 91 do TST.

1.13.5. Parcelas não salariais

Existem algumas parcelas que não têm caráter salarial, em razão de lei ou pelo seu caráter indenizatório.

A reforma trabalhista também trouxe alterações com relação às parcelas que não possuem natureza salarial, dispondo como novidade os prêmios e abonos, bem como retirou o limite de percentual das diárias de viagem.

a) Ajuda de custo

Ajuda de custo corresponde a um único pagamento, efetuado em situações excepcionais, em geral para fazer frente às despesas de transferência do empregado ocorridas no interesse do empregador, conforme preconiza o art. 457, § 2º, da CLT.

b) Diárias para viagem

Diárias são valores pagos aos empregados a título de ressarcimento de despesas provenientes de viagens e serviços.

A CLT dispõe que as diárias para viagem não integram o salário (art. 457, § 2º).

A Súmula 101 do TST fica prejudicada, no particular, uma vez que anterior a Lei n. 13.467/2017, embora o TST ainda não a tenha alterado ou cancelado.

c) Auxílio-alimentação

O auxílio-alimentação, desde que não concedido em dinheiro, não integra o salário, conforme art. 457, § 2º, da CLT.

d) Prêmios e abonos

São liberalidades concedidas pelo empregador aos empregados, por meio de bens ou dinheiro, para incentivar a produção, conforme art. 457, § 2º, da CLT.

e) Participação nos lucros e resultados

Decorrente da previsão do art. 7º, XI, da Constituição, é parcela espontânea, prevista na Lei n. 10.101/2000, que dispõe sobre a participação dos trabalhadores nos lucros ou resultados da empresa, que não é compulsória, pois depende de negociação entre empregado e empregador, sendo que normalmente é instituída por meio de norma coletiva.

O art. 3º da Lei n. 10.101/2000 dispõe que:

> Art. 3º A participação de que trata o art. 2º não substitui ou complementa a remuneração devida a qualquer empregado, nem constitui base de incidência de qualquer encargo trabalhista, não se lhe aplicando o princípio da habitualidade.

1.13.6. Meios de pagamento de salário

Regra:

- Pagamento feito em dinheiro.

Exceções:

- Pagamento em cheque ou depósito bancário.
- Salário-utilidade/salário *in natura*.

1.13.6.1. Pagamento feito em dinheiro

> **ATENÇÃO!**
> Se fizer o pagamento em moeda estrangeira, é como se o pagamento não tivesse sido feito, de forma que deverá pagar novamente (art. 463 da CLT).

1.13.6.2. Pagamento em cheque ou depósito bancário

As empresas situadas em perímetro urbano podem fazer pagamento de salários por meio de conta bancária aberta para este fim, ou em cheque emitido diretamente pelo empregador em favor do empregado, salvo, se este for analfabeto, sempre com consentimento do empregado.

> **ATENÇÃO!**
> No pagamento em cheque, o empregador é obrigado a liberar o empregado, dentro do expediente bancário, para ir ao banco, sem prejuízo de salário, para descontar o cheque.

1.13.6.3. Salário-utilidade/Salário *in natura*

É o salário pago por meio de bens, uma vez que salário é: $ ou $ + utilidade.

O salário-utilidade deve ser pago **PELO** trabalho e não **PARA** o trabalho, nos termos do art. 458, *caput*, da CLT.

Ocorre que em certas situações a utilidade é concedida PELO e PARA o trabalho ao mesmo tempo, sendo que nesse sentido o TST já pacificou seu entendimento de não integra o salário, consoante Súmula 367 do TST.

O valor das utilidades não pode ultrapassar 25% do salário contratual para habitação e 20% do salário contratual para alimentação (art. 458, § 3º, da CLT).

O art. 458, § 2º, da CLT enumera os bens econômicos que não poderão ser considerados como salário: a) vestuário; b) educação; c) transporte; d) assistência médica e odontológica; e) seguro de vida e contra acidentes; f) previdência privada; g) vale-cultura.

Não se pode pagar a totalidade do salário *in natura*, pelo menos 30% do salário mínimo tem de ser pago em dinheiro (obrigatoriamente) (art. 82 da CLT).

A Reforma Trabalhista inseriu o § 5º ao art. 458 da CLT, que explicitou que os valores gastos com medicamentos, óculos, aparelhos ortopédicos, próteses, órteses, despesas médico-hospitalares e outras similares, que o empregador reembolsa ao empregado, são sem natureza salarial.

1.13.7. Regras de proteção ao salário

a) **Irredutibilidade salarial – art. 7º, VI, da CF:** salário não pode ser reduzido, salvo por acordo ou convenção coletiva ou salário condição (adicionais), ou seja, é imperiosa a participação da entidade sindical.

b) **Impenhorabilidade salarial – art. 833, IV, do CPC:** o referido artigo trata de tudo que é impenhorável. Salário é absolutamente impenhorável, salvo, para obrigações alimentícias.

c) **Intangibilidade salarial – art. 462 da CLT:** intangibilidade é o princípio que veda os descontos no salário do empregado.

EXCEÇÃO:

> Art. 462. Ao empregador é vedado efetuar qualquer desconto nos salários do empregado, salvo quando este resultar de adiantamentos, de dispositivos de Lei ou de contrato coletivo.
>
> § 1º Em caso de dano causado pelo empregado, o desconto será lícito, desde que esta possibilidade tenha sido acordada ou na ocorrência de dolo do empregado.

Se o empregado gerou dano ao empregador e este decorreu de ato doloso, poderá descontar, mesmo sem previsão contratual. Mas se esse dano decorreu de ato culposo, só poderá descontar se tiver previsão contratual.

Também é proibido o desconto em razão do *truck system*, nos termos do § 2º, do art. 462 da CLT.

> § 2º É vedado à empresa que mantiver armazém para venda de mercadorias aos empregados ou serviços estimados a proporcionar-lhes prestações *in natura* exercer qualquer coação ou induzimento no sentido de que os empregados se utilizem do armazém ou dos serviços.

A proteção ao salário também não permite que os descontos previstos em norma coletiva ultrapassem a 70% do salário base, em razão do princípio da dignidade humana, garantindo-se, portanto, um mínimo em dinheiro, conforme a OJ n. 18 da SDC.

1.13.8. Equiparação salarial

O princípio da isonomia salarial é constitucional e com base nesse princípio o art. 461 da CLT regula quem deve se igualar a termos de salário. Em outras palavras, se dois ou mais empregados exercem a mesma função, para o mesmo empregador, em regra devem receber o mesmo salário.

O paradigma, ou seja, aquele empregado espelho é condição indispensável na equiparação salarial. Ainda nesse sentido, vale destacar que o paradigma não pode se tratar de empregado readaptado, uma vez que seu salário quando da readaptação de função não pode ser reduzido, o que não demonstra na realidade a margem salarial de uma determinada função na empresa.

A Reforma trabalhista alterou praticamente todo o art. 461 da CLT, que trata dos requisitos para configuração do direito à equiparação salarial.

Os atuais requisitos são os seguintes:

a) Continua sendo necessária a figura do paradigma.
b) O empregado e o seu paradigma devem desenvolver a mesma função.
c) O empregado e o seu paradigma devem trabalhar para o mesmo empregador, de forma que restou vedada a equiparação entre empregados de empregadores distintos, mesmo que as empresas façam parte do mesmo grupo econômico e, ademais, deve ser no mesmo estabelecimento empresarial.
d) O trabalho desenvolvido entre o empregado e o paradigma devem ter o mesmo valor, sendo características do mesmo valor a mesma produtividade, a mesma perfeição técnica.
e) Para configurar o trabalho de igual valor ainda é necessário que entre o empregado e seu paradigma não exista um tempo superior a dois anos na função e quatro trabalhando para o mesmo empregador.
f) É obrigatório que o empregado e seu paradigma tenham trabalhado de forma simultânea.

Outra sensível alteração foi a de que não será mais necessário que o quadro de carreira ou plano de cargos e salários seja homologado junto ao Ministério do Trabalho e Emprego para afastar a equiparação, bastando ser disciplinado por meio de regulamento da empresa ou norma coletiva.

A Lei n. 14.611/2023 inclui os §§ 6º e 7º ao art. 461 da CLT, que passaram a prever multa para o empregado que for discriminado em relação ao valor do seu salário em razão de sexo, raça, etnia, origem ou idade. Ressalto que no nosso entendimento o rol do § 6º é meramente exemplificativo, sendo que outras hipóteses de discriminação podem acarretar o pagamento da multa.

1.13.9. Salário-substituição

Ocorre quando um empregado substitui o outro, de forma não eventual, tendo nesse caso, direito ao salário do empregado substituído, durante o período de substituição.

Na hipótese do cargo vago, o empregado que vier a preencher o cargo não faz jus ao salário do seu ocupante anterior. Por exemplo: Imagine que João, que tinha salário de R$ 10.000,00 falece, e a empresa precisa contratar outra pessoa para ocupar seu cargo. A empresa resolve contratar Vitor, e pagará ao mesmo um salário de R$ 5.000,00. Pergunta: Se Vitor posteriormente ajuizar reclamação trabalhista pleiteando equiparação de salário com José, terá direito a diferença salarial? A resposta é não, uma vez que Vitor é ocupante de cargo vago, nos termos do item II da Súmula 159 do TST.

1.13.10. Atividades insalubres

O conceito de atividade insalubre é dado pelo art. 189 da CLT. Atividade insalubre é aquela que expõe o empregado em contato com agentes nocivos a sua saúde, por exemplo, agentes químicos, físicos ou biológicos. Para ilustrar, podemos citar como exemplo de agente químico, o uso de fertilizante, de agente físico, a exposição a calor excessivo, e como agente biológico, o contato com pacientes de um hospital.

1.13.10.1. Perícia

A caracterização ou não da insalubridade no caso concreto depende laudo técnico emitido por um médico ou engenheiro do trabalho, nos termos do art. 195, § 2º, da CLT.

Entretanto, o TST mitigou tal regra ao admitir, no caso de extinção da empresa, outros meios de prova, consoante dispõe a OJ n. 278 da SDI 1. Por exemplo: o empregado trabalhou para uma empresa fazendo uso diário de um maquinário que o colocava em contato com barulho excessivo (risco físico). Após o término do contrato, a empresa encerrou suas atividades, e o empregado ajuizou reclamação trabalhista pleiteando o reconhecimento da atividade insalubre, e por consequência a condenação da empresa ao pagamento do adicional de insalubridade. O juiz determinou a realização da perícia, entretanto, em razão do fechamento da empresa não foi possível sua realização. Assim, no caso concreto, é possível a utilização de outras provas, por exemplo, oral ou documental, para comprovar a condição insalubre.

1.13.10.2. Graduação do adicional

Nos termos do art. 192 da CLT, o adicional é devido conforme o grau da insalubridade, mínimo (10%), médio (20%) e máximo (40%). O que irá definir o grau da insalubridade é a perícia realizada antes ou durante o processo.

1.13.10.3. Base de cálculo

Atualmente, a base de cálculo do percentual do adicional ainda gera controvérsia, uma vez que a Súmula Vinculante 4 do STF proibiu a utilização do salário mínimo como indexador de base de cálculo.

O TST, por sua vez, adota atualmente a seguinte linha de raciocínio, enquanto não tiver lei, bem como não tenha sido celebrada norma coletiva fixando base de cálculo distinta, aplica-se o salário mínimo.

1.13.10.4. Parcela condicional

Por se tratar de uma parcela condicional, ou seja, que é paga em razão de uma condição especial do contrato de trabalho, assim que constatado que a condição não mais existe, como regra de consequência, seu pagamento deve ser cessado, sem prejuízo ao princípio da irredutibilidade salarial, conforme inteligência do art. 194 da CLT e das Súmulas 80 e 248 do TST.

1.13.11. Atividades perigosas

A definição de atividade perigosa é dada pela CLT, nos termos do art. 193. Trata-se daquela atividade que coloca o empregado em risco de morte.

> Art. 193. São consideradas atividades ou operações perigosas, na forma da regulamentação aprovada pelo Ministério do Trabalho e Emprego, aquelas que, por sua natureza ou métodos de trabalho, impliquem risco acentuado em virtude de exposição permanente do trabalhador a:
> I – inflamáveis, explosivos ou energia elétrica;
> II – roubos ou outras espécies de violência física nas atividades profissionais de segurança pessoal ou patrimonial.
> (...)
> § 4º São também consideradas perigosas as atividades de trabalhador em motocicleta.

Da mesma forma que ocorre com as atividades insalubres, as perigosas também dependem de perícia, com algumas ressalvas, como é o caso previsto na Súmula 453 do TST.

1.13.11.1. Adicional e base de cálculo

A prestação de serviços em atividades perigosas dá ao empregado o direito ao recebimento do adicional de periculosidade, no percentual de 30% sobre seu salário sem os acréscimos resultantes de gratificações, prêmios ou participação nos lucros, conforme preconiza o art. 193, § 1º, da CLT.

1.13.11.2. Exposição intermitente e eventual

A jurisprudência do TST pacificou a questão na Súmula 364, de forma que apenas aquele empregado exposto de forma eventual, ou habitual em tempo muito reduzido, não faz jus ao recebimento do adicional.

O art. 193, § 2º, da CLT, não permite a acumulação dos adicionais, sendo que, na hipótese da presença dos dois na relação de trabalho, o empregado terá de optar por um deles.

1.13.11.3. Comissões

As comissões constituem parte variável do salário, e seu pagamento, em regra, é realizado pelo percentual sobre o valor do resultado do trabalho realizado. Por exemplo, um vendedor que recebe 2% (dois por cento) sobre o valor das vendas que realizou no mês. O empregado remunerado por comissões pode ser contratado sob duas modalidades, o comissionista puro, que recebe apenas a comissão, e o comissionista misto, que recebe salário fixo e a comissão. No caso do comissionista puro, ou seja, aquele que recebe o salário exclusivamente por comissão, será garantido o recebimento mensal de pelo menos o valor do salário mínimo, de forma, que se em determinado mês, o valor das comissões não alcançar o valor do salário mínimo, o empregador fica obrigado a complementar o valor para garantir o recebimento do salário mínimo.

O art. 466 da CLT dispõe que o valor referente às comissões somente será devido depois de ultimar a transação a qual se refere. Ainda nesse sentido, nas transações por prestações sucessivas, o pagamento das comissões ocorrerá proporcionalmente ao recebimento do valor da venda. Exemplificando, imagine que o empregado comissionista efetuou uma venda para ser paga em três parcelas mensais, de maneira que, nesse caso, o empregador deverá pagar a comissão referente a tal venda, de forma proporcional ao valor de cada parcela, sempre após a sua liquidação.

Nesse sentido, ainda em relação a inteligência do art. 466 da CLT, a extinção do contrato de trabalho não prejudica o direito ao recebimento das comissões sobre as transações por prestações sucessivas. Exemplo: o empregado comissionista realizou uma venda parcelada em quatro vezes. No segundo mês posterior à venda, teve seu contrato de trabalho rescindido. Mesmo após a rescisão, o empregador deverá pagar ao ex-empregado o valor das comissões em relação às parcelas de n. 3 e 4, sempre após sua liquidação.

Em regra, o empregador somente poderá deixar de pagar as comissões ao empregado no caso de insolvência do comprador ou de recusa manifesta da proposta de venda apresentada pelo empregado, de forma que nos demais casos, aceita a proposta pelo empregador, o empregado terá direito às comissões, ainda que o comprador venha posteriormente a desistir do negócio ou deixar de efetuar o pagamento.

A cláusula *del credere*, no entendimento majoritário da doutrina, não se aplica aos contratos de trabalho. Destarte, o empregado não pode ser responsabilizado solidariamente ao comprador para ressarcimento do empregador no caso de inadimplência. O mencionado entendimento tem por base o fato de que os riscos da atividade devem ser suportados pelo empregador (art. 2º da CLT).

1.14. Aviso prévio

É a comunicação da rescisão do contrato de trabalho por uma das partes, empregador ou empregado, que decide extingui-lo, com a antecedência que estiver obrigada por força de lei (art. 487 da CLT).

Um dos quesitos preponderantes no aviso prévio é a **surpresa contratual**; por isso, nos contratos de prazo **determinado não há aviso prévio**, salvo se constar expressamente no contrato, através da Cláusula Assecuratória de Direito Recíproco de Rescisão.

É praticamente pacífico o entendimento de que o inciso I acima citado não fora recepcionado pela Constituição, já que o art. 7º, XXI, determina "aviso prévio proporcional ao tempo de serviço, sendo no mínimo de trinta dias, nos termos da lei".

Aviso prévio não cabe nas rescisões por justa causa.

1.14.1. Lei n. 12.506/2011

Esta lei dá 3 dias a mais de aviso prévio ao empregado por cada ano completo de serviço trabalhado por ele.

- Se o empregado trabalhar até 11 meses e 29 dias – terá direito ao mínimo – 30 dias.
- Se trabalhou 1 ano – terá direito a 33 dias.
- Se trabalhou 1 ano, 11 meses e 29 dias – terá direito a 33 dias.
- Se trabalhou 2 anos – 36 dias.
- Se trabalhou 3 anos – 39 dias.
- Até o limite máximo de 90 dias – tendo trabalhado 20 anos na empresa.

Os empregados que foram demitidos antes da publicação da lei **não** têm direito ao referido acréscimo.

> **Súmula 441 do TST**
>
> AVISO PRÉVIO. PROPORCIONALIDADE
>
> O direito ao aviso prévio proporcional ao tempo de serviço somente é assegurado nas rescisões de contrato de trabalho ocorridas a partir da publicação da Lei n. 12.506, em 13 de outubro de 2011.

1.14.2. Aviso prévio concedido pelo empregador

Como dito anteriormente, o aviso prévio é um direito que se aplica tanto ao empregado quanto ao empregador. O empregador deverá conceder o aviso prévio quando colocar fim a relação de emprego. Nessa hipótese, o empregador poderá escolher a forma de cumprimento do aviso, se trabalhada ou indenizada.

a) **Aviso prévio trabalhado:** ocorre quando o empregado trabalha no curso do aviso prévio. O art. 488, CLT possibilita ao empregado optar por trabalhar duas horas a menos por dia ou trabalhar sem redução da jornada e faltar 7 dias corridos.

É vedado substituir a jornada reduzida do aviso prévio por horas extras. Se isso ocorrer, caracteriza a nulidade do aviso, gerando um novo aviso a ser indenizado pelo empregador, de acordo com a Súmula 230 do TST.

Pode o empregado renunciar ao restante do aviso prévio, desde que comprovada a obtenção de um novo emprego, conforme Súmula 276 do TST..

> **Súmula 276 do TST**
> AVISO PRÉVIO. RENÚNCIA PELO EMPREGADO
> O direito ao aviso prévio é irrenunciável pelo empregado. O pedido de dispensa de cumprimento não exime o empregador de pagar o respectivo valor, salvo comprovação de haver o prestador dos serviços obtido novo emprego.

b) **Aviso prévio indenizado:** ocorre quando o desligamento do empregado é IMEDIATO, de forma que o empregado NÃO trabalha durante o curso do aviso, mas recebe o valor referente ao tempo que teria de cumpri-lo.

1.14.3. Aviso prévio concedido pelo empregado

O aviso prévio é concedido pelo empregado quando este comunica o fim do contrato de trabalho, em outras palavras, pede a demissão.

O aviso prévio concedido pelo empregado também poderá ser indenizado ou trabalhado.

Se o aviso prévio for concedido pelo empregado, este **não terá a redução da jornada de trabalho**, pois a intenção do aviso prévio é de que o empregado encontre novo emprego, de forma que, se este pede a dispensa, presume-se já tê-lo adquirido.

O pagamento indenizado pelo empregado é feito por meio de um **desconto nas verbas rescisórias** deste.

O § 5º do art. 477 da CLT estabelece que:

> Art. 477. Na extinção do contrato de trabalho, o empregador deverá proceder à anotação na Carteira de Trabalho e Previdência Social, comunicar a dispensa aos órgãos competentes e realizar o pagamento das verbas rescisórias no prazo e na forma estabelecidos neste artigo.
>
> (...)
>
> § 5º Qualquer compensação no pagamento de que trata o parágrafo anterior não poderá exceder o equivalente a um mês de remuneração do empregado.

O aviso prévio proporcional só vale se for a favor do empregado.

O aviso prévio sempre conta como tempo de serviço, sendo que a baixa da carteira de trabalho contará do último dia do aviso prévio.

A base de cálculo do aviso prévio é o salário.

1.14.4. Aviso prévio x garantias de emprego

Em princípio, há incompatibilidade entre o aviso prévio e as garantias de emprego, como se depreende da Súmula 348 do TST, que averba: "É inválida a concessão do aviso prévio na fluência da garantia de emprego, ante a incompatibilidade dos dois institutos".

Entretanto, o TST tem admitido a garantia de emprego para gestante que engravida no curso do aviso prévio, mesmo indenizado, e para o empregado que sofre acidente de trabalho durante o prazo do aviso prévio.

1.15. Estabilidade

É a garantia de permanecer no emprego, mesmo contra a vontade do empregador.

Não é permitida a concessão do aviso prévio na fluência do prazo de garantia no emprego. Exemplo: Suponha que a estabilidade do empregado termine dia 21-5. No dia 30-4 o empregador pode mandar o empregado embora com aviso prévio indenizado? **Não pode**, pois não é possível conceder o aviso prévio em conjunto com o prazo da estabilidade. Não se misturam os institutos, estes são incompatíveis, nos termos da Súmula 348 do TST.

1.15.1. Tipos de estabilidade

a) **Dirigente sindical – art. 543, § 3º, da CLT**

Têm direito à estabilidade apenas os eleitos ao cargo de administração do sindicato, limitando-se ao número de sete membros, em ordem de hierarquia.

> Art. 543. O empregado eleito para cargo de administração sindical ou representação profissional, inclusive junto a órgão de deliberação coletiva, não poderá ser impedido do exercício de suas funções, nem transferido para lugar impossível ao desempenho das suas atribuições sindicais.
> (...)
> § 3º Fica vedada a dispensa do empregado sindicalizado ou associado, a partir do momento do registro de sua candidatura a cargo de direção ou representação de entidade sindical ou de associação profissional, até 1 (um) ano após o final do seu mandato, caso seja eleito, inclusive como suplente, salvo se cometer falta grave devidamente apurada nos termos desta Consolidação.

Prazo: o prazo da estabilidade inicia-se com o registro da candidatura e vai, em princípio, até a eleição. Se eleito for, a estabilidade se estende até um ano após o final do mandato, sejam **titulares** ou **suplentes**.

Logo, dirigentes Titulares (7) e suplentes (7) têm direito a estabilidade.

Após o registro da candidatura, o sindicato tem o prazo de 24 horas para comunicar o empregador do empregado, sendo que ainda que a comunicação do sindicato não ocorra em 24 horas, o empregado terá direito à estabilidade, desde que o sindicato comunique ao empregador no decorrer do contrato de trabalho.

O registro da candidatura durante o prazo do aviso prévio, mesmo que indenizado, não garante ao empregado a estabilidade. Ver Súmula 369 do TST.

b) Membro da CIPA – Comissão Interna de Prevenção de Acidentes e de Assédio – art. 10, II, *a*, do ADCT – art. 165 da CLT

A Comissão Interna de Prevenção de Acidentes e de Assédio (nova nomenclatura inserida pela Lei n. 14.457/2022), também chamada de CIPA, é constituída no âmbito da própria empresa, composta por seus próprios empregados, e tem por finalidade atuar na prevenção de acidentes e de assédios. Tal finalidade acaba por causar uma situação onerosa para o empregador, que precisa, em regra, atender as sugestões da CIPA, de forma que para o empregado, membro da CIPA, atuar com total autonomia, o legislador criou a estabilidade para o empregado eleito membro da CIPA.

Prazo: o prazo de estabilidade do membro da CIPA é idêntico ao do Dirigente Sindical.

Quando a CIPA é constituída, sua composição dentro da empresa tem de ser paritária. Obrigatoriamente, tem de ter representantes dos empregados e representantes dos empregadores.

O representante do empregador sempre será o PRESIDENTE DA CIPA.

A estabilidade somente é garantida para os empregados representantes dos empregados, titulares e suplentes.

c) Acidente de trabalho – art. 118 da Lei n. 8.213/91

Acidente de trabalho é o que ocorre com o empregado pelo exercício do trabalho a serviço da empresa (ou acidente de trajeto), provocando lesão corporal ou perturbação funcional que cause a morte, a perda ou a redução, temporária ou permanente, da capacidade para o trabalho.

Para ter direito à estabilidade é preciso preencher dois requisitos: primeiro, sofrer o acidente ou ter adquirido a doença ocupacional; segundo, passar a perceber o auxílio doença-acidentário.

Equipara-se ao acidente de trabalho a doença ocupacional ou profissional, que é aquela adquirida em razão da atividade exercida.

Por exceção, a estabilidade acidentária se aplica durante o contrato por prazo determinado, nos termos da Súmula 378 do TST.

Prazo: o prazo da estabilidade é de 12 meses, contados da cessação do auxílio previdenciário.

d) Gestante – art. 391-A da CLT/art. 10, II, *b*, do ADCT

É a estabilidade (ou garantia provisória no emprego) conferida a empregada gestante, desde a confirmação da gravidez até cinco meses após o parto.

A estabilidade gestante também é assegurada para as empregadas que engravidam durante o prazo do aviso prévio indenizado, nos termos do art. 391-A da CLT.

A Lei n. 13.509/2017 alterou o art. 391-A da CLT, incluindo o parágrafo único que garante a estabilidade gestante também ao empregado adotante, ao qual tenha sido concedida a guarda provisória para fins de adoção.

Por exceção, a estabilidade gestante também se aplica durante o prazo do contrato de trabalho por prazo determinado, nos termos do item III da Súmula 244 do TST.

e) Membros do Conselho Curador do FGTS

Nos termos do art. 3º, § 9º, da Lei n. 8.036/90, os representantes dos trabalhadores, efetivos e suplentes, no Conselho Curador do FGTS, têm direito à estabilidade provisória.

Prazo: desde a nomeação até um ano após o término do mandato.

> **ATENÇÃO!**
> Para comprovação da falta grave, exige-se processo sindical.

f) Diretor de cooperativa de consumo

O empregado eleito diretor de sociedade cooperativa criada pelos próprios empregados (cooperativa de consumo), tem estabilidade no emprego, nos mesmos moldes da garantia conferida ao dirigente sindical.

A estabilidade é conferida apenas aos diretores titulares, nos termos da OJ n. 253 SDI-1 do TST.

Prazo: desde o registro da candidatura até um ano após o término do mandato.

A falta grave deve ser apurada por meio de inquérito judicial;

O empregado deve comunicar sua candidatura ao empregador.

g) Membro da Comissão de Conciliação Prévia – art. 625-B, § 5º, da CLT

É a estabilidade conferida ao representante dos empregados, titulares e suplentes, na comissão instituída no âmbito da empresa;

Prazo: desde o registro da candidatura até um ano após o término do mandato, ou ainda, conforme outra corrente, desde a posse até um ano após o término do contrato de trabalho. Nesse aspecto o candidato deverá ficar a atento e interpretar a questão de acordo com a corrente exigida pela banca.

h) Comissão de fiscalização das gorjetas

O art. 457, § 10, da CLT, alterado pela Lei n. 13.419/2017, criou uma nova modalidade de estabilidade para os empregados eleitos para comissão criada na empresa com mais de 60 empregados, para fiscalizar o recolhimento e a distribuição da gorjeta.

O prazo da estabilidade e demais características serão definidas em eventual norma coletiva, de forma que a lei não dispõe a esse respeito.

i) Empregados com salário ou jornada reduzidos por norma coletiva

O art. 611-A, § 3º, da CLT criou mais uma estabilidade ao prever que aqueles empregados que sofressem redução do salário ou jornada, por força de Norma Coletiva, não poderiam ter o contrato rompido, sem justa causa, enquanto perdurasse a referida redução.

O prazo da estabilidade é enquanto perdurar a redução.

j) Portador do vírus HIV ou de outra doença grave que suscite estigma ou preconceito

Embora não seja, propriamente dita, uma estabilidade ou garantia provisória no emprego, considerando o rigor técnico, é imperioso ter ciência de que a Súmula 443 do TST assevera que: "Presume-se discriminatória a despedida de empregado portador do vírus HIV ou de outra doença grave que suscite estigma ou preconceito. Inválido o ato, o empregado tem direito à reintegração no emprego".

1.16. FGTS – Lei n. 8.036/90

O FGTS é um fundo formado por recolhimentos mensais incidentes sobre a remuneração do empregado, efetuados em conta vinculada na Caixa Econômica Federal, que visa à subsistência do empregado durante o desemprego, em substituição à antiga indenização decenal, sendo, na verdade, um direito garantido pela Constituição no art. 7º, III.

O empregado poderá sacar o saldo do FGTS na rescisão do contrato de forma imotivada ou em outras situações excepcionais, por exemplo, para comprar uma prótese para sanar alguma deficiência em razão de ter sofrido acidente do trabalho, ou, ainda, para aquisição da casa própria, conforme dispõem os incisos do art. 20 da Lei n. 8.036/90.

1.16.1. Obrigação do recolhimento

Com o advento da CF/88, o recolhimento do FGTS passou a ser obrigatório para o empregado urbano e rural, bem como, atualmente também o é para o empregado doméstico, nos termos da Lei Complementar n. 150/2015.

O recolhimento do FGTS para o servidor público (estatutário) não é obrigatório, já que ele possui estabilidade.

O recolhimento do FGTS também é obrigatório para o empregado público, uma vez que não é possuidor da estabilidade nos termos da Súmula 390, II, do TST.

1.16.2. Alíquotas

O FGTS mensal é devido, em regra, à razão de 8% da remuneração mensal do empregado (art. 15 da Lei n. 8.036/90).

> Art. 15. Para os fins previstos nesta lei, todos os empregadores ficam obrigados a depositar, até o dia 7 (sete) de cada mês, em conta bancária vinculada, a importância correspondente a 8 (oito) por cento da remuneração paga ou devida, no mês anterior, a cada trabalhador, incluídas na remuneração as parcelas de que tratam os arts. 457 e 458 da CLT e a gratificação de Natal a que se refere a Lei n.

4.090, de 13 de julho de 1962, com as modificações da Lei n. 4.749, de 12 de agosto de 1965.

> **ATENÇÃO!**
> Para os aprendizes, a alíquota é de 2% sobre a remuneração, salvo condição mais benéfica prevista em contrato, regulamento ou norma coletiva.

Na rescisão do contrato de trabalho sem justa causa, é devida multa compensatória do FGTS no percentual de 40% sobre o montante dos depósitos mensais devidos, até mesmo para os empregados que, por qualquer motivo autorizado por lei, já tenham feito o saque dos valores, no todo ou em parte.

> **ATENÇÃO!**
> Se a rescisão ocorrer por culpa recíproca ou força maior, o valor da multa é diminuído pela metade.

1.16.3. Prazo para recolhimento

O FGTS deve ser recolhido até o dia 07 (sete) de cada mês, referente à remuneração do mês anterior.

O FGTS rescisório, compreendido aquele referente ao último mês do contrato (verbas rescisórias) e multa compensatória devem ser recolhidos no prazo do pagamento das verbas rescisórias.

> **ATENÇÃO!**
> O FGTS não poderá ser pago diretamente para o empregado.

1.16.4. Afastamentos

O FGTS é devido sempre que o salário também for, assim, na suspensão do contrato de trabalho, em regra, o FGTS não é devido, salvo duas exceções, afastamento por acidente de trabalho e serviço militar.

No caso do acidente de trabalho convertido em aposentadoria por invalidez, a partir da conversão o FGTS não é mais devido.

1.16.5. Aposentadoria espontânea

Atualmente o STF entende que a aposentadoria espontânea não tem o condão de rescindir automaticamente o contrato de trabalho, razão pela multa compensatória é devida, como já dito acima, com base no recolhimento de todo o contrato de trabalho, mesmo que ao se aposentar, o empregado tenha realizado o saque do FGTS, conforme dispõe a OJ n. 361 da SDI 1 do TST.

1.17. Proteção do trabalho do menor

Menor, para fins da relação de emprego, é o empregado com idade entre 14 anos e 18 anos incompletos, nos termos do art. 402, *caput*, da CLT.

Não importa se ocorreu qualquer das formas de emancipação do Direito Civil.

1.17.1. Trabalho proibido ao menor

O art. 7º, XXXIII, da CF/88 proíbe o trabalho do menor no período noturno, em atividade insalubre ou perigosa.

1.17.2. Limites à duração do trabalho do menor

Em regra, o menor não pode realizar horas extras, salvo para compensação ou força maior, desde que seu trabalho seja indispensável, conforme dispõe o art. 413 da CLT.

Na hipótese de prorrogação da jornada por força maior, a CLT limitou a jornada máxima em 12 horas (8 horas + 4 horas).

1.17.3. Prescrição

Nos termos do art. 440 da CLT, contra o menor não corre nenhum prazo prescricional.

1.18. Proteção do trabalho da mulher

1.18.1. Limites ao carregamento de peso

É vedado à mulher trabalhar em emprego que demande carregamento de peso superior a 20 quilos para serviços contínuos e 25 quilos para serviços ocasionais, nos moldes do art. 390 da CLT.

1.18.2. Proteção à maternidade

Vedação à discriminação em razão do casamento ou gravidez

O art. 391 da CLT veda qualquer tipo de discriminação em face da mulher em razão do matrimônio ou gestação, bem como proíbe que qualquer regulamento, contrato ou norma coletiva contenha cláusula nesse sentido.

1.18.3. Licença-maternidade

É garantido à empregada licença-maternidade de 120 dias, sem prejuízo do emprego e do salário (no período da licença-maternidade o salário-maternidade equivale ao salário efetivamente percebido pela empregada, é pago pelo empregador e compensado integralmente com as contribuições devidas ao INSS), conforme dispõe o art. 392 da CLT.

Nos termos da Lei n. 11.770/2008, é possível ampliar por 60 dias o período da licença-maternidade na hipótese de seu empregador ter aderido ao programa de empresa cidadã. No caso, o salário desses 60 dias é pago pelo empregador, e não pelo INSS. Para ter direito à prorrogação, a empregada deve requerer ao empregador até o final do primeiro mês após o parto.

O benefício também é cabível para empregada que adotar ou obtiver guarda provisória para fins de adoção, nos termos do art. 392-A da CLT.

É importante observar que a Lei n. 14.457/2022 incluiu o art. 1º-A na Lei n. 11.770/2008, que autoriza o empregador optante pelo programa de empresa cidadã a reduzir a jornada de trabalho em 50% pelo período de 120 dias em vez de prorrogar a licença por mais 60 dias, desde que preenchidos os seguintes requisitos: a) pagamento integral do salário, independentemente da redução da jornada; e b) acordo individual escrito entre empregado e empregador autorizando a medida.

Para afastamento por licença-maternidade, a empregada deve notificar o empregador, mediante atestado médico, a partir de 28 dias antes da data prevista para o parto, contando-se os 120 dias a partir do efetivo afastamento.

Caso necessários os períodos de repouso, antes e depois do parto, poderão ser aumentados de duas semanas cada um, mediante atestado médico.

Desde que ocorrido o parto, independentemente de o fato do bebê ter nascido com vida, a gestante tem direito à licença-maternidade e ao salário-maternidade.

Em caso de falecimento da mãe, é assegurado ao cônjuge ou companheiro empregado o gozo de licença por todo o período da licença-maternidade ou pelo restante do tempo a que teria direito à mãe, exceto no caso de falecimento do filho ou seu abandono, conforme preconiza o art. 392-B da CLT.

Durante a gravidez fica assegurada à gestante a transferência de função, sempre recomendada pelo médico, garantido o retorno à função anteriormente ocupada (§ 4º, I, do art. 392 da CLT).

É garantida à gestante a dispensa do horário de trabalho pelo tempo necessário para realização de, no mínimo, seis consultas médicas e demais exames complementares (§ 4º, II, do art. 392 da CLT).

1.18.4. Direitos assegurados ao adotante

A empregada adotante tem direito à licença-maternidade e salário-maternidade nos mesmos moldes da gestante, independentemente da idade da criança adotada, conforme art. 392-A da CLT.

A guarda provisória não concede o direito à licença e ao salário maternidade.

O empregado adotante também tem direito à licença e benefício previstos nos arts. 392-A e 392-B da CLT (art. 392-C da CLT).

A Lei n. 13.301/2016 prevê que a licença maternidade da empregada mãe de criança acometida por sequelas neurológicas causadas decorrentes do mosquito *Aedes aegypti* será de 180 dias.

1.18.5. Rompimento contratual por recomendação médica

O art. 394 da CLT assegura à gestante o direito de romper o contrato de trabalho, se da sua execução decorrer riscos à sua saúde ou à própria gestação. Nesse caso, não é devido aviso prévio, e os demais efeitos são o da demissão.

1.18.6. Trabalho insalubre

Reforma Trabalhista alterou a redação do art. 394-A, I e II, da CLT, de maneira que proibia que a empregada gestante trabalhasse na atividade insalubre em grau máximo, independentemente de atestado médico. Com relação a atividade em grau médio e mínimo, também proibia, desde que apresentasse atestado de médico particular que recomendasse o afastamento durante a gestação, sem prejuízo da remuneração, incluindo o adicional de insalubridade.

No que tange à lactação, a empregada somente seria afastada da atividade insalubre em qualquer grau, se apresentasse atestado de médico particular, conforme art. 394-A, III, da CLT.

Na ADIN 5938, que teve como relator o Ministro Alexandre de Moraes, o STF tratou de declarar inconstitucional a exigência da apresentação do atestado médico, determinando, por via de consequência, que a empregada gestante ou lactante seja afastada da atividade insalubre, durante a gestação ou lactação, independente do grau da insalubridade.

O valor do adicional de insalubridade pago durante o afastamento pelo empregador poderá ser compensado nas contribuições previdenciárias, nos termos do § 2º do art. 394-A da CLT.

Na hipótese de ser impossível o afastamento, a empregada será afastada pelo órgão previdenciário, conforme art. 394-A, § 3º, da CLT.

1.18.7. Intervalos para amamentação

Antes de adentrar as alterações trazidas pela Reforma, faz-se necessário ressaltar a alteração realizada pela Lei n. 13.509/2017, que estendeu o direito aos intervalos para amamentação às mães adotantes.

O período previsto no *caput* poderá ser dilatado, caso seja necessário para preservar a saúde do filho, conforme redação do § 1º do art. 396 da CLT.

Os intervalos previstos no art. 396 da CLT deverão ser definidos mediante comum acordo entre empregada e empregador, conforme § 2º do mencionado artigo.

1.18.8. Creches

Os estabelecimentos que contêm mais de 29 mulheres com idade acima de 16 anos devem manter creches para guarda dos filhos durante o período de amamentação.

Para tanto, o empregador tem três opções:
a) manter creche no próprio estabelecimento;
b) utilizar creches externas, por meio de convênio;
c) para auxílio ou reembolso creche (indeniza a mãe pelo valor da creche particular contratada), somente mediante norma coletiva.

1.19. Extinção do contrato de trabalho

O contrato de trabalho por prazo indeterminado pode ser extinto por quaisquer das partes, a qualquer tempo, bastando a notificação da parte interessada na extinção.

O contrato de trabalho pode ser extinto de várias formas, que irão depender de qual parte colocou fim ao contrato, bem como se a forma foi motivada ou não.

Aqui, vale ressaltar que quando falamos em "forma motivada", estamos nos referindo a prática de falta grave. Assim, se o empregado ou empregador cometeram falta grave, a extinção será motivada, caso contrário, mesmo que exista justo motivo, por exemplo, redução do quadro de empregados, a extinção será imotivada.

1.19.1. Justa causa

Trata-se de uma das formas de extinção do contrato de trabalho, que se caracteriza quando o empregado comete uma das faltas graves, previstas no art. 482 da CLT.

Justa Causa não é a mesma coisa que Falta Grave:
- **Justa causa:** é a forma de extinção;
- **Falta grave:** é a conduta irregular do empregado que, por uma ou várias vezes, leva à demissão por justa causa; ou seja, é a conduta que leva a ocasionar a justa causa.

1.19.1.1. Princípios da justa causa

a) **Princípio da taxatividade**

O empregador não pode inventar um motivo para configurar a justa causa, ou combinar com o empregado que determinada conduta caracteriza justa causa. A falta tem de estar taxativamente prevista em lei. O art. 482 da CLT enumera algumas hipóteses.

b) **Princípio da imediatividade ou mediatidade**

A falta grave deve ser punida de imediato, ou ocorrerá o perdão tácito. É um dos princípios mais importantes. Não adianta flagrar um empregado furtando o caixa do estabelecimento e somente demiti-lo uma semana depois.

A imediatividade nem sempre se conta da falta cometida, mas, sim, da ciência do empregador com relação a ela.

c) *Bis in idem*

Ninguém pode ter duas punições sobre a mesma falta. Exemplo: Empregado contratado por um supermercado, e consta no contrato de trabalho que se deve trabalhar de uniforme; porém, depois de 10 dias sem trabalhar de uniforme, foi suspenso por 3 dias e, retornando, foi despedido por justa causa. A demissão está correta? Não, pois retornou da suspensão sem ter realizado nenhuma outra conduta grave, logo, sendo punido duas vezes pela mesma atitude.

d) Princípio da isonomia de tratamento

Se houver vários empregados envolvidos na falta, todos devem receber punição idêntica.

e) Razoabilidade/Proporcionalidade

A penalidade aplicada deve guardar relação com a prática. Assim, não seria razoável e, portanto, nula, uma justa causa aplicada a quem faltou ao serviço de forma injustificada por um dia.

1.19.1.2. Faltas graves

As faltas graves que autorizam a extinção do contrato por justa causa estão dispostas, em regra, no art. 482 da CLT.

a) Ato de improbidade

Qualquer ato que atente ao patrimônio do empregador é ato de improbidade, já que estamos diante de pessoa desonesta. Ex.: entrega de atestado médico falso; prestar informação falsa para obter benefício; dar nota promissória com valor maior ao devido; roubo; furto; alteração do controle de ponto etc.

Não há necessidade de pré-questionamento policial, ou seja, dispensa formalização via registro de ocorrência em sede de delegacia policial.

b) Incontinência de conduta ou mau procedimento

São dois atos dentro do mesmo inciso.

- **Incontinência de conduta:** atos sexuais, obscenidades ou práticas libidinosas caracterizam a incontinência de conduta.
- **Mau procedimento:** é o procedimento em desacordo com as regras naturais, com as regras de convívio. Qualquer falta é mau procedimento. O que acontece que essa falta grave é uma exceção ao princípio da taxatividade, de modo que tudo que não se enquadrar nas demais, inclui-se nesta hipótese, isto é, é uma cláusula de abertura que deve ser interpretada à luz dos princípios acima citados.

c) Negociação habitual

Para caracterizar a justa causa por falta grave, tem de constar mais de uma conduta por falta grave, ou seja, necessita ser habitual. A negociação para caracterizar a justa causa tem de ser habitual.

d) Condenação criminal

O empregado condenado criminalmente pode ser demitido por justa causa, mas precisa de dois requisitos **cumulativos** para configurar essa justa causa, sendo:

- trânsito em julgado da decisão penal;
- reclusão do empregado.

Aqui, quando se fala em reclusão, não está se referindo ao regime de pena, mas sim, de que, ainda que tenha trânsito em julgado, o empregado esteja impossibilitado de comparecer ao emprego.

e) Desídia

Desídia é o desleixo, corpo mole, falta de interesse etc. Empregado, por exemplo, que não cumpre suas funções de maneira correta. EXEMPLO: Empregado é encontrado dormindo no meio do expediente.

f) Embriaguez habitual ou em serviço

A palavra "ou" caracteriza duas faltas nessa alínea.

- **Embriaguez habitual não é justa causa – é doença:** como doença, o empregado deve ser afastado, encaminhado ao INSS, mantendo vínculo de emprego, recebendo o trabalhador auxílio-doença.
- **Embriaguez em serviço dá justa causa:** a diferença é que esta tem de ser em horário de serviço.

g) Violação de segredo de empresa

Ocorre quando o empregado divulga segredo da empresa. Exemplos: fórmulas de um produto; vender cadastros da OAB para uma empresa de crédito.

h) Indisciplina ou insubordinação

Nesse inciso também constam duas faltas graves.

Ambas as faltas caracterizam descumprimento de ordem, diferenciando:

- **Indisciplina:** descumprimento de ordens gerais do serviço. Exemplo: está previsto no estatuto que é proibido trabalhar de chinelo. Se um empregado utilizá-lo, estará caracterizada a indisciplina.
- **Insubordinação:** descumprimento de ordem pessoal, específica. Exemplo: se o empregado deixar de fazer um relatório determinado por seu superior, caracterizar-se-á insubordinação.

i) Abandono de emprego

Caracteriza a quebra de habitualidade (expectativa de retorno do empregado ao emprego), ou seja, ocorrendo a quebra da expectativa de retorno do empregado ao emprego, ocorre o abandono de emprego. Com efeito, a sua caracterização exige o elemento subjetivo (intenção de não mais retornar ao trabalho) e objetivo (ausência contumaz).

Para o TST, há prazo de 30 dias para caracterizar abandono de emprego (Súmula 32 do TST).

j) Ato lesivo à honra e à boa fama e ofensa física praticada contra empregado

Ato lesivo à honra e à boa fama, por exemplo, agressões verbais.

k) Ato lesivo à honra e à boa fama e ofensa física praticada contra empregador

Mesma conduta da alínea *j*, mas, neste caso, contra empregador ou superior hierárquico.

Por que o legislador não colocou tudo na alínea *j*? Na alínea *j* tem de ser no horário de serviço ou no âmbito da empresa.

Na alínea *k* caracterizará a justa causa em qualquer local e qualquer horário. O legislador procurou preservar a respeitabilidade.

Não ocorre a falta grave quando o empregado está exercendo o direito à legítima defesa própria ou de terceiros.

l) Prática constante de jogos de azar

A prática constante de jogos de azar possui requisitos indispensáveis e cumulativos, quais sejam:
- o jogo tem de estar ligado a **dinheiro**;
- tem de ser em horário de serviço ou no âmbito da empresa;
- o jogo tem de ser **ilegal**.

m) Perda da habilitação por dolo

Inserido pela Lei n. 13.467/2017, o empregado, que por dolo, perder a habilitação exigida para o exercício da profissão, pode ter o contrato de trabalho rescindido por justa causa. Para ilustrar, imagine o motorista profissional que perde a habilitação de motorista em razão de estar dirigindo embriagado de modo proposital.

n) Atos atentatórios a segurança nacional (art. 482, parágrafo único, da CLT)

Está em absoluto desuso, devido à questão da democracia, ou seja, há quem entenda que não fora recepcionado pela Constituição de 1988.

Porém, para quem entende por sua aplicação, hoje haveria sua configuração por atos de terrorismo, vandalismos, as manifestações abusivas; podendo gerar justa causa.

1.19.1.3. Faltas graves fora do art. 482 da CLT

A maioria das faltas graves que justificam a rescisão do contrato de trabalho por justa causa estão no rol do art. 482 da CLT. Porém, algumas delas estão fora do referido artigo.

LEI N. 7.783/89 – LEI DE GREVE

Poderá caracterizar demissão por justa causa, pois a greve tem limites.

Greve não caracteriza justa causa. O que caracteriza a demissão por justa causa são as greves **abusivas**.

Greves abusivas são aquelas realizadas sem observância dos preceitos legais.

- **Art. 112, § 3º, do Decreto-lei n. 10.854/2021:** vale-transporte; a declaração fraudulenta de itinerário configura falta grave.

- **Art. 158, parágrafo único, b, da CLT:** a recusa injustificada do uso do EPI (equipamento de proteção individual) caracteriza a demissão por justa causa.
- **Art. 235-B, VII e parágrafo único, da CLT:** motorista profissional que não se submeter a teste e programa de controle de drogas e de bebida alcoólica.

1.19.1.4. Verbas rescisórias

Na extinção do contrato de trabalho por justa causa, o empregado faz jus ao recebimento das seguintes verbas rescisórias:
- saldo salário;
- férias vencidas e não gozadas;
- 13º integral não recebido.

1.19.2. Rescisão indireta

Rescisão Indireta é a forma de extinção do contrato de trabalho que ocorre quando o empregador comete uma das faltas graves, o que está previsto no art. 483 da CLT. Dificilmente o empregador irá assumir, de forma extrajudicial, que cometeu uma falta grave. Assim, na maioria das vezes, quando o empregado percebe que o empregador cometeu uma falta grave, por exemplo, exigir a realização de uma tarefa que coloque sua vida em risco, o empregado ajuíza reclamação trabalhista pleiteando o reconhecimento da rescisão indireta do contrato pelo juiz do trabalho.

ALÍNEA A – Possui vários atos que a caracterizam, entre eles:

1. EXIGÊNCIA DE SERVIÇOS SUPERIORES ÀS FORÇAS DO EMPREGADO

Não diz respeito às forças físicas apenas, mas também às intelectuais.

2. EXIGÊNCIA DE SERVIÇOES DEFESO POR LEI

Defeso é proibido. Com efeito, a lei proíbe, por exemplo, menor de 18 anos trabalhar em condição insalubre ou perigosa, bem como em horário noturno.

3. EXIGÊNCIA DE SERVIÇOS ALHEIOS AO CONTRATO DE TRABALHO

É exigir que um empregado faça algo para o qual não foi contratado.

ALÍNEA B – RIGOR EXCESSIVO

Ocorre quando o empregador tem um rigor com um determinado empregado, mas com outro não tem a mesma conduta.

ALÍNEA C – CORRER PERIGO MANIFESTO DE MAL CONSIDERÁVEL

Ocorre quando se obriga o empregado a trabalhar em um local que irá agravar um mal que este já possui, por exemplo, uma doença.

ALÍNEA D – DESCUMPRIMENTO CONTRATUAL

Ocorre quando o empregador descumpre alguma cláusula contratual, o maior exemplo é o atraso de salário. A jurisprudência também vem reconhecendo como tal o não recolhimento de FGTS de modo contumaz.

O empregado pode ajuizar a ação e permanecer ou não trabalhando para o empregador.

ALÍNEAS E e F – AGRESSÕES VERBAIS E OFENSAS FÍSICAS

As alíneas *e* e *f* trazem os casos de agressões verbais e ofensas físicas, tanto contra o empregado, quanto contra seus familiares.

ALÍNEA G – REDUÇÃO DO TRABALHO

Redução do trabalho (peça ou tarefa), com a consequente redução do salário, a ponto de o mesmo restar num valor insuficiente para sua sobrevivência.

1.19.2.1. Verbas rescisórias e demais direitos

Na extinção do contrato por meio da rescisão indireta, o empregado terá direito de receber as seguintes verbas e direitos decorrentes da rescisão:
- saldo de salário;
- 13º proporcional;
- férias vencidas + 1/3;
- férias proporcionais + 1/3;
- aviso prévio;
- FGTS;
- indenização 40% FGTS;
- recebimento seguro-desemprego.

1.19.3. Pedido de demissão

Ocorre quando o empregado decide colocar fim ao contrato de trabalho. O empregador não poderá se opor, já que se trata de direito potestativo do empregado.

1.19.3.1. Verbas rescisórias

Na extinção do contrato por meio do pedido de demissão, o empregado terá direito de receber as seguintes verbas rescisórias:
- saldo de salário;
- 13º proporcional;
- férias vencidas + 1/3;
- férias proporcionais + 1/3.

Empregado fica obrigado a conceder o aviso prévio trabalhado ou indenizado, sendo que o indenizado é descontado das verbas rescisórias.

Não há que se falar em seguro-desemprego, já que não está, por óbvio, em uma situação de desemprego involuntário.

Cumpre observar que o TST tem entendido pela aplicação do art. 500 da CLT para validar pedido de demissão dos empregados que tenham estabilidade. Logo, sua inobservância gera nulidade da extinção do contrato na forma estudada.

1.19.4. Dispensa sem justa causa

Ocorre quando o empregador decide colocar fim ao contrato de trabalho sem que o empregado tenha cometido uma falta grave e este não poderá se opor, pois é direito potestativo do patrão.

1.19.4.1. Verbas rescisórias e direitos

Na extinção do contrato por meio da rescisão sem justa causa, o empregado terá direito de receber as seguintes verbas rescisórias e direitos:

- saldo de salário;
- 13º proporcional;
- férias vencidas + 1/3;
- férias proporcionais + 1/3;
- aviso prévio;
- FGTS;
- indenização de 40% do FGTS;
- recebimento do seguro-desemprego.

1.19.5. Culpa recíproca

Ocorre a extinção do contrato de trabalho por culpa recíproca quando, ao mesmo tempo, empregado e empregador cometem falta grave, nos termos do art. 484 da CLT. Exemplo: Suponha que o empregado ajuizou reclamação trabalhista alegando que o empregador não vem pagando seu salário em dia, o que configura falta grave do empregador. O empregador, por sua vez, ao contestar a ação, argumenta que não vem pagando o salário porque o empregado furtou o caixa da empresa, o que configura falta grave do empregado. Ao final da ação, o juiz entende que tanto empregado quanto empregador cometeram, simultaneamente, faltas graves, o que configura a culpa recíproca.

O empregado recebe todas as verbas rescisórias, **mas tudo pela metade**.

1.19.6. Distrato

A Reforma Trabalhista inseriu uma nova forma de extinção do contrato de trabalho, qual seja o Distrato, que autoriza o rompimento do contrato de comum acordo entre as partes, conforme dispõe o art. 484-A, *caput*, da CLT.

1.19.6.1. Verbas rescisórias

Na extinção do contrato por meio do distrato, as verbas indenizatórias são devidas pela metade, as demais integrais, somente 80% do saldo do FGTS é liberado e o empregado não tem direito à habilitação no Programa do Seguro-Desemprego (art. 484-A da CLT), uma vez que não estará em situação de desemprego involuntário.

1.19.7. Fato do príncipe

Ocorre a rescisão do contrato de trabalho através do fato do príncipe, quando a empresa for obrigada a paralisar, de forma total ou parcial, suas atividades, por ato de autoridade municipal, estadual ou federal, ou ainda, por lei ou resolução que impossibilite a continuidade das atividades empresariais, conforme preceitua o art. 486 da CLT. Como exemplo, podemos citar o fato do Estado do Rio de Janeiro desapropriar parte da margem da rodovia onde fica localizada a sede da empresa, entretanto, o valor da indenização pela desapropriação foi muito baixo, o que, aliado ao fato da ausência de fluxo de caixa da empresa, gerou o encerramento de suas atividades. Nesse caso, restou configurada a rescisão do contrato por fato do príncipe. Vale destacar que a rescisão deve ocorrer por fator alheio a vontade do empregador.

1.19.7.1. Verbas rescisórias

Nessa hipótese de extinção do contrato de trabalho, são devidas as mesmas verbas rescisórias da extinção sem justa causa, entretanto, as verbas de natureza indenizatória são de responsabilidade do Estado.

Ainda nesse sentido, sobre a obrigatoriedade do pagamento do aviso prévio indenizado temos duas correntes, uma que entende ser devido o seu pagamento, outra que entende de forma contrária. Ao nosso sentir, o aviso prévio indenizado é devido, haja vista que ficou configurada a surpresa no rompimento da relação de emprego.

1.19.8. Da rescisão do contrato por força maior

A rescisão do contrato de trabalho por força maior poderá ocorrer quando o contrato for rompido por conta de um acontecimento inevitável a vontade do empregador, e para o qual, o mesmo não concorreu direta ou indiretamente, conforme art. 501 da CLT. Como exemplo, podemos citar um tornado que acabou destruindo a sede da empresa.

1.19.8.1. Das verbas rescisórias

No caso do empregado estável, além das verbas rescisórias devidas pela espécie de extinção do contrato, também faz jus ao recebimento das indenizações dos arts. 477 e 478 da CLT. Na hipótese do empregado que não era estável, o mesmo faz jus a todas as verbas como se a rescisão fosse sem justa causa, salvo aviso prévio, e a indenização compensatória do FGTS é devida pela metade.

1.19.9. Prazo para quitação das verbas rescisórias

A Reforma Trabalhista trouxe inúmeras modificações ao art. 477 da CLT, no que tange à rescisão do contrato de trabalho.

Entre elas, uma das mais importantes para o dia a dia do empregado e do empregador é a alteração do prazo para pagamento das verbas rescisórias.

Antes da Reforma, o prazo e sua contagem dependiam da forma da concessão do aviso prévio, se indenizado ou trabalhado, o que não ocorre mais. Com a Reforma Trabalhista, o art. 477, § 6º, foi alterado, de forma que, independentemente da forma da concessão do aviso prévio, o prazo para pagamento das verbas rescisórias é de 10 dias, contados a partir da extinção do contrato.

A contagem do referido prazo deverá ser realizada nos moldes do art. 132 do CC.

Na hipótese do não pagamento das verbas rescisórias no prazo estipulado pela lei, fica o empregador obrigado a pagar ao empregado uma multa equivalente a um mês de remuneração, nos termos do art. 477, § 8º, da CLT.

1.19.10. Da homologação da extinção do contrato

A Reforma Trabalhista revogou o § 1º, bem como alterou a redação do *caput* do art. 477 da CLT, deixando de exigir a homologação do sindicato de classe ou órgão competente para validade da extinção do contrato de trabalho, bastando para tanto que:

a) empregador anotar a baixa na CTPS;
b) empregador comunicar a extinção aos órgãos competentes;
c) realizar o pagamento das verbas rescisórias no prazo.

1.19.11. Da forma de pagamento das verbas rescisórias

A Reforma Trabalhista alterou a redação do § 4º do art. 477, para expressamente autorizar o pagamento das verbas rescisórias por meio de depósito bancário, além do pagamento em dinheiro ou cheque visado.

1.19.11.1. Procedimento para requerimento do seguro-desemprego e movimentação do FGTS

A Reforma Trabalhista incluiu o § 10 ao art. 477, o que desburocratizou o requerimento do Seguro-Desemprego e a movimentação da conta do FGTS, sendo que a partir de agora basta o empregado apresentar sua CTPS devidamente anotada, bem como o empregado ter realizado as comunicações previstas no *caput* do art. 477 para ter acesso aos supracitados direitos. Com efeito, antes da Reforma, em regra, o empregado precisava buscar à Justiça via pedido de Tutela Provisória.

1.19.12. Da assistência na rescisão do contrato de trabalho

O § 7º do art. 477 da CLT foi revogado, de forma que, a partir da vigência da Reforma Trabalhista, os sindicatos poderão exigir algum ônus do trabalhador ou empregador para assistirem as partes na rescisão do contrato de trabalho.

1.19.13. Da dispensa coletiva

A Reforma Trabalhista inovou ao inserir o art. 477-A na CLT, prevendo a equiparação entre a dispensa individual e coletiva, possibilidade da realização de dispensa coletiva ou em massa, sem a necessidade do preenchimento de qualquer requisito prévio, inclusive autorização do sindicato de classe ou celebração de Convenção Coletiva de Trabalho.

1.19.14. Efeitos da quitação por meio do PDV

A Reforma Trabalhista colocou fim sobre a discussão que existia sobre os efeitos da quitação do contrato de trabalho por meio do PDV, enquanto o STF entendia que era possível que o PDV contivesse cláusula de eficácia liberatória geral, desde que prevista em norma coletiva, o TST, por meio da OJ n. 270 da SDI-1, entendia que a adesão ao PDV importava apenas na quitação das parcelas constantes do recibo.

Agora, o art. 477-B dispõe claramente que a adesão ao PDV, previsto em norma coletiva, confere quitação com eficácia liberatória geral, salvo estipulação em contrário das partes.

1.20. Do dano extrapatrimonial

A CLT passou a regulamentar o dano extrapatrimonial por meio dos arts. 223-A ao 223-G.

Dentro desse aspecto, o primeiro ponto que merece destaque é o fato de o art. 223-B conceituar o que é o dano extrapatrimonial, informando que este restará configurado quando por ação ou omissão ocorrer ofensa à esfera moral ou existencial da pessoa física ou jurídica.

O referido artigo ainda deixa claro que o empregador, pessoa jurídica, também poderá sofrer dano extrapatrimonial.

O mencionado artigo também limita o direito à reparação aos titulares do direito.

O art. 223-C trouxe um rol exemplificativo dos bens jurídicos que poderão configurar o dano extrapatrimonial.

Outrossim, o art. 223-D trouxe o rol exemplificativo dos bens jurídicos que poderão configurar o dano extrapatrimonial com relação à pessoa jurídica.

O art. 223-E dispõe sobre a quem compete a responsabilidade pelo dano extrapatrimonial, informando que a referida responsabilidade cabe a qualquer um que contribuir para a ofensa ao bem jurídico tutelado, observada a proporção da sua participação.

O art. 223-F e seus parágrafos autorizam a cumulação entre os pedidos de dano extrapatrimonial e patrimonial decorrentes do mesmo ato ilícito, bem como de que, ao deferir o pedido, o juiz deverá discriminar individualmente cada condenação.

O § 2º do art. 223-F dispõe que o deferimento dos danos patrimoniais não deve interferir na quantificação do dano extrapatrimonial.

O art. 223-G, trazido pela Reforma Trabalhista, dispõe sobre as características ou requisitos que o juiz deverá observar ao julgar o dano extrapatrimonial.

Nesse mesmo sentido, o § 1º do referido artigo trouxe ao ordenamento jurídico trabalhista uma gradação para o deferimento do dano extrapatrimonial, separando a condenação pelo grau da ofensa em leve, média, grave e gravíssima, bem como limita o valor da condenação de acordo com o grau de ofensa.

Nesse passo, o dispositivo legal também indicou a base de cálculo para valorar a indenização pelo dano extrapatrimonial, qual seja o valor do salário contratual do ofendido.

No julgamento das ADINs 6.050, 6.069 e 6.082, o STF entendeu que o estabelecimento de um teto para o valor das indenizações por danos extrapatrimoniais oriundas das condenações em processos trabalhistas é inconstitucional, sendo que o tabelamento da CLT deve funcionar apenas como parâmetro orientador para fundamentação da decisão judicial.

Para evitar abuso por parte do empregador, a Reforma também estipulou o pagamento em dobro da indenização no caso de reincidência.

No caso de morte não se aplicam os parâmetros citados acima.

1.21. Direito de greve – Lei n. 7.783/89

É a suspensão coletiva, temporária e pacífica, total ou parcial, de prestação pessoal de serviços a empregador.

> Art. 2º Para os fins desta Lei, considera-se legítimo exercício do direito de greve a suspensão coletiva, temporária e pacífica, total ou parcial, de prestação pessoal de serviços a empregador.

O direito de greve é individual, mas seu exercício é sempre coletivo.

1.21.1. Efeitos sobre o contrato de trabalho

REGRA: Suspensão do contrato de trabalho (sem trabalho/sem salário), nos termos do art. 7º da Lei de Greve.

Durante a greve, o empregado não pode ser demitido, bem como substituído, salvo se a greve for abusiva.

EXCEÇÃO: A suspensão pode se transformar em interrupção, por meio de ajuste entre empregado e empregador, por negociação coletiva ou decisão da Justiça do Trabalho.

1.21.2. Greve abusiva

Considera-se abusiva a greve que não observa os preceitos legais, bem como aquela mantida após celebração de Norma Coletiva ou proferida Sentença Normativa.

AVISOS (arts. 3º e 13º da Lei de Greve):
- serviços não essenciais: 48 horas, apenas empregador;
- serviços essenciais: 72 horas, empregador e coletividade.

> **ATENÇÃO!**
> A greve abusiva não gera efeitos, conforme preconiza a OJ n. 10 da SDC do TST.

1.21.3. Greve em atividades essenciais

É possível a greve em atividades essenciais, desde que preenchidos os requisitos legais, bem como os grevistas garantam, durante a greve, a prestação de parte dos serviços.

> Art. 10. São considerados serviços ou atividades essenciais:
> I – tratamento e abastecimento de água; produção e distribuição de energia elétrica, gás e combustíveis;
> II – assistência médica e hospitalar;
> III – distribuição e comercialização de medicamentos e alimentos;
> IV – funerários;
> V – transporte coletivo;
> VI – captação e tratamento de esgoto e lixo;
> VII – telecomunicações;
> VIII – guarda, uso e controle de substâncias radioativas, equipamentos e materiais nucleares;
> IX – processamento de dados ligados a serviços essenciais;
> X – controle de tráfego aéreo;
> XI – compensação bancária.

Restrições ao direito de greve

a) **Militares:** não têm direito de greve, nos termos do art. 142, § 3º, IV, da CF/88.

> Art. 142. As Forças Armadas, constituídas pela Marinha, pelo Exército e pela Aeronáutica, são instituições nacionais permanentes e regulares, organizadas com base na hierarquia e na disciplina, sob a autoridade suprema do Presidente da República, e destinam-se à defesa da Pátria, à garantia dos poderes constitucionais e, por iniciativa de qualquer destes, da lei e da ordem. (...)
> (...)
> § 3º (...)
> (...)
> **IV – ao militar são proibidas a sindicalização e a greve;**
> (...).

b) *Lockout* **(art. 17 da Lei n. 7.783/89):** é a greve realizada pelo empregador, sendo que sua consequência é o pagamento dos salários dos empregados durante a paralisação.

1.22. Direito coletivo

O direito coletivo do trabalho visa a estabelecer os direitos inerentes a toda uma coletividade de trabalhadores, por exemplo, uma categoria profissional.

O estudo do direito coletivo do trabalho se divide em três pilares básicos, quais, sejam: organização sindical, negociação coletiva e a greve, que já vimos no capítulo anterior.

Nesse momento não há mais que se falar em parte mais fraca, como nos referíamos ao empregado na relação de emprego, uma vez que aqui a partes são representadas por seus sindicatos, de forma que existe igualdade entre eles, independentemente se representam o empregado ou o empregador.

1.22.1. Liberdade sindical ou livre associação

Nenhum trabalhador no Brasil é obrigado a participar de um sindicato, nos termos do art. 8º, V, da CF/88.

1.22.2. Sindicato

É uma associação, pessoa jurídica de direito privado que representa trabalhadores e empregadores e visa à defesa de seus respectivos interesses coletivos (art. 511 da CLT).

1.22.3. Unicidade sindical

No Brasil, admite-se apenas um único sindicato para um dado grupo de trabalhadores em dada base territorial (art. 8º, II, da CF).

1.22.4. Registro do sindicato perante órgão competente

É obrigatório, nos termos do art. 8º, I, da CF/88, o registro do sindicato junto ao órgão competente, a fim de que possa iniciar suas atividades de representação da categoria.

1.22.5. Categoria profissional, econômica e diferenciada

Conforme nosso ordenamento jurídico, a organização dos trabalhadores se dá por categorias, de forma que é importante saber sobre o conceito de categoria profissional, econômica e diferenciada.

a) Profissional (art. 511, § 2º, da CLT)

Categoria profissional diz respeito à associação dos empregados em sindicato que represente trabalhadores com condições semelhantes em face da atividade desenvolvida pelo empregador. Se há várias atividades desenvolvidas simultaneamente, aplica-se a regra da atividade preponderante, qual seja a considerada principal na empresa.

b) Econômica (art. 511, § 1º, da CLT)

Em paridade com o conceito de categoria profissional, temos que a categoria profissional é a reunião de empregadores que exercem atividades idênticas, similares ou conexas, e por consequência formará um sindicato patronal.

c) Diferenciada

Em regra, a união dos trabalhadores ocorre em razão da atividade preponderante do empregador, todavia tal regra comporta exceção, que é o enquadramento do empregado em uma categoria diferenciada.

A categoria diferenciada é aquela que se forma por meio da união de empregados com a profissão regulamentada por lei específica ou que conste no quadro do art. 511, § 3º, da CLT.

Vale citar a Súmula 374 do TST, que assim averba: *"Empregado integrante de categoria profissional diferenciada não tem o direito de haver de seu empregador vantagens previstas em instrumento coletivo no qual a empresa não foi representada por órgão de classe de sua categoria".*

1.22.6. Base territorial mínima de atuação sindical

A base territorial mínima para criação e atuação de sindicato da mesma categoria é a área de um município, conforme dispõe o art. 8º, II, da CF/88.

1.22.7. Atribuições e prerrogativas dos sindicatos

Ao sindicato são atribuídas várias funções, entre as quais merece destaque:

Representação da categoria no âmbito judicial e administrativo (art. 8º, III, da CF e art. 513, *a*, da CLT).

Custeio da Atividade Sindical

a) Contribuição Sindical

Uma das maiores alterações trazidas pela Reforma Trabalhista foi acabar com a obrigatoriedade do pagamento da Contribuição Sindical, que a partir de agora passa a ser devida apenas pelos representantes das categorias profissional, econômica e diferenciada quando expressamente autorizada, conforme preceitua os arts. 578 e 579 da CLT.

b) Contribuição Confederativa (art. 8º, IV, da CF e Súmula Vinculante 40)

Tem como objetivo financiar o sistema confederativo, e só é devida pelos trabalhadores sindicalizados.

c) Contribuição Assistencial

A contribuição assistencial tem por finalidade custear as atividades assistenciais do sindicato. O STF firmou maioria no sentido da constitucionalidade da contribuição assistencial a ser paga por todos os empregados da categoria, mesmo para os não sindicalizados, assegurado o direito de oposição dos trabalhadores (Tema 935 do STF). Nesse caso, o sindicato poderá cobrar a contribuição assistencial de todos os empregados, sindicalizados ou não. Aquele empregado que não desejar pagar a referida contribuição, deverá apresentar oposição por escrito.

1.22.8. Convenção coletiva x Acordo coletivo

a) Convenção Coletiva de Trabalho

É o resultado da negociação entre o sindicato patronal e o sindicato dos empregados, conforme art. 611 da CLT.

b) Acordo Coletivo de Trabalho

É o resultado da negociação entre um ou mais empregadores e o sindicato dos trabalhadores, conforme art. 611, § 1º, da CLT.

A Reforma Trabalhista criou um novo princípio para o direito coletivo do trabalho, qual seja da *intervenção mínima na autonomia da vontade coletiva*, de forma que, a partir do referido princípio trazido pela redação do novo § 3º do art. 8º da CLT, a Justiça do Trabalho, na análise das normas coletivas, somente poderá verificar os requisitos para validade do negócio jurídico (art. 104 do CC), quais sejam: a) agente capaz; b) objeto lícito, possível, determinado ou determinável.

1.22.9. Duração dos efeitos da norma coletiva

O prazo máximo de vigência da norma coletiva, independentemente de convenção ou acordo, é de 2 anos, sendo vedada a ultratividade, ou seja, é proibido que a norma coletiva continue gerando efeitos após o seu termo, conforme art. 614, § 3º, da CLT.

1.22.10. Limites da norma coletiva

O estudo deste tópico deve começar com a seguinte pergunta: existem limites impostos à negociação coletiva? E a resposta é sim. O art. 611-B da CLT, alterado pela Reforma Trabalhista, impôs restrição à supressão ou à redução de alguns direitos trabalhistas por meio das normas coletivas. Para facilitar a lembrança de que se trata de direitos "engessados", denominam tais direitos como "cláusulas pétreas" do direito do trabalho. Nesse aspecto, independentemente da vontade das partes, não será possível que a norma coletiva flexibilize, para prejudicar o empregado, os direitos previstos no mencionado artigo. Em nossa opinião, o rol do art. 611-B da CLT trata de um rol taxativo, e não meramente exemplificativo.

1.22.11. Acordado (negociado) x legislado

A Reforma Trabalhista trouxe uma grande inovação para o direito coletivo do trabalho, uma vez que expressamente autorizou que, em determinados casos, o acordado entre as partes, por meio da norma coletiva, se sobreponha à legislação, conforme dispõe o art. 611-A da CLT. Nesse diapasão, é possível que a norma coletiva traga flexibilização maléfica ao empregado, no que tange à questão financeira, de direção do trabalho, do exercício da atividade, ou, ainda, com relação à jornada de trabalho.

1.23. Comissão de Conciliação Prévia

A Comissão de Conciliação Prévia (CCP) tem por finalidade a tentativa de conciliação dos conflitos individuais de trabalho.

É composta de forma paritária, ou seja, em igual número por representantes dos empregados e dos empregadores, conforme o art. 625-B da CLT.

Se composta no âmbito da empresa, terá normas tratadas na CLT.

- A CCP será composta de no mínimo dois e no máximo dez membros.
- A metade dos membros serão indicados pelo empregador e outra metade eleita pelos empregados.
- A CCP terá tantos membros suplentes quantos forem os titulares.
- O mandato do membro eleito para CCP é de um ano, permitida uma recondução.
- A estabilidade provisória no emprego, desde o registro da candidatura até um ano após o término do mandato, ou, ainda, conforme outra corrente, desde a posse até um ano após o término do contrato de trabalho. Nesse aspecto, o candidato deverá ficar a atento e interpretar a questão de acordo com a corrente exigida pela banca.

Poderá ser criada no âmbito das empresas (grupo de empresas) ou dos sindicatos, conforme o art. 625-A da CLT.

Se composta no âmbito do sindicato, terá suas regras tratadas em Norma Coletiva.

A passagem do empregado pela CCP é facultativa, muito embora o art. 625-D da CLT preveja a obrigatoriedade, o STF, por meio do julgamento da ADIN 2139-DF, de relatoria do Ministro Marco Aurélio, decidiu sobre a faculdade.

A passagem da demanda do empregado pela CCP suspende o prazo prescricional, desde a provocação até frustrar a conciliação ou esgotar o prazo de 10 dias, conforme arts. 625-F e 625-G da CLT.

2. TEORIA DE DIREITO PROCESSUAL DO TRABALHO

2.1. Princípios

Os princípios são usualmente definidos como o alicerce de uma determinada ciência, isto é, o primeiro fundamento, que irá inspirar, orientar e informar as normas jurídicas.

2.1.1. Princípio do *jus postulandi*

O processo do trabalho adota a possibilidade de o empregado e o empregador litigarem sem a necessidade de constituir advogado, ou seja, confere aqueles sujeitos da relação de emprego capacidade postulatória para prática de atos processuais, como se infere do art. 791 da CLT.

O princípio não é ilimitado, pois a Súmula 425 do TST o restringe às Varas do Trabalho e aos Tribunais Regionais do Trabalho, não podendo ser utilizado nas ações rescisórias, nos mandados de segurança, nas ações cautelares (atualmente tutelas provisórias de urgência de natureza cautelar – arts. 294 e ss. do CPC) e nos recursos de competência do TST.

Por fim, não pode a parte sem advogado pedir cautelar (tutela de urgência) ou impetrar mandado de segurança, mesmo que seja na 1ª instância da Justiça do Trabalho (Varas do Trabalho). Da mesma sorte não exercerá o *jus postulandi* quando for o caso de ajuizamento de ação rescisória, seja no TRT ou no TST e, de acordo com o art. 855-B da CLT, também não é possível sua aplicação no procedimento de jurisdição voluntária de homologação de acordo extrajudicial.

2.1.2. Princípio da conciliação ou conciliatório

Este princípio preconiza que a Justiça do Trabalho é eminentemente conciliadora, como se extrai do art. 764 e parágrafos da CLT, quer nos dissídios individuais quer nos coletivos, pois todos estarão sempre sujeitos à conciliação, o que é ratificado pelo art. 652, *a*, do mesmo diploma legal.

No procedimento comum ordinário, de acordo com a combinação dos arts. 846 e 850 da CLT, há dois momentos obrigatórios para a proposta judicial de conciliação: quando da abertura da audiência e após as razões finais.

Cumpre destacar que grande parte da doutrina e da jurisprudência defende a nulidade da sentença se, pelo menos, o juiz não propor a derradeira tentativa de conciliação em audiência, isto é, se após as razões finais não tentar conciliar as partes, haja vista que esta supriria a falta da primeira.

Já no procedimento comum sumaríssimo, o juiz, em qualquer fase da audiência, poderá incitar as partes ao acordo, nos termos do art. 852-E da CLT.

No entanto, é imperioso salientar que o juiz não é obrigado a homologar acordo entre as partes, como se infere da Súmula 418 do TST, o que também é aplicável para os acordos extrajudiciais. Porém, deve fundamentar, por determinação constitucional do art. 93, IX, da CF/88, sua negativa em homologar.

Vale dizer que, a Justiça do Trabalho estimula o acordo em qualquer fase do processo, ainda que após o trânsito em julgado e já em fase de execução, como se denota da OJ n. 376 da SDI-I do TST.

A OJ n. 132 da SDI-2 do TST dispõe que o acordo homologado em que o empregado dá plena e ampla quitação, sem que faça constar qualquer ressalva, alcança não só o objeto da lide, mas também todas as demais parcelas do extinto contrato de trabalho, motivo pelo qual o ajuizamento de outra demanda resta por violar a coisa julgada.

2.1.3. Princípio da irrecorribilidade imediata das decisões interlocutórias

Decisão interlocutória, nos termos do art. 203, § 2º, do CPC, é o pronunciamento do juiz que não se configura como sentença ou despacho. No processo trabalhista, a base legal deste princípio são os arts. 799, § 2º, 893, § 1º, e art. 855-A, § 1º, todos da CLT.

Dessa forma, no processo do trabalho, em regra, não cabe recurso imediato contra as decisões interlocutórias, sendo este princípio uma vereda do princípio da oralidade, salvo nas hipóteses taxativamente enumeradas na Súmula 214 do TST.

Para exemplificar, na situação descrita na letra "a" da súmula, seria cabível o recurso de revista, uma vez que se trata decisão proferida pelo Tribunal Regional do Trabalho, na forma do art. 896 da CLT. Assim, se um trabalhador ajuíza uma ação após três anos da mudança de regime da CLT para estatutário e o juiz reconhece a prescrição bienal, em caso de afastamento da prescrição pelo TRT em sede de recurso ordinário, caberia de imediato recurso de revista, haja vista que a decisão do regional viola a Súmula 382 do TST, impedindo que os autos voltem à origem (Vara do Trabalho) para apreciar os pedidos.

Cabe destacar que, para evitar a preclusão ou convalidação, é trivial no processo do trabalho, quando as decisões interlocutórias são proferidas em audiência, requerer que seja registrado em ata de audiência o protesto (irresignação) antipreclusivo, o que é requerido com espeque no art. 795 c/c o art. 893, § 1º, ambos da CLT.

Assim, se a parte requerer a oitiva de testemunha e o magistrado indeferir, como estamos diante de uma decisão interlocutória, que não se enquadra em nenhuma das exceções previstas na Súmula 214 do TST, caberá o protesto em ata para, se for o caso em decorrência de prejuízo, requerer sua apreciação quando da interposição do recurso ordinário em face da sentença.

Note que o legislador reformista trouxe mais algumas exceções ao princípio em tela, como se denota do § 1º, II e III, do art. 855-A da CLT, que admite recursos de imediato das decisões interlocutórias que acolham ou rejeitem o incidente de desconsideração da personalidade jurídica, respectivamente, o agravo de petição, quando a decisão for em sede de execução, e o agravo interno, quando proferida por relator em incidente instaurado originariamente no tribunal.

2.1.4. Princípio da normatização coletiva

A Justiça do Trabalho exerce o chamado **poder normativo**, que consiste na competência material de solucionar conflitos coletivos, criando normas e condições gerais e abstratas, por meio da denominada **sentença normativa,** que serão aplicadas no âmbito das categorias envolvidas (profissionais e econômicas), o que permanece mantido mesmo com o advento da Emenda Constitucional n. 45/2004.

Essa função especial conferida aos tribunais da Justiça laboral é prevista no § 2º do art. 114 da CF/88, que na verdade nada tem a ver com o aplicar do direito já existente, pois no exercício desta competência a Justiça do Trabalho cria normas jurídicas, o que será analisado com mais cautela ao tratarmos do dissídio coletivo.

2.1.5. Princípio da oralidade

No processo do trabalho, que ostenta procedimentos essencialmente orais, os atos processuais são realizados pelas partes e pelo juiz em audiência, de forma oral e verbal, o que tem por objetivo simplificar o procedimento e gerar mais celeridade, com significativo aumento de poderes do magistrado na direção do processo.

Não são poucos os dispositivos da CLT que fazem menção aos atos orais, como é o caso da defesa regulada no art. 847, em que a reclamada terá 20 minutos para aduzi-la (mesmo na vigência do processo eletrônico é assegurada a apresentação de defesa oral); razões finais orais em dez minutos, como se depreende do art. 850 da CLT, dentre outros.

2.1.6. Princípio da celeridade

Presente no art. 765 da CLT e no art. 5º, LXXVIII, da CF/88, no processo do trabalho tem seu relevo, pois o trabalhador busca verbas de natureza alimentar, o que é constatado pela existência de procedimentos mais breves, rápidos.

2.1.7. Princípio da concentração

Este princípio está explícito nos arts. 849 e 852-C, ambos da CLT. Na verdade, orienta a prática de atos em uma mesma oportunidade, como é o caso da determinação de que as audiências no processo do trabalho sejam unas, para que nela sejam realizados todos os atos processuais necessários para a solução da demanda, salvo total impossibilidade.

2.1.8. Princípios da subsidiariedade e supletividade

O princípio da subsidiariedade está previsto no art. 769 da CLT, sendo dois os pressupostos para admitir a incidência do processo comum no processo laboral:
1) omissão na CLT; e
2) compatibilidade das normas do processo civil com os princípios que orientam o processo do trabalho.

Da jurisprudência do TST podemos extrair alguns exemplos, pela aplicação ou não do CPC, como é o caso da OJ n. 310 da SDI-I que afirma ser inaplicável ao processo do trabalho o art. 191 do CPC (art. 229 do CPC/2015) que concede prazo em dobro para os litisconsortes que tenham procuradores diferentes, por ferir o princípio da celeridade; a Súmula 263 que versa sobre a possibilidade de saneamento de erros à petição inicial; a Súmula 394 que diz ser aplicável ao processo trabalhista, em qualquer instância, o art. 493 do CPC; dentre outras.

Esse dispositivo (art. 769 da CLT), que deve ser combinado com o art. 15 do CPC – autoriza a aplicação do CPC ao processo do trabalho de forma subsidiária (nos casos de omissão) ou supletiva (nos casos de complementação –, aplica-se no processo de conhecimento, pois se estivermos diante de procedimentos na execução, aplicar-se-á o disposto no art. 889 da CLT, onde num primeiro momento será aplicável a Lei de Execuções Fiscais (LEF – Lei n. 6.830/80) e, persistindo a omissão, socorre-se, então, do CPC, mas em qualquer um dos casos desde que não haja incompatibilidade com os princípios processuais do trabalho.

2.1.9. Princípio da imediação ou imediatidade

Tal princípio permite que o juiz tenha contato direto com as partes, peritos, testemunhas, a fim de melhor formar o seu convencimento, como se infere do art. 820 da CLT.

Sendo assim, o art. 11 da Instrução Normativa n. 39/2016 do TST assevera que não se aplica ao Processo do Trabalho a norma do art. 459 do CPC no que permite a inquirição direta das testemunhas pela parte (CLT, art. 820).

2.1.10. Princípio da busca da verdade real

Este princípio processual deriva do princípio do direito material do trabalho, conhecido como princípio da primazia da realidade. Esta assertiva é corroborada pelo art. 765 da CLT, que confere aos Juízos e Tribunais do Trabalho ampla liberdade na direção do processo, podendo até mesmo determinar diligências.

2.1.11. Princípio da ultrapetição ou extrapetição

Significa que os órgãos jurisdicionais não podem resolver a lide de forma distinta daquela que fora objeto do pedido, pois o pedido é um limitador da atividade jurisdicional (arts. 141 e 492 do CPC – adstrição ou congruência) e, por isso, o juiz não pode proferir sentença *citra*, *ultra* ou *extra petita*, exceto nos casos autorizados em lei, casos em que haverá julgamento sem pedido.

O exemplo clássico é o art. 496 da CLT, onde se verifica a possibilidade de o juiz converter a reintegração de empregado estável em indenização. Tem-se ainda a Súmula 211 do TST.

2.1.12. Princípio da *non reformatio in pejus*

Preconiza que o Tribunal, no julgamento de um recurso, não pode proferir decisão que agrave a situação do recorrente. Assim, se o rol de pedidos do reclamante for julgado parcialmente procedente e somente a reclamada recorrer, não pode o Tribunal julgar procedente todo o rol de pedidos do reclamante, pois estaria a agravar a situação processual da reclamada.

2.1.13. Princípio da publicidade

Estampado nos arts. 5º, LX, e 93, IX, da Constituição Federal de 1988, é uma garantia que visa transparência sobre os atos e julgamentos praticados pelo Poder Judiciário e decorre, fatalmente, do devido processo legal.

Note que não se trata de um princípio absoluto, uma vez que o próprio texto constitucional admite restrição a este, nos termos do art. 5º, LX, da CF/88. A CLT, por seu turno, em sentido semelhante, no art. 770.

2.2. Competência da Justiça do Trabalho

2.2.1. Definição

Como a jurisdição é função, dever e poder, monopolizada pelo Estado, todos os magistrados (juízes, desembargadores e ministros) a exercem. Porém a competência é exatamente a divisão dos trabalhos entre eles para processar e julgar as demandas judiciais, de modo que é possível, considerando nosso ordenamento jurídico, que um magistrado tenha jurisdição, mas não tenha competência, embora a recíproca não seja verdadeira.

2.2.1.1. Relação de trabalho e relação de emprego

Para fins de fixação da competência da Justiça do Trabalho, a distinção entre trabalhador e empregado perdeu sua relevância com o advento da Emenda Constitucional n. 45/2004, na medida em que a especializada passou a processar e julgar as ações oriundas da relação de trabalho, com algumas ressalvas, como é o caso de trabalhador no âmbito da administração pública (servidor estatutário).

Com a ampliação da competência envidada pela emenda constitucional retrocitada, não há dúvidas, pelo visto, de que as ações oriundas da relação de emprego são de competência da justiça do trabalho, mas também as lides decorrentes da relação de trabalho, razão pela qual cabe a esta especializada julgar ações envolvendo o descumprimento de obrigações legais e contratuais inerentes à relação de emprego, bem com ações decorrentes das relações de trabalho (trabalho eventual, trabalho voluntário, estágio etc.), as ações que visam apreciar reclamações de empregado que tenham por objeto direito fundado em quadro de carreira (Súmula 19 do TST), ações ajuizadas por empregados em face de empregadores referentes ao cadastramento no PIS (Súmula 300 do TST), dentre inúmeras outras.

2.2.1.2. Complementação de aposentadoria

O Plenário do Supremo Tribunal Federal decidiu no julgamento do Recurso Extraordinário 586.456 que cabe à Justiça Comum julgar processos decorrentes de contrato de previdência complementar privada, o que significa que não é da Justiça do Trabalho a competência para julgar ações que tenham essa causa de pedir.

> **ATENÇÃO!**
> Há quem entenda, mesmo sem o cancelamento da OJ n. 26 da SDI-1 do TST que a partir da decisão proferida no RE ao norte, onde fora reconhecida a repercussão geral, a **competência para julgar as ações de complementação de aposentadoria fixada para a Justiça Comum**, engloba a complementação de pensão requerida por viúva, prejudicando a aplicação da referida OJ n. 26.

2.2.1.3. Entes de direito público externo e organismos internacionais

No que tange à competência da Justiça do Trabalho para processar e julgar as ações oriundas das relações de trabalho com os entes de direito público externo, cabe trazer à baila que o Supremo Tribunal Federal já decidiu, de forma reiterada, que não há imunidade de jurisdição para os entes de direito público externo, razão pela qual a Justiça do Trabalho tem competência para processar e julgar lides envolvendo tais entes.

No entanto, o Pretório Excelso também assentou entendimento no sentido de que o ente de direito público externo possui imunidade de execução, isto é, a Justiça Laboral não possui competência para executar seus julgados, em razão da soberania daqueles entes, de modo que, como regra geral, deve lançar mão da carta rogatória, o que nos levar a afirmar que a imunidade é relativa e não absoluta, uma vez que não se aplica do processo de conhecimento, mas tão somente ao de execução, isso se não houver renúncia expressa.

Porém, no que tange aos organismos internacionais, o raciocínio é diverso, nos termos da OJ n. 416 da SDI-1 do TST.

2.2.1.4. Servidores públicos e trabalhadores de cartórios extrajudiciais

Se a relação de trabalho é mantida com a Administração Pública e não for regida pela CLT (não empregado), pelo contrário, ostente natureza tipicamente estatutária ou caráter jurídico-administrativo, a competência não será da justiça laboral, mas sim da Justiça Federal ou Estadual, como se extrai da ADI 3.395.

Ademais, se houver contratação de trabalhador por tempo determinado no âmbito da Administração Pública, nos moldes do art. 37, IX, da Constituição, a competência é da Justiça Comum, o que já fora decidido reiteradas vezes pelo Supremo Tribunal Federal, em razão do seu caráter administrativo.

Entretanto, é de grande valia observar a competência residual mencionada na Orientação Jurisprudencial n. 138 da SDI-1, ou seja, compete à Justiça do Trabalho julgar pedidos de direitos e vantagens previstos na legislação trabalhista referente a período anterior à Lei n. 8.112/90, mesmo que a ação tenha sido ajuizada após a edição da referida lei. A superveniência de regime estatutário em substituição ao celetista, mesmo após a sentença, limita a execução ao período celetista.

No que tange aos cartórios extrajudiciais, bem como aos empregados das sociedades de economia mista ou empresas públicas, como os trabalhadores têm vínculo de emprego (regido pela CLT), a competência para apreciar eventual lide será da Justiça do Trabalho.

2.2.1.5. Conflito envolvendo entes sindicais

Diante do consignado no art. 114, III, da CF/88 (ações sobre representação sindical, entre sindicatos e trabalhadores, e entre sindicatos e empregadores), não restam dúvidas acerca da competência da Justiça do Trabalho para dirimir qualquer controvérsia envolvendo as entidades sindicais e trabalhadores ou empregadores, ou até mesmo questões sobre representação sindical.

2.2.1.6. Ações constitucionais de defesa

A Constituição Federal determina, no art. 114, IV, que compete à Justiça do Trabalho processar e julgar as ações de mandado de segurança, *habeas corpus* e *habeas data*, desde que os atos praticados envolvam matéria sujeita a sua jurisdição.

Precisamente, apenas para termos um exemplo sobre o cabimento do *Habeas Corpus*, a jurisprudência trabalhista passou a o admitir para que um jogador de futebol possa jogar em um novo clube, quando está sendo impedido de trabalhar em um novo clube por aquele do qual se desligou, além de outros fundamentos (Processo n. TST-AgR-HC-5451-88.2017.5.00.0000 e demais precedentes), o que ultimamente está sendo objeto de revisão no TST.

2.2.1.7. Danos morais e materiais

O art. 114, VI, da CF/88 dispõe que "compete à Justiça do Trabalho processar e julgar as ações de indenização por dano moral ou patrimonial, decorrentes da relação de trabalho", o que atualmente não gera mais controvérsias na doutrina ou na jurisprudência, tendo em vista a redação da Súmula 392 do TST.

Porém, quando as ações envolvem acidente de trabalho, temos dois prismas para analisar:

1º) **Ações acidentárias movidas pelo trabalhador segurado em face do INSS:** neste caso, como o objeto da ação será prestação acidentária, a competência é da Justiça Comum Estadual, como se extrai do art. 109, I, da CF/88, da Súmula 15 do STJ e das Súmulas 235 e 501 do STF.

    Sem prejuízo do acima exposto, pode ainda ser citado o art. 643, § 2º, da CLT, o qual assevera que compete a Justiça ordinária o julgamento das ações referentes a acidentes de trabalho.

2º) **Ações indenizatórias pleiteando danos morais ou materiais do empregado em face do empregador:** nesta hipótese, se o empregado sofre um infortúnio decorrente de acidente de trabalho, por culpa ou dolo do empregador, a competência é da Justiça do Trabalho, inclusive aquelas anteriores ao advento da Emenda Constitucional n. 45/2004, desde que ainda não haja sentença de mérito proferida pela Justiça Comum, que era a competente para apreciar tais ações, nos termos da Súmula Vinculante 22 do STF.

Importante destacar que a CLT, do art. 223-A ao art. 223-G, trata do Dano Extrapatrimonial, tanto para pessoas físicas quanto jurídicas, fixando, inclusive, os limites da reparação nos §§ 1º e 2º do art. 223-G, o que fora incluído pela Lei n. 13.467/2017 (Reforma Trabalhista), o que é objeto da ADI 6.050 e conexas.

2.2.1.8. Ações possessórias

A Justiça do Trabalho também tem competência para julgar ações possessórias decorrentes das relações de trabalho, seja no que tange a bens móveis ou imóveis, ou seja, tem competência para julgar ação de reintegração de posse, ação de manutenção de posse e ação de interdito proibitório, o que pode ser feito no bojo da reclamação trabalhista ou em reconvenção, desde que guarde nexo de causalidade com a relação de trabalho.

No que toca à competência para julgamento das ações possessórias envolvendo o exercício do direito de greve, a Súmula Vinculante 23 do STF prevê que a Justiça do Trabalho é competente para processar e julgar ação possessória ajuizada em decorrência do exercício do direito de greve pelos trabalhadores da iniciativa privada.

2.2.1.9. Greve

Prevê solenemente nossa Carta Magna, no art. 114, II, que compete à Justiça do Trabalho "processar e julgar as ações que envolvam e que envolvam exercício do direito de greve", o que nos leva a afirmar que tanto as ações individuais quanto as coletivas, desde que esta matéria (greve) seja veiculada, serão julgadas pela Justiça Laboral, o que não inclui as ações penais decorrentes do exercício do direito em testilha, como já decidiu o STF na ADI 3.684.

No caso de greve em atividade essencial, que tenha possibilidade de lesão ao interesse público, o Ministério Público do Trabalho pode ajuizar dissídio coletivo para que a Justiça do Trabalho venha a dirimi-lo, nos termos do § 3º do art. 114 da CF/88, caso em que a competência será originariamente do TRT ou do TST.

2.2.1.10. Execução das contribuições sociais e fiscais

Prevê o art. 114, VIII, da CF que compete à Justiça do Trabalho processar e julgar a execução, de ofício, das contribuições sociais previstas no art. 195, I, *a*, e II, e seus acréscimos legais, decorrentes das sentenças que proferir.

Com efeito, a Justiça Laboral é competente para determinar o recolhimento (executar de ofício) das contribuições fiscais. Porém, a competência da Justiça do Trabalho, quanto à execução das contribuições previdenciárias, limita-se às sentenças condenatórias em pecúnia que proferir e aos valores, objeto de acordo homologado, que integrem o salário de contribuição, como se infere do art. 876, parágrafo único, da CLT, da Súmula 368, I, do Tribunal Superior do Trabalho e Súmula Vinculante 53 do STF, inclusive as contribuições devidas ao Seguro de Acidente de Trabalho, consoante Súmula 454 do TST.

2.2.1.11. Penalidades administrativas impostas pelos órgãos de fiscalização do trabalho

Dispõe a Constituição no art. 114, VI, que compete à Justiça do Trabalho processar e julgar *as ações relativas às penalidades administrativas impostas aos empregadores pelos órgãos de fiscalização das relações de trabalho,* ou seja, as ações ajuizadas pelos tomadores de serviços em razão das penalidades oriundas dos órgãos de fiscalização que fazem parte do Ministério do Trabalho e Emprego.

Nesse contexto, é lícito afirmar que a Justiça do Trabalho tem competência para julgar todas as ações ajuizadas pelos empregadores e tomadores de serviço decorrentes da questão ora veiculada, ou seja, tutelas de evidência, mandados de segurança, ações anulatórias, ações de cunho declaratório etc.

Ademais, também serão executadas na Justiça do Trabalho as Certidões de Dívida Ativa (CDA) da União decorrentes de penalidades impostas pelos mesmos órgãos acima citados, isto é, se a União pretende executar uma CDA, desde que o crédito tributário seja decorrente da penalidade imposta pelos órgãos de fiscalização do trabalho, como seria o caso das multas administrativas, nada mais óbvio do que afirmar que a competência é da Justiça Laboral.

2.2.1.12. Ações de cobranças de profissionais liberais

Havia divergência até a edição da Súmula 363 do STJ, que resolveu toda a controvérsia nos seguintes termos: "Compete à Justiça estadual processar e julgar a ação de cobrança ajuizada por profissional liberal contra cliente".

2.2.1.13. Homologação de acordo extrajudicial

Com a entrada em vigor da Lei n. 13.467/2017 (Reforma Trabalhista), o art. 652, *f,* da CLT assevera que compete às Varas do Trabalho decidir quanto à homologação de acordo extrajudicial em matéria de competência da Justiça do Trabalho, estando o procedimento (especial) de jurisdição voluntária ora citado no art. 855-B ao art. 855-E da norma laboral.

Desta forma, este processo, para ser iniciado, precisa de petição assinada em conjunto por ambas as partes, sendo obrigatória a representação delas por advogados diferentes, podendo o trabalhador ser assistido pelo advogado de sua categoria profissional.

A lei determina que o juiz, no prazo de 15 dias a contar da distribuição da petição inicial, irá analisar o acordo e, se for necessário, designará audiência, proferindo sentença.

A petição de homologação de acordo extrajudicial **suspende** o prazo prescricional da ação quanto aos direitos nela especificados, o qual voltará a fluir no dia útil seguinte ao do trânsito em julgado da decisão que indeferir a homologação requerida.

2.2.2. Competência em razão do lugar

Em relação à competência territorial das Varas do Trabalho, vale dizer que a regra geral é no sentido de que a reclamação deve ser apresentada no local em que o empregado tenha prestado seus serviços, sendo irrelevante o local da contratação ou do seu domicílio, conforme redação do *caput* do art. 651 da CLT.

No que tange ao agente ou viajante comercial, temos que o § 1º do art. 651 estabelece uma exceção, qual seja:

1) o reclamante deve ajuizar sua reclamação trabalhista no foro em que a empresa tenha agência ou filial, desde que o trabalhador esteja subordinado a ela; ou
2) em caso de inexistir subordinação à agência ou filial, promoverá sua reclamação onde tenha domicílio ou na localidade mais próxima.

Exceção ainda é vista, em razão da regra geral, no § 2º do art. 651 do diploma consolidado, o qual atribui competência às Varas do Trabalho para processar e julgar lides ocorridas em agência ou filial situada no estrangeiro, desde que o empregado seja brasileiro e não haja convenção internacional em contrário, exigindo-se, em contrapartida, que a empresa tenha sede, filial ou representação no Brasil, pois do contrário, obviamente, haverá total impossibilidade de ajuizamento da ação em solo brasileiro.

Note que o art. 651, § 3º, da norma laboral determina que, em caso de empresas que promovam atividades fora do lugar da celebração do contrato, o trabalhador poderá ajuizar sua reclamação no local onde o contrato fora celebrado ou onde prestou os serviços, como sói acontecer nas atividades circenses, feiras agropecuárias, dentre outras.

A jurisprudência, tendo em vista o princípio constitucional do Acesso à Justiça (art. 5º, XXXV) tem relativizado a rigidez do *caput* do art. 651, **casuisticamente** (no caso concreto), como podemos extrair do *Informativo* n. 185 do TST (TST-E-RR-11727-90.2015.5.03.0043, SBDI-I, rel. Min. Cláudio Mascarenhas Brandão, 18-10-2018).

2.2.3. Conflito de competência

Entre dois ou mais órgãos podem ocorrer dúvidas acerca de quem é ou não realmente competente para processar e julgar determinada demanda, decorrendo desta circunstância o denominado conflito de competência, que pode ser positivo ou negativo, havendo, por seu turno, regras próprias de processamento e competência para a solução deste incidente na CLT, na Lei n. 7.701/88 e no CPC, sem prejuízo do previsto no regimento interno dos tribunais.

O conflito de competência ocorre quando dois ou mais juízes se declaram competentes (conflito positivo), quando dois ou mais juízes se declaram incompetentes (conflito negativo) ou ainda quando entre dois ou mais juízes há controvérsia sobre a reunião ou separação de processos.

Impende salientar que quando a CLT faz menção ao conflito de jurisdição (arts. 803 e ss.), o melhor entendimento é no sentido de que a expressão mais correta seria "conflito de competência", pois a jurisdição que é função exercida pelo Estado, via de regra, por intermédio do Poder Judiciário, é "una e indivisível", razão pela qual o mais adequado é falar conflito de competência.

Com base no disposto no art. 114, V, da CF que confere à Justiça do Trabalho competência para resolver os conflitos de competência, temos que tal competência, obviamente, só alcança os órgãos de jurisdição trabalhista, com algumas exceções, como é o caso da competência deferida para o Supremo Tribunal Federal nos termos do art. 102, I, *o*, da CF, quando no conflito estiver envolvido Tribunal Superior, inclusive o próprio Tribunal Superior do Trabalho.

No processo do trabalho, o conflito pode ser suscitado pelos juízes e tribunais do trabalho, pelo Ministério Público do Trabalho e pela parte interessada, nos termos do art. 805 da CLT, devendo a parte interessada, no ato de suscitar o conflito, fazer prova de sua existência (art. 807 da CLT). Entretanto, se a parte interessada já tiver oposto no feito exceção de incompetência, a ela é vedado suscitar conflito de competência (art. 806 da CLT), haja vista que terá operado a preclusão lógica, porém se não foi a parte que suscitou o conflito de competência, poderá oferecer exceção declinatória de foro (interpretação a *contrario sensu*).

Suscitado o conflito e este estando devidamente formado, é possível que o relator solicite informações dos órgãos em conflito e, depois de ouvido o Ministério Público do Trabalho, submeterá o conflito a julgamento, comunicando o seu resultado às autoridades que estão envolvidas no conflito, devendo o feito prosseguir no juízo, então, competente.

No que tange a competência para a solução dos conflitos suscitados, temos que a solução dar-se-á:

1) Pelos Tribunais Regionais do Trabalho, quando ocorrer entre as Varas do Trabalho da mesma região, entre juízes de direito investidos em jurisdição trabalhista da mesma região, ou entre Varas do Trabalho e juízes de direito investidos na jurisdição trabalhista, desde que da mesma região (art. 678, I, *c*, 3, da CLT).

2) Pelo Tribunal Superior do Trabalho, quando suscitado entre Tribunais Regionais do Trabalho, entre juízes do trabalho e juízes de direito investidos em jurisdição trabalhista que estejam sujeitos à jurisdição de Tribunais Regionais diversos.

3) Pelo Superior Tribunal de Justiça, quando ocorre o conflito entre juízes do trabalho e juízes de direito não investidos em jurisdição trabalhista ou juízes federais, o que independe da região, malgrado a redação do art. 811 da CLT, que fora revogada pelo texto constitucional vigente (art. 105, I, *d*, da CF/88).

4) Pelo Supremo Tribunal Federal quando envolver o Tribunal Superior do Trabalho e outros órgãos do Poder Judiciário.

Logicamente, não há conflito entre Tribunal Regional do Trabalho e o Tribunal Superior do Trabalho e, também, não há conflito de competência entre Tribunal Regional do Trabalho e Vara do Trabalho a ele vinculada, pois em ambos os casos a questão resolver-se-á pela hierarquia, como se denota, por exemplo, da Súmula 420 do TST.

2.3. Partes e procuradores

Cabe lembrar que o art. 791 da CLT menciona que os empregados e os empregadores poderão reclamar pessoalmente perante a Justiça do Trabalho e acompanhar suas reclamações até o final, o que traduz o instituto do *jus postulandi*, já estudado por nós anteriormente.

No entanto, facultativamente, poderão reclamante e reclamada atribuir a alguém a capacidade de agir em seus nomes, razão pela qual as partes, nos dissídios individuais e nos dissídios coletivos, têm a faculdade de serem assistidos por advogados, como se extrai dos §§ 1º e 2º do art. 791 da CLT.

A representação da parte por advogado far-se-á mediante a outorga de poderes pelo instrumento de mandato, o que é realizado por meio da procuração, ou seja, para que possa o advogado atuar em juízo é exigido o instrumento de mandato (procuração *ad judicia*) como prevê o art. 105 do CPC.

O art. 791, § 3º, da CLT possibilita a constituição de advogado em audiência, a requerimento do advogado e com a anuência da parte interessada, o que se denomina mandato tácito.

Assim, é imperioso fazer distinção entre mandato expresso e tácito, pois aquele primeiro pode ser por escrito (procuração) ou *apud acta* (outorgado em ata de audiência), que é a outorga de poderes conferidos pelo reclamante ou pela reclamada em audiência, registrando, portanto, seus termos na própria ata de audiência, o que admite inclusive a concessão de poderes especiais.

Já o **mandato tácito** é a conferência de poderes para o foro em geral (*ad iudicia*), o que ocorre pelo simples fato de a parte estar acompanhada de advogado no momento da realização da audiência, o que a doutrina entende ser a previsão do § 3º do art. 791.

É vedado o substabelecimento de advogado investido em mandato tácito, pois se entende que o poder para substabelecer não está inserido na cláusula *ad judicia*, nos termos da OJ n. 200 da SDI-1 do TST.

A OJ n. 319 da SDI-1 do TST prevê que válidos são os atos praticados por estagiário se, entre o substabelecimento e a interposição do recurso, sobreveio a habilitação, do então estagiário, para atuar como advogado.

Com relação à exigência de exibição ou juntada aos autos dos atos constitutivos da empresa para demonstrar a validade da outorga de poderes via mandato, esta fica dispensada, salvo se houver impugnação da parte contrária, como se infere da OJ n. 255 da SDI-1 do TST.

Na hipótese de interposição de recurso, a questão da regularidade na representação é resolvida com a leitura da Súmula 383 do TST.

Note que o item II fala de irregularidade na representação, e não na ausência de mandato, ou seja, se o recurso for interposto por advogado sem procuração nos autos, ressalvado o item I, o ato deve ser considerado ineficaz.

As pessoas jurídicas de direito público ficam dispensadas de juntar instrumento de mandato, na forma da Súmula 436 do TST.

Insta destacar, no particular, o que prevê a OJ n. 349 da SDI-1 do TST: "A juntada de nova procuração aos autos, sem ressalva de poderes conferidos ao antigo patrono, implica revogação tácita do mandato anterior".

2.4. Assistência judiciária, gratuidade de justiça e isenção

A assistência judiciária, integral e gratuita, é um direito fundamental assegurado a todos que comprovem estar em situação de insuficiência de recursos, conforme proclamado solenemente no art. 5º, LXXIV, da CF/88.

No âmbito da Justiça do Trabalho, de acordo com a lei, a assistência judiciária é prestada pelo sindicato da categoria profissional a que pertencer o trabalhador, sendo devida àquele que receber salário igual ou inferior ao dobro do mínimo legal, bem como àquele que receba além desse limite, mas que comprove que sua situação econômica lhe impeça demandar em juízo sem prejuízo próprio ou de sua família, como se extrai do art. 14 da Lei n. 5.584/70.

A assistência é devida mesmo que o trabalhador não seja associado ao sindicato, por determinação do art. 18 da Lei n. 5.584/70, ou seja, se preencher os requisitos legais, o trabalhador tem direito à assistência, seja filiado ou não.

Porém, o § 3º do art. 790 da CLT, com a redação dada pela Lei n. 13.467/2017, estabelece que *"é facultado aos juízes, órgãos julgadores e presidentes dos tribunais do trabalho de qualquer instância conceder, a requerimento ou de ofício, o benefício da justiça gratuita, inclusive quanto a traslados e instrumentos, àqueles que perceberem salário igual ou inferior a 40% (quarenta por cento) do limite máximo dos benefícios do Regime Geral de Previdência Social"*, e o § 4º do mesmo artigo determina que *"o benefício da justiça gratuita será concedido à parte que comprovar insuficiência de recursos para o pagamento das custas do processo"*.

Observar a Súmula 463 do TST.

A gratuidade pode ser requerida em qualquer tempo e grau de jurisdição, desde que, na fase recursal, seja realizado o requerimento no prazo alusivo ao recurso. Outrossim, se indeferido o requerimento de justiça gratuita formulado na fase recursal, cumpre ao relator fixar prazo para que o recorrente efetue o preparo, consoante o art. 99, § 7º, do CPC e como estabelece a OJ n. 269 da SDI-1 do TST.

O art. 790-A da CLT, no entanto, isenta de custas além dos beneficiários da justiça gratuita, a União, o Distrito Federal, os Estados, os Municípios, as autarquias, as fundações públicas que não explorem atividade econômica e o Ministério Público do Trabalho, o que também se aplica, por exemplo, as empresas públicas que não atuam no regime concorrencial, uma vez que não atuam no seguimento de atividade econômica, pelo contrário, prestam serviços de caráter público para atender a coletividade.

Esta isenção de custas, contudo, não alforria as entidades citadas (União, Estados, Distrito Federal, Municípios, autarquias e fundações públicas que não explorem atividade econômica), com exceção do Ministério Público do Trabalho, de reembolsar as despesas judiciais realizadas pela parte vencedora, como se infere do parágrafo único do preceptivo citado e, além disso, não isenta as entidades fiscalizadoras do exercício profissional de pagar as despesas processuais cabíveis, tais como Ordem dos Advogados do Brasil, Conselho Regional de Odontologia, Conselho Regional de Medicina etc.

2.5. Processo judiciário do trabalho

Os atos processuais são públicos e o horário para sua realização é das 6h às 20h em dias úteis (art. 770 do CLT). O art. 216 do CPC assevera que "além dos estabelecidos em lei, são feriados, para efeito forense, os sábados, os domingos e os dias em que não haja expediente forense".

Os atos e termos processuais devem ser assinados pelas partes, mas caso estas estejam impedidas de fazê-lo por motivo justificado, ou não possam, deverão ser assinados pelo procurador legalmente constituído, ou a rogo na presença de duas testemunhas, como ordena a norma processual cogente do art. 772 da CLT.

Cumpre alertar que, como o processo é uma relação, os autos do processo são formados pela petição inicial, contestação, documentos, decisões, termos, petições etc., que permanecem sob a responsabilidade dos escrivães ou diretores de secretaria (art. 777 da CLT).

As partes e seus respectivos advogados podem consultar os autos nas Secretarias das Varas do Trabalho durante o expediente, mas a retirada dos autos da Secretaria mediante carga só pelo advogado. É possível, ainda, que os autos saiam dos cartórios ou secretarias quando tiverem de ser remetidos aos órgãos competentes, em caso de recurso ou requisição (arts. 778 e 779 da CLT).

As partes poderão requerer certidões dos processos em curso ou arquivados, as quais serão lavradas pelos escrivães ou chefes de secretaria, sendo que aquelas sobre processos que correm em segredo de justiça, sempre dependerão de despacho do juiz (art. 781, parágrafo único, da CLT).

A retirada (desentranhamento) de documentos juntados aos autos só poderá ocorrer depois de finalizado o processo, desde que o interessado deixe cópia reprográfica (traslado), na forma do art. 780 da CLT. Dispositivo muito aplicado nos processos físicos.

2.5.1. Da distribuição e do distribuidor

Tendo em vista o disposto na CLT do art. 783 ao art. 788, é lícito afirmar que as reclamações serão distribuídas entre as Varas do Trabalho ou entre os Juízes de Direito do Cível (quando estiverem no exercício da "jurisdição" trabalhista), na ordem rigorosa de sua apresentação ao distribuidor, quando na localidade houver mais de uma Vara do Trabalho (art. 713 da CLT). Em caso de inexistir mais de uma Vara do Trabalho, as reclamações serão apresentadas diretamente na Vara do Trabalho existente na localidade.

2.5.2. Prazos processuais

Prazo processual é o período de tempo dentro do qual alguém deve praticar algum ato, uma vez que o processo tem por finalidade solucionar o conflito de interesses e, notadamente, para que seu objetivo principal seja alcançado, mister se faz agir com brevidade de tempo, ou seja, chegar na decisão o mais rápido possível.

A Consolidação das Leis do Trabalho contém três dispositivos de extrema relevância no que tange aos prazos, sem prejuízo de outros que serão citados, quais sejam os arts. 774, 775 e 776.

2.5.2.1. Contagem dos prazos

Na contagem dos prazos, como se depreende do art. 775 da CLT, exclui-se o dia do começo (a contagem dar-se-á, em regra, no primeiro dia útil subsequente a ciência do ato processual), porém inclui-se o dia do vencimento e **são contados em dias úteis**.

O § 1º do art. 775 da CLT estabelece que os prazos podem ser prorrogados, pelo tempo estritamente necessário, quando o juízo entender necessário, bem como em virtude de força maior, devidamente comprovada. Ademais, ao juízo cabe dilatar os prazos processuais e alterar a ordem de produção dos meios de prova, adequando-os às necessidades do conflito de modo a conferir maior efetividade à tutela do direito.

O decurso dos prazos deverá ser certificado nos autos pelos escrivães ou chefes de secretaria, nos termos do art. 776 do mesmo diploma legal.

Observe que quando a intimação for realizada na sexta-feira, ou a publicação com efeito de intimação tiver ocorrido neste dia (sexta), o prazo judicial será contado a partir da segunda-feira imediata, exceto se não houver expediente, caso em que começara a fluir no dia útil que se seguir, de acordo com a Súmula 1 do TST.

No entanto, se a parte for intimada ou notificada no sábado, o início do prazo se dará no primeiro dia útil imediato e a contagem, no subsequente, conforme previsão da Súmula 262, I, do TST.

É imperioso observar que o prazo para interpor recurso quando a sentença for prolatada em audiência, pois pode ser realizada de forma oral, conta-se findo o prazo de 48 horas (art. 851, § 2º, da CLT) para juntada da ata de audiência de julgamento, exceto se o juiz exceder o prazo *retro*, quando então a parte deverá ser intimada, como se extrai da Súmula 30 do TST.

Porém, se a parte foi intimada para comparecer em audiência de publicação da sentença e se ausentar, será contado o início do prazo recursal desde a prática do ato, ou seja, da prolação da sentença em razão da Súmula 197 do TST.

2.5.2.2. Prazos para as pessoas jurídicas de direito público

O Decreto-lei n. 779/69, que institui algumas prerrogativas à Fazenda Pública no processo do trabalho, determina em seu art. 1º, II e III, respectivamente, que o prazo a que se refere à parte final do art. 841 da CLT (cinco dias) deve ser contato em quádruplo, ou seja, deve ser de no mínimo 20 dias entre o recebimento da notificação para a audiência e a realização desta.

Assegura-se, ainda, o prazo em dobro para recorrer, não tendo aplicação o direito processual comum em razão da previsão legal expressa, inclusive no caso de oposição de embargos de declaração (OJ n. 192 da SDI-1 do TST).

2.5.2.3. Suspensão e interrupção dos prazos

Pode haver a suspensão ou a interrupção dos prazos, conforme os casos venham a ser definidos em ocasiões próprias.

Na suspensão, ocorre uma causa que determina a paralisação provisória na sua contagem ou a postergação do início da contagem, razão pela qual quando terminada a causa voltará a contar de onde parou ou terá início a contagem, como é o caso do das férias coletivas dos Ministros do TST (Súmula 262, II, do TST).

A interrupção, por sua vez, é a situação que gera o "zerar" na contagem do prazo, ou seja, inicia-se sua contagem novamente do zero, como é o caso de oposição de embargos de declaração, que como regra geral interrompe o prazo para a interposição de recursos por quaisquer das partes (art. 897-A, § 3º, da CLT).

Vale dizer que o art. 775-A da CLT suspende o curso do prazo processual nos dias compreendidos entre 20 de dezembro e 20 de janeiro, inclusive. No entanto, ressalvadas as férias individuais e os feriados instituídos por lei, os juízes, os membros do Ministério Público, da Defensoria Pública e da Advocacia Pública e os auxiliares da Justiça exercerão suas atribuições durante o período acima citado. Por fim, durante a suspensão do prazo, não se realizarão audiências nem sessões de julgamento.

2.5.3. Comunicação dos atos processuais

O legislador se valeu do termo *notificação* na Consolidação das Leis Trabalhistas, como referência a todo e qualquer ato processual praticado, seja ele a citação ou intimação, não obstante o art. 880 da CLT mencionar, dentre outras, que o executado será citado pelo oficial de justiça para que cumpra o julgado ou garanta a execução, sob pena de penhora.

Estando as partes devidamente representadas por seus advogados, a notificação postal será feita diretamente aos patronos. Todavia, estando os litigantes no exercício do *jus postulandi* as notificações serão remetidas diretamente a eles, também pelos correios.

No direito processual do trabalho, a regra geral é a notificação, seja ela dirigida ao autor ou ao réu. Deste modo, cumpre dizer que da exordial trabalhista não há citação do reclamado, mas sim notificação (com efeito de citação) do mesmo, conforme o art. 841 da CLT.

Desrespeitado, por outro lado, o prazo legal de cinco dias estabelecido pelo art. 841, é facultado ao reclamado o direito de comparecer à audiência e arguir a nulidade da citação, caso em que, se decretada pelo Magistrado, deverá este designar uma nova data para essa audiência.

Dispõe o Decreto-lei n. 779/69 (art. 1º, II) a lista das prerrogativas processuais da Fazenda Pública, sendo a esta concedida prazo em quádruplo daquele fixado pelo art. 841, *caput*, da CLT (20 dias entre o recebimento da notificação e a realização da 1ª audiência). Sendo o decreto lacunoso e a CLT omissa, e considerando que o art. 841 não prevê regra especial, o TST entende que a notificação da Fazenda Pública também deverá ser feita pelos correios, prevalecendo o regramento geral.

Considerando-se que a CLT não exige que a notificação seja entregue pessoalmente ao destinatário, doutrina e jurisprudência entendem que para tornar-se válida basta que a notificação seja entregue no endereço do reclamado, podendo ser recebida pelo empregado da empresa, pelo zelador ou porteiro do edifício, ou simplesmente, ser depositada na caixa de correio.

Quando o destinatário não é encontrado ou cria algum empecilho para o recebimento da notificação, esta será feita por edital conforme se extrai do art. 841, § 1º, da CLT.

Assevera o art. 852-B, II, da CLT que no procedimento sumaríssimo "não se fará citação por edital, incumbindo ao autor a correta indicação do nome e endereço do reclamado".

2.6. Despesas processuais

As despesas processuais, em sentido lato, devem ser entendidas como todos os gastos realizados pelas partes, das quais são algumas espécies as custas, honorários do perito, emolumentos, honorários de advogado, depósito recursal e tradução realizada por intérprete (art. 819 da CLT).

2.6.1. Custas

As custas, que são determinadas por lei, caracterizam-se por despesas processuais relativas a formação, desenvolvimento e terminação do processo, sendo devidas pela mera provocação da atividade jurisdicional, sendo certo que o Supremo Tribunal Federal qualifica-as como taxas remuneratórias de serviços públicos.

Em regra, as custas são pagas ao final pelo vencido, porém, em caso de interposição de recursos, deverá haver o pagamento antecipado, ou seja, as custas serão pagas e comprovado o recolhimento dentro do prazo recursal, como prevê o § 1º do art. 798 da CLT.

Impende notar que no processo do trabalho, nos termos do art. 789 da CLT, nos dissídios individuais e nos dissídios coletivos do trabalho, nas ações e procedimentos de competência da Justiça do Trabalho, bem como nas demandas propostas perante a Justiça Estadual, no exercício da jurisdição trabalhista, as custas relativas ao processo de conhecimento incidirão à base de 2%, observado o mínimo de R$ 10,64 e o *máximo de quatro vezes* o limite máximo dos benefícios do regime geral de previdência social, sendo calculadas de acordo com as regras estabelecidas nos incisos do artigo citado. Em caso de acordo, as custas serão, em regra, rateadas entre as partes, salvo se do contrário constar no acordo.

Outrossim, em caso de não pagamento das custas, o devedor será executado na forma prevista na CLT, como determina o § 2º do art. 790 da norma laboral.

2.6.2. Honorários periciais

O art. 790-B da CLT determina que o pagamento dos honorários do perito será responsabilidade da parte sucumbente na pretensão objeto da perícia (e não na demanda), ou seja, temos regra própria na Consolidação das Leis do Trabalho, o que afasta, por óbvio, a incidência do Código de Processo Civil no particular.

Ademais, o texto é bastante elucidativo ao dizer que o pagamento é de responsabilidade da parte que **sucumbe na pretensão objeto da perícia,** de modo que o magistrado trabalhista não está autorizado a determinar adiantamento de valores para realização de perícias (§ 3º do art. 790-B da CLT) quando o autor da reclamação pleitear, por exemplo, adicional de insalubridade ou periculosidade, haja vista que só com o proferir da sentença é que se saberá quem fora a parte sucumbe na pretensão objeto da perícia e, caso o juiz determine a antecipação, o meio adequado para impugnar tal decisão é o mandado de segurança, haja vista que **é ilegal a exigência do referido depósito para custeio dos honorários periciais**, dada a incompatibilidade com o processo do trabalho, como se extrai da OJ n. 98 da SDI-2 do TST.

Observe que mesmo sendo beneficiário da justiça gratuita, aquele que perder a pretensão objeto da perícia será obrigado a pagar tal despesa processual e, caso não tenha obtido em juízo créditos capazes de suportar a despesa, ainda que em outro processo, a União deverá responder o encargo, o que também já previa a Súmula 457 do TST.

É possível, entretanto, o deferimento do parcelamento dos honorários periciais, nos termos do § 2º do art. 790-B da CLT.

Cabe salientar que a responsabilidade pelo pagamento dos honorários do perito assistente é da parte que o indicou (o que independe da relação posta em juízo), uma vez que se trata de mera faculdade, ainda que a parte que o indicou seja vencedora, com fulcro na Súmula 341 do TST.

2.6.3. Honorários advocatícios

Com o advento da Lei n. 13.467/2017, que alterou a CLT, fora incluído o art. 791-A que contém cinco parágrafos, todos versando sobre a condenação em honorários de sucumbência. Acreditamos que a Súmula 219 será revista e a 329, quiçá, cancelada!

Com efeito, ao advogado, ainda que atue em causa própria, serão devidos honorários de sucumbência, fixados entre o mínimo de 5% e o máximo de 15% (quinze por cento) sobre o valor que resultar da liquidação da sentença, do proveito econômico obtido ou, não sendo possível mensurá-lo, sobre o valor atualizado da causa e, em caso de procedência parcial, o juízo arbitrará honorários de sucumbência recíproca, vedada a compensação entre os honorários.

Ao fixar os honorários, o juízo observará o grau de zelo do profissional, o lugar de prestação do serviço, a natureza e a importância da causa, bem como o trabalho realizado pelo advogado e o tempo exigido para o seu serviço.

Os honorários são devidos também nas ações contra a Fazenda Pública e nas ações em que a parte estiver assistida ou substituída pelo sindicato de sua categoria, sendo também cabíveis na reconvenção.

Note-se, por fim, se vencido o beneficiário da justiça gratuita, desde que não tenha obtido em juízo, ainda que em outro processo, créditos capazes de suportar a despesa, as obrigações decorrentes de sua sucumbência ficarão sob condição suspensiva de exigibilidade e somente poderão ser executadas se, nos dois anos subsequentes ao trânsito em julgado da decisão que as certificou, o credor demonstrar que deixou de existir a situação de insuficiência de recursos que justificou a concessão de gratuidade, extinguindo-se, passado esse prazo, tais obrigações do beneficiário.

Vale dizer que até o momento o STF ainda não julgou a ADI 5766 (tem por objeto o tema em tela e honorários periciais).

Este assunto, honorários advocatícios, entretanto, antes da entrada em vigor da Reforma Trabalhista, era tratado, basicamente, pelas Súmulas 219 e 329 do TST (no nosso modo de ver, prejudicadas para ações distribuídas a partir de 11-11-2017 – art. 6º da IN n. 41 do TST), as quais transcrevemos abaixo, sendo certo que é imperioso lembrar que honorários de sucumbência são aqueles pagos pela parte que perde ao advogado da parte vencedora.

Tendo em vista a ampliação da competência da Justiça do Trabalho com o advento da Emenda Constitucional n. 45/2004, que acarretou a remessa de alguns processos da Justiça Comum Estadual para aquela especializada, a OJ n. 421 da SDI-1 admite a condenação nos honorários pela mera sucumbência, com aplicação das regras do CPC.

2.6.4. Honorários do intérprete

De acordo com o art. 819 da CLT, o depoimento das partes e testemunhas que não souberem falar a língua nacional será feito por meio de intérprete nomeado pelo juiz ou presidente, procedendo-se da mesma forma quando se tratar de surdo-mudo, ou de mudo que não saiba escrever.

As despesas com o intérprete correrão por conta da parte sucumbente, salvo se beneficiária da gratuidade de justiça, de acordo com o § 2º, com a redação dada pela Lei n. 13.660/2018.

2.7. Certidão negativa de débitos trabalhistas

A Lei n. 12.440, de 7 de julho de 2011, incluiu na CLT o art. 642-A e seus parágrafos, instituindo a Certidão Negativa de Débitos Trabalhistas (CNDT), que é expedida gratuita e eletronicamente para comprovar a inexistência de débitos inadimplidos perante a Justiça do Trabalho.

Segundo a CLT, o interessado não poderá obter a certidão quando em seu nome constar o inadimplemento de obrigações estabelecidas em sentença condenatória transitada em julgado proferida pela Justiça do Trabalho ou em acordos judiciais trabalhistas, inclusive no concernente aos recolhimentos previdenciários, a honorários, a custas, a emolumentos ou a recolhimentos determinados em lei, bem como o inadimplemento de obrigações decorrentes de execução de acordos firmados perante o Ministério Público do Trabalho ou Comissão de Conciliação Prévia.

Quando se verificar a existência de débitos garantidos por penhora suficiente ou com exigibilidade suspensa, será expedida Certidão Positiva de Débitos Trabalhistas em nome do interessado com os mesmos efeitos da CNDT.

A certidão em apreço irá certificar a empresa em relação a todos os seus estabelecimentos, agências e filiais e terá o prazo de validade de 180 dias contados da data de sua emissão.

Ademais, para participar de procedimentos de licitação, a Lei n. 8.666/93 passou a exigir, em razão da alteração promovida pela Lei n. 12.440/2011, em seu art. 29, V, que além de outros documentos é imprescindível a prova de inexistência de débitos inadimplidos perante a Justiça do Trabalho, mediante a apresentação de certidão negativa.

2.8. Nulidades no processo do trabalho

2.8.1. Conceito

O tema das nulidades no processo do trabalho é regulado pela CLT do art. 794 ao art. 798.

Em suma, a nulidade deve ser compreendida como a possibilidade de o ato processual não produzir efeitos ou ter desconstituído seus efeitos, isto é, trata-se de sanção pela qual a norma jurídica retira de um ato jurídico processual seus efeitos, mormente quando sua realização não se dá de acordo com os primados legais.

2.8.2. Princípios das nulidades

2.8.2.1. Instrumentalidade das formas ou finalidade

Em princípio, com espeque no art. 188 do CPC, pode-se dizer que os atos e termos processuais não dependem de forma determinada (liberdade das formas), exceto quando a lei expressamente a exigir, sendo reputados válidos os que forem realizados de outra forma, desde que alcancem a sua finalidade.

Com efeito, o fito é conservar os atos processuais praticados de forma diversa da prescrita em lei, desde que sua finalidade se verifique e produzam os efeitos colimados pela norma, privilegiando mais o conteúdo do que a forma propriamente dita.

2.8.2.2. Prejuízo ou transcendência

Podemos resumir esse princípio com a seguinte afirmativa: não haverá nulidade sem prejuízo às partes interessadas, considerando que o prejuízo seja exclusivamente processual.

O legislador fora influenciado pelo sistema francês (*pas de nulité san grief*), notadamente em razão da redação do art. 794 da CLT: "Nos processos sujeitos à apreciação da Justiça do Trabalho só haverá nulidade quando resultar dos atos inquinados manifesto prejuízo às partes litigantes".

2.8.2.3. Convalidação ou preclusão

As nulidades devem ser arguidas no momento processual oportuno, sendo que tal princípio se aplica às nulidades relativas, uma vez que as nulidades absolutas podem ser arguidas em qualquer momento, inclusive de ofício pelo magistrado, não estando sujeitas à preclusão (convalidação), consoante art. 795, *caput*, da CLT.

2.8.2.4. Interesse ou interesse de agir

Previsto no art. 796, *b*, da CLT, significa que a nulidade não poderá ser conhecida, se arguida pela parte que lhe deu causa, ou seja, somente terá interesse de requerer a declaração da nulidade à parte que fora prejudicada e que não tenha dado causa, uma vez que ninguém pode se beneficiar da própria torpeza.

Vale ressaltar que este princípio só se aplica em sede de nulidades relativas, uma vez que quando for caso de nulidade absoluta o magistrado deve pronunciá-la de ofício, sendo irrelevante, portanto, quem deu causa ou quem alegou.

2.8.2.5. Utilidade ou aproveitamento dos atos processuais praticados

Também conhecido como causalidade, concatenação ou interdependência dos atos processuais, preconiza que devem ser aproveitados todos os atos posteriores aquele notadamente nulo, na medida em que não sofram reflexos das nulidades porventura existentes, como se infere do art. 798 da CLT.

Assim, a pronúncia de uma nulidade não atinge todos os atos posteriores, permanecendo válidos os atos independentes.

Sendo assim, o juiz ou tribunal ao pronunciar a nulidade irá declarar os atos a que ela se estende, exatamente para que sejam aproveitados os atos independes.

2.8.2.6. Renovação dos atos processuais viciados ou saneamento das nulidades

Também conhecido como princípio da economia processual, tem lugar no aproveitamento máximo da relação jurídica processual, o que significa dizer que é possível à renovação os atos que contém defeitos capazes de gerar nulidade, como se extrai do art. 796, a, da CLT: "A nulidade não será pronunciada: a) quando for possível suprir-se a falta ou repetir-se o ato".

2.9. Dissídio individual

2.9.1. Da ação (reclamação) trabalhista

No processo laboral, temos as ações individuais (dissídios individuais) que são estabelecidas em decorrência de uma lide entre reclamante e reclamada (pode haver ação plúrima – art. 842 da CLT, ou litisconsórcio ativo), onde as partes são consideradas individualmente e os dissídios coletivos, quando envolvem os sindicatos.

2.9.1.1. Forma da reclamação e requisitos. Petição inicial

Esse tema será apresentado de forma detalhada na teoria que precede a análise de casos para identificação e elaboração da peça prático-profissional.

2.9.1.2. Tutela de urgência

A tutela de urgência, cautelar ou antecipada, pode ser concedida em caráter antecedente ou incidental (art. 294, parágrafo único, do CPC), e a tutela de urgência será deferida quando houver elementos que evidenciem a probabilidade do direito e o perigo de dano ou risco ao resultado útil do processo (art. 300 do CPC).

A CLT faz menção à liminar no art. 659, IX e X, prevendo que é atribuição do magistrado conceder medida liminar, até decisão final do processo em reclamações trabalhistas que visem tornar sem efeito transferência disciplinada pelos parágrafos do art. 469 da norma laboral e, também, conceder liminar, até decisão final do processo, em reclamações trabalhistas que visem reintegrar no emprego dirigente sindical afastado, suspenso ou dispensado pelo empregador.

A CLT nada dispõe acerca da tutela de urgência antecipada e por ser totalmente compatível como o processo do trabalho, aplicamos o CPC, cuja finalidade é prover de forma antecipada os efeitos do que seria concedido na sentença, sendo que a decisão que defere ou indefere a tutela é nitidamente uma decisão interlocutória e, como sabemos, estas são irrecorríveis de imediato no processo do trabalho.

No processo do trabalho, não são raros os casos de tutela antecipada, seja inerente às obrigações de fazer, não fazer e entrega de coisa.

Destacamos o seguinte exemplo: empregado demitido sem justa causa sem que lhe seja entregue os documentos hábeis para levantamento do FGTS, guias pertinentes para recebimento do seguro-desemprego e baixa do contrato de trabalho na CTPS. Diante dessa situação, adequado se mostra o pedido de tutela provisória de urgência antecipada visando oficiar o órgão competente para pagar ao trabalhador o seguro-desemprego (caso preencha os requisitos legais), bem como expedição de alvará para a Caixa Econômica Federal visando à liberação do saldo existente na conta vinculada do trabalhador no FGTS.

Como não cabe recurso de imediato para impugnar decisão que antecede ou indefere os efeitos da tutela pretendida, em razão da sua natureza interlocutória, caberá mandado de segurança, como se extrai da Súmula 414 do TST.

Percebe-se, então, que no processo do trabalho é trivial a impetração de mandado de segurança para impugnar as decisões interlocutórias proferidas antes da sentença, à falta de recurso específico de imediato contra essas decisões, como é o caso das decisões acima citadas.

No entanto, caso a tutela seja concedida na sentença, não se pode impugnar via mandado de segurança, haja vista que o remédio jurídico apropriado é o recurso ordinário.

Porém, nem sempre cabe mandado de segurança para impugnar decisão de tutela provisória, como é o caso previsto na OJ n. 64 da SDI-2 do TST, bem como na OJ n. 65 da mesma SDI.

2.9.1.3. Emenda e aditamento da petição inicial

De início cabe dizer que emenda e aditamento são figuras bem distintas. A primeira quer dizer remendar, consertar algo, o que significa dizer que há emenda à petição inicial quando esta contém vício ou defeito processual, enquanto aditamento é adicionar algo, isto é, haverá alteração do pedido ou da causa de pedir.

No entanto, uma vez realizada a citação, o CPC veda a alteração do pedido ou da causa de pedir sem o consentimento do réu (art. 329, I). Note que emenda é ato determinado pelo juiz, enquanto aditamento deve ser requerido pela parte.

Nos domínios do processo do trabalho, como o juiz não verifica se a petição preenche ou não os requisitos legais, como regra, antes da audiência, até o momento de apresentação da contestação pelo reclamado em audiência é permitida a alteração do pedido ou da causa de pedir, ou de ambos, o que independe da concordância do reclamado (malgrado alguns magistrados entenderem que é preciso aquiescência do réu).

Contudo, uma vez apresentada a contestação pelo réu (o que é feito na audiência, visto que é recebido pelo juiz) à alteração só será permitida com a concordância do reclamado, podendo o juiz de ofício, se for o caso, antes de ofertada a contestação, determinar a emenda da petição inicial.

Em ambos os casos, o juiz deverá designar uma nova data para a audiência, respeitando-se, assim, os princípios constitucionais do contraditório e da ampla defesa.

No que tange ao emendar da petição inicial, o juiz quando verificar que a mesma contém algum vício sanável, suprível, deve intimar o reclamante para que proceda com a emenda no prazo de 15 dias, consoante a Súmula 263 do TST:

Cabe observar que, com a entrada em vigor da Lei n. 13.467/2017, o § 3º do art. 841 da CLT estabelece que, "oferecida a contestação, ainda que eletronicamente, o reclamante não poderá, sem o consentimento do reclamado, desistir da ação".

2.9.1.4. Indeferimento da petição inicial

Caso o vício da petição inicial seja insuperável, insanável, o magistrado deverá indeferir a petição, acarretando o proferir de sentença sem resolução do mérito (art. 485, I, CPC).

Todavia, como o magistrado geralmente só tem contato com a petição inicial na audiência, é de difícil aplicação no processo do trabalho, sendo certo que, como visto, só se pode falar em indeferimento de plano quando o vício for insanável, muito embora não haja obrigatoriedade de o juiz conceder prazo para que a parte sane a irregularidade, uma vez que a Súmula 263 do TST assim determina.

Por fim, saliente-se que a decisão que indefere a petição inicial trabalhista é, em regra, uma sentença terminativa, logo, sem resolução de mérito, que desafia recurso ordinário. Caso haja a interposição do recurso ordinário, o juiz poderá reconsiderar sua decisão em cinco dias, nos moldes do art. 331 do CPC, aplicado subsidiariamente, uma vez que não há incompatibilidade.

2.9.2. Elementos da ação

Os elementos da ação, de acordo com o § 2º do art. 337 do CPC, são:

a) **partes** – são aqueles envolvidos no litígio (no processo do trabalho geralmente denominados de reclamante e reclamada, ou seja, aquele que afirma ser titular de um direito material violado contra aquele que supostamente violou o direito material);

b) **causa de pedir** – é o fundamento da própria demanda, pressupondo um direito e um fato a ele contrário, fazendo nascer a pretensão jurídica (a causa de pedir pode ser próxima ou remota – fastos e fundamentos jurídicos); e

c) **pedido** – é aquilo que se pretende obter por meio da tutela jurisdicional (o pedido pode ser imediato, que é o provimento jurisdicional pretendido – condenação, declaração etc., e, mediato, ou seja, o bem jurídico pretendido – horas extras, adicional de insalubridade etc.).

É de suma importância saber os elementos da ação para identificarmos, pelo menos, dois institutos importantes: litispendência e coisa julgada, pois uma ação é idêntica à outra quando tem as mesmas partes, a mesma causa de pedir e mesmo pedido.

Assim, se há repetição de ação que ainda está em curso, temos a litispendência, enquanto, se houver repetição de ação que já fora julgada, verificamos a ocorrência da coisa julgada. Ambos importam o proferir de sentença sem pronunciamento de mérito (art. 485, V, do CPC).

2.10. Procedimentos

O processo de conhecimento do trabalho admite dois procedimentos: comum e especial.

O procedimento comum é ordinário, sumário – dissídio de alçada exclusivo das Varas (para alguns doutrinadores não existe mais esse procedimento) – ou sumaríssimo. O procedimento especial é aplicado às ações específicas, como a ação de cumprimento, o inquérito judicial para apuração de falta grave, o dissídio coletivo e a homologação de acordo extrajudicial, sem prejuízo das ações especiais cíveis admitidas no processo do trabalho, como a ação rescisória, a ação cautelar, o mandado de segurança etc.

Note que o procedimento comum ordinário é o mais utilizado, uma vez que ele deverá ser adotado quando não for cabível nenhum outro procedimento, ou seja, o critério para sua utilização é o da exclusão.

Já o procedimento sumário fora instituído pelo art. 2º da Lei n. 5.584/70.

Temos ainda o procedimento sumaríssimo que fora introduzido pela Lei n. 9.957/2000, acrescentando à CLT os arts. 852-A a 852-I.

2.10.1. Procedimento ordinário

Esse procedimento, que é o mais usual no processo do trabalho, é regulado de forma geral nos arts. 837 a 852 da CLT, sendo aplicado nas causas cujo valor supere 40 salários mínimos, sendo possível o rito ordinário nas causas de valor superior a dois salários mínimos, porém, inferior a 40 salários, quando for parte no dissídio a Administração Pública direta, autárquica ou fundacional, já que os entes de personalidade jurídica de direito público não podem ser demandados.

Com a entrada em vigor da Lei n. 13.467/2017, que alterou o § 1º do art. 840 da CLT, é necessário que os pedidos sejam certos, determinados e com a respectiva indicação de valor. Os pedidos, no procedimento ordinário, que não atenderem os requisitos acima, deverão ser extintos sem análise do mérito.

Admite a citação por edital e habitualmente a audiência é dividida em três partes (embora a regra seja audiência una – conciliação, instrução e julgamento), como sejam, inaugural de conciliação e apresentação de defesa, audiência de instrução e, por fim, audiência de julgamento.

No caso de audiência una, que é a regra no processo do trabalho, como se extrai do art. 843 e do art. 849 da CLT (concentração dos atos processuais), deverá ser observado o seguinte procedimento: pregão; primeira proposta conciliatória; leitura da petição inicial (quando não for dispensada pelas partes); oferecimento da defesa (prazo de 20 minutos, embora na prática seja apresentada por escrito e atualmente de forma eletrônica pelo PJe-JT); depoimento pessoal das partes; oitiva das testemunhas; razões finais (dez minutos para cada parte); segunda proposta conciliatória e, em sendo rejeitada pelas partes, profere-se a sentença (no ato, em data fixada – leitura de sentença ou em data futura – *sine die*).

Contudo, se a audiência for dividida em três partes, teremos o seguinte procedimento: 1ª) pregão; primeira proposta conciliatória; leitura da petição inicial; oferecimento da defesa – adiamento da audiência – prova pericial (se houver); – nova audiência – 2ª) depoimento das partes; oitiva das testemunhas; oitiva de peritos e técnicos se houver; razões finais (dez minutos para cada parte); segunda proposta conciliatória – adiamento da audiência – 3ª) sentença, denominada de audiência de julgamento (o magistrado designa um dia para leitura e publicação ou deixa *sine die* – sem data certa para proferir sentença, quando então as partes serão intimadas da decisão).

É de bom grado salientar que terminado o interrogatório qualquer das partes pode se retirar, prosseguindo-se a instrução com o seu representante, nos termos do art. 848, § 1º, da CLT.

Considerando que na audiência de julgamento as partes raramente estão presentes, é exatamente da data da publicação da sentença, ou, conforme o caso, da data da juntada aos autos da ata de audiência contendo a decisão, que terá início o prazo para recurso.

Observe que o juiz pode, considerando cada caso, inverter a ordem de produção das provas, conforme § 2º do art. 775 da CLT.

2.10.2. Procedimento sumário

Esse procedimento fora instituído pela Lei n. 5.584/70, também conhecido como "dissídio de alçada exclusivo das Varas", tendo por objetivo empregar mais celeridade as demandas trabalhistas cujo valor da causa seja de até dois salários mínimos.

No que efetivamente releva, a lei em apreço dispõe em seu art. 2º e §§ 3º e 4º que nos dissídios individuais, proposta a conciliação, e não havendo acordo, o Presidente da Junta ou juiz, antes de passar à instrução da causa, fixar-lhe-á o valor para determinação da alçada, se este for indeterminado no pedido. Porém, quando o valor fixado para a causa, na forma deste artigo, não exceder de duas vezes o salário mínimo vigente na sede do juízo, será dispensável o resumo dos depoimentos, devendo constar da ata a conclusão da Junta quanto à matéria de fato. Outrossim, salvo se versarem sobre matéria constitucional, nenhum recurso caberá das sentenças proferidas nos dissídios de alçada a que se refere o parágrafo anterior, considerando, para esse fim, o valor do salário mínimo à data do ajuizamento da ação.

Observe que a previsão contida no § 3º da Lei n. 5.584/70 acima transcrito tem preceptivo similar na CLT, conforme se extrai do § 1º do art. 851.

2.10.3. Procedimento sumaríssimo

Esse procedimento, previsto na CLT do art. 852-A ao art. 852-I, deve ser observado nos dissídios individuais cujo valor, na data do ajuizamento da ação, não seja superior a 40 salários mínimos, o que pensamos não ser uma faculdade, mas sim um rito obrigatório, uma vez que de ordem pública, sendo inadmissível para as ações coletivas.

Se o valor da causa for de 40 salários mínimos, mas a soma de todos os pedidos ultrapassar esse valor será observado o rito ordinário, necessariamente, pois entende-

-se que o valor da causa, como regra, deve corresponder à pretensão almejada pelo autor, ainda que por estimativa, de modo que se o valor do somatório dos pedidos for superior àquele limite deve ser instituído o procedimento ordinário.

No entanto, um setor da doutrina entende ser possível conversão para garantir o acesso à justiça, ou seja, se foi ajuizada a demanda adotando o rito sumaríssimo é possível sua conversão para o rito ordinário.

A Consolidação das Leis do Trabalho exclui desse procedimento a Administração Pública Direta, autárquica e fundacional e, como não faz distinção, até mesmo em caso de serem chamadas para responderem subsidiariamente estarão necessariamente excluídas.

O **pedido deve ser certo e (a lei indica "ou") determinado e indicar o valor correspondente**, sendo que não há necessidade de liquidar pedidos de obrigação de fazer ou não fazer, como seria o caso de anotação do contrato de trabalho na CTPS do obreiro, devendo ainda o reclamante indicar o endereço correto da reclamada, não se admitindo, por sua vez, a citação por edital. O não atendimento desses requisitos importa extinção do feito sem resolução do mérito (arquivamento da reclamação) e a condenação do autor nas custas do processo, que serão calculadas sobre o valor da causa, embora seja aplicável, a nosso sentir, o disposto na Súmula 263 do TST, uma vez que se trata de vício sanável.

A apreciação da reclamação trabalhista deve ocorrer no prazo máximo de 15 dias do ajuizamento e, se necessário, poderá constar de pauta especial de acordo com o movimento judiciário da Vara do Trabalho.

É dever das partes e dos advogados comunicar ao juízo as mudanças de endereço que venha a ocorrer no curso do processo, uma vez que serão reputadas válidas aquelas que forem enviadas para o local anteriormente indicado, caso não tenha havido a comunicação referida.

É de bom grado alertar que essa regra geral (audiência una) sofre exceções, ou seja, é possível que haja a interrupção da audiência, quando então seu prosseguimento e a solução da causa dar-se-ão no prazo máximo de 30 dias, salvo motivo relevante justificado pelo juiz nos autos, consoante prevê o § 7º do art. 852-H da CLT.

O juiz deverá conduzir o processo com ampla liberdade para determinar as provas a serem produzidas, levando em consideração o ônus da prova para cada litigante, podendo inclusive limitar ou excluir aquelas que entender excessivas, impertinentes ou protelatórias, dando valor especial às regras de experiência comum ou técnica.

Aberta a sessão, o juiz deve esclarecer as partes sobre as vantagens da conciliação e usará os meios adequados visando persuadi-los na solução conciliatória do litígio, independentemente da fase da audiência.

Na ata de audiência devem ser registrados resumidamente os atos essenciais, as afirmações fundamentais das partes e as informações úteis à solução da causa trazidas pela prova testemunhal, devendo ainda o juiz decidir de plano todos os incidentes e exceções que possam interferir no prosseguimento da audiência e do processo, sendo as demais decididas na sentença.

No que tange às provas propriamente ditas, sobre os documentos apresentados por uma das partes a outra deve manifestar-se imediatamente sem interrupção da audiência, exceto se houver absoluta impossibilidade, o que fica a critério do juiz, como se extrai do § 1º do art. 852-H da CLT.

É possível produção de prova pericial, quando a prova do fato o exigir ou for legalmente imposta, como ocorre nos pedidos de insalubridade e periculosidade, caso em que ao juiz incumbe de plano fixar o prazo e o objeto da perícia, nomeando o perito e uma vez apresentado o laudo, as partes terão o prazo comum de cinco dias para manifestações.

As testemunhas, no máximo de duas para cada parte, irão comparecer independentemente de intimação. Porém as que não comparecerem e a parte comprovar que procedeu o seu convite, serão intimadas e caso reiteram na ausência, o juiz pode determinar sua condução coercitiva, aplicando-se o art. 730 da CLT em caso de não comparecimento injustificado.

Por fim, a sentença mencionará os elementos de convicção do juízo, com resumo dos fatos relevantes ocorridos em audiência, dispensado o relatório, ou seja, no procedimento sumaríssimo não há nulidade da sentença por ausência de relatório.

2.11. Audiência

2.11.1. Aspectos preliminares

Audiência é um ato processual público (em regra), solene e muito importante do processo, em especial no processo do trabalho, uma vez que não se verifica, salvo raríssimas exceções, julgamento sem que o magistrado tenha contato direto com as partes, com as testemunhas e, quando necessário, com os peritos e assistentes técnicos (§ 2º do art. 848 da CLT).

Esse ato é presidido pelo juiz, onde na mesma oportunidade, como regra geral por ser a audiência no processo do trabalho una, se instrui, discute e decide a causa, atendendo, desta forma, os princípios da imediatidade, concentração e publicidade.

Por essa razão, as audiências são públicas, salvo na hipótese de segredo de justiça, como se extrai do art. 813 da CLT combinado com o art. 93, IX, da CF/88, e devem ser realizadas em dias úteis entre às 8 e 18 horas, não devendo ultrapassar de cinco horas seguidas, salvo quando houver matéria urgente, podendo haver, quando necessário, audiências extraordinárias nos termos do § 2º do art. 813.

Assim, é lícito dizer que a audiência é um ato público, em princípio imprescindível, na qual o reclamado apresentará suas respostas, e ato seguinte, o juiz procede à instrução, concedendo, logo em seguida, prazo para razões finais e, por fim, prolata a sentença.

Considerando o disposto nos arts. 813 e seguintes e nos arts. 843 e seguintes da Consolidação das Leis do Trabalho, podemos dizer que as audiências são realizadas na sede do juízo. No entanto, em casos especiais, pode ser designado outro lugar para a realização da audiência, mediante edital afixado na sede do Juízo ou Tribunal, com antecedência mínima de 24 horas visando dar ciência aos interessados.

À hora designada para a audiência devem estar presentes, além dos servidores necessários para a realização do ato, o juiz, que pelo art. 815, parágrafo único, tem a tolerância de 15 minutos de atraso. Após esse tempo, podem os presentes (interessados) retira-se do local, consignando o fato na ata de audiência.

Observe que a tolerância é exclusiva do juiz, não se estendendo às partes ou seus advogados, uma vez que como se extrai da OJ n. 245 da SDI-1 do TST.

Ademais, o § 2º do art. 815 da CLT estabelece que se, até 30 (trinta) minutos após a hora marcada, a audiência, injustificadamente, não houver sido iniciada, as partes e os advogados poderão retirar-se, consignando seus nomes, devendo o ocorrido constar do livro de registro das audiências. E, outrossim, o § 3º comina que, na hipótese acima, a audiência deverá ser remarcada pelo juiz ou presidente para a data mais próxima possível, vedada a aplicação de qualquer penalidade às partes.

Cabe advertir que o juiz tem o denominado poder de polícia em audiência, como se infere do art. 816 da norma laboral, a ele competindo manter a ordem e o decoro em audiência, ordenando que se retirem da sala de audiência os que se comportem inconvenientemente e requisitar, quando necessário for, a força policial. Aplica-se, também, o art. 360 do CPC.

No mais, o registro das audiências será feito em livro próprio, constando de cada registro os processos apreciados e a respectiva solução, bem como as ocorrências eventuais, podendo ser concedida certidão às pessoas que vieram a requerer, do registro das audiências, nos moldes do art. 817 e parágrafo único da CLT.

2.11.2. Desenvolvimento

2.11.2.1. Presença das partes e substituição

Na audiência de conciliação, instrução e julgamento (art. 843 ao art. 852 da CLT) há obrigatoriedade legal de comparecimento pessoal das partes, o que independe da presença dos advogados, exceto nos casos de reclamações plúrimas (dissídios individuais plúrimos – litisconsórcio facultativo) ou nas ações de cumprimento, em que os empregados poderão se fazer substituir pelo sindicato, de acordo com o previsto no art. 843 da CLT.

O § 1º do art. 843 autoriza ao empregador se fazer substituir pelo gerente, ou qualquer outro preposto que tenha conhecimento do fato, e cujas declarações obrigarão o preponente.

Com efeito, o preposto não precisa conhecer o reclamante, mas tão somente os fatos, quer pelo empregador, quer por terceiros, ou seja, a lei não exige que ele, preposto, tenha vivenciado os fatos.

Caso o empregador queira se fazer substituir por preposto, o § 3º do art. 843 estabelece que ele não precisa ser empregado da reclamada, o que fora incluído pela Lei da Reforma Trabalhista (Lei n. 13.467/2017), de modo que o TST, provavelmente, irá cancelar ou alterar a Súmula 377 do TST.

O empregado também pode ser substituído, se por motivo de doença ou qualquer outro motivo poderoso devidamente comprovado não possa comparecer na audiência, por outro empregado da mesma profissão, ou pelo sindicato da categoria, consoante § 2º do art. 844, cujo fito é apenas evitar o arquivamento da reclamação, não podendo o substituto desistir, confessar, transigir etc., devendo o magistrado designar uma nova audiência com a notificação do reclamante.

2.11.2.2. Ausência das partes

Dispõe o art. 844 da CLT que "o não comparecimento do reclamante à audiência importa o arquivamento da reclamação, e o não comparecimento do reclamado importa revelia, além de confissão quanto à matéria de fato", porém, em havendo motivo relevante, poderá o juiz suspender o julgamento, designando nova audiência.

Assim, a ausência do reclamante na audiência inaugural importa no arquivamento do processo, mas nada impede que o autor ajuíze novamente sua ação. Porém, se ajuizar uma nova ação e der causa ao segundo arquivamento, não poderá demandar com o mesmo objeto em face do mesmo empregador pelo prazo de seis meses (art. 732 da CLT), sendo certo que tal penalidade não é aplicada em caso de desistência homologada pelo magistrado.

Vale lembrar que a desistência só produz efeitos depois de homologada pelo juiz, como dispõe o parágrafo único do art. 200 do CPC, sendo certo que após oferecida a contestação, ainda que eletronicamente, o reclamante só poderá desistir se houver a concordância do reclamado.

De acordo com o § 2º do art. 844 da CLT, inserido pela Lei n. 13.467/2017, na hipótese de ausência do reclamante, este será condenado ao pagamento das custas calculadas na forma do já citado art. 789, **ainda que beneficiário da justiça gratuita**, salvo se comprovar, no prazo de 15 dias, que a ausência ocorreu por motivo legalmente justificável, sendo certo que o pagamento das custas, ora referidas, é condição para o ajuizamento de nova ação.

Para todos os efeitos, nos termos da Súmula 268 do TST, a reclamação trabalhista, ainda que arquivada, interrompe a prescrição no que toca aos mesmos pedidos, o que só ocorre uma vez, consoante previsão contida no art. 202 do Código Civil em vigor. Note que o § 3º do art. 11 da CLT, inserido pela Reforma Trabalhista, preceitua que: *"A interrupção da prescrição somente ocorrerá pelo ajuizamento de reclamação trabalhista, mesmo que em juízo incompetente, ainda que venha a ser extinta sem resolução do mérito, produzindo efeitos apenas em relação aos pedidos idênticos"*.

A ausência do reclamado, no entanto, importa revelia e confissão quanto à matéria de fato. Porém, a revelia não produz o efeito material citado (presunção de veracidade dos fatos) quando: I – havendo pluralidade de reclamados, algum deles contestar a ação; II – o litígio versar sobre direitos indisponíveis; III – a petição inicial não estiver acompanhada de instrumento que a lei considere indispensável à prova do ato; IV – as alegações de fato formuladas pelo reclamante forem inverossímeis ou estiverem em contradição com prova constante dos autos.

Note que haverá revelia, mesmo que presente o advogado com procuração e contestação, podendo essa revelia ser ilidida mediante atestado médico que comprove a impossibilidade de locomoção do empregador ou seu preposto no dia da audiência, nos termos da Súmula 122 do TST. Ademais, como se infere do § 5º do art. 844 da CLT, inserido pela Lei n. 13.467/2017, ainda que ausente o reclamado, se estiver presente o advogado, serão aceitos a contestação e os documentos eventualmente apresentados.

Todavia, caso o juiz indefira a juntada da contestação e documentos, haverá cerceio ao direito de defesa (violação ao princípio constitucional da ampla defesa), razão pela qual cabe ao advogado requerer que sejam registrados seus protestos pelo indeferimento, na medida em que o ato praticado pelo juiz é nitidamente uma decisão interlocutória.

Interessante saber que a revelia também se aplica às pessoas jurídicas de direito público, como dispõe a OJ n. 152 da SDI-1 do TST: *"Pessoa jurídica de direito público sujeita-se à revelia prevista no artigo 844 da CLT".*

Se ambas as partes faltarem, sem motivo justificado, teremos o arquivamento do feito, com a condenação do reclamante no pagamento das custas, de acordo com os termos já expostos.

2.11.2.3. Tentativa de conciliação e oferecimento de resposta

Quando aberta a audiência, o juiz fará a primeira tentativa de conciliação e, havendo acordo, será lavrado termo assinado pelo juiz e pelas partes, constando o prazo e demais condições para o cumprimento (art. 846 e § 1º da CLT).

Insta averbar que, entre as condições do acordo, poderá ser estabelecida a de ficar a parte que não cumprir o acordo obrigada a satisfazer integralmente o pedido ou pagar uma indenização convencionada, sem prejuízo do cumprimento do acordo (§ 2º do art. 846 da CLT).

Não havendo acordo, o reclamado terá 20 minutos para aduzir defesa após a leitura da inicial, se tal não for dispensada pelas partes, e, finalizada a defesa, seguir-se-á a instrução do processo, podendo o juiz, de ofício, interrogar os litigantes (arts. 847 e 848, *caput*, da CLT).

Percebe-se que o reclamado é notificado para comparecer na audiência, onde oferecerá defesa, sendo certo que no PJe-JT a resposta é oferecida por meio eletrônico e, se for solicitado segredo no momento do protocolo eletrônico, o juiz promove a liberação do acesso à defesa no dia da audiência para que possa o reclamante se manifestar sobre ela e documentos juntados.

O parágrafo único do art. 847 prevê que a parte poderá apresentar defesa escrita pelo sistema de processo judicial eletrônico até a audiência.

Outrossim, mesmo na vigência do processo eletrônico, é assegurada à reclamada a oferta de defesa oral na própria audiência e, caso queira fazê-lo, terá 20 (vinte) minutos para tanto.

2.11.2.4. Instrução processual e adiamento da audiência

O reclamante e o reclamado comparecerão à audiência com suas testemunhas independentemente de intimação ou notificação, apresentando na mesma oportunidade as demais provas (art. 845 da CLT), razão pela qual não há necessidade prévia de arrolar testemunhas na petição inicial.

Porém, seguindo o regramento legal previsto na CLT, as testemunhas convidadas que não estiverem presentes serão intimadas de ofício pelo juiz ou a requerimento das partes, ficando sujeita a condução coercitiva, caso não compareçam sem motivo justificado, sem prejuízo da aplicação de multa, na forma do art. 825 e seu parágrafo único da CLT.

Caso seja adiada a audiência por algum motivo relevante (art. 849 da CLT), como a ausência de testemunha que será intimada, ou até mesmo em caso de perícia, ou quando temos a tripartição do ato, será designada audiência de prosseguimento e caso o reclamante não compareça não há que se falar em arquivamento, uma vez que já contestada a ação, tendo sido adiada, como visto, a instrução, nos termos da Súmula 9 do TST, devendo ser aplicada a confissão ficta.

Se a ausência for da reclamada, na audiência de prosseguimento, também não se pode aplicar revelia, pois esta só tem cabimento quando da ausência na audiência inaugural/inicial/conciliação ou UNA.

Nesses casos (ausência do reclamante ou da reclamada, ou de ambos, na audiência de prosseguimento), o que ocorre é a aplicação da Súmula 74 do TST. Questão interessante é saber se houve a ausência de ambas as partes na audiência de prosseguimento.

Com efeito, deve o juiz aplicar a confissão recíproca, quando cabível, e decidir de acordo com o ônus da prova de cada litigante (art. 818 da CLT e seus incisos), ou seja, se estivermos diante de fatos constitutivos, o magistrado julgará improcedente o pedido, enquanto, se forem fatos modificativos, extintivos ou impeditivos, julgará procedente o pedido, mas de toda sorte o resultado pode ser diferente, a depender da prova pré-constituída produzida nos autos, como se denota do item II da Súmula 74 do TST acima transcrita.

Com as partes presentes, proceder-se-á o interrogatório e, terminado este, poderá qualquer dos litigantes retirar-se, prosseguindo-se com o seu representante, após, serão ouvidas as testemunhas, os peritos e os técnicos, se houver, na forma do art. 848 da CLT.

2.11.2.5. Trâmites finais

Terminada a instrução, as partes poderão aduzir razões finais, no prazo máximo de dez minutos para cada uma e após as razões finais, se houver, o juiz renovará a proposta de conciliação.

Há casos, em razão da complexidade ou quantidade de provas produzidas, que o magistrado defere prazo, de ofício ou a requerimento, para que as partes apresentem, em prazo comum a ser determinado, memoriais na forma escrita.

Havendo acordo, a sentença homologatória de transação valerá como coisa julgada material, só podendo ser impugnado por ação rescisória, exceto para a Previdência Social quanto às contribuições que lhe forem devidas, que poderá interpor recurso ordinário, se assim o desejar (parágrafo único do art. 831 e art. 895, I, ambos da CLT).

Não havendo a conciliação ou sendo esta impossível, será proferida a decisão (art. 850 da CLT).

Os trâmites da instrução serão resumidos em ata, devendo constar na íntegra a decisão, sendo os litigantes notificados pessoalmente da decisão ou por seus representantes na própria audiência, exceto no caso de revelia, quando então a notificação será feita na forma do § 1º do art. 841 da CLT (arts. 851 e 852 da CLT).

2.11.3. Respostas do reclamado

Esse tema será apresentado de forma detalhada na teoria que precede a análise de casos para identificação e elaboração da peça prático-profissional.

2.11.3.1. Prescrição e decadência

Prescrição e decadência são fatos extintivos e quando acolhidas induzem a resolução do mérito, na forma do art. 487, II, do CPC. O Tribunal Superior do Trabalho tem se manifestado no sentido de ser inadmissível o reconhecimento da prescrição de ofício no direito processual do trabalho, com espeque em diversos fundamentos, sendo o mais relevante o princípio da proteção (TST, RR – 597-77.2010.5.11.0004 e demais precedentes).

A **prescrição** é a perda de exigir uma pretensão por não ter o seu titular exercido o seu direito no prazo previsto em lei, enquanto a **decadência** é a perda do direito material propriamente dito em razão da inércia do titular, como é o caso do inquérito para apuração de falta grave, do mandado de segurança e da ação rescisória.

A prescrição, segundo o TST, pode ser arguida até a instância ordinária, de acordo com a Súmula 153, ou seja, caso o reclamado não venha a argui-la na contestação, poderá fazê-lo no recurso ordinário, mesmo que a sentença não tenha feito menção sobre o instituto em apreço.

A interrupção da prescrição é estudada no art. 11, § 3º, e Súmula 268 do TST.

O prazo para o reclamante ajuizar sua reclamação trabalhista, após a extinção do contrato de trabalho é de dois anos, salvo quanto às ações meramente declaratórias (exemplo: reconhecimento de vínculo empregatício), podendo exigir créditos retroativos aos últimos cinco anos do ajuizamento da ação, conforme prevê o art. 7º, XXIX, da CF/88, art. 11 da CLT e Súmula 308, I, do TST.

No que tange ao FGTS, a Súmula 362 do TST estabelece as regras que, como regra geral, também é quinquenal.

No caso de aviso-prévio indenizado, a prescrição começa a fluir no final da data do término do aviso-prévio, na forma da OJ n. 83 da SDI-1 do TST.

Com o advento da Lei n. 13.467/2017 (Reforma Trabalhista), passamos a ter a prescrição intercorrente no art. 11-A da CLT, o que certamente acaba com uma antiga cizânia jurisprudencial entre as Súmulas 327 do STF e 114 do TST, já que passa a ser admita sua incidência no processo do trabalho.

Outrossim, é preciso fazer menção à prescrição total, que não se confunde com a bienal (até dois anos após a extinção do contrato), pois em verdade a total refere-se a observância do prazo de 2 anos para ajuizamento da ação após a extinção do contrato, sendo que, quando se retroage os 5 anos do ajuizamento, não se consegue chegar na lesão, o que está expresso no art. 11, § 2º, da CLT: *"Tratando-se de pretensão que envolva pedido de prestações sucessivas decorrente de alteração ou descumprimento do pactuado, a prescrição é total, exceto quando o direito à parcela esteja também assegurado por preceito de lei".*

Vamos exemplificar: uma pessoa foi contratada em 16-5-2014 para ser vendedora e foi ajustado, em contrato, que receberia 5% de comissão sobre as vendas. Em 15-5-2015, a empresa alterou o contrato e diminuiu para 3% as comissões, contra o que se opôs o empregado, mas nada pode fazer, já que ou era aquilo ou desemprego. Continuou trabalhando até que, em 16-5-2019, foi demitido. Entrou com a ação em 16-5-2021 para pedir diversas verbas, inclusive as diferenças salarias decorrentes da redução das comissões. Observe que ajuizou a ação dentro dos dois anos, mas ainda que retroaja 5 anos (volta até 16-5-2016), não chega no dia 15-5-2015, data da lesão, mesmo invocando o art. 468 da CLT, de modo que nesse caso não terá êxito no pleito das diferenças salariais, uma vez que ocorreu a prescrição total (não chega no ato lesivo).

2.11.3.2. Compensação, retenção e dedução

O art. 767 da CLT aduz que "a compensação, ou retenção, só poderá ser arguida como matéria de defesa", o que deve ser analisado em contexto com as Súmulas 18 e 48 do TST.

Percebe-se que o momento processual adequado para a reclamada arguir a **compensação** (fato extintivo), sob pena de preclusão, é a contestação, o que significa dizer que não haverá possibilidade de arguição em momento posterior, devendo a compensação ficar adstrita às dívidas de natureza trabalhista como danos causados pelo empregado em equipamentos da empresa dolosamente; aviso-prévio em caso de empregado que tenha pedido demissão sem cumpri-lo; pagamento de valor de curso custeado pelo empregador e, com seu final, o empregado pede demissão, violando o compromisso de ficar na empresa por um determinado período após o fim do curso etc.

É imperioso observar que na compensação temos duas pessoas que ao mesmo tempo são credores e devedores uma da outra; as obrigações vão se extinguindo até onde possam ser compensadas; necessário que as dívidas sejam líquidas, vencidas e de coisas fungíveis e não ficam vinculadas aos pedidos que o reclamante deduz na sua exordial, não podendo ser deferida de ofício pelo juiz.

A **dedução** é bem distinta da compensação, uma vez que o juiz pode deferir de ofício, sendo na verdade matéria de ordem pública (objeção) que tem por núcleo o princípio da vedação ao enriquecimento sem causa, onde o reclamante pleiteia títulos que já foram pagos pela reclamada devendo haver, portanto, liame entre o pedido e o que será deduzido, ou seja, se o reclamante pede pagamento de 20 horas extras por mês e a reclamada em contestação requer a dedução juntando holerites comprovando o pagamento de pelo menos 10 horas por mês, não há que se falar em compensação, mas sim dedução das horas extras já pagas, assim como vantagem recebida em decorrência de previdência privada conforme Súmula 87 do TST.

Para finalizar, temos ainda a **retenção**, que também deve ser arguida com a contestação. Trata-se de direito da reclamada de reter algo que pertence ao reclamante até que este venha a adimplir sua obrigação perante aquele. Cite-se, ainda, a retenção do imposto de renda, que deve ser retido e recolhido pela empresa em razão dos rendimentos devidos e pagos ao empregado, como se denota no art. 46 da Lei n. 8.541/92.

2.11.3.3. Reconvenção

Esse tema será apresentado de forma detalhada na teoria que precede a análise de casos para identificação e elaboração da peça prático-profissional.

2.12. Provas no processo do trabalho

2.12.1. Definição, finalidade e objeto da prova

Habitualmente, define-se prova como todo meio lícito, ou moralmente legítimo, ainda que não previstos em lei (art. 369 do CPC), de que dispõem as partes para demonstrar a veracidade ou não de determinado fato, tendo como objetivo formar o convencimento do julgador acerca da sua existência ou inexistência, o que é aplicado tanto para o autor quanto para o réu, assegurando-se a ambos o exercício pleno da ampla defesa.

Destarte, é indubitável que a **finalidade da prova** é auxiliar o juiz no descobrimento da verdade, formando seu convencimento.

Ademais, no que tange ao **objeto da prova**, é certo que apenas os fatos devem ser provados, pois a parte não é obrigada a provar o direito, uma vez que o nosso sistema processual consagra uma presunção legal de que o juiz conhece o direito (art. 376 do CPC), sendo que essa presunção só se aplica em caso de direito federal, pois o juiz pode determinar a prova do teor e vigência do direito estrangeiro, municipal, estadual, distrital ou consuetudinário, pela parte que o alegou.

No processo do trabalho, é comum às partes juntarem aos autos os instrumentos de negociação coletiva (acordos ou convenções), bem como regulamento de empresa, visando convencer o magistrado acerca de um determinado direito.

Há fatos, no entanto, que independem de provas, que são os fatos notórios; os afirmados por uma parte e confessados pela parte contrária; os admitidos, no processo, como incontroversos; em cujo favor da parte milita presunção legal de existência ou de veracidade, como dispõe o art. 374 do CPC.

A Consolidação das Leis do Trabalho dispõe de uma seção exclusivamente para tratar das provas no processo do trabalho, regulando o tema de forma genérica do art. 818 ao art. 830.

2.12.2. Ônus da prova

Em princípio, as partes têm o ônus de provar os fatos que apresentam em juízo, seja na petição inicial, na contestação ou no curso da relação processual.

Assim sendo, quando falamos em ônus da prova, queremos dizer qual é a parte que tem a incumbência de demonstrar a veracidade daquilo que alega.

O art. 818 da CLT, com a redação dada pela Lei n. 13.467/2017 (Reforma Trabalhista), estabelece que ao autor cabe a prova dos fatos constitutivos e ao réu os fatos impeditivos, modificativos ou extintivos (fatos obstativos da pretensão autoral).

Assim, a título de exemplo, nos termos da Súmula 6, item VIII, do TST, "é do empregador o ônus da prova do fato impeditivo, modificativo ou extintivo da equiparação salarial".

No processo do trabalho, é uniforme na jurisprudência o cabimento da **inversão do ônus da prova**, excepcionalmente, onde o reclamado, além de provar os fatos extintivos, modificativos e impeditivos, também deverá comprovar fato negativo no que tange a pretensão do autor, ou seja, que o fato constitutivo aduzido pelo autor não merece acolhida.

A inversão do ônus da prova é admitida no processo do trabalho, como se extrai da Súmula 338, III, do TST.

Outrossim, a Súmula 212 do TST que impõe ao empregador o ônus de provar a forma de ruptura do contrato de trabalho, quando negada a prestação do serviço ou o despedimento.

Ademais, com o art. 818 da CLT, sem seus parágrafos, estabelece uma regra de instrução, e não de julgamento, ou seja, nos casos previstos em lei ou diante de peculiaridades da causa relacionadas à impossibilidade ou à excessiva dificuldade de cumprir o encargo nos termos deste artigo ou à maior facilidade de obtenção da prova do fato contrário, poderá o juízo atribuir o ônus da prova de modo diverso, desde que o faça por decisão fundamentada, caso em que deverá dar à parte a oportunidade de se desincumbir do ônus que lhe foi atribuído. Outrossim, esta decisão deverá ser proferida antes da abertura da instrução e, a requerimento da parte, implicará o adiamento da audiência e possibilitará provar os fatos por qualquer meio em direito admitido. De toda sorte, esta decisão de distribuição dinâmica do ônus da prova não pode gerar situação em que a desincumbência do encargo pela parte seja impossível ou excessivamente difícil.

2.12.3. Princípios norteadores

2.12.3.1. Princípio do contraditório e da ampla defesa

No que tange à produção das provas em juízo, com sucedâneo no devido processo legal, as partes têm o direito de produzir e se manifestarem reciprocamente sobre as provas apresentadas. Trata-se de princípio constitucional explícito que deve ser observado em qualquer processo, sob pena de nulidade.

Especificamente sobre o contraditório, é necessário que as partes tenham ciência das provas que são produzidas, a fim de que se manifestem sobre elas.

Com relação à ampla defesa, assegura-se às partes a produção de todos os meios probatórios úteis, necessários e pertinentes para demonstrar a veracidade do que alegam.

Por fim, vale citar o art. 7º do CPC, que assim estabelece: "É assegurada às partes paridade de tratamento em relação ao exercício de direitos e faculdades processuais, aos meios de defesa, aos ônus, aos deveres e à aplicação de sanções processuais, competindo ao juiz zelar pelo efetivo contraditório".

2.12.3.2. Princípio da necessidade da prova

Significa dizer que as meras alegações das partes não são suficientes, sendo necessário que a parte faça prova do que alega em juízo, uma vez que fato alegado e não provado é tido por inexistente pelo julgador, acarretando consequências no momento de ser proferida a sentença, sendo que em caso de confissão ficta o juiz presume a veracidade dos fatos.

2.12.3.3. Princípio da unidade da prova

A prova deve ser examinada no seu conjunto, isto é, deve formar um todo. Logo, não deve o juiz apreciar a prova de forma isolada, como seria o caso da confissão, que deve ser analisada em seu conjunto e não apenas algumas partes.

Isso não significa dizer que ao juiz é vedado valorar as provas produzidas, em razão do princípio da persuasão racional, que será visto adiante.

2.12.3.4. Princípio do livre convencimento ou persuasão racional

No sistema que vige, o juiz forma sua convicção apreciando livremente o valor das provas dos autos, mas que não se confunde com arbítrio, pois tem o dever de fundamentar suas decisões.

Este princípio está expresso no CPC em seu art. 371, que assim dispõe: *"O juiz apreciará a prova constante dos autos, independentemente do sujeito que a tiver promovido, e indicará na decisão as razões da formação de seu convencimento"*.

A título de exemplo, podemos citar a OJ n. 233 da SDI-1 do TST, onde se prevê que "a decisão que defere horas extras com base em prova oral ou documental não ficará limitada ao tempo por ela abrangido, desde que o julgado fique convencido de que o procedimento questionado superou aquele período".

2.12.3.5. Princípio da imediação

Como diretor do processo, quem colhe as provas direta ou indiretamente é o juiz, que terá contato direto com as partes, testemunhas e, mesmo em caso de realização de prova pericial, poderá inquirir peritos e os assistentes técnicos das partes para esclarecimentos.

É verdade que o princípio em apreço está umbilicalmente ligado à produção de provas orais, que como já vimos, são realizadas em audiência.

2.12.3.6. Princípio da aquisição processual

A prova produzida é adquirida pelo processo, ainda que prejudicial à parte que a produziu, ou seja, para a relação processual não é relevante identificar a parte que produziu a prova, mas sim que a prova é elemento essencial para a formação do convencimento do julgador e a resolução eficaz da lide.

2.12.3.7. Princípio da isonomia probatória

Este princípio tem amparo no texto constitucional (art. 5º, *caput,* da CF/88) e no art. 139, I, do CPC (o juiz deve assegurar as partes igualdade de tratamento), sendo certo que o magistrado tem o dever de conceder as partes o mesmo tratamento no que tange a produção das provas, ou seja, dar a elas as mesmas oportunidades.

2.12.3.8. Princípio do inquisitivo ou inquisitorial

Também conhecido como **princípio da busca da verdade real**, tem seu fundamento no art. 765 da CLT, bem como no art. 370 do CPC. Desta feita, cabe ao juiz, caso as provas sejam inúteis, indeferi-las; se necessárias, determinar sua produção e, se ainda não estiver convencido, ordenar a produção das provas que entender necessárias.

2.12.4. Meios de prova

Para que as partes possam demonstrar a veracidade dos fatos alegados, devem lançar mão dos meios probatórios, embora, como já afirmado, o sistema dos meios de provas é exemplificativo, pois as partes podem valer-se de outras não previstas em lei, desde que moralmente admissíveis.

O próprio magistrado também poderá determinar a produção de provas para formar seu convencimento. Inobstante, ficaremos adstritos aqueles meios mais utilizados no processo do trabalho.

Cumpre ainda esclarecer que a CLT, em seu art. 819, prevê que "o depoimento das partes e testemunhas que não souberem falar a língua nacional será feita por meio de intérprete nomeado pelo juiz ou presidente", haja vista que em todo processo é obrigatório o uso do vernáculo (língua portuguesa), como determina o art. 192 do CPC.

Haverá também a necessidade de intérprete se aquele que for prestar depoimento for surdo-mudo, ou mudo que não saiba escrever.

2.12.4.1. Depoimento pessoal e confissão

Combinando os arts. 820 e 848 da CLT com os arts. 385 e ss. do CPC, é certo que após a defesa, ao iniciar a instrução do processo, o juiz pode interrogar as partes, razão pela qual se conclui que inquirir tem o mesmo significado de interrogar, ou seja, se o juiz não interrogar as partes, poderá qualquer uma delas requerer, por seu intermédio, o interrogatório recíproco.

O depoimento pessoal tem por objetivo, além de esclarecer fatos relevantes da causa, à confissão da parte, por isso, a parte é intimada para depor pessoalmente com a advertência de que se não comparecer em audiência, ou ainda que esteja presente, se recuse a depor (salvo nos casos do art. 388 do CPC), haverá a confissão.

Sendo assim, não é admitida a aplicação da confissão caso a parte não tenha sido intimada para depor com aquela cominação, ou seja, a confissão não será aplicada em caso de não comparecimento da parte quando não houver aquela advertência, como se extrai da já citada Súmula 74, I, do TST.

Com efeito, em regra, o depoimento pessoal e o interrogatório, na praxe trabalhista, são realizados de forma única, pois primeiramente o magistrado interroga para formar seu convencimento e, logo em seguida, as partes fazem as perguntas que sejam pertinentes para obter a confissão.

Interessante advertir que no depoimento pessoal as partes podem fazer perguntas, como autoriza o art. 820 da CLT.

Por fim, apenas para elucidação, devemos ter em mente o que é a **confissão**.

Com efeito, o CPC define a confissão no art. 389 da seguinte forma: "Há confissão, judicial ou extrajudicial, quando a parte admite a verdade de fato contrário ao seu interesse e favorável ao adversário".

Há distinção entre a **confissão real** e a **confissão ficta**, sendo que na confissão real o que se tem em vista é o reconhecimento da veracidade dos fatos que os demandantes levam a juízo, que será obtida com seu próprio depoimento ou representante com poder especial (art. 390, § 1º, do CPC).

No que tange à confissão ficta, este goza de **presunção relativa** (*juris tantum*) de veracidade, o que significa dizer que irá prevalecer enquanto não houver outro meio que seja capaz de afastá-la. Com efeito, considerando o já estudado art. 843, § 1º, da CLT, se o empregador ou seu preposto não tiver conhecimento dos fatos, haverá confissão ficta.

2.12.4.2. Documentos

Documento é o meio idôneo que a parte lança mão como prova material da existência de um fato, abrangendo os escritos, reproduções cinematográficas, gravações, desenhos etc.

O reclamante deve juntar os documentos com a exordial, enquanto a reclamada com a defesa em audiência, ressalvando-se a possibilidade de prova documental superveniente, ou seja, é lícito às partes juntarem novos documentos quando fundados em fatos ocorridos após os inicialmente articulados ou para contrapô-los, consoante o art. 787 da CLT.

A CLT trata dos documentos de forma esparsa nos arts. 777, 780, 787 e 830, sendo certo afirmar que este último dispositivo admite que o **documento em cópia** oferecido como prova pode ser declarado autêntico pelo advogado da parte, sob sua responsabilidade pessoal. Contudo, se for impugnada sua autenticidade, quem produziu o documento será intimado para apresentar cópias autenticadas ou o original, cabendo ao serventuário proceder à conferência, certificando nos autos a conformidade entre os documentos.

Nesse particular, a OJ n. 36 da SDI-1 do TST dispõe: "O instrumento normativo em cópia não autenticada possui valor probante, desde que não haja impugnação ao seu conteúdo, eis que se trata de documento comum às partes".

Ademais, se não houver impugnação da parte contrária, será válida a autenticação aposta em uma face do documento que contenha verso, uma vez que se trata de documento único, de acordo com a OJ Temporária n. 23 da SDI-1 do TST.

Quanto às pessoas jurídicas de direito público, impende averbar que "são válidos os documentos apresentados em fotocópia não autenticada", como estabelece a Orientação Jurisprudencial n. 134 da SDI-1 do TST.

Note que as **anotações constantes na CTPS** não fazem prova absoluta do que nela consta, uma vez que o entendimento é no sentido de que as anotações geram presunção relativa de veracidade de acordo com a Súmula 12 do TST, o que significa dizer que admite prova em sentido contrário, salvo para o empregador, uma vez que para este a presunção é absoluta, exceto se provar cabalmente que a anotação resultou de erro material.

2.12.4.3. Perícia

Como em algumas hipóteses a demonstração da veracidade dos fatos depende de conhecimento técnico especializado, exsurge nos domínios do processo do trabalho a prova pericial, que é realizada pelo perito, pois é o profissional habilitado para tanto, na medida em que o juiz é desprovido daquele conhecimento técnico que refoge à órbita jurídica.

O perito é um auxiliar da justiça e, em razão da insuficiência da CLT (faz menção ao perito apenas nos arts. 826 e 827) e da Lei n. 5.584/70, aplicamos subsidiariamente os arts. 156 e seguintes do CPC.

Podemos afirmar, então, que a perícia é necessária quando a prova dos fatos alegados pelas partes depender do **conhecimento técnico ou científico**, quando então o juiz poderá nomear um perito, devendo o juiz fixar o prazo para a entrega do laudo, podendo cada uma das partes indicar assistente técnico os quais deverão apresentar o laudo no mesmo prazo fixado para o perito, conforme preconiza o art. 3º da Lei n. 5.584/70.

No processo do trabalho, a prova pericial pode ser determinada de ofício pelo juiz ou requerida pelas partes, mas em caso de revelia por ausência da reclamada (o que gera confissão quanto a matéria de fato), quando houver pedido de insalubridade e periculosidade, o magistrado deve determinar a produção de prova pericial nos termos do art. 195, § 2º, da CLT, podendo o réu, mesmo sendo revel, indicar assistente técnico, à falta de vedação legal.

Determina a CLT em seu art. 827 que "o juiz ou presidente poderá arguir os peritos compromissados ou os técnicos, e rubricará, para ser junto ao processo, o laudo que os primeiros tiverem apresentados".

Note que a realização de perícia é obrigatória para verificação de insalubridade, nos termos da OJ n. 278 da SDI-1 do TST, mas, quando não for possível sua realização, como em caso de fechamento da empresa, poderá o julgado utilizar-se de outros meios de prova, como seria o caso da prova emprestada.

A perícia sobre insalubridade ou periculosidade pode ser realizada por médico ou engenheiro do trabalho, nos termos da OJ n. 165 da SDI-1 do TST, uma vez que o art. 195 da CLT não faz qualquer distinção entre aqueles profissionais para efeito de caracterização e classificação da insalubridade ou periculosidade, sendo necessário, em contrapartida, que o laudo seja elaborado por profissional devidamente qualificado.

A verificação mediante perícia de prestação de serviços em condições insalubres, considerando que o agente insalubre constatado é diverso daquele apontado na causa de pedir, não retira o direito ao recebimento ao adicional, ou seja, não prejudica o pedido, consoante já vimos em razão da redação contida na Súmula 293 do TST.

A Súmula 453 do TST versa sobre uma das hipóteses de dispensa da prova pericial, no caso de empresas que pagam voluntariamente o adicional de periculosidade.

2.12.4.4. Testemunha

No processo do trabalho, a testemunha é um dos meios de prova mais relevantes, pois não raras vezes é o único meio probante de que as partes dispõem para convencer o magistrado acerca da realidade dos fatos, tendo como substrato o princípio da primazia da realidade (verdade real, no âmbito processual).

Todavia, não será admitida a prova testemunhal quanto a fatos já confessados ou provados por documento, ou quando os fatos só podem ser provados com documentos ou por meio de perícia, como acontece com pagamento de salários e insalubridade, respectivamente.

Podemos definir testemunha como a pessoa física que é indene às partes e totalmente desvinculada do processo, mas que é convocada (pelas partes ou pelo juízo) para depor sobre fatos que tenha conhecimento, ou seja, testemunha é a pessoa natural chamada a juízo para depor sobre fatos que tem conhecimento, totalmente estranha ao processo, sendo certo que, em princípio, todas as pessoas podem depor, com exceção daquelas que são incapazes, impedidas ou suspeitas.

As causas de incapacidade e de impedimento são de ordem objetiva, enquanto as de suspeição de ordem subjetiva.

A CLT no art. 829 prevê que "a testemunha que for parente até o terceiro grau civil, amigo íntimo ou inimigo de qualquer das partes, não prestará compromisso, e seu depoimento valerá como simples informação".

Com efeito, haja vista a insuficiência da CLT, aplicamos o art. 447 do CPC que trata das pessoas incapazes, impedidas e suspeitas para depor.

É imperioso notar que não torna suspeita a testemunha o simples fato de estar litigando ou de ter litigado contra o mesmo empregador, nos termos da Súmula 357 do TST, *in verbis*: "Não torna suspeita a testemunha o simples fato de estar litigando ou de ter litigado contra o mesmo empregador".

No processo do trabalho, as testemunhas devem comparecer à audiência ainda que não sejam intimadas, ou seja, serão convidadas pelas partes, mas em caso de ausência, serão intimadas pelo magistrado de ofício ou mediante requerimento das partes e, caso não compareçam sem motivo justificado, ficarão sujeitas a condução coercitiva além de multa, como aduz o art. 825 e parágrafo único, da CLT.

No procedimento sumaríssimo, o juiz somente intimará a testemunha, em caso de ausência, se a parte comprovar que a convidou, não bastando a mera alegação, como prevê o § 3º do art. 825-H da CLT.

Antes de prestar seu **compromisso legal**, nos termos do art. 828 da CLT, a testemunha será qualificada, ficando sujeita às penas previstas na lei penal em caso de falsidade em suas declarações.

Façamos alusão, pela importância do tema, ao que é a **contradita de testemunha (art. 457, § 1º, do CPC)**, pois, como vimos anteriormente, as testemunhas impedidas, suspeitas ou incapazes não podem depor.

Sendo assim, contradita nada mais é do que a impugnação da testemunha pelo outro polo da relação processual, que irá arguir incapacidade, impedimento ou suspeição daquela pessoa natural, devendo ser arguida após a qualificação da testemunha e antes de prestar o compromisso, uma vez que não o fazendo haverá preclusão.

Caso o juiz venha a deferir ou indeferir a contradita, cabe à parte requerer que sejam registrados em ata os protestos contra aquela decisão, uma vez que estaremos diante de uma decisão interlocutória, irrecorrível de imediato, portanto.

Quanto à inquirição das testemunhas, dispõe o art. 820 da CLT que: "As partes e testemunhas serão inquiridas pelo juiz ou presidente, podendo ser reinquiridas, por seu intermédio, a requerimento dos vogais, das partes, seus representantes ou advogados".

Em regra, primeiro são ouvidas as testemunhas do reclamante e depois as da reclamada na sede do juízo e se a testemunha for funcionário civil ou militar e tiver que depor em hora de serviço, será requisitada ao chefe da repartição para que possa comparecer, nos moldes do art. 823 da CLT.

Em qualquer hipótese, a testemunha não pode sofrer descontos pelas faltas ao serviço ocasionadas pelo seu comparecimento para depor, quando arroladas ou convidadas (art. 822 da CLT). Deve o magistrado providenciar meios para que o depoimento de uma testemunha não seja ouvido pela outra que ainda irá depor, sendo os depoimentos resumidos na ata de audiência (art. 824 da CLT).

Outrossim, com fulcro no art. 461 do CPC, o juiz pode ordenar, de ofício ou a requerimento da parte: a) a inquirição de testemunhas referidas nas declarações da parte ou das testemunhas; e b) a acareação de 2 (duas) ou mais testemunhas ou de alguma delas como a parte, quando, sobre fato determinado que possa influir na decisão da causa, divergirem as suas declarações. Os acareados serão perguntados para que expliquem os pontos de divergência, reduzindo-se a termo o ato de acareação. Ademais, a acareação pode ser realizada por videoconferência ou por outro recurso tecnológico de transmissão de sons e imagens em tempo real.

No que tange à **quantidade de testemunhas** que cada parte pode arrolar, vale reiterar que, a depender do procedimento, temos:

1) no rito ordinário serão três para cada parte (art. 821 da CLT);
2) no rito sumaríssimo, até duas para cada parte (§ 2º do art. 852-H da CLT);
3) no inquérito judicial para apuração de falta grave, até seis para cada parte (art. 821 da CLT);
4) no procedimento sumário (Lei n. 5.584/70), aplica-se a regra geral prevista na CLT, que são três testemunhas para cada parte, haja vista a omissão da lei citada.

2.13. Sentença nos dissídios individuais

2.13.1. Breves considerações

Determina a CLT nos arts. 831 e 850, que é necessária, antes de ser proferida a decisão, a conciliação pré-decisória, o que, caso não seja observado, enseja decretação de nulidade, ou seja, a segunda tentativa de conciliação é um dos requisitos de eficácia da sentença trabalhista, uma vez que é indispensável à tentativa, mesmo que as partes não cheguem a um denominador comum.

2.13.2. Requisitos essenciais e complementares

Dispõe o art. 832 da CLT: "Da decisão deverão constar o nome das partes, o resumo do pedido e da defesa, a apreciação das provas, os fundamentos da decisão e a respectiva conclusão". Ademais, também estudamos o art. 489 do CPC, que estabelece os elementos essenciais da sentença.

No procedimento sumaríssimo, o relatório é dispensado, nos termos do art. 852-I da CLT.

A sentença no processo do trabalho também conterá os requisitos complementares, como se denota dos parágrafos do art. 832 da CLT.

Dessa forma, quando a decisão concluir pela procedência do pedido, determinará o prazo e as condições para o seu cumprimento, devendo sempre mencionar as custas que devem ser pagas pela parte vencida.

Ademais, as decisões cognitivas ou homologatórias de acordo deverão sempre indicar a natureza jurídica das parcelas constantes da condenação ou do acordo homologado, inclusive o limite de responsabilidade de cada parte pelo recolhimento da contribuição previdenciária, quando houve a incidência.

2.13.3. Intimação da União e acordo após o trânsito em julgado

De acordo com o § 4º do art. 832, a União deve ser intimada das decisões homologatórias de acordos que contenham parcela de natureza indenizatória, sendo facultada a interposição de recurso relativo aos tributos que lhe forem devidos, caso em que, se desejar, interporá o recurso ordinário. Outrossim, pode também a União interpor recurso relativo à discriminação das parcelas a que faz alusão o § 3º do mesmo dispositivo legal, o que se coaduna com o disposto no citado parágrafo único do art. 831.

Observe que a Lei n. 13.876/2019 inseriu os §§ 3º-A e 3º-B no art. 832 da CLT, para assentarem a forma de base de cálculo das parcelas acordadas, considerando, inclusive, o piso da categoria, com exceção para pedidos exclusivos de verbas de natureza indenizatória.

2.13.4. Correção de erros materiais

Havendo na decisão evidentes erros ou enganos de escrita, de digitação ou de cálculo, antes da execução, estes poderão ser corrigidos de ofício pelo juiz, ou ainda, a requerimento dos interessados ou da Procuradoria da Justiça do Trabalho, como vaticina o art. 833 c/c o art. 897-A, § 1º, ambos da CLT.

2.13.5. Intimação da decisão

Com relação à ciência da decisão, pode-se dizer que a publicação e sua notificação aos litigantes ou a seus patronos, consideram-se realizadas nas próprias audiências em que foram as mesmas proferidas, exceto se houver revelia, caso em que a notificação será realizada na forma do § 1º do art. 841 da CLT, como determina o art. 852 da CLT.

Assim vaticina o art. 834 da CLT: "Salvo nos casos previstos nesta Consolidação, a publicação das decisões e sua notificação aos litigantes, ou seus patronos, consideram-se realizadas nas próprias audiências em que forem as mesmas proferidas".

2.13.6. Da responsabilidade por dano processual

A Lei n. 13.467/2017 (Reforma Trabalhista) incluiu na CLT os arts. 793-A ao 793-D para tratar de um assunto que era estudado apenas no CPC.

Assim, responde por perdas e danos aquele que litigar de má-fé como reclamante, reclamado ou interveniente.

Considera-se litigante de má-fé aquele que: I – deduzir pretensão ou defesa contra texto expresso de lei ou fato incontroverso; II – alterar a verdade dos fatos; III – usar do processo para conseguir objetivo ilegal; IV – opuser resistência injustificada ao andamento do processo; V – proceder de modo temerário em qualquer incidente ou ato do processo; VI – provocar incidente manifestamente infundado; VII – interpuser recurso com intuito manifestamente protelatório.

Note que, de ofício ou a requerimento, o juízo condenará o litigante de má-fé a pagar multa, que deverá ser superior a 1% (um por cento) e inferior a 10% (dez por cento) do valor corrigido da causa, a indenizar a parte contrária pelos prejuízos que esta sofreu e a arcar com os honorários advocatícios e com todas as despesas que efetuou.

Porém, quando forem dois ou mais os litigantes de má-fé, o juízo condenará cada um na proporção de seu respectivo interesse na causa ou solidariamente aqueles que se coligaram para lesar a parte contrária.

Por outro lado, quando o valor da causa for irrisório ou inestimável, a multa poderá ser fixada em até duas vezes o limite máximo dos benefícios do Regime Geral de Previdência Social.

De toda sorte, o valor da indenização será fixado pelo juízo ou, caso não seja possível mensurá-lo, liquidado por arbitramento ou pelo procedimento comum, nos próprios autos.

Por fim, aplica-se a multa prevista no art. 793-C da CLT à testemunha que intencionalmente alterar a verdade dos fatos ou omitir fatos essenciais ao julgamento da causa.

2.14. Recursos no processo do trabalho

2.14.1. Conceito

Recurso é o direito de demonstrar o inconformismo com uma decisão no curso do mesmo processo.

No processo do trabalho, os recursos são interpostos por simples petição, ou seja, a CLT dispensa formalidades, embora se afirme que devem estar fundamentados, de acordo com a redação do art. 899.

Com efeito, o **princípio da dialeticidade** ou **discursividade**, que é seguido pelo TST na Súmula 422, irá exigir, em regra, que o recurso esteja devidamente fundamentado, sob pena de não conhecimento.

2.14.2. Princípios

2.14.2.1. Duplo grau de jurisdição

Um dos princípios mais citados pela doutrina é o duplo grau de jurisdição que, em apertada síntese, preconiza evitar eventual abuso das instâncias inferiores ao decidirem as lides, de modo que haveria um controle daquelas decisões judiciais pela instância superior.

No entanto, não é inconstitucional norma infraconstitucional limitar o cabimento de recursos nos procedimentos, como é o caso do sistema restritivo, previsto no art. 2º, § 4º, da Lei n. 5.584/70, que trata dos dissídios de alçada (procedimento sumário), quando então só será admitida a interposição de recurso quando a matéria for constitucional.

2.14.2.2. Taxatividade

Esse princípio, que a doutrina também denomina como **legalidade**, preconiza que recurso é necessariamente o meio de impugnação que esteja previsto em lei, seja na CLT ou em outra norma esparsa (extravagante), razão pela qual os recursos estão taxativamente previstos em lei.

Desta feita, como o rol de recursos é taxativo (*numerus clausus*), não se admite interpretação extensiva para viabilizar a utilização de outros recursos não previstos na legislação processual do trabalho.

2.14.2.3. Voluntariedade

Este princípio informa que as partes, quando inconformadas com a decisão proferida, se desejarem, poderão recorrer de forma independente no prazo prescrito em lei, razão pela qual o tribunal não pode conhecer de ofício matérias não arguidas pelas partes, exceto se forem questões de ordem pública, enquanto não tenha operado a preclusão.

2.14.2.3.1. *Duplo grau de jurisdição obrigatório ou reexame necessário*

No que pese não ter natureza de recurso, uma vez que não tem por objetivo reformar ou anular a decisão proferida, cabe examinarmos o duplo grau de jurisdição obrigatório (reexame necessário, remessa *ex officio*), que é uma verdadeira condição de eficácia das decisões proferidas contra as pessoas jurídicas de direito público, o que permanece plenamente aplicável mesmo com o advento da CF/88, uma vez que não viola os princípios da igualdade e do devido processo legal, ou seja, a decisão proferida contra as pessoas jurídicas de direito público não produzirão efeito senão depois de confirmada pelo tribunal.

O reexame necessário, no processo do trabalho, está previsto no art. 1º, V, do Decreto-lei n. 779/69, que na verdade denomina o instituto como recurso ordinário *ex officio*, o que, em apertada síntese, significa que todas as decisões contrárias à Fazenda Pública (União, Estados, Distrito Federal, Municípios, suas respectivas autarquias e fundações públicas que não explorem atividade econômica) que comportarem recurso ordinário só terão eficácia após submetidas à instância superior, não havendo, portanto, trânsito em julgado de decisão que não tenha sido remetida ao Tribunal competente, o que não se aplica às sociedades de economia mista e às empresas públicas em razão do regime peculiar a elas atribuído pela Constituição.

Assim, é lícito afirmar que não só as sentenças estão sujeitas ao duplo grau, na medida em que acórdão proferido em ações originárias perante o Tribunal Regional do Trabalho também estão, uma vez que o Decreto-lei *supra* faz menção ao recurso ordinário *ex officio*, sendo possível, portanto, seu cabimento para o TST, como seria o caso das decisões proferidas em sede de mandado de segurança, nos termos da Súmula 303, IV, do TST.

A remessa necessária tem como consequência a aplicação dos efeitos devolutivo e translativo, mas não se aplica nas hipóteses excepcionadas pelo item I, *a*, *b* e *c*, bem como naquelas previstas no item II, todos da Súmula 303.

Vale registrar que não cabe o reexame no caso de decisões que desafiam agravo de petição, uma vez que o ordenamento trata do recurso ordinário de ofício.

Não cabe recurso de revista contra acórdão que julgou remessa necessária, sem que tenha ocorrido a interposição de recurso ordinário voluntário, salvo se a decisão agrava a situação processual do ente público, nos termos da OJ n. 334 da SDI-1 do TST.

Não cabe ação rescisória de decisão não submetida ao reexame, bastando direito de petição ao Presidente do Tribunal para avocação dos autos, conforme redação da OJ n. 21 da SDI-2 do TST.

Não há legitimidade recursal de ente público em relação à sucumbência sofrida por uma de suas autarquias ou fundações, nos moldes da OJ n. 318 da SDI-1 do TST, o que também deve ser observado para ação rescisória.

2.14.2.4. Unirrecorribilidade ou singularidade

Este princípio, também conhecido como unicidade recursal, sinaliza no sentido de que contra uma decisão só cabe um recurso específico, ou seja, não pode a parte interpor dois ou mais recursos contra uma única decisão, na medida em que os recursos devem ser manejados sucessivamente e não concomitantemente.

Contudo, parte da doutrina aduz que não se pode entender esse princípio de forma absoluta, uma vez que, excepcionalmente, uma mesma decisão pode dar ensanchas à interposição de mais de um recurso, como seria o caso de uma sentença que julga parcialmente procedente o pedido do reclamante, mas é omissa em alguns pedidos, caso em que a reclamada poderia interpor recurso ordinário e o reclamante embargos de declaração para sanar as omissões.

2.14.2.5. Fungibilidade ou conversibilidade

Este princípio informa que um recurso interposto erroneamente pode ser convertido para o recurso que seria cabível (recurso correto), tendo em vista a natureza instrumental do processo e o princípio da primazia do mérito.

No entanto, é necessária a presença de alguns requisitos para que seja aplicado:

1º) não haver erro grosseiro ou má-fé – ocorre erro grosseiro quando a norma jurídica vaticina precisamente qual é o recurso cabível e a parte interpõe outro cabalmente desconexo;

2º) dúvida razoável (objetiva) em relação ao recurso cabível – significa que na doutrina e na jurisprudência há controvérsia acerca do recurso que deva ser manejado naquele caso concreto; e

3º) observância da tempestividade no que tange ao recurso correto (teoria do prazo menor) – quer dizer que o recurso interposto incorretamente tem de ter sido interposto no prazo do recurso que seria cabível.

Da jurisprudência do TST podemos extrair alguns exemplos de aplicação ou não do princípio. Vejamos: Súmula 421 do TST; OJ n. 152 da SDI-2 do TST; OJ n. 412 da SDI-1 do TST etc.

2.14.3. Efeitos dos recursos

2.14.3.1. Efeito devolutivo

Como se extrai do art. 899, *caput*, da CLT, os recursos terão efeito meramente devolutivo, ou seja, transferem do juízo *a quo* (inferior) para o juízo *ad quem* (superior) as matérias impugnadas, buscando-se nova manifestação sobre o que fora decidido, o que nos persuade no seguinte sentido: todos os recursos têm efeito devolutivo!

Esse efeito pode ser analisado sob dois prismas, isto é, quanto à extensão (prisma horizontal) e quanto à profundidade (prisma vertical).

No que tange à **extensão do efeito devolutivo**, temos que o órgão *ad quem* (que irá apreciar o recurso) ficará limitado às questões formuladas pela parte recorrente nas razões do seu recurso, ou seja, haverá adstrição ao que for objeto de recurso, não podendo enfrentar outras questões.

Assim, se o autor faz pedido de horas extras, insalubridade e adicional noturno e a sentença julga procedente apenas o pedido de horas extras e improcedentes, os demais, se a parte recorrer pretendendo a reforma no que toca ao adicional de insalubridade, o tribunal não poderá apreciar o adicional noturno, que transitará em julgado.

No entanto, o **efeito devolutivo em profundidade** sinaliza no sentido de que serão objeto de apreciação pelo tribunal todas as questões suscitadas no curso da relação processual, mesmo que a sentença não as tenha apreciado por inteiro e, por seu turno, quando o pedido ou a defesa contiverem mais de um fundamento e o magistrado acolher apenas um deles, o recurso também irá devolver as demais, desde que relativas ao capítulo impugnado conforme a Súmula 393 do TST.

Cumpre salientar que se o processo estiver em condições de julgamento, o tribunal, ao julgar o recurso ordinário, deverá decidir desde logo o mérito da causa, nos termos do § 3º do art. 1.013 do CPC, inclusive quando constatar omissão da sentença no exame de um dos pedidos.

Conclui-se então que o efeito devolutivo implica devolução da matéria que for impugnada pelo recorrente (prisma horizontal), mas o juízo *ad quem* poderá adentrar em todas as teses jurídicas ventiladas no processo (prisma vertical).

2.14.3.2. Efeito suspensivo

Como sugere o próprio efeito, tem-se que a aplicação deste impede a execução da decisão, haja vista que ficará com sua eficácia suspensa, o que não é a regra no processo do trabalho, pois como já dito acima, a regra é apenas o efeito devolutivo.

No entanto, em algumas situações excepcionais, poderemos ter a aplicação do efeito suspensivo nos recursos trabalhistas.

O TST afirma, no item I da Súmula 414, que é admissível a obtenção de efeito suspensivo ao recurso ordinário mediante requerimento dirigido ao tribunal, ao relator ou ao presidente ou ao vice-presidente do tribunal recorrido, por aplicação subsidiária ao processo do trabalho do art. 1.029, § 5º, do CPC.

Ademais, não cabe efeito suspensivo em recurso ordinário interposto de decisão proferida em mandado de segurança, conforme a OJ n. 113 da SBDI-2 do TST.

Por fim, cabe citar o art. 9º da Lei n. 7.701/88 que dispõe: "O efeito suspensivo deferido pelo Presidente do Tribunal Superior do Trabalho terá eficácia pelo prazo improrrogável de 120 dias contados da publicação, salvo se o recurso for julgado antes do término do prazo", o que é aplicável quando houver recurso ordinário interposto em face de decisões proferidas em dissídio coletivo, ou seja, contra sentenças normativas, e também o art. 14 da Lei n. 10.192/2001 que vaticina: "O recurso interposto de decisão normativa da Justiça do Trabalho terá efeito suspensivo, na medida e extensão conferidas em despacho do Presidente do TST".

2.14.3.3. Efeito substitutivo

Está previsto no art. 1.008 do CPC, o que se aplica apenas se o recurso for conhecido, uma vez que é o julgamento de mérito do recurso que gera o efeito ora analisado, mesmo que o acórdão do juízo *ad quem* apenas confirme a decisão, isto é, negue provimento ao recurso interposto.

2.14.3.4. Efeito translativo

Admite que o tribunal enfrente questões fora do que consta do recurso ou das contrarrazões, mas apenas se aplica às questões de ordem pública (objeções processuais), como a coisa julgada, litispendência, perempção, nulidade de citação etc., na medida em que devem ser conhecidas de ofício pelo Judiciário em qualquer tempo e grau de jurisdição.

Neste caso, não se pode falar em *reformatio in pejus* ou alegar julgamento *citra, ultra* ou *extra petita*.

Cumpre esclarecer que decisões *extra petita* são aquelas em que o órgão jurisdicional conhece de algo diverso do que fora aduzido pelo autor ou recorrente; decisões *ultra petita* são aquelas que concedem mais, além do que for pedido, gerando a nulidade da decisão na parte que excede e, por fim, decisões *citra petita* são aquelas que deixam de apreciar algo que fora questionado ou pedido pelas partes.

Cumpre informar, por fim, que na jurisprudência do TST, em nosso sentir, há tratamento equivalente entre este efeito e o devolutivo em profundidade.

2.14.3.5. Efeito regressivo

Limita-se à possibilidade de haver retratação ou reconsideração do órgão que proferiu a decisão que se recorre, o que é uma exceção, aplicável, por exemplo, em dois recursos no processo do trabalho, que são o agravo de instrumento e o agravo regimental.

2.14.4. Pressupostos de admissibilidade

Também denominados de requisitos de admissibilidade dos recursos, devem ser cumpridos quando da interposição do recurso que a parte pretende impugnar a decisão, a fim de que seja conhecido e julgado em seu mérito.

Como regra geral, os recursos passam por dois juízos de admissibilidade, sendo o primeiro pelo juízo que proferiu a decisão que se recorre (juízo *a quo*) e o segundo pelo órgão que é competente para julgar o recurso (juízo *ad quem*).

Observe que a decisão de conhecimento do juízo *a quo* não vincula o juízo *ad quem*, haja vista que os pressupostos recursais são entendidos como matérias de ordem pública.

Na seara recursal trabalhista, de forma geral, esses requisitos de admissibilidade são classificados da seguinte forma: intrínsecos (subjetivos) e extrínsecos (objetivos). O não atendimento de qualquer um dos pressupostos abaixo analisados impõe o não conhecimento do recurso interposto.

2.14.4.1. Pressupostos intrínsecos ou subjetivos

Esses pressupostos estão umbilicalmente ligados à decisão que se pretende recorrer e aqueles que podem ou não recorrer da decisão, razão pela qual são eles a legitimidade, a capacidade e o interesse.

2.14.4.1.1. *Legitimidade*

Extraímos do art. 996 do CPC que o recurso pode ser interposto pela parte vencida, pelo terceiro prejudicado e até mesmo pelo Ministério Público, que na seara trabalhista será o Ministério Público do Trabalho.

A OJ n. 318 da SDI-1 do TST registra importante exemplo.

2.14.4.1.2. *Capacidade*

Não é suficiente que a parte seja legítima, sendo imprescindível que também seja capaz, isto é, no ato de interpor o recurso, a parte deve ser plenamente capaz de praticar aquele ato processual, pois caso não seja deve ser assistida ou representada.

2.14.4.1.3. *Interesse*

Determina que o pretendido pelo recurso deve trazer alguma utilidade para a parte, haja vista que é necessária a demonstração do prejuízo ou perda em decorrência da decisão proferida, ou seja, reflete a necessidade e utilidade do recurso interposto.

A OJ n. 237, II, da SDI-1 do TST é um bom exemplo ao afirmar que o Ministério Público do Trabalho tem interesse em recorrer contra decisão que declara a existência de vínculo empregatício com sociedade de economia mista ou empresa pública, após a CF/88, sem a prévia aprovação em concurso público.

2.14.4.2. Pressupostos extrínsecos ou objetivos

Caracterizam-se por questões estranhas diversas da decisão que se pretende recorrer, por isso são denominados extrínsecos. São eles a recorribilidade do ato, a adequação, a tempestividade, a regularidade na representação e o preparo.

2.14.4.2.1. Recorribilidade do ato

Significa que a decisão que se pretende impugnar é passível de contrariedade mediante recurso, ou seja, a **decisão judicial tem de ser passível de recurso**.

Cabe lembrar que as decisões interlocutórias, no processo do trabalho, são irrecorríveis de imediato, em razão do princípio da concentração e celeridade, sendo na verdade um dos aspectos da oralidade, o que se afirma com espeque no art. 799, § 2º, no art. 893, § 1º, e no art. 855-A, § 1º, todos da CLT.

Assim, para evitar a preclusão, faz-se a impugnação em ata, quando em audiência for proferida aquela decisão interlocutória, que será analisada na oportunidade da interposição do recurso cabível quando prolatada a decisão final, se a parte assim requerer.

2.14.4.2.2. Adequação

Não obstante o acima apresentado, é preciso que, além de o ato judicial ser recorrível, a parte interponha o recurso correto (adequado).

No processo do trabalho, admite-se a aplicação do princípio da conversibilidade ou fungibilidade, como já ressaltamos.

2.14.4.2.3. Tempestividade

Esse pressuposto está relacionado ao prazo para a interposição do recurso, que no processo do trabalho, em regra, são oito dias (a Lei n. 5.584/70, art. 6º, uniformizou o prazo dos recursos previstos no art. 893 da CLT), inclusive o recurso de agravo em caso de decisão denegatória dos embargos de divergência ou recurso de revista (§ 4º do art. 894 e § 12 do art. 896).

Já os embargos de declaração são opostos no prazo de cinco dias e o recurso extraordinário (que não é um recurso típico do processo do trabalho), em 15 dias.

O recorrido terá igual prazo para resposta ao recurso interposto (art. 900 da CLT).

Com relação aos agravos regimentais, como regra geral, os Regimentos Internos dos Tribunais estabelecem o prazo de cinco dias, sendo necessário à consulta do Regimento Interno (RI) do tribunal respectivo quanto necessário sua utilização, exceto se o manejo for no Tribunal Superior do Trabalho, uma vez que o RITST segue a uniformidade dos prazos, ou seja, terá a parte oito dias para interpor tal recurso no âmbito do TST, como dispõe o art. 235, bem como o agravo contra decisão que não admite recurso de embargos no TST, consoante § 4º do art. 894 da CLT.

As pessoas jurídicas de direito público (União, Estados, Distrito Federal, Municípios e suas respectivas autarquias e fundações públicas que não explorem atividade econômica) têm prazo em dobro para interpor qualquer recurso, nos termos do art. 1º, III, do Decreto-lei n. 779/69.

No que tange aos embargos de declaração, os entes de direito público também poderão valer-se do prazo em dobro, como se extrai da OJ n. 192 da SDI-1 do TST.

Se a parte alegar feriado local visando à prorrogação do prazo recursal, a ela cabe o ônus de comprovar sua existência. No entanto, em havendo feriado forense, incumbe à autoridade que proferir a decisão de admissibilidade do recurso certificar o expediente nos autos, sendo admitida a reconsideração da análise da tempestividade do recurso, via prova documental superveniente em agravo regimental, agravo de instrumento ou até mesmo embargos de declaração (Súmula 385 do TST).

2.14.4.2.4. *Regularidade na representação processual*

O recurso deve ser interposto pela própria parte quando no exercício do *jus postulandi*, exceto recursos de competência do TST (Súmula 425 do TST), quando então deverá ser constituído advogado.

Observe que, de acordo com a Súmula 383 do TST (já estudada por nós), é inadmissível recurso firmado por advogado sem procuração juntada aos autos até o momento da sua interposição, salvo mandato tácito. Em caráter excepcional (art. 104 do CPC), admite-se que o advogado, independentemente de intimação, exiba a procuração no prazo de cinco dias após a interposição do recurso, prorrogável por igual período mediante despacho do juiz. Caso não a exiba, considera-se ineficaz o ato praticado e não se conhece do recurso. Verificada a irregularidade de representação da parte em fase recursal, em procuração ou substabelecimento já constante dos autos, o relator ou o órgão competente para julgamento do recurso designará prazo de cinco dias para que seja sanado o vício. Descumprida a determinação, o relator não conhecerá do recurso, se a providência couber ao recorrente, ou determinará o desentranhamento das contrarrazões, se a providência couber ao recorrido (art. 76, § 2º, do CPC).

Ademais, verificada a total ausência de assinatura no recurso, o juiz ou o relator concederá prazo de cinco dias para que seja sanado o vício. Descumprida a determinação, o recurso será reputado inadmissível (art. 932, parágrafo único, do CPC). Porém é válido o recurso assinado, ao menos, na petição de apresentação ou nas razões recursais. (OJ n. 120 da SDI-1 do TST).

2.14.4.2.5. *Preparo*

No processo do trabalho, o preparo é analisado sob dois prismas, quais sejam: custas e depósito recursal.

A falta de preparo gera deserção, sendo que a OJ n. 140 da SDI-1 do TST estabelece que em caso de recolhimento insuficiente das custas processuais ou do depósito recursal, somente haverá deserção do recurso se, concedido o prazo de cinco dias previsto no § 2º do art. 1.007 do CPC, o recorrente não complementar e comprovar o valor devido.

As custas só serão pagas uma vez quando da interposição do recurso. Assim, se a parte interpôs recurso ordinário deverá pagar (exceto se beneficiária da gratuidade de justiça), mas se for interpor recurso de revista não paga, salvo se houver majoração do valor da condenação.

De acordo com a Súmula 25 do TST, a parte vencedora na primeira instância, se vencida na segunda, está obrigada, independentemente de intimação, a pagar as custas fixadas na sentença originária, das quais ficará isenta a parte então vencida, sendo que no caso de inversão do ônus da sucumbência em segundo grau, sem acréscimo ou atualização do valor das custas e se estas já foram devidamente recolhidas, descabe um novo pagamento pela parte vencida, ao recorrer. Deverá ao final, se sucumbente, **reembolsar** a quantia. Outrossim, não caracteriza deserção a hipótese em que, acrescido o valor da condenação, não houve fixação ou cálculo do valor devido a título de custas e tampouco intimação da parte para o preparo do recurso, devendo ser as custas pagas ao final. Note-se que o reembolso das custas à parte vencedora faz-se necessário mesmo na hipótese em que a parte vencida for pessoa isenta do seu pagamento, nos termos do art. 790-A, parágrafo único, da CLT.

Quanto ao depósito recursal, a CLT faz menção a ele no art. 899 e seus parágrafos, o qual tem natureza de garantia do juízo, da condenação, sendo uma obrigação da reclamada (empregador ou tomador dos serviços), desde que haja condenação em pecúnia, sendo indevido caso não haja condenação pecuniária na forma da Súmula 161 do TST.

De acordo com o art. 7º da Lei n. 5.584/70, "a comprovação do depósito da condenação (CLT, art. 899, §§ 1º a 5º) terá que ser feita dentro do prazo para a interposição do recurso, sob pena de ser este considerado deserto", o que é ratificado pela Súmula 245 do TST, onde se lê que o depósito recursal deve ser feito e comprovado no prazo alusivo ao recurso, e caso haja a interposição antecipada deste não haverá prejuízo para a dilação legal.

Assim, se a parte tem oito dias para interpor o recurso ordinário e o faz no terceiro dia, poderá juntar a guia comprobatória do depósito recursal até o oitavo dia do prazo, não se admitindo, destarte, que seja considerado deserto.

No agravo de instrumento, a questão da comprovação do pagamento é diferente, uma vez que o agravante deve comprovar o pagamento do depósito recursal no ato da interposição do recurso, mesmo que o interponha antecipadamente (§ 7º do art. 899 da CLT).

De acordo com o § 4º do art. 899 da CLT, há uniformidade na forma pela qual o depósito recursal será pago, já que o mesmo deverá ser feito em conta vinculada ao juízo e corrigido com os mesmos índices da poupança.

Importa destacar, de acordo com os §§ 9º, 10 e 11 do art. 899, que o valor do depósito recursal será reduzido pela metade para entidades sem fins lucrativos, empregadores domésticos, microempreendedores individuais, microempresas e empresas de pequeno porte, sendo que são isentos do depósito recursal os beneficiários da justiça gratuita, as entidades filantrópicas e as empresas em recuperação judicial. Ademais, o depósito recursal poderá ser substituído por fiança bancária ou seguro-garantia judicial.

Considerando a Súmula 128 do TST, cabe consignar que é ônus da parte recorrente efetuar o depósito legal, integralmente, em relação a cada novo recurso interposto, sob pena de deserção, mas quando atingido o valor da condenação, nenhum depósito mais é exigido para qualquer recurso, o que também é previsto no item II, letra "b" da Instrução Normativa n. 3 do TST.

Com efeito, a parte recorrente deve efetuar o depósito no valor da condenação para que seja conhecido seu recurso, mas se o valor da condenação em pecúnia for superior ao teto recursal de cada recurso interposto, limitar-se-á o depósito ao valor do limite legal.

É imperioso destacar que se o valor constante do primeiro depósito, efetuado no limite legal, é inferior ao da condenação, será devida complementação de depósito em recurso posterior, observado o valor nominal remanescente da condenação e/ou os limites legais para cada novo recurso.

Em havendo condenação solidária, o depósito realizado por uma das recorrentes aproveita as demais, salvo pleito de exclusão da lide, nos termos da acima transcrita Súmula 128, III, do TST.

Caso garantido o juízo, na fase executória, a exigência de depósito para recorrer de qualquer decisão viola os princípios da legalidade e do devido processo legal, mas se houver elevação do valor do débito, exige-se, por óbvio, a complementação da garantia do juízo, conforme redação do item II da Súmula 128 do TST.

Caso seja parte no processo uma massa falida, não haverá deserção se não houver o pagamento das custas ou de depósito recursal, o que não se aplica à empresa em liquidação extrajudicial, conforme a Súmula 86 do TST.

Vale destacar que não é exigido depósito recursal, em qualquer fase do processo ou grau de jurisdição, dos entes de direito público externo e das pessoas de direito público contempladas no Decreto-lei n. 779/69, bem assim da massa falida, da herança jacente e da parte que, comprovando insuficiência de recursos, receber assistência judiciária integral e gratuita do Estado (Item X da Instrução Normativa n. 3 do TST).

A propósito, cabe dizer que a OJ n. 409 da SDI-1 determina que o recolhimento da multa imposta como sanção por litigância de má-fé não é pressuposto objetivo para interposição dos recursos de natureza trabalhista. Ademais, a OJ n. 389 da SDI-1 do TST preceitua: "Constitui ônus da parte recorrente, sob pena de deserção, depositar previamente a multa aplicada com fundamento nos §§ 4º e 5º, do art. 1.021, do CPC/2015 (§ 2º do art. 557 do CPC/73), à exceção da Fazenda Pública e do beneficiário de justiça gratuita, que farão o pagamento ao final".

Não se pode confundir o depósito recursal, tendo em vista sua natureza peculiar, com o depósito para apreciação de recurso administrativo mencionado no art. 636, § 1º, da CLT. Na verdade, não há que se falar no depósito previsto no dispositivo como pressuposto de admissibilidade de recurso administrativo, como vaticina a Súmula 424 do TST.

2.14.5. Recursos em espécie

A partir de agora estudaremos os recursos em espécie, observando-se a sistemática processual trabalhista.

O recurso ordinário, o agravo de instrumento, o agravo de petição, os embargos de declaração e o recurso de revista serão apresentados de forma detalhada na teoria que precede a análise de casos para identificação e elaboração da peça prático-profissional.

2.14.5.1. Recursos de revista com idêntico fundamento de direito (recurso repetitivo)

É de bom grado salientar que em caso de existência de multiplicidade de recursos de revista fundados em idêntica questão de direito, poderá a questão ser remetida à SDI ou ao Tribunal Pleno, por decisão da maioria simples dos seus membros, mediante requerimento de um dos Ministros que compõem a Seção Especializada, considerando a relevância da matéria ou a existência de entendimentos divergentes entre os Ministros dessa Seção ou das Turmas do TST.

Note-se que o Presidente da Turma ou da SDI, por indicação dos relatores, afetará um ou mais recursos repetitivos da controvérsia para julgamento pela SDI ou pelo Pleno, sob o trâmite de recursos repetitivos.

Nessa situação, caberá ao Presidente da Turma ou da Seção Especializada que afetar o processo para julgamento sob o rito em apreço, expedir comunicação aos demais Presidentes de Turma ou de Seção Especializada, que poderão afetar outros processos sobre a questão para julgamento conjunto, a fim de conferir ao órgão julgador visão global da questão, sendo certo que o Presidente do Tribunal Superior do Trabalho oficiará os Presidentes dos Tribunais Regionais do Trabalho para que suspendam os recursos interpostos em casos idênticos aos afetados como recursos repetitivos, até o pronunciamento definitivo do Tribunal Superior do Trabalho.

Outrossim, caberá ao Presidente do Tribunal de origem admitir um ou mais recursos representativos da controvérsia, os quais serão encaminhados ao Tribunal Superior do Trabalho, ficando sobrestados os demais recursos de revista até o pronunciamento definitivo do Tribunal Superior do Trabalho.

Importa destacar que o recurso repetitivo será distribuído a um dos Ministros membros da Seção Especializada ou do Tribunal Pleno e a um Ministro revisor, podendo o relator solicitar, aos Tribunais Regionais do Trabalho, informações a respeito da controvérsia, a serem prestadas no prazo de 15 dias e, em seguida, terá vista o Ministério Público pelo prazo de 15 dias.

Admite-se, ainda, a figura do *amicus curiae* (amigo da corte), que é uma modalidade de intervenção assistencial, em processos de relevância social, por parte de entidades que tenham representatividade adequada, para se manifestar nos autos sobre questão de direito pertinente à controvérsia debatida nos autos, mas que não são partes dos processos, atuando apenas como interessados na causa, haja vista que o relator poderá admitir manifestação de pessoa, órgão ou entidade com interesse na controvérsia, inclusive como assistente simples.

Transcorrido o prazo para o Ministério Público e remetida cópia do relatório aos demais Ministros, o processo será incluído em pauta na Seção Especializada ou no Tribunal Pleno, devendo ser julgado com preferência sobre os demais feitos.

Após publicado o acórdão do Tribunal Superior do Trabalho, os recursos de revista sobrestados na origem seguirão a seguinte sorte: 1) terão seguimento denegado na hipótese de o acórdão recorrido coincidir com a orientação a respeito da matéria no Tribunal Superior do Trabalho; ou 2) serão novamente examinados pelo Tribunal de origem na hipótese de o acórdão recorrido divergir da orientação do Tribunal Superior do Trabalho a respeito da matéria.

No caso de reexame pelo Tribunal de origem, consoante a segunda hipótese acima citada, mantida a decisão divergente pelo Tribunal de origem, far-se-á o exame de admissibilidade do recurso de revista.

Não obstante, pode ocorrer que a matéria também verse sobre questão constitucional, caso em que a decisão do Pleno sobre questão afetada e julgada sob o rito dos recursos repetitivos, não obstará o conhecimento de eventuais recursos extraordinários sobre a questão constitucional.

Aos recursos extraordinários interpostos perante o Tribunal Superior do Trabalho, caberá ao Presidente do Tribunal Superior do Trabalho selecionar um ou mais recursos representativos da controvérsia e encaminhá-los ao Supremo Tribunal Federal, sobrestando os demais até o pronunciamento definitivo da Corte, de modo que o Presidente do Tribunal Superior do Trabalho poderá oficiar os Tribunais Regionais do Trabalho e os Presidentes das Turmas e da Seção Especializada do Tribunal para que suspendam os processos idênticos aos selecionados como recursos representativos da controvérsia e encaminhados ao Supremo Tribunal Federal, até o seu pronunciamento definitivo.

A decisão firmada em recurso repetitivo não será aplicada aos casos em que se demonstrar que a situação de fato ou de direito é distinta daquelas no processo julgado sob o rito dos recursos repetitivos.

Por fim, ressaltamos que caberá revisão da decisão firmada em julgamento de recursos repetitivos quando se alterar a situação econômica, social ou jurídica, caso em que será respeitada a segurança jurídica das relações firmadas sob a égide da decisão anterior, podendo o Tribunal Superior do Trabalho modular os efeitos da decisão que a tenha alterado.

2.14.5.2. Embargos no TST

Esse tema será apresentado de forma detalhada na teoria que precede a análise de casos para identificação e elaboração da peça prático-profissional.

2.14.5.3. Recurso adesivo

Também conhecido como recurso subordinado, não é considerado por parte da doutrina um recurso propriamente dito, em razão da sua dependência ao recurso principal, estando previsto no art. 997 do CPC.

É plenamente aceitável no processo do trabalho, nos termos da Súmula 283 do TST.

Assim, aplica-se subsidiariamente (art. 796 da CLT), no que couber, o artigo do diploma processual civil acima transcrito, devendo seguir os mesmos requisitos de admissibilidade do recurso principal, inclusive quanto ao preparo (custas e depósito recursal), quando necessário.

Deve ser apresentado no prazo de contrarrazões e pode ser manejado no recurso ordinário, nos embargos, no agravo de petição e no recurso de revista, sendo exigido sucumbência recíproca, que é seu pressuposto basilar.

A estrutura do Recurso Adesivo é a mesma do recurso principal, não havendo necessidade da matéria veiculada ser idêntica a do recurso principal, até porque a utilização do recurso adesivo tem por objetivo reformar a decisão naquilo que prejudicou, em tese, o recorrente.

É de bom alvitre perceber que caso o reclamante desista ou se o seu recurso ordinário por ele interposto não for conhecido, a mesma sorte será dada ao recurso adesivo, pois ele é acessório, ou seja, ocorrerá o mesmo com o recurso adesivo.

Será oferecido perante o mesmo órgão jurisdicional que intimou o recorrente para contrarrazões, devendo ser concedido prazo para resposta ao outrora recorrente, agora recorrido, que poderá, inclusive, desistir do recurso, uma vez que não depende esse ato da concordância da parte contrária (art. 998 do CPC), caso em que o recurso adesivo também não seguirá, pois como visto trata-se de um recurso subordinado, que só tem independência no que tange ao seu mérito.

No que diz respeito à forma, segue o mesmo padrão do recurso principal interposto, alterando-se apenas o conteúdo.

2.14.5.4. Recurso extraordinário

Esse tema será apresentado de forma detalhada na teoria que precede a análise de casos para identificação e elaboração da peça prático-profissional.

2.15. Liquidação de sentença

2.15.1. Conceito e finalidade da liquidação

Prevista na CLT no art. 879, a liquidação tem cabimento quando a sentença que condena ao pagamento de determina quantia não é líquida, ou seja, proceder-se-á sua liquidação em razão de não se encontrarem quantificados os direitos que foram deferidos pela sentença, a ponto de permitirem, de imediato, a execução.

Dessa feita, como o título executivo necessita de alguns requisitos, quais sejam, certeza, exigibilidade e liquidez, mister se faz sua liquidação para apurar o *quantum debeatur*.

Assim, sentença ilíquida é a que, tendo condenado ao pagamento de algum crédito, não lhe fixou seu valor e sendo ilíquida a condenação, a parte terá de promover, antes de iniciar a execução, a liquidação do julgado, que constitui, pois, um complemento da sentença condenatória exequenda. A liquidação pode ser por cálculo, por arbitramento ou por artigos.

A Consolidação das Leis do Trabalho determina que na liquidação não se poderá modificar ou inovar a sentença liquidando, e menos ainda discutir matéria pertinente à causa principal. Pensar de forma diversa seria admitir violação à coisa julgada.

Logo, a liquidação da sentença destina-se exclusivamente, como já dito, a apurar o *quantum debeatur* dentro dos estritos termos fixados no comando executório, de modo que do § 1º do art. 879 podemos extrair o princípio da *fidelização ao título*.

Ademais, aplicamos de forma supletiva e subsidiária o previsto nos arts. 509 e seguintes do CPC.

2.15.2. Tramitação da liquidação da sentença

Prevê o art. 879, § 2º, que, "elaborada a conta e tornada líquida, o juízo deverá abrir às partes prazo comum de oito dias para impugnação fundamentada com a indicação dos itens e valores objeto da discordância, sob pena de preclusão".

Considerando o disposto nos §§ 3º e 4º do art. 879 da CLT, elaborada a conta pela parte ou pelos órgãos auxiliares da Justiça do Trabalho, o juiz procederá à intimação da União para manifestação, no prazo de dez dias, sob pena de preclusão, sendo que a atualização do crédito devido à Previdência Social observará os critérios estabelecidos na legislação previdenciária.

Outrossim, o Ministro de Estado da Fazenda poderá, mediante ato fundamentado, dispensar a manifestação da União quando o valor total das verbas que integram o salário de contribuição ocasionar perda de escala decorrente da atuação do órgão jurídico, nos termos do § 5º do art. 879 da CLT.

Registre-se que quando se tratar de cálculos de liquidação complexos, o juiz tem a faculdade de nomear perito visando à elaboração da conta fixando, então, depois de concluído o trabalho, os honorários do perito, devendo o magistrado observar, além de outros critérios, os da razoabilidade e proporcionalidade.

Dispõe o § 7º do art. 879, incluído pela Lei n. 13.467/2017, que a atualização dos créditos decorrentes de condenação judicial será feita pela Taxa Referencial (TR), divulgada pelo BC.

Sobre a atualização dos créditos trabalhistas, devem ser observados os itens 8 e 9 da ADC 58 (STF).

Não obstante, na decisão dos Embargos de Declaração, "O STF, por unanimidade, não conheceu dos embargos de declaração opostos pelos *amici curiae*, rejeitou os embargos de declaração opostos pela ANAMATRA, mas acolheu, parcialmente, os embargos de declaração opostos pela AGU, tão somente para sanar o erro material constante da decisão de julgamento e do resumo do acórdão, de modo a estabelecer 'a incidência do IPCA-E na fase pré-judicial e, a partir do ajuizamento da ação, a incidência da taxa SELIC (art. 406 do Código Civil)', sem conferir efeitos infringentes, nos termos do voto do Relator. Impedido o Ministro Luiz Fux (Presidente). Plenário, Sessão Virtual de 15.10.2021 a 22.10.2021".

2.15.3. Da impugnação a liquidação trabalhista

Com efeito, em face do citado § 2º do art. 879 c/c o art. 884 da CLT, teremos as seguintes situações:

1ª) Quando o juiz abrir vista às partes antes da homologação, a parte interessada deverá oferecer sua impugnação no prazo assinado, sob pena de preclusão. Com ou sem a impugnação, o juiz homologará a liquidação. No entanto, se a parte interessada não impugnou a conta de liquidação, não poderá mais, futuramente, em sede de embargos ou impugnação, discutir a sentença liquidanda.

No entanto, é preciso registrar que a jurisprudência tem tolerado, mesmo à falta de impugnação, que o reclamado/executado, em sede de embargos possa invocar algumas matérias de ordem pública, apontar títulos que inexistem, etc.

2ª) Se os cálculos forem homologados de imediato o juiz mandará citar o executado/devedor, quando então este deverá utilizar-se dos embargos do executado e o credor da impugnação, de que trata o art. 884, § 3º, da CLT.

Verifica-se, portanto, da leitura do § 2º do art. 879 que atualmente o juiz deve dar vista às partes, impedindo-o, portanto, de homologar os cálculos, sem oitiva das partes. Ademais, a jurisprudência do TST caminha no sentido de afirmar que a decisão que resolve a liquidação não é uma mera decisão interlocutória, mas sim uma verdadeira sentença, haja vista que admite o cabimento de ação rescisória, nos termos da Súmula 399, II, do TST, desde que enfrente as questões de fundo postas pelas partes, sem prejuízo do manejo do agravo de petição, o que se afirma por ilação da Súmula 266 do TST.

De outro giro, não seria passível de corte rescisório a decisão (*rectus*: sentença) que apenas afirma estar preclusa a oportunidade de impugnar a sentença de liquidação, nos termos da OJ n. 134 da SDI-II do TST.

2.16. Execução

2.16.1. Definição

Podemos entender a execução como um conjunto de atos de atuação das partes e do juiz que tem por fito a concretização daquilo que foi decidido no processo de conhecimento ou previsto em título executivo, judicial ou extrajudicial.

2.16.1.1. Princípios da execução

2.16.1.1.1. *Princípio da igualdade de tratamento*

Em decorrência do princípio da isonomia previsto no art. 5º, *caput*, da CF/88, na execução é preciso que o juiz dispense tratamento isonômico às partes, mas considerando que o exequente (em regra o empregado) é a parte mais fraca no sentido econômico, o seu crédito de natureza alimentar precisa ser satisfeito o mais rápido possível, daí por que algumas peculiaridades são vistas na execução trabalhista, como o início da execução de ofício pelo juiz (art. 878 da CLT).

Note, contudo, que o art. 878 só admite o início da execução de ofício se a parte não estiver assistida por advogado. Eis a redação: "A execução será promovida pelas partes, permitida a execução de ofício pelo juiz ou pelo Presidente do Tribunal apenas nos casos em que as partes não estiverem representadas por advogado".

2.16.1.1.2. Princípio da natureza real da execução

Esse princípio, que também é denominado pela doutrina de princípio da patrimonialidade, indica que a execução deve recair sobre os bens (patrimônio) do executado e não sobre sua pessoa (pessoal), como se infere do art. 789 do CPC.

Dessa forma, não se admite mais a coação física para cumprimento de obrigações de natureza civil, salvo nas hipóteses previstas no art. 5º, LXVII, da CF/88, muito embora o STF tenha editado a Súmula Vinculante 25, aduzindo sobre a impossibilidade de prisão do depositário infiel, independentemente da modalidade do depósito.

2.16.1.1.3. Princípio da limitação expropriatória

É fato que o devedor responde com todos os seus bens, sejam eles atuais ou futuros, mas não todos, ou seja, somente aqueles necessários para satisfazer o crédito exequendo.

Porém há bens que são absolutamente impenhoráveis, por exemplo, os salários, os livros e as máquinas para o exercício de qualquer profissão, o seguro de vida, o bem de família etc., o que é regulado pelo CPC no art. 833 e pela lei de impenhorabilidade do bem de família (Lei n. 8.009/90), sendo certo que algumas exceções são aplicadas dentro da razoabilidade, tendo em vista a natureza do crédito (alimentar) que se executa.

A LC n. 150/2015 (Lei dos Empregados Domésticos) revogou expressamente o inciso I do art. 3º da Lei n. 8.009/90, de modo que não há mais possibilidade de penhorar o bem de família dos empregadores domésticos.

Cabe ressaltar, no entanto, que o TST admite a penhora de renda da empresa, como se extrai da OJ n. 93 da SDI-2 do TST.

2.16.1.1.4. Princípio do exato adimplemento ou efetividade

É sabido que o objetivo da execução é dar ao credor o que ele teria conseguido se o devedor cumprisse voluntariamente, de modo que quando as medidas do Estado não forem suficientes (sub-rogação e coerção), é possível a conversão em perdas e danos, como ocorre, por exemplo, nas obrigações de fazer e não fazer. Seria o caso da conversão em indenização por parte do empregador caso não seja observada a entrega das guias para habilitação do empregado no seguro-desemprego.

Outrossim, pode o juiz também determinar providências que assegurem resultado prático equivalente, ou seja, no caso acima, poderia oficiar o órgão competente para que o trabalhador pudesse requerer sua habilitação e receber o benefício epigrafado.

Ademais, este princípio impede que a execução vá além daquilo que seja suficiente para o cumprimento da obrigação.

2.16.1.1.5. Princípio da utilidade ao credor

Como se trata de procedimento que tem por fito entregar ao credor efetivamente o que lhe é devido, a execução deve ser útil para o exequente. Dessa forma, devem-se evitar atos tendenciosos a comprometer tal utilidade.

Assim, a execução não tem por azo tão somente acarretar danos ao executado, pelo contrário, seu patrimônio deve ser capaz de saldar a dívida exequenda.

Nesse sentido, dispõe o art. 836 do CPC.

2.16.1.1.6. Princípio da não prejudicialidade do devedor

Também conhecido como execução menos gravosa ou menos onerosa, está previsto expressamente no art. 805 do CPC.

Assim, se por vários meios o credor puder promover a execução, o juiz deve determinar que se procedam aos atos de execução pelo modo menos gravoso para o devedor.

Contudo, ao executado que alegar ser a medida executiva menos gravosa incumbe indicar outros meios mais eficazes e menos onerosos, sob pena de manutenção dos atos executivos já determinados.

2.16.1.1.7. Princípio da primazia do credor trabalhista

Este princípio está intrinsecamente ligado com o objetivo maior da execução trabalhista, ou seja, a execução visa à satisfação do credor, até porque seus créditos são de natureza alimentar. Cumpre a leitura do art. 797 do CPC.

2.16.1.2. Legitimidade ativa

De acordo com o art. 878 da CLT a execução será promovida pelas partes, permitida a execução de ofício pelo juiz ou pelo Presidente do Tribunal apenas nos casos em que as partes não estiverem representadas por advogado.

Com relação ao Ministério Público do Trabalho, este tem legitimidade para requerer o início da execução de título executivo judicial, caso tenha atuado como parte no processo de conhecimento em primeira ou em segunda instância e, em se tratando de título extrajudicial, na hipótese de Termo de Ajustamento de Conduta.

O próprio executado pode dar início à execução e, nos termos do art. 878-A, deve efetuar o pagamento do que entender devido à previdência, sem prejuízo de eventual diferença, nos seguintes termos.

2.16.1.3. Legitimidade passiva

É preciso salientar que o natural legitimado para figurar no polo passivo do processo de execução trabalhista é o empregador/tomador dos serviços. Porém, é possível que o empregado possa figurar como executado, nas hipóteses em que é devedor de custas ou outras despesas processuais, bem como nos casos em que tenha sido condenado a pagar determinada quantia (se for julgado procedente um pedido formulado em reconvenção, por exemplo) etc.

Em caso de condenação do tomador dos serviços em decorrência de responsabilidade subsidiária (terceirização), é imperioso que tenha participado da relação processual e conste do título executivo, nos moldes do item IV da Súmula 331 do TST.

Ademais, o responsável solidário, integrante do grupo econômico (art. 2º, § 2º, da CLT) responderá pelos créditos do exequente na fase executiva, mesmo que não tenha participado da relação processual na fase de conhecimento.

Outrossim, em caso de sucessão trabalhista, no viés de aquisição de empresa pertencente a grupo econômico, deve ser observada a disposição contida na OJ n. 411 da SDI-1 do TST: "*O sucessor não responde solidariamente por débitos trabalhistas de empresa não adquirida, integrante do mesmo grupo econômico da empresa sucedida, quando, à época, a empresa devedora direta era solvente ou idônea economicamente, ressalvada a hipótese de má-fé ou fraude na sucessão*".

O art. 448-A da CLT dispõe que caracterizada a sucessão empresarial ou de empregadores prevista nos arts. 10 e 448 desta Consolidação, as obrigações trabalhistas, inclusive as contraídas à época em que os empregados trabalhavam para a empresa sucedida, são de responsabilidade do sucessor, sendo certo que a empresa sucedida responderá solidariamente com a sucessora quando ficar comprovada fraude na transferência.

Nos termos do art. 16 da Lei n. 6.019/74 (Lei de Trabalho Temporário), "no caso de falência da empresa de trabalho temporário, a empresa tomadora ou cliente é solidariamente responsável pelo recolhimento das contribuições previdenciárias, no tocante ao tempo em que o trabalhador esteve sob suas ordens, assim como em referência ao mesmo período, pela remuneração e indenização previstas nesta Lei".

Por outro lado, o § 7º do art. 11 da Lei supracitada averba que "a contratante é subsidiariamente responsável pelas obrigações trabalhistas referentes ao período em que ocorrer o trabalho temporário, e o recolhimento das contribuições previdenciárias observará o disposto no art. 31 da Lei n. 8.212, de 24 de julho de 1991".

Se houver sucessão de empresa em liquidação extrajudicial, deve ser aplicada a OJ n. 408 da SDI-1 do TST: "É devida a incidência de juros de mora em relação aos débitos trabalhistas de empresa em liquidação extrajudicial sucedida nos moldes dos arts. 10 e 488 da CLT. O sucessor responde pela obrigação do sucedido, não se beneficiando de qualquer privilégio a este destinado".

2.16.1.3.1. *Desconsideração da personalidade jurídica*

É sabido que o patrimônio da empresa não se confunde com o dos seus sócios, de modo que se a execução é promovida em face da empresa (empregadora/tomadora de serviços), mas se esta não tem bens capazes de saldar a execução, permite-se que o juiz afaste o véu corporativo (teoria da penetração), desconsiderando a personalidade jurídica da empresa (*disregard doctrine*) para alcançar os bens dos sócios.

A teoria da desconsideração da personalidade jurídica foi solenemente proclamada pelo atual Código Civil de 2002 em seu art. 50 e no CDC no art. 28, os quais também são aplicáveis no Direito do Trabalho, uma vez que o direito comum é fonte subsidiária, conforme previsão do art. 8º, § 1º, da CLT.

Todavia, como não há na legislação trabalhista dispositivo de natureza material que admita expressamente a teoria em apreço, alguns operadores do direito afirmam que os dispositivos citados acima acampam tal aplicação. Porém há aqueles que defendam tratar-se de construção jurisprudencial.

Outrossim, embora atualmente com previsão legal (art. 133, § 2º, do CPC), a jurisprudência e a doutrina já admitiam aplicar, também, a **desconsideração da personalidade jurídica inversa ou invertida**, que nada mais é do que o atingir o ente coletivo (empresa) e seu patrimônio social, responsabilizando, assim, a pessoa jurídica por obrigações dos seus sócios, que atuaram de forma ilícita ou abusiva, o que é aplicado por interpretação evolutiva dos arts. 50 do Código Civil e 28 do Código de Defesa do Consumidor.

A CLT, no art. 855-A, trata do incidente de desconsideração da personalidade jurídica, determinando a aplicação dos arts. 133 a 137 do CPC.

Ademais, assevera que da decisão interlocutória que acolher ou rejeitar o incidente: I – na fase de cognição, não cabe recurso de imediato, na forma do § 1º do art. 893 da mesma norma; II – na fase de execução, cabe agravo de petição, independentemente de garantia do juízo; III – cabe agravo interno se proferida pelo relator em incidente instaurado originariamente no tribunal.

Por fim, a instauração do incidente suspenderá o processo, sem prejuízo da concessão da tutela de urgência de natureza cautelar de que trata o art. 301 do CPC.

2.16.1.4. Competência

A fixação da competência para a execução do título executivo depende de sua natureza, ou seja, se é título executivo judicial ou extrajudicial.

O art. 877 da CLT dispõe que a competência é do juiz que tiver conciliado ou julgado originariamente o dissídio, se for título executivo judicial.

Em se tratando de título extrajudicial, será competente o juiz que teria competência para o processo de conhecimento relativo à matéria, como se infere do art. 877-A da CLT.

Dessa forma, para promover a execução de título extrajudicial, deve o exequente observar a disciplina contida no art. 651 da CLT, o qual fixa a competência em razão do local.

2.16.2. Títulos executivos

A CLT trata dos títulos executivos no art. 876, sendo que o que se percebe do texto legal é que temos títulos executivos judiciais e extrajudiciais, sendo estes estritamente os Termos de Ajustamento de Conduta firmados junto ao MPT (TAC) e os termos de conciliação firmados junto as CCP (art. 625-E, parágrafo único), pois os demais previstos no dispositivo são títulos judiciais.

Ocorre que há duas correntes relevantes sobre a ampliação ou restrição dos títulos executivos no processo do trabalho, quais sejam:

1ª) **corrente restritiva:** sustenta que o rol do art. 876 da CLT é taxativo admitindo-se uma única exceção que é a Certidão de Dívida Ativa da União, quando decorrem de penalidades impostas aos empregadores pelos órgãos de fiscalização do trabalho; e

2ª) **corrente ampliativa:** entende que os títulos apresentados no art. 876 são meramente exemplificativos, admitindo-se, portanto, outros títulos executivos, judiciais ou extrajudiciais.

Para complementar, com o advento da Emenda Constitucional n. 45/2004, temos que o art. 114, VIII, da Carta Magna ensejou que outro título fosse executado na Justiça do Trabalho, seguindo os procedimentos previstos na Lei de Execuções Fiscais (Lei n. 6.830/80), qual seja a Certidão de Dívida Ativa da União (CDA) referente às multas decorrentes de penalidades impostas pelos órgãos de fiscalização das relações de trabalho, ou seja, caso um auditor-fiscal do trabalho venha a lavrar um auto de infração em face de uma empresa em razão de irregularidades constatadas, aplicando, por seu turno, multa ao empregador, em havendo o inadimplemento, haverá a inscrição na dívida ativa (CDA), o que vai representar, em nosso sentir, um outro título executivo extrajudicial na seara trabalhista, o que atualmente é ratificado pela previsão contida no § 10 do art. 896 da CLT.

No entanto, dispõe o art. 13 da Instrução Normativa n. 39/2016 do TST que os cheques e notas promissórias também podem ser executados na Justiça do Trabalho, desde que provenientes de dívidas inequivocamente trabalhista.

É importante ressaltar, por fim, que se considera inexigível o título judicial fundado em lei ou ato normativo declarados inconstitucionais pelo Supremo Tribunal Federal ou em aplicação ou interpretação tidas por incompatíveis com a Constituição Federal, conforme disposto no art. 884, § 5º, da CLT.

2.16.3. Execução provisória e definitiva

A execução de título executivo judicial pode ser provisória ou definitiva. Quando se tratar de execução de título extrajudicial, será sempre definitiva.

Assim, definitiva é a execução fundada em sentença transitada em julgada (incluído o acordo homologado judicialmente) ou em título extrajudicial, que visa efetivamente a expropriação de bens do executado para satisfação integral do exequente.

No entanto, é provisória a execução quando o título judicial exequendo estiver sendo objeto de recurso recebido apenas no efeito devolutivo, que é a regra geral no processo do trabalho (art. 899 da CLT), ou seja, cabe execução provisória quando não houver sentença transitada em julgado, que ficará paralisada com a constrição judicial de bens do executado, isto é, a execução provisória tem seu curso até a penhora, entendendo-se como tal o julgamento da subsistência ou não da penhora, e não apenas o ato de constrição propriamente dito.

Não é possível a execução provisória iniciada de ofício pelo magistrado, em caso de exequente desassistido por advogado, razão pela qual, para viabilizar a execução provisória, é necessário o requerimento do exequente (via carta de sentença), caso em que será determinada a extração da carta de sentença, uma vez que os autos principais seguem seu curso normal, de praxe na instância superior.

2.16.4. Aplicação subsidiária da Lei de Execuções Fiscais

Dispõe o art. 899 da CLT: "Aos trâmites e incidentes do processo de execução são aplicáveis, naquilo que não contravierem ao presente Título, os preceitos que regem o processo dos executivos fiscais para cobrança judicial da dívida ativa da Fazenda Pública Federal".

Assim, o que se extrai do preceptivo em epígrafe é que se a CLT for omissa não pode o aplicador do direito se valer diretamente do CPC, pois primeiramente deve buscar a regulação da casuística na LEF para, após se permanecer a lacuna, se aplicar o CPC.

Vaticina o art. 1º da Lei n. 6.830/90 (LEF): "A execução judicial para cobrança da Dívida Ativa da União, dos Estados, do Distrito Federal, dos Municípios e respectivas autarquias será regida por esta Lei e, subsidiariamente, pelo Código de Processo Civil".

2.16.5. Mandado de citação

De acordo com o art. 880 da CLT, não pago o débito voluntariamente nas condições e prazos fixados na sentença ou acordo homologado, o juiz, de ofício ou a requerimento, mandará expedir mandado de citação ao executado, para que pague o débito oriundo da decisão ou acordo, incluídas as contribuições previdenciárias, em 48 horas ou garanta a execução, sob pena de penhora.

O mandado de citação, penhora e avaliação, que será cumprido pelo oficial de justiça, deverá conter a decisão exequenda ou o termo de acordo não cumprido (§§ 1º e 2º do art. 880 da CLT).

Se o executado, depois de procurado por duas vezes não for encontrado, no espaço de 48 horas, far-se-á a citação por edital, independentemente do rito que seguiu o processo de conhecimento, afixando-se o mesmo na sede da Vara, caso não haja jornal oficial, pelo prazo de cinco dias (§ 3º do art. 880 da CLT).

Pois bem, citado o executado, ele tem três opções, quais sejam:
a) pagar em 48 horas;
b) garantir a execução em 48 horas; ou
c) ficar inerte, quando então serão penhorados seus bens para garantir a execução.

Em caso de pagamento por parte do executado, lavrar-se-á termo de quitação em duas vias assinadas pelo exequente, pelo executado e pelo escrivão ou diretor que lavrar o termo, entregando a segunda via ao executado e juntando a outra no processo.

Se o exequente não estiver presente, a importância será depositada mediante guia em estabelecimento bancário oficial de crédito ou, na falta deste, em estabelecimento bancário idôneo, nos termos do art. 881 e parágrafo único da CLT.

Todavia, o executado que não pagar a importância reclamada poderá garantir a execução mediante depósito da quantia correspondente, atualizada e acrescida das despesas processuais, apresentação de seguro-garantia judicial ou nomeação de bens à penhora, observada a ordem preferencial estabelecida no art. 835 do CPC, como se extrai do art. 882 da CLT.

Pelo dispositivo em apreço, é fácil perceber que a garantia da execução, por ato volitivo do executado, pode se dar ou pelo depósito do numerário ou pela indicação de bens a penhora, assim como seguro-garantia judicial.

Impende averbar que a carta de fiança bancária equivale a dinheiro para efeito da gradação dos bens penhoráveis, estabelecida pelo artigo retro colacionado, nos termos da OJ n. 59 da SDI-2 do TST.

Entretanto, como fora acima afirmado, pode o executado ser citado e quedar-se inerte, quando então, de acordo com o art. 883 da CLT, seguir-se-á penhora dos bens, tantos quantos bastem ao pagamento da importância da condenação, acrescida de custas e juros de mora, sendo estes devidos a partir da data do ajuizamento da ação.

É de bom grado transcrever também a Súmula 304 do TST, que aduz: "Os débitos trabalhistas das entidades submetidas aos regimes de intervenção ou liquidação extrajudicial estão sujeitos a correção monetária desde o respectivo vencimento até seu efetivo pagamento, sem interrupção ou suspensão, não incidindo, entretanto, sobre tais débitos, juros de mora".

Impende destacar que os juros de mora incidem sobre a importância da condenação já corrigida monetariamente, nos moldes da Súmula 200 do TST, e que os juros de mora e correção monetária incluem-se na liquidação, ainda que omisso o pedido inicial ou a condenação, como prevê a já citada Súmula 211 do TST.

Com pertinência na atualização monetária decorrente das indenizações por danos morais, a jurisprudência pacificou o seguinte entendimento:

> Súmula 439 do TST. DANOS MORAIS. JUROS DE MORA E ATUALIZAÇÃO MONETÁRIA. TERMO INICIAL. Nas condenações por dano moral, a atualização monetária é devida a partir da data da decisão de arbitramento ou de alteração do valor. Os juros incidem desde o ajuizamento da ação, nos termos do art. 883 da CLT.

Cumpre dizer, no que pese haver divergência doutrinária e jurisprudencial, que há entendimento admitindo a aplicação do art. 523, § 1º, do CPC no processo do trabalho, porém vem decidindo o Tribunal Superior do Trabalho sob o fundamento que a CLT tem disposição própria, não havendo omissão que justifique a aplicação do CPC.

O art. 883-A da CLT averba que a decisão judicial transitada em julgado somente poderá ser levada a protesto, gerar inscrição do nome do executado em órgãos de proteção ao crédito ou no Banco Nacional de Devedores Trabalhistas (BNDT), nos termos da lei, depois de transcorrido o prazo de 45 dias a contar da citação do executado, se não houver garantia do juízo.

2.16.6. Penhora

Não sendo pago o valor nem garantido o juízo, seguir-se-á com a penhora dos bens.

Trata-se, com efeito, de ato de constrição judicial, envidada sobre o patrimônio do devedor, em decorrência da sub-rogação que o Estado exerce na fase executiva (ato de império), com o fito de satisfazer o crédito exequendo.

Interessante notar que a doutrina elenca alguns efeitos decorrentes da penhora, dentre os quais destacamos os seguintes: torna ineficaz a alienação dos bens constritos; gera preferência do credor e, por fim, produz a garantia do juízo, haja vista que só se pode falar, realmente, em garantia do juízo, quando os bens penhorados são suficientes para satisfazer o crédito do exequente e outras despesas de cunho processual, como as custas, honorários, por exemplo.

Com efeito, a penhora é o ato judicial de constrição de bens do executado que visa resguardar patrimônio necessário para uma futura expropriação.

2.16.6.1. Dos bens penhoráveis e impenhoráveis

Os bens impenhoráveis estão previstos no art. 833 do CPC.

No entanto, doutrina e jurisprudência tendem a afirmar que é necessário relativizar a impenhorabilidade absoluta prevista no dispositivo em tela, haja vista que o princípio da dignidade da pessoa humana, no caso o trabalhador, deve merecer hegemonia sobre a inadimplência, ademais quando se tratar de crédito privilegiado, que é exatamente aquele devido ao trabalhador.

Entretanto, a jurisprudência do Tribunal Superior do Trabalho é intransigente no sentido de não admitir penhora em conta salário, ainda que referente à percentual, como se infere da OJ n. 153 da SDI-2: *"Ofende direito líquido e certo decisão que determina o bloqueio de numerário existente em conta salário, para satisfação de crédito trabalhista, ainda que seja limitado a determinado percentual dos valores recebidos ou a valor revertido para fundo de aplicação ou poupança, visto que o art. 649, IV, do CPC de 1973 contém norma imperativa que não admite interpretação ampliativa, sendo a exceção prevista no art. 649, § 2º, do CPC de 1973 espécie e não gênero de crédito de natureza alimentícia, não englobando o crédito trabalhista".*

De outro giro, dispõe o art. 834 do CPC que podem ser penhorados, à falta de outros bens, os frutos e rendimentos dos bens inalienáveis.

Diga-se de passagem, que é possível a penhora sobre cédula de crédito rural pignoratícia ou hipotecária, como vaticina a OJ n. 226 da SDI-1 do TST: *"Diferentemente da cédula de crédito industrial garantida por alienação fiduciária, na cédula rural pignoratícia ou hipotecária o bem permanece sob o domínio do devedor (executado), não constituindo óbice à penhora na esfera trabalhista. (Decreto-lei n. 167/67, art. 69; CLT, arts. 10 e 30 e Lei n. 6.830/80)".*

No CPC existem diversas possibilidades de penhora, inclusive penhora de frutos e rendimentos de coisa móvel ou imóvel; penhora de empresa, outros estabelecimentos e semoventes, além de outras hipóteses, como se extrai dos arts. 854 e seguintes do CPC.

2.16.6.2. Da penhora sobre bem de família

Dispõe a Lei n. 8.009/90, em seu art. 1º, que o imóvel residencial próprio do casal, ou da entidade familiar, é impenhorável e não responderá por qualquer tipo de dívida civil, comercial, fiscal, previdenciária ou de outra natureza, contraída pelos cônjuges ou pelos pais ou filhos que sejam seus proprietários e nele residam, salvo nas hipóteses consignadas na lei, de sorte que a impenhorabilidade compreende o imóvel sobre o qual se assentam a construção, as plantações, as benfeitorias de qualquer natureza e todos os equipamentos, inclusive os de uso profissional, ou móveis que guarnecem a casa, desde que quitados e com algumas ressalvas.

Entretanto, excluem-se da impenhorabilidade os veículos de transporte, obras de arte e adornos suntuosos e, no caso de imóvel locado, a impenhorabilidade aplica-se aos bens móveis quitados que guarneçam a residência e que sejam de propriedade do locatário.

Nota-se, entretanto, que a impenhorabilidade não é absoluta, razão pela qual é possível haver penhora sobre bem de família, nos casos previstos no art. 3º da referida lei. Porém, atualmente, não se pode mais penhorar bem de família decorrente de dívidas com os empregados domésticos, como já dissemos acima, uma vez que o inciso I do artigo *retro* fora revogado expressamente pelo art. 46 da LC n. 150/2015.

A questão que se põe em voga é a dispensa formal de constituição do bem de família, ou seja, não se exige qualquer formalidade, bastando demonstração cabal de que aquele imóvel, que está na iminência de ser constrito, ou já penhorado, é o único e que serve de moradia para sua família.

2.16.6.3. Execução contra massa falida ou empresa em recuperação judicial

Quando a massa falida está no polo passivo, há divergência doutrinária no sentido de como prosseguir a cobrança do crédito, e **três correntes** apontam no cenário jurídico:

A **primeira corrente**, denominada de tradicional, defende que com o decreto da falência a execução dos créditos deve ir para o juízo universal em razão do princípio da igualdade entre os credores, havendo inclusive julgado do TST nesse sentido, invocando a aplicação do art. 768 da CLT.

Já para a **segunda corrente**, a execução deve continuar na Justiça do Trabalho, pois o art. 114 da CF/88 determina que a Justiça Laboral tem competência para executar suas próprias decisões, o que exclui, portanto, o juízo universal, pouco importando se a constrição ocorreu antes ou depois da falência, haja vista que o crédito trabalhista é privilegiado, havendo também julgado no TST nesse sentido.

A **terceira corrente**, conhecida como eclética, posiciona-se de acordo com o momento da constrição, ou seja, se os bens são penhorados antes da falência, não são alcançados pelo juízo falimentar, porém, se os atos de constrição ocorrem após a quebra, cessa a competência da justiça do trabalho, devendo o juiz expedir certidão de crédito para habilitação perante o juízo falimentar, o que é afirmado com espeque no já citado princípio da isonomia entre os credores privilegiados.

Em caso de recuperação judicial, entende-se que deve o feito seguir na Justiça do Trabalho até a apuração do valor, quando então o magistrado deve ordenar a expedição de certidão de crédito.

Observe que o deferimento da recuperação judicial suspende a prescrição das ações de conhecimento e de execução em curso, como se extrai do art. 6º da Lei n. 11.105/2005, sendo que o § 4º averba que, na recuperação judicial, as suspensões e a proibição de que tratam os incisos I, II e III do *caput* do artigo perdurarão pelo prazo de 180 (cento e oitenta) dias, contado do deferimento do processamento da recuperação, prorrogável por igual período, uma única vez, em caráter excepcional, desde que o devedor não haja concorrido com a superação do lapso temporal, consoante redação dada pela Lei n. 14.112/2020.

Ademais, vale lembrar que os créditos privilegiados estão limitados a 150 salários mínimos, como prevê o art. 151 da Lei n. 11.101/2005.

Há entendimento afirmando que é possível continuar a execução na Justiça do Trabalho, seja em caso de falência, seja em caso de recuperação, em face dos sócios, em razão da desconsideração da personalidade jurídica, sem prejuízo da habilitação no juízo universal.

No caso de empresa em liquidação extrajudicial, a execução, inexoravelmente, deve prosseguir na Justiça do Trabalho, como prevê a OJ n. 143 da SDI-1 do TST: *"A execução trabalhista deve prosseguir diretamente na Justiça do Trabalho mesmo após a decretação da liquidação extrajudicial. Lei n. 6.830/80, arts. 5º e 29, aplicados supletivamente (CLT, art. 889 e CF/88, art. 114)".*

2.16.7. Embargos à execução

Esse tema será apresentado de forma detalhada na teoria que precede a análise de casos para identificação e elaboração da peça prático-profissional.

2.16.7.1. Embargos à execução na execução por carta precatória

É fato que os embargos à execução são oferecidos e julgados pelo próprio juízo da execução.

No entanto, caso a execução seja por carta precatória, na hipótese de não haver bens passíveis de penhora no foro da execução, os embargos podem ser oferecidos no juízo deprecante ou no juízo deprecado, mas a competência para julgá-los será do juízo da execução, ou seja, o deprecante, exceto se o embargante alegar única e exclusivamente vícios na penhora, avaliação ou alienação praticados pelo juízo deprecado, quando a este caberá o julgamento (art. 20 da Lei n. 6.830/80 e art. 914, § 2º, do CPC).

Todavia, se a penhora incidir em bem de terceiro, serão cabíveis os embargos de terceiro, de modo que a Súmula 419 averba que "Na execução por carta precatória, os embargos de terceiro serão oferecidos no juízo deprecado, salvo se indicado pelo juízo deprecante o bem constrito ou se já devolvida a carta (art. 676, parágrafo único, do CPC de 2015)".

2.16.7.2. Impugnação do exequente

A impugnação a que se refere o art. 884, *caput*, da CLT é a que se poderia dar o nome de resposta do embargado (outrora reclamante, ora exequente), a sua defesa aos embargos à execução ofertado.

O prazo para impugnação (resposta) aos embargos é também de cinco dias a contar da intimação, sendo certo que a não impugnação não gera os efeitos da revelia.

No processo do trabalho, como se verifica do § 3º do art. 884 da CLT, o exequente, no mesmo prazo que tem o executado para embargar, poderá impugnar a sentença de liquidação e caso o exequente apresente essa impugnação, o executado deve ser intimado para apresentar defesa, também considerando o mesmo prazo. Na verdade, o que se percebe, é que temos duas impugnações!

A impugnação, que se processa depois da decisão homologatória da liquidação, não se confunde com aquela que o credor-exequente apresenta a título de contrariedade aos embargos opostos pelo devedor-executado (art. 884, *caput,* da CLT), nem tampouco com a que se refere o § 2º do art. 879 da Consolidação das Leis do Trabalho, que se traduz em fala sobre os cálculos de liquidação, caso o juiz abra vista.

Simplificando: 1) se o executado apresentar embargos à execução, o credor/exequente será intimado para, no prazo de cinco dias, impugnar (oferecer defesa) aos embargos à execução; e 2) no mesmo prazo de cinco dias que o executado tem para embargar, o exequente poderá impugnar a sentença de liquidação, prazo este que começa a fluir do momento em que toma ciência inequívoca da garantia da execução ou da realização da penhora, pois diz a parte final do § 3º "(...) cabendo ao exequente igual direito e no mesmo prazo", já que ambas as oportunidades são concomitantes, a de embargar (pelo executado) e a de impugnar a sentença de liquidação (pelo exequente).

O levantamento pelo exequente, autorizado pelo juiz, do depósito em dinheiro do montante da execução, não prejudica o seu direito de impugnar a liquidação, desde que o tenha feito no prazo.

Se, todavia, o exequente, intimado dos cálculos, antes de decisão homologatória e de qualquer procedimento de constrição sobre os bens do executado, alertado sobre a cominação da preclusão, deixa transcorrer o prazo sem se pronunciar, é-lhe defeso depois proceder à impugnação, porque terá incorrido na preclusão a que se refere o § 2º do art. 879.

É certo que o § 3º do art. 884 da CLT diz que somente nos embargos à penhora poderá o executado impugnar a sentença de liquidação, cabendo ao exequente igual direito (entenda-se: direito de impugnar, não de embargar) e no mesmo prazo.

A jurisprudência não oscila quanto ao entendimento de que se o executado e o exequente não se manifestam, quando da vista dos cálculos, fica-lhes precluso o direito de embargar e de impugnar, por força do § 2º do art. 879 da CLT.

O juiz, na mesma sentença, julga os embargos do devedor, a impugnação do credor e a impugnação do órgão previdenciário, como de depreendo do § 4º do art. 884 da CLT.

Por fim, o § 6º do art. 884 determina que a exigência da garantia ou penhora para oferecimento de embargos à execução é inaplicável às entidades filantrópicas e/ou àqueles que compõem ou compuseram a diretoria dessas instituições.

2.16.7.3. Trâmites finais da execução trabalhista

Pois bem, se não tiverem sido arroladas testemunhas na defesa (embargos à execução), o juiz proferirá sua decisão em cinco dias – prazo impróprio –, julgando subsistente ou não a penhora.

Entretanto, se tiverem sido arroladas testemunhas, o escrivão ou chefe fará os autos conclusos ao juiz em 48 horas, finda a instrução, quando então aquele proferirá sentença nos termos acima mencionados.

Proferida a decisão, as partes serão notificadas da decisão por aviso de recebimento, e julgada subsistente a penhora, o juiz mandará avaliar os bens, a qual será realizada pelo Oficial de Justiça e deve ser concluída em no máximo dez dias a contar da nomeação.

Insta salientar que da decisão que rejeitar os embargos, sem apreciar seu mérito, cabe agravo de petição para o TRT, no prazo de oito dias, o mesmo ocorrendo se os embargos à execução forem recebidos e, no mérito, forem julgados procedentes, improcedentes ou procedentes em parte.

Pois bem, após avaliação, o bem será expropriado para, com o produto arrecadado, realizar o pagamento ao credor, de modo que, além das disposições da CLT, devemos observar, quando for o caso, o disposto na Lei de Execuções Fiscais e no Código de Processo Civil, do art. 876 ao art. 903.

Com efeito, a CLT prevê que o bem penhorado será levado à hasta pública (leilão, se bens móveis, ou praça, se bens imóveis), para satisfazer o crédito do exequente, o que deve ser divulgado com antecedência mínima de 20 dias.

A arrematação far-se-á em dia, hora e lugar anunciados e os bens serão vendidos pelo maior lance, tendo o exequente preferência para adjudicação.

Com relação propriamente à arrematação, o arrematante deverá garantir o lance com o sinal correspondente a 20% o valor dos bens.

É possível que não haja licitante na hasta pública, quando então, desde que o exequente não requeira à adjudicação, poderão os bens penhorados ser vendidos por leiloeiro nomeado pelo juiz.

No entanto, em havendo arrematação, se o arrematante ou seu fiador não pagar dentro de 24 horas o preço da arrematação, perderá em benefício da execução o sinal, que é de 20%, votando à hasta pública os bens penhorados.

Alertamos para o fato de que, em havendo parcelamento pela Secretaria da Receita Federal, no que tange às contribuições sociais, o devedor deverá juntar aos autos a comprovação da avença, ficando a execução da obrigação social suspensa até a quitação de todas as parcelas.

No caso acima citado, as Varas do Trabalho deverão encaminhar mensalmente à Secretaria da Receita Federal do Brasil informações sobre os recolhimentos efetivados nos autos, exceto se outro prazo for estabelecido em regulamento.

2.16.7.3.1. Da avaliação

A avaliação nada mais é do que a atribuição de valor aos bens penhorados, o que é realizado pelo Oficial de Justiça no momento da apreensão dos bens, o que permite a constatação da garantia do juízo, sendo inclusive determinado pela Lei n. 6.830/80 no art. 13 que "o termo ou auto de penhora conterá, também, a avaliação dos bens penhorados, efetuada por quem o lavrar".

A CLT prevê que o Oficial de Justiça terá dez dias para realizar a avaliação, como se extrai do art. 721, § 3º, e art. 888, *caput*, ambos da CLT.

Segundo previsão expressa do art. 870 do CPC, que reafirma o acima consignado, a avaliação é atividade afeta ao Oficial de Justiça, ressalvadas as hipóteses ali consignadas no parágrafo único.

O art. 871 do CPC estabelece as hipóteses em que não será necessário realizar avaliação e, o art. 873 do CPC, as hipóteses que admitem nova avaliação.

Caso na localidade não exista avaliador ou quem possa assumir o encargo, devemos observar o que dispõe o § 2º do art. 13 da LEF, nos seguintes termos: "Se não houver, na Comarca, avaliador oficial ou este não puder apresentar o laudo de avaliação no prazo de 15 (quinze) dias, será nomeada pessoa ou entidade habilitada a critério do Juiz".

Vale averbar que após a avaliação, o juiz poderá, a requerimento do interessado e ouvida a parte contrária, mandar reduzir a penhora aos bens suficientes ou transferi-la para outros, se o valor dos bens penhorados for consideravelmente superior ao crédito do exequente e dos acessórios ou ampliar a penhora ou transferi-la para outros bens mais valiosos, se o valor dos bens penhorados for inferior ao crédito do exequente.

2.16.7.4. Remição da execução

A remição é o pagamento da execução pelo executado, o que está previsto no art. 13 da Lei n. 5.584/70 e no art. 826 do CPC.

2.16.7.5. Execução de prestações sucessivas

De acordo com os arts. 890 a 892, quando houver execução de prestações sucessivas por tempo determinado, a execução pelo não pagamento de uma prestação compreenderá as que lhe sucederem, contudo, tratando-se de prestações sucessivas por tempo indeterminado, a execução, inicialmente, compreenderá as prestações devidas até a data do ingresso na execução.

2.16.8. Embargos de terceiro

Esse tema será apresentado de forma detalhada na teoria que precede à análise de casos para identificação e elaboração da peça prático-profissional.

2.16.9. Execução contra a Fazenda Pública

A execução contra a Fazenda Pública (pessoas jurídicas de direito público) segue um regime diferenciado em razão da impenhorabilidade dos bens públicos (até a liquidação o rito da CLT. Após, o previsto no CPC), estando excluídas as sociedades de economia mista e as empresas públicas, que explorem atividade econômica no regime concorrencial.

Quanto a estas últimas, por exemplo, a ECT (Empresa Brasileira de Correios e Telégrafos) poderá se valer do regime ora em estudo, uma vez que não explora atividade econômica, pelo contrário, atuam no seguimento de prestação de serviço eminentemente público e relevante, como já fora decidido pelo STF e pelo TST, devendo ser aplicado o mesmo raciocínio às demais empresas públicas e também as sociedades de economia mistas que não atuam no mercado concorrencial (STF, ARE 698.357-AgR, voto da Min. Cármen Lúcia, j. em 18-9-2012, Segunda Turma, *DJE* de 4-10-2012. Ver também RE 599.628, Rel. p/ o ac. Min. Joaquim Barbosa, j. em 25-5-2011, Plenário, *DJE* de 17-10-2011, com repercussão geral).

No entanto, faz-se mister observar o disposto na OJ n. 343 da SDI-1 do TST: "É válida a penhora em bens de pessoa jurídica de direito privado, realizada anteriormente à sucessão pela União ou por Estado-membro, não podendo a execução prosseguir mediante precatório. A decisão que a mantém não viola o art. 100 da CF/88".

Uma vez citado, o ente público poderá oferecer embargos no prazo de 30 dias, conforme art. 1º-B da Lei n. 9.494/97.

Caso o ente público apresente embargos, o juiz do trabalho irá decidir e da decisão caberá recurso de agravo de petição para o TRT.

Não apresentados os embargos (impugnação ao cumprimento de sentença) ou resolvidos estes e com o trânsito em julgado, o magistrado deve requisitar o pagamento da quantia devida ao Presidente do tribunal, a fim de que mande expedir precatório, observando-se, doravante, o previsto no art. 100 da CF/88.

Quando o crédito for considerado de pequeno valor, não se aplica o regime dos precatórios, uma vez que será necessário apenas à expedição de RPV (requisitório de pequeno valor) observando-se os seguintes limites: 60 salários mínimos se for a União; 40 salários mínimos se forem os Estados ou o Distrito Federal e 30 salários mínimos se forem os municípios, nos termos do art. 97, § 12, do ADCT.

Por fim, quando a Fazenda Pública for condenada para responder subsidiariamente pelos créditos trabalhistas, não poderá invocar a seu favor o disposto no art. 1º-F da Lei n. 9.494/97, que limita os juros aplicados à caderneta de poupança, como se extrai da OJ n. 382 da SDI-I do TST.

2.17. Procedimentos especiais

2.17.1. Inquérito para apuração de falta grave

Esse tema será apresentado de forma detalhada na teoria que precede a análise de casos para identificação e elaboração da peça prático-profissional.

2.17.2. Dissídio coletivo

Em regra, a solução do conflito coletivo dar-se-á pela negociação coletiva (convenções ou acordos coletivos de trabalho – ambas são formas de autocomposição) e, eventualmente, pela arbitragem. Caso não haja a solução do conflito pelas formas anteriormente consignadas, as partes poderão lançar mão do dissídio coletivo.

Tradicionalmente, o dissídio coletivo é conceituado como um processo de índole coletiva, que tem por fim solucionar conflitos coletivos de trabalho através de pronunciamentos normativos (denominados de "sentenças normativas") – Poder Normativo da Justiça do Trabalho) que constituem novas condições de trabalho, ou seja, é uma ação de interesses gerais e abstratos que envolvem categorias profissionais e econômicas.

É pelo Poder Normativo que a Justiça do Trabalho profere sentenças normativas criando novas condições, quando do julgamento de um dissídio coletivo de natureza econômica.

O que se põe em voga são interesses coletivos abstratos de categorias profissionais e econômicas, observando-se o que dispõe o § 2º do art. 114 da Constituição Federal de 1988.

Nos moldes da Súmula 190 do TST, "ao julgar ou homologar ação coletiva ou acordo nela havido, o Tribunal Superior do Trabalho exerce o poder normativo constitucional, não podendo criar ou homologar condições de trabalho que o Supremo Tribunal Federal julgue iterativamente inconstitucionais".

Na Consolidação das Leis do Trabalho, os dissídios coletivos estão previstos a partir do art. 856 da CLT.

Vale dizer que a OJ n. 15 da SDC do TST exige a comprovação da legitimidade nos seguintes termos: "A comprovação da legitimidade *ad processum* da entidade sindical se faz por seu registro no órgão competente do Ministério do Trabalho, mesmo após a promulgação da Constituição Federal de 1988".

No entanto, a OJ n. 19 da SDC do TST estabelece que "a legitimidade da entidade sindical para a instauração da instância contra determinada empresa está condicionada à prévia autorização dos trabalhadores da suscitada diretamente envolvidos no conflito".

Ademais, a OJ n. 8 da SDC do TST averba que "a ata de assembleia de trabalhadores que legitima a atuação da entidade sindical em favor de seus interesses deve registrar, obrigatoriamente, a pauta reivindicatória, produto da vontade expressa da categoria", de modo que "nos processos de dissídio coletivo só serão julgadas as cláusulas fundamentadas na representação, em caso de ação originária, ou no recurso", como determina o Precedente Normativo n. 37 do TST.

Observe que a legitimidade *ad causam* do sindicato está vinculada a correspondência entre as atividades exercidas pelos setores profissionais e econômicos envolvidos no conflito coletivo, como prevê a OJ n. 22 da SDC: "É necessária a correspondência entre as atividades exercidas pelos setores profissional e econômico, a fim de legitimar os envolvidos no conflito a ser solucionado pela via do dissídio coletivo".

Registre-se, ainda, que a representação sindical abrange toda a categoria, não comportando separação fundada na maior ou menor dimensão de cada ramo ou empresa, conforme preceitua a OJ n. 23 da SDC do TST.

2.17.2.1. Classificação

2.17.2.1.1. *Dissídio coletivo de natureza econômica*

Afirma a doutrina que é verdadeiramente uma ação constitutiva, que visa proferir de sentença normativa criando novas normas ou condições de trabalho que serão aplicadas nas relações de emprego, admitindo-se subclassificação.

2.17.2.1.1.1 Dissídio originário ou inaugural

O dissídio coletivo de natureza econômica será original quando não há negociação coletiva ou sentença normativa precedente, de modo que buscam a fixação de normas.

Assim, considerando o parágrafo único do art. 867, *a* e *b*, da CLT, a sentença normativa vigorará a partir de sua publicação, quando o dissídio for ajuizado após o prazo acima citado, ou, quando não existir acordo, convenção ou sentença normativa em vigor, da data do ajuizamento.

De outra banda, a sentença normativa passará a vigorar a partir do dia imediato ao termo final de vigência do acordo, convenção ou sentença normativa, quando o dissídio for ajuizado no prazo acima mencionado.

2.17.2.1.1.2 Dissídio revisional ou de revisão

Esta modalidade tem por objetivo a revisão de norma coletiva anterior e está baseado na cláusula *rebus sic stantibus*, em que a Justiça do Trabalho, verificando alteração nas condições então vigentes, procede à devida atualização, considerando as reais necessidades do momento.

Quando decorrido mais de um ano de sua vigência, caberá revisão das decisões que fixarem condições de trabalho, quando se tiverem modificado as circunstâncias que as ditaram, de modo que tais condições tenham se tornado injustas ou inaplicáveis (art. 873 da CLT).

Note-se que a revisão poderá ser promovida por iniciativa do tribunal prolator da decisão, pelo Ministério Público do Trabalho, pelos sindicatos representativos das categorias econômicas ou profissionais interessados no cumprimento da decisão (art. 874 da CLT).

Ademais, quando a revisão for promovida por iniciativa do tribunal que proferiu a decisão ou pelo Ministério Público do Trabalho, as associações sindicais e o empregador ou empregadores interessados serão ouvidos no prazo de 30 dias e, quando promovida à revisão por uma das partes interessadas, serão ouvidas as outras no mesmo prazo *supra* (parágrafo único do art. 874 da CLT).

Por fim, a revisão deve ser julgada pelo Tribunal que proferiu a decisão, depois de ouvido o Ministério Público do Trabalho (art. 875 da CLT).

2.17.2.1.1.3 Dissídio de extensão

Esta modalidade tem por azo estender a toda categoria as normas ou condições que tiveram como destinatários apenas parte dela, em obediência ao princípio da isonomia, como prevê o art. 868 da CLT, devendo o Tribunal fixar quando a decisão entrará em execução.

Considerando o art. 869 da CLT, a decisão sobre as novas condições de trabalho também poderá ser estendida a todos os empregados da mesma categoria profissional compreendida na jurisdição do Tribunal por solicitação de um ou mais empregadores, ou de qualquer sindicato destes; por solicitação de um ou mais sindicatos de empregados; de ofício pelo Tribunal que houver proferido a decisão e por solicitação do Ministério Público do Trabalho.

Sempre que o Tribunal estender a decisão, marcará a data em que a extensão deve entrar em vigor, sendo certo que para que a decisão possa ser estendida, será imprescindível que 3/4 dos empregadores e 3/4 dos empregados, ou os respectivos sindicatos, concordem com a extensão da decisão, cabendo ao Tribunal competente marcar prazo, não inferior a 30 nem superior a 60 dias, a fim de que se manifestem os interessados e, após ouvidos os interessados e a Procuradoria da Justiça do Trabalho, será o processo submetido ao julgamento do Tribunal, tudo nos termos dos arts. 870 e 871 da CLT.

Quando houver a homologação de acordo em dissídio coletivo, não se aplica o efeito extensivo, salvo se for observado o procedimento determinado na CLT a partir do art. 868, como se infere da OJ n. 2 da SDC.

2.17.2.2. Dissídio coletivo de natureza jurídica

A doutrina considera essa modalidade de dissídio uma ação de natureza meramente declaratória, uma vez que a pretensão nele manejada é apenas a interpretação de normas coletivas preexistentes e em vigor, não servindo, por outro lado, para interpretação de norma genérica.

Nesse sentido, a OJ n. 9 da SDC do TST: "O dissídio coletivo não é o meio próprio para o Sindicato vir a obter o reconhecimento de que a categoria que representa é diferenciada, pois esta matéria – enquadramento sindical – envolve a interpretação de norma genérica, notadamente do art. 557 da CLT".

Em sentido semelhante, está redigida a OJ n. 7 da SDC do TST, uma vez que "não se presta o dissídio coletivo de natureza jurídica à interpretação de normas de caráter genérico, a teor do disposto no art. 313, II, do RITST".

2.17.2.3. Dissídio coletivo de natureza mista ou híbrida

Trata-se de um dissídio, segundo parte da doutrina, de natureza jurídica e econômica, ou seja, terá carga declaratória e constitutiva.

Dá-se quando o tribunal julga dissídio coletivo de greve declarando ou não a abusividade desta, ao mesmo tempo em que constitui novas condições de trabalho (art. 8º da Lei n. 7.783/89 e art. 114, § 3º, da CF).

É fato que a Justiça do Trabalho, pela Carta Constitucional vigente, tem competência para declarar se a greve é abusiva ou não, o que é ratificado pela Súmula 189 do TST, estando no mesmo sentido o Precedente Normativo n. 29 da SDC do TST: "Compete aos Tribunais do Trabalho decidir sobre o abuso do direito à greve".

Por fim, frisamos que um bom setor da doutrina faz menção ao denominado dissídio de greve, pura e simplesmente, que seria instaurado em caso de frustração na negociação coletiva, quando então os trabalhadores, observando os requisitos legais, resolvem deflagrar o movimento paredista.

2.17.2.4. Competência e recursos

No concernente à competência para o julgamento dos dissídios e a interposição de recursos, assentamos que, em regra, a competência para julgar o dissídio coletivo é dos Tribunais Regionais do Trabalho, salvo se a questão exceder à jurisdição de um TRT, quando então a competência será do TST, podendo as Varas do Trabalho praticar atos que sejam necessários e por ordem do Tribunal, nos termos do art. 866 da CLT. As Varas do Trabalho jamais julgam dissídios coletivos!

Se o dissídio coletivo for de competência originária do TRT, da decisão cabe recurso ordinário para o TST (art. 895, II, da CLT), cuja competência para julgamento é da SDC, com espeque na Lei n. 7.701/88, art. 2º, II. No entanto, se a competência para o julgamento for originária do TST, o recurso cabível contra a sentença normativa é o de embargos infringentes para o próprio TST, quando a decisão não for unânime, mas a competência para o julgamento será da SDC, com fulcro no art. 894, I, *a*, da CLT e na Lei n. 7.701/88, art. 2º, II, *c*.

Quando houver a interposição de recurso ordinário em face da sentença normativa proferida pelo TRT, só haverá efeito devolutivo (art. 899, *caput*, da CLT). Porém, o Presidente do TST poderá atribuir efeito suspensivo ao mesmo pelo prazo de 120 dias que será contado da data da publicação, exceto se o recurso for julgado antes do término desse prazo, como se extrai do art. 9º da Lei n. 7.701/88 e do art. 14 da Lei n. 10.192/2001.

No entanto, é possível a cassação do efeito suspensivo, como se extrai da Súmula 279 do TST.

2.17.3. Ação de cumprimento

Esse tema será apresentado de forma detalhada na teoria que precede a análise de casos para identificação e elaboração da peça prático-profissional.

2.17.4. Mandado de segurança

Esse tema será apresentado de forma detalhada na teoria que precede a análise de casos para identificação e elaboração da peça prático-profissional.

2.17.5. Ação rescisória

Esse tema será apresentado de forma detalhada na teoria que precede a análise de casos para identificação e elaboração da peça prático-profissional.

2.17.6. Ação de consignação em pagamento

Esse tema será apresentado de forma detalhada na teoria que precede a análise de casos para identificação e elaboração da peça prático-profissional.

2.17.7. Homologação de acordo extrajudicial

Do art. 855-B destacamos a necessidade de advogado representando cada um dos interessados, sendo defeso que lancem mão de apenas um advogado para todos os interessados envolvidos, não sendo possível, além disso, o exercício do *jus postulandi*.

No art. 855-C o legislador estabeleceu que não há isenção para a empresa cumprir com suas obrigações dentro do prazo (10 dias), sob pena de multa, ou seja, caso não tenha condições de pagar as verbas rescisórias no prazo legal, deverá adotar todas as providências necessárias como entrega de documentação, baixa na CTPS, lavratura e assinatura do TRCT, comunicados aos órgãos competentes e, para viabilizar o pagamento da forma acordada, apresentar a petição dentro do prazo, pois caso não o faça, terá que integrar a multa.

Extraímos do art. 855-D que a designação de audiência é, de fato, uma faculdade do juiz, sendo recomendável a colocação em pauta, exatamente para ter conhecimento da lisura do procedimento entabulado entre os interessados. O prazo ali previsto é impróprio.

O art. 855-E versa sobre a suspensão do prazo prescricional, a partir do protocolo da petição. É bom observar que a suspensão ocorrerá apenas no que toca aos direitos que foram especificados no acordo. Logo, se consta no acordo as verbas rescisórias, mas não há nada consignado sobre horas extras, quanto a este direito a prescrição continua a fluir.

Da sentença que não homologa o acordo, cabe recurso ordinário, o qual pode ser interposto por ambos os advogados ou apenas um dos causídicos, pois o interesse é comum.

Parte II – Peças processuais

1. PETIÇÃO INICIAL E DEFESA DO RECLAMADO

1.1. Reclamação trabalhista

1.1.1. Apresentação

Quando empregado/trabalhador e empregador/tomador do serviço possuem um desacordo com relação aos direitos oriundos do contrato de trabalho/prestação de serviços, e não conseguem solucionar de forma amigável, precisam eleger um terceiro para resolver a pendência. Nesse caso, uma das opções é buscar o Poder Judiciário, a fim de que seja exercida a jurisdição e, no caso, o juiz irá dizer o direito ao caso concreto, já que uma das características da jurisdição é a substitutividade.

Ocorre que, para buscar o Poder Judiciário, que em regra é inerte (art. 2º, CPC), o empregado/trabalhador deverá fazer por meio de um processo, que em simples palavras se trata de um instrumento para exercer o direito material.

O processo na seara trabalhista inicia-se por uma petição inicial, denominada pela CLT, como regra geral, de Reclamação Trabalhista (art. 840).

Para ilustrar a questão, imagine um empregado que trabalhou em uma jornada de 10 horas por dia, quando sua jornada contratada era de apenas 8 horas, de forma que tem direito de receber duas horas extras por dia, entretanto, o empregador acabou por não quitar tal verba durante o contrato de trabalho. Após o término do contrato, o empregado procura o empregador para resolver a questão de forma amigável, o que também não foi possível, de maneira que restou apenas uma forma do empregado ver quitado seus diretos trabalhistas, qual seja, o ajuizamento de ação.

Nesse caso, o empregado deverá fazer uso da reclamação trabalhista, que é uma das petições iniciais possíveis na seara trabalhista, inclusive é mais utilizada.

Como dito anteriormente, a petição inicial é a peça prático-profissional que quebra a inércia do Poder Judiciário, ou seja, é a peça que tem por finalidade dar início ao processo (embora este só virá a existir com a notificação-citatória do réu).

1.1.2. Características e requisitos

A reclamação trabalhista escrita tem seu fundamento legal no art. 840 da CLT, enquanto os seus requisitos estão dispostos no § 1º do referido artigo.

Os requisitos da reclamação trabalhista escrita são: indicação do juízo competente, qualificação das partes, exposição dos fatos, pedido certo, determinado e com o devido valor, a data e assinatura do reclamante.

A reclamação trabalhista, por conta do princípio da oralidade, que permeia o processo do trabalho, poderá ser escrita ou verbal. Entretanto, não se engane, pois o que na verdade é escrita ou verbal é a forma de ajuizamento da ação, uma vez que, dentro do prazo máximo de cinco dias, contados da distribuição da reclamação trabalhista verbal, a mesma deverá ser reduzida a termo, conforme dispõe o art. 786, parágrafo único, da CLT, e a partir desse ponto segue o mesmo procedimento da reclamação trabalhista escrita.

A Reclamação Trabalhista deverá conter os seguintes requisitos:

a) Endereçamento completo

O endereçamento definirá o juízo ou Tribunal que irá apreciar sua petição, razão pela qual deverá ser endereçada para o juízo ou tribunal competente em razão do lugar para processá-la e julgá-la.

A competência territorial está definida no art. 651 e seus parágrafos da CLT, como já estudamos. A regra geral é que a reclamação trabalhista deverá ser ajuizada no foro do local da prestação do serviço, independentemente do local da contratação.

Na prova não é possível utilizar dados ou fatos não informados no enunciado da questão, assim, quando não for indicado o local da prestação do serviço, deverá ser deixada a lacuna, representada pelas reticências "...", conforme exemplo a seguir:

"AO JUÍZO DA... VARA DO TRABALHO DE..."

> Não se esqueça do juiz de direito investido na jurisdição trabalhista, art. 112 da CF/88. Quando for o caso, a banca deve deixar isso claro, já que você não pode criar dados ou informações.
>
> **Atenção:** Só utilizar COMARCA quando a reclamação trabalhista for dirigida para juiz de direito. Mas nunca quando for para órgão da Justiça do Trabalho.

No caso do juiz de direito investido na jurisdição trabalhista, deverá ser utilizado o seguinte endereçamento:

"AO JUÍZO DE DIREITO DA... VARA CÍVEL DA COMARCA DE..."

> Em regra, ao ajuizar a reclamação trabalhista, nas localidades com mais de uma Vara do Trabalho, o reclamante não sabe qual será a Vara sorteada para processar e julgar sua ação (em atendimento ao princípio do juiz natural, já que a ação será distribuída), de forma que deixa uma lacuna em relação ao número da Vara. Contudo, existe uma exceção a essa regra, uma vez que, quando por algum motivo o reclamante ajuizar a reclamação e deixar a mesma ser extinta sem resolução do mérito, por exemplo, quando faltar na audiência uma ou inicial e

PRÁTICA TRABALHISTA

> gerar a extinção do feito sem resolução do mérito (arquivamento, nos termos do art. 844 da CLT), e logo em seguida ajuizar outra ação idêntica, o juiz sorteado para processar e julgar a reclamação anterior se tornou prevento, e a nova ação deverá ser ajuizada direto para ele, nos termos do art. 286, II, do CPC. Para ilustrar, imagine que a primeira reclamação trabalhista foi ajuizada e tinha como juízo competente o juízo da 250ª Vara do Trabalho de São Paulo. Caso essa ação seja extinta e o reclamante resolva ajuizar nova ação idêntica, ela deverá ser endereçada para o juízo da 250ª Vara do Trabalho de São Paulo.

"AO JUÍZO DA 250ª VARA DO TRABALHO DE SÃO PAULO"

b) Qualificação completa do reclamante

A petição inicial é a peça de início, onde as partes estão sendo apresentadas ao Poder Judiciário, de forma que é essencial sua individualização.

É muito importante não esquecer que não é válido criar dados que não estejam no enunciado.

Se a questão não fornecer nenhum dado do reclamante, basta indicar a qualificação e endereço completos.

"FULANO DE TAL, qualificação e endereço completos"

Na hipótese de a questão trazer no seu bojo dados sobre o reclamante, por exemplo, brasileiro, casado, engenheiro, deverão ser utilizados tais dados acrescidos da expressão "qualificação e endereço completos".

"FULANO DE TAL, brasileiro, casado, RG 234.567, qualificação e endereço completos"

c) Advogado (procuração anexa)

Nesse momento deverá ser indicado o advogado do reclamante, ou seja, daquele que está ajuizando a reclamação trabalhista.

É muito simples, basta indicar o advogado e informar que a procuração consta anexa

"FULANO DE TAL,..., por seu advogado com procuração anexa,..."

d) Fundamento legal

É de suma importância a indicação correta do fundamento legal, uma vez que é elemento necessário para justificar tecnicamente o motivo pelo qual foi escolhida a peça a ser confeccionada.

A fundamentação irá variar conforme a peça, para reclamação trabalhista o fundamento legal é o art. 840, § 1º, da CLT.

"FULANO DE TAL,..., com fundamento no art. 840, § 1º, da CLT,..."

e) Verbo

Aqui deverá ser indicado o verbo correto relacionado ao ato processual que irá praticar.

Com relação à petição inicial, o verbo correto, ou melhor, os verbos corretos são: Ajuizar ou Intentar ou Aforar.

> "FULANO DE TAL,..., vem respeitosamente à presença de Vossa Excelência AJUIZAR/INTENTAR/AFORAR a..."

f) Nome da peça

É de suma importância a indicação correta da peça, uma vez que é elemento necessário para justificar tecnicamente o motivo pelo qual ela foi escolhida.

O nome irá variar conforme a peça.

Sugerimos que o nome da peça seja destacado em letra maiúscula, bem como seja centralizado.

> "RECLAMAÇÃO TRABALHISTA..."

g) Qualificação do reclamado

As informações sobre a qualificação do reclamante valem também para o reclamado.

> "(...) ajuizar
>
> RECLAMAÇÃO TRABALHISTA
>
> em face de EMPRESA LTDA., qualificação e endereço completos"

h) Teses (fundamentos jurídicos e legais)

Esse é sem sombra de dúvidas o tópico mais importante da peça prático-profissional, haja vista ser o que a banca examinadora mais atribui pontuação.

Ao longo dos anos, em sala de aula, até nos cursos de prática, percebemos que a grande dificuldade dos alunos era desenvolver as teses necessárias, por isso segue um passo a passo com base no Silogismo Jurídico, para uma confecção de tese extremamente prática e objetiva, contendo os pontos exigidos pela banca examinadora.

1º Passo: Caso concreto

O caso concreto sempre será o relato dos fatos e dados apresentados pelo próprio exercício, por exemplo,

> O reclamante diariamente trabalhava das 7 horas às 17 horas, com uma hora de intervalo para descanso e refeição.

2º Passo: Norma legal

A norma legal é o fundamento legal e o jurídico que fazem parte da argumentação que deverá ser desenvolvida para defender os interesses do cliente, que deverá ter por base a Constituição, Lei, Súmula ou Orientação Jurisprudencial (OJ), por exemplo,

Nos termos do art. 7º, XIII, da CRFB/88 a jornada de trabalho foi limitada em oito horas diárias, de forma que o reclamante trabalhou em horas extraordinárias.

3º Passo: Pedido

O pedido é a conclusão lógica entre a norma legal e o caso concreto, por exemplo,

Desta forma, requer a procedência do pedido para condenar a reclamada ao pagamento das horas extras com adicional de 50% e, por habituais, seus reflexos em..., para o qual indica o valor de R$... (valor por extenso).

> Sugerimos que seja iniciado um novo tópico para cada tese desenvolvida.

Exemplo:

DO TRABALHO NOTURNO

O reclamante iniciava sua jornada às 20 horas de um dia e a terminava às 4 horas do dia seguinte, e nunca recebeu o adicional noturno.

Nos termos do art. 73, § 2º, da CLT, considera-se trabalho noturno aquele desenvolvido entre as 22 horas de um dia até as 5 horas do dia seguinte, bem como que aquele que se ativa em tal período tem direito de receber um adicional de 20% sobre o valor da hora diurna, o que ocorreu no caso em tela.

Desta forma, requer a procedência do pedido para condenar a reclamada ao pagamento do adicional noturno e seus reflexos em..., no valor de R$... (valor por extenso).

Obs.: Com a Reforma Trabalhista o art. 840, § 1º, da CLT teve sua redação alterada, e a partir de então passou a ser necessária a indicação de valores para os pedidos de natureza pecuniária. Assim, nesse momento da peça profissional deverá ser indicado o valor de cada pedido, que deverá ser representado por "R$... (valor por extenso)", conforme exemplo acima.

i) Pedidos

Nesse tópico deverá ser finalizada a linha de raciocínio por meio do pedido.

O mais importante nesse momento é requerer a procedência dos pedidos, bem como repetir os pedidos já realizados no desenvolvimento das teses com outra formatação utilizando o menor espaço possível.

Nos termos do art. 840, § 1º, da CLT o pedido deverá ser certo, determinado e indicar o valor, de forma que é necessário demonstrar tal indicação de valor de forma teórica. Lembre-se, porém, que você não pode criar dados ou informações. Assim, o melhor é escrever no valor de R$..., exceto se a banca informar o valor.

Exemplo:

DOS PEDIDOS

Diante do exposto, requer a Vossa Excelência sejam julgados totalmente procedentes os pedidos abaixo, condenando a reclamada a(o) pagamento de:

a) horas extras e reflexos no valor estimado de R$... (valor por extenso);
b) adicional noturno e reflexos no valor estimado de R$... (valor por extenso);
c) férias em dobro + 1/3, referente ao período aquisitivo de 2013 a 2014, no valor estimado de R$... (valor por extenso).

Após os pedidos, ou seja, depois que você terminar o rol de pedidos, abrirá um outro rol, agora para fazer requerimentos, os quais seguem abaixo.

j) Notificação

Neste item deverá ser requerido que seja realizada a notificação da parte contrária para comparecimento em audiência.

Exemplo:

DOS REQUERIMENTOS

Requer seja a reclamada notificada, via postal, para comparecimento em audiência.

k) Requerimento por provas

Nesse momento deverá ser indicado, de forma genérica, o interesse na produção das provas que pretende produzir durante a instrução processual.

Exemplo:

Requer, ainda, provar o alegado por todos os meios de prova admitidos.

l) Honorários sucumbenciais

Os honorários sucumbenciais são devidos pela parte sucumbente ao advogado da parte vencedora, assim, ao ajuizar a ação, deverá ser requerida a condenação da reclamada ao pagamento dos referidos honorários, com base no art. 791-A da CLT.

Exemplo:

Requer a condenação da reclamada ao pagamento dos honorários sucumbenciais, nos termos do art. 791-A da CLT.

m) Encerramento

Esse é um ponto da peça prático-profissional que merece grande atenção.

Não raro, vários examinandos acabam assinando a petição, gerando sua reprovação sumária pelo fato de terem se identificado.

Assim, é de suma importância que **não se assine a peça da prova da OAB**.

Exemplo:

Nestes termos,
Requer deferimento.
Local e data.
Advogado...
OAB n. ...

1.1.3. Como identificar a peça

Para identificar que a peça é a reclamação trabalhista, o examinando deverá verificar a existência de duas características no enunciado do exercício: a primeira, o enunciado **não** deverá citar a prática de qualquer ato processual, devendo apenas relatar os fatos ocorridos entre as partes; a segunda, o seu cliente deverá ser o empregado/trabalhador.

1.1.4. Aspectos relevantes sobre a reclamação trabalhista

1.1.4.1. Da responsabilidade subsidiária e solidária

Não é raro no processo do trabalho a existência de mais de uma parte no polo passivo da reclamação trabalhista em razão das várias formas de relação de trabalho possíveis entre os empregados/trabalhadores e seus empregadores/tomadores de serviço.

Nesse caso, o examinando deverá estar atento para não se esquecer de indicar uma das reclamadas, o que lhe acarretará, caso aconteça, uma perda substancial na pontuação final.

Outra dificuldade no presente caso é a identificação da forma da responsabilidade entre as reclamadas, que pode ser subsidiária, por exemplo, na terceirização, ou solidária, como na sucessão trabalhista ou em caso de grupo econômico, sendo certo que a responsabilidade solidária ou decorre de previsão legal ou contratual (art. 265 do CC). Em caso de grupo econômico, não há necessidade de chamar para o polo passivo todas as empresas do grupo.

A partir de agora passaremos a analisar as possibilidades da existência de mais de uma reclamada e qual sua forma de responsabilidade, a depender do caso concreto.

1.1.4.1.1. *Terceirização*

a) Terceirização na Iniciativa Privada

A terceirização irá ocorrer quando uma das reclamadas, no caso denominada de empresa contratante, contrata outra empresa, no caso denominada de empresa de prestação de serviço a terceiros, que por sua vez contrata o trabalhador terceirizado, que no caso é seu cliente. Vejamos como tal situação pode ser explorada na sua prova:

"Wesley fora admitido como faxineiro pela empresa 'Aquele 1% de Limpeza Ltda', cuja atividade econômica consiste na prestação de serviço terceirizado. A contratação ocorreu em 12-6-2016, com jornada de acordo com o regime de 12 horas de trabalho por 36 horas de descanso. Wesley desempenhou suas tarefas no âmbito da empresa 'Safadetes S.A.', na cidade de São Paulo..."

Nesse caso, o examinando deverá ajuizar a reclamação trabalhista em face das duas empresas, sendo que a responsabilidade entre elas é subsidiária, nos termos do art. 5º-A, § 5º, da Lei n. 6.019/74.

> Na hipótese de a terceirização ser irregular, ou seja, quando o trabalhador terceirizado prestar serviços de forma pessoal e subordinada para empresa contratante, o aluno deverá aplicar o item I da Súmula 331, de maneira que terá que ajuizar a reclamação trabalhista somente em face da empresa contratante, uma vez que nesse caso o vínculo empregatício deverá ser reconhecido diretamente com ela, aduzindo essa questão na causa de pedir.

b) Terceirização na Administração Pública

A Lei n. 13.429/2017, que alterou a Lei n. 6.019/74 e passou a regulamentar a terceirização, aplica-se apenas no âmbito da iniciativa privada, de forma que a terceirização junto a Administração Pública continua sendo regulamentada apenas pela Súmula 331 do TST.

Dessa forma, caso o exercício traga um caso concreto a respeito da terceirização no âmbito da administração pública, o aluno deverá observar se a mesma deixou de fiscalizar o contrato público com a empresa prestadora do serviço terceirizado, nos termos da Lei n. 8.666/93, o que ensejará responsabilidade subsidiária, nos termos da Súmula 331, V, do TST, caso contrário, apenas a empresa prestadora do serviço terceirizado será a única responsável.

1.1.4.1.2. *Trabalho temporário*

O trabalho temporário, regulamentado pela Lei n. 6.019/74, recentemente alterada pela Lei n. 13.429/2017, ocorre quando a empresa tomadora contrata uma empresa de trabalho temporário para lhe fornecer mão de obra, em razão da necessidade de substituição transitória de pessoal permanente ou acréscimo de serviço. Vejamos como tal situação pode ser explorada na sua prova:

"**Abidu Jaba lhe informou durante a entrevista que foi contratado pela empresa de trabalho temporário SEU EMPREGO É AQUI LTDA., para prestar serviços durante 180 dias para uma loja de artigos infantis localizada no centro da cidade, de nome TOQUE & TOQUE BRINQUEDOS, em razão do aquecimento das vendas no período do final de ano..."**

Nesse caso, o examinando deverá ajuizar a reclamação trabalhista em face das duas empresas, sendo que a responsabilidade entre elas é subsidiária, nos termos do art. 10, § 7º, da Lei n. 6.019/74.

> No caso da decretação da falência da empresa de trabalho temporário, a responsabilidade da empresa tomadora passa a ser solidária, de forma que nesse caso o aluno poderá ajuizar a reclamação trabalhista somente em face desta, nos termos do art. 16 da Lei n. 6.019/74.

Em verdade, a diferença entre a responsabilidade subsidiária e solidária é que, na primeira o credor deve buscar, em primeiro lugar, a satisfação do seu crédito junto ao devedor principal (empregadora) e, se este for inadimplente (não tiver condições de pagar), busca-se a satisfação no devedor que foi condenado de forma subsidiária (tomadora de serviços), ou seja, há uma ordem (benefício de ordem para o devedor subsidiário) no que toca a satisfação do crédito.

Já no caso de condenação solidária, o credor pode exigir a satisfação do crédito de qualquer um dos devedores, sem qualquer benefício de ordem por parte destes (art. 275 do CC).

1.1.4.1.3. Sucessão trabalhista

A sucessão trabalhista tem lugar quando ocorre a alteração da propriedade ou estrutura jurídica da empresa e a continuidade da atividade empresarial.

Assim, nos termos dos arts. 10, 448 e 448-A da CLT, a alteração da figura do empregador não gera nenhum efeito com relação aos direitos trabalhistas do atual contrato de trabalho.

Nesse caso, em regra, a responsabilidade passa a ser do sucessor, conforme art. 448-A da CLT. Dessa forma, o examinando deverá ajuizar a reclamação trabalhista em face da empresa sucessora, salvo se o exercício informar que restou comprovada fraude na sucessão, o que ensejará o ajuizamento da ação em face da sucessora e da sucedida, que responderão de forma solidária, nos termos do art. 448-A, parágrafo único, da CLT. Vejamos como tal situação pode ser explorada pela banca:

"**José Bitencourt foi contratado pela empresa ESKALA COMÉRCIO LTDA., no dia 20-9-2015, sendo que, em 20-9-2016, a empresa ESKALA foi adquirida pela sociedade empresarial GRD EMPREENDIMENTOS LTDA. Mesmo com a aquisição de uma empresa pela outra, o contrato de trabalho de José não foi rompido..."**

1.1.4.2. Verbas rescisórias

As verbas rescisórias são aquelas devidas pelo empregador quando do rompimento do contrato de trabalho.

Em regra, na demissão sem justa causa, as verbas rescisórias são as seguintes: a) saldo de salário; b) aviso prévio indenizado; c) 13º salário; d) férias integrais, em dobro ou proporcionais, acrescidas de 1/3; e) saque do FGTS; f) indenização compensatória do FGTS; e g) levantamento do seguro-desemprego.

As referidas verbas vão variar de acordo com a forma da extinção do contrato de trabalho, pois, dependendo da forma da rescisão, por exemplo, sem ou com justa causa, o empregado tem direito a todas as verbas ou apenas a algumas delas.

As verbas rescisórias deverão ser requeridas nas seguintes situações: a) no reconhecimento do vínculo empregatício; b) na reversão da rescisão por justa causa; c) na rescisão indireta do contrato de trabalho; e d) quando as mesmas não tiverem sido corretamente quitadas.

Ocorre que, ao pleitear as verbas rescisórias, se o exercício informar a data de início e término do contrato de trabalho, o examinando deverá calcular a proporcionalidade das mesmas, seguindo a seguinte regra:

1º Passo: Cálculo do Saldo de Salário

Como dito anteriormente, as verbas são calculadas com relação a sua proporcionalidade, de forma que não é preciso fazer cálculo do valor. O saldo de salário equivale justamente à quantidade de dias trabalhados no último mês do contrato de trabalho, sem a integração do prazo do aviso prévio indenizado.

Exemplo: O último dia de trabalho do empregado foi 10-6-2016, seu saldo de salário equivale à proporção de 10 dias.

2º Passo: Cálculo do Aviso Prévio Indenizado

A primeira providência para calcular o aviso prévio indenizado é aplicar a proporcionalidade da Lei n. 12.506/2011, ou seja, para cada ano completo trabalhado, o empregado terá direito a mais três dias de aviso prévio, lembrando que, qualquer que seja o tempo do contrato, o empregado já tem garantido no mínimo 30 dias de aviso.

Exemplo: A data da admissão foi 10-3-2014 e o último dia trabalhado foi 10-6-2016, de forma que o empregado trabalhou dois anos completos, tem direito a 36 dias de aviso prévio indenizado.

Na sequência, o examinando deverá projetar o prazo do aviso prévio indenizado ao contrato de trabalho para cálculo do 13º salário e das férias.

Exemplo: O último dia trabalhado foi 10-6-2016 e o empregado tem direito a 36 dias de aviso prévio indenizado, de forma que basta somar 36 dias a 10-6-2016, sendo que o último dia do contrato de trabalho para todos os fins legais será 16-7-2016.

3º Passo: Cálculo do 13º Salário

O 13º salário é contado de forma anual, ou seja, a cada início e começo do ano também termina e inicia uma nova contagem do 13º salário. Nesse caso, sugerimos que o aluno crie as seguintes colunas para contagem:

Exemplo: A data da admissão foi 10-3-2014 e o último dia do contrato de trabalho já com a integração do aviso prévio indenizado foi 16-7-2016, considerando que o empregado não recebeu nenhum 13º salário durante o contrato de trabalho. As colunas são criadas da seguinte forma:

Data da admissão	último dia do ano
1º dia do ano	último dia do ano
1º dia do ano	último dia do contrato de trabalho
10-3-2014	31-12-2014
1º-1-2015	31-12-2015
1º-1-2016	16-7-2016

O 13º salário da primeira e da última linha serão sempre proporcionais e os que estiverem nas linhas do meio (não importa a quantidade de linhas) serão sempre integrais.

Nesse momento, para calcular a proporcionalidade, o examinando deverá isolar cada linha, considerando para o cálculo apenas aqueles meses em que o empregado se ativou por mais de 14 dias.

Assim, encontra-se a seguinte proporcionalidade:

10-3-2014	31-12-2014 – 10/12 avos
1º-1-2015	31-12-2015 – integral
1º-1-2016	16-7-2016 – 7/12 avos

4º Passo: Cálculo das Férias

Diferentemente do que ocorre com cálculo do 13º salário, as férias são calculadas por períodos. Assim, as colunas são criadas utilizando como marcos inicial e final o início e término dos períodos aquisitivos.

Exemplo: A data da admissão foi 10-3-2016 e o último dia do contrato de trabalho já com a integração do aviso prévio indenizado foi 16-7-2018, considerando que o empregado não recebeu nenhuma de suas férias durante o contrato de trabalho. As colunas são criadas da seguinte forma:

Data da admissão	Data final do período aquisitivo
Data do início do período aquisitivo	Data final do período aquisitivo
Data do início do período aquisitivo	Último dia do contrato de trabalho
10-3-2016	9-3-2017
10-3-2017	9-3-2018
10-3-2018	16-7-2018

Nesse momento, para calcular a proporcionalidade, o examinando deverá isolar cada linha, considerando para o cálculo apenas aqueles meses em que o empregado se ativou por mais de 14 dias.

Assim, encontra-se a seguinte proporcionalidade:

10-3-2014	9-3-2015 – integral em dobro + 1/3
10-3-2015	9-3-2016 – integral simples + 1/3
10-3-2016	11-6-7-2016 – 5/12 avos + 1/3

As férias da última linha serão sempre proporcionais, da penúltima linha serão sempre integrais, porém simples, e todas as demais linhas serão integrais em dobro (não importa a quantidade de linhas).

As demais verbas rescisórias não carecem de cálculo de proporcionalidade.

> Além das verbas supracitadas, o examinando ainda deverá requerer a condenação da reclamada ao pagamento das multas previstas nos arts. 477, § 8º

(quando não é cumprido o que determina o § 6º do mesmo artigo) e 467 da CLT, sendo que esta se refere a multa pelo não pagamento das verbas rescisórias incontroversas na primeira audiência e aquela se refere ao não pagamento das verbas rescisórias no prazo legal.

1.1.4.3. Benefícios na justiça gratuita

O benefício da justiça gratuita, pautado no art. 790, § 3º ou § 4º, da CLT, somente deverá ser requerido se o problema trouxer dados, por exemplo, "o reclamante não tem condições de pagar as custas do processo sem prejuízo do sustento próprio ou de sua família" ou que "o empregado está desempregado".

Como sugestão, poderá ser utilizado o seguinte texto:

DA JUSTIÇA GRATUITA

O reclamante é pessoa pobre que recebe menos de 40% do limite máximo do benefício da Previdência Social.

O art. 790, § 3º, da CLT garante a justiça gratuita para pessoa que não tem condições de arcar com as despesas processuais, o que ocorre com o reclamante no caso em comento.

Diante do exposto, requer a Vossa Excelência sejam deferidos os benefícios da justiça gratuita ao reclamante.

1.1.4.4. Rescisão indireta

A rescisão indireta do contrato de trabalho ou rescisão por justa causa do empregador tem lugar quando este descumpre obrigações do contrato de trabalho, nos termos do art. 483 da CLT, por exemplo, exigir do empregado serviços alheios aos contratados. Como o empregado não tem forças suficientes para punir o empregador, a Justiça do trabalho o faz, aplicando-lhe a rescisão indireta do contrato de trabalho.

A rescisão indireta somente será reconhecida perante o Poder Judiciário, de forma que, em razão do descumprimento de uma das obrigações contratuais, o empregado ajuíza reclamação trabalhista pleiteando a referida rescisão.

A rescisão indireta gera ao empregado o direito de receber todas as verbas rescisórias devidas no caso da rescisão do contrato sem justa causa:

- saldo de salário;
- aviso prévio indenizado;
- férias vencidas e proporcionais;
- 13º salário proporcional;
- guias para movimentação da conta do FGTS;
- indenização compensatória do FGTS;
- guias para levantamento do seguro-desemprego ou indenização substitutiva.

1.1.4.5. Indenização por danos extrapatrimoniais, materiais, estéticos e pensão vitalícia

A EC 45/2004 alterou o art. 114 da CF/88, estabelecendo ser da Justiça do Trabalho a competência para processar e julgar as ações com pedido de indenização por danos morais e materiais relacionadas à relação de trabalho.

A grande dificuldade nesse aspecto é encontrar a fundamentação legal para embasar o pedido, pois apenas a indenização por danos extrapatrimoniais está regulamentada na CLT, sendo que os dispositivos legais das demais estão no Código Civil.

Atualmente, o dano extrapatrimonial foi expressamente regulamentado pela CLT a partir do art. 223-A, e tem lugar quando empregado ou empregador sofre dano de âmbito subjetivo.

No que tange o dano material, estético e a pensão vitalícia, são direitos que não possuem disposição legal na CLT, mas apenas no Código Civil.

Nesse aspecto, deve ser aplicada a teoria da responsabilidade civil, verificando a existência dos requisitos obrigatórios, quais sejam ação ou omissão do agente causador do dano, dano, nexo de causalidade entre o dano e ação ou omissão.

O dano material se divide em dano emergente e lucros cessantes. O dano emergente deverá ser fundamentado nos arts. 186, 927 e 949 do CC, enquanto os lucros cessantes deverão ser fundamentados nos arts. 186, 927 e 402 do CC.

No que se refere à pensão vitalícia, a mesma deverá ser requerida quando o empregado sofrer redução da capacidade laboral, em razão de acidente de trabalho ou doença ocupacional, conforme art. 950 do CC.

1.1.4.6. Tutela provisória

A primeira ideia que o examinando deve ter a respeito de tutela provisória é que a mesma engloba a tutela de urgência, que se divide em tutela de urgência cautelar e antecipada, sendo que estas podem ser incidentais ou antecedentes, conforme esquema abaixo:

A segunda ideia que o examinando deve ter em mente é que não existe mais em nosso ordenamento jurídico a figura do processo cautelar autônomo, porém o pedido cautelar continua em vigor.

Assim, ao se deparar com uma situação de urgência, por exemplo, a rescisão do contrato de trabalho sem justa causa do dirigente sindical estável, você deverá analisar qual tutela provisória utilizar.

Desta forma, vamos identificar qual será a tutela adequada aos casos mais comuns da sua prova:

1) Reintegração de Dirigente Sindical que teve o contrato de trabalho rescindido sem justa causa – Tutela Provisória de Urgência Antecipada, art. 300 do CPC combinado com o art. 659, X, da CLT.

2) Abstenção da transferência do emprego sem a prova da real necessidade do serviço – Tutela Provisória de Urgência Antecipada, art. 300 do CPC combinado com o art. 659, IX, da CLT.

3) Na hipótese de ser necessário garantir a existência de patrimônio do empregador para o recebimento das verbas pleiteadas na inicial (sequestro ou arresto de bens) – Tutela Provisória de Urgência Cautelar, art. 301 do CPC.

Exemplo de Tutela Provisória de Urgência Antecipada Incidental

Nesse caso, o enunciado informou que o seu cliente, estável em razão de ser dirigente sindical em cumprimento do mandato, havia tido o contrato de trabalho rescindido sem justa causa.

DA TUTELA DE URGÊNCIA ANTECIPADA INCIDENTAL

O reclamante era dirigente sindical, e consequentemente, portador da garantia no emprego, de forma que não poderia ter o contrato rescindido sem justa causa durante a estabilidade, sendo tal direito assegurado, inclusive, no plano constitucional pelo art. 8º, VIII, da CRFB/88.

Nos termos do art. 659, X, da CLT c/c o art. 300 do CPC, estão presentes os requisitos mínimos para concessão da tutela provisória de urgência antecipada, quais sejam: a probabilidade do direito e risco de dano ou perigo ao resultado útil do processo.

Diante do exposto, requer a Vossa Excelência seja deferida a tutela provisória de urgência antecipada, para o fim de reintegrar o reclamante imediatamente, ou subsidiariamente, requer a conversão da mesma em indenização, nos termos do art. 496 da CLT.

Exemplo de tutela de urgência cautelar incidental

Nesse caso, o enunciado informou que a reclamada estava dilapidando todo o patrimônio, o que enseja enorme perigo ao resultado útil do processo.

DA TUTELA DE URGÊNCIA CAUTELAR INCIDENTAL

A reclamada possui inúmeros bens em seu nome, entretanto, resta comprovado que a mesma está dilapidando seu patrimônio. Assim, caso o reclamante tenha seus pedidos julgados procedentes, ao final do processo a reclamada não terá condições de satisfazer o pagamento.

Nos termos do art. 301 do CPC, estão presentes os requisitos mínimos para concessão da tutela provisória de urgência cautelar, quais sejam: a probabilidade do direito e risco de dano ou perigo ao resultado útil do processo.

Diante do exposto, requer a Vossa Excelência seja deferida a tutela provisória de urgência cautelar, para o fim de determinar o bloqueio de bens da reclamada, ou seja, arrestar os bens...

PRÁTICA TRABALHISTA

1.1.5. Questão da peça profissional

1. (40º Exame) Julieta Safira, brasileira, viúva, dona de casa, procurou você, como advogado, em abril de 2024, ainda enlutada, afirmando que fora casada com Romeu Diamante por 27 anos e que não tiveram filhos. Explicou, ainda, que seu esposo falecera em consequência de um acidente de trabalho, em 25 de fevereiro de 2024, aos 60 anos de idade, dias após retornar de suas férias. O inquérito policial instaurado apontou negligência da sociedade empresária como causa da morte. Seu finado esposo era empregado da sociedade empresária Distribuidora Capuleto Ltda. desde 25 de janeiro de 2018, na qual exercia a função de estoquista e fazia a separação da carga que era transportada nos caminhões para os clientes. A sociedade empresária está localizada em Osasco, no Estado de São Paulo, mesmo Município onde o casal vivia. Julieta explicou que seu finado marido recebia o equivalente a dois salários mínimos por mês e não teve a carteira profissional assinada, a despeito de trabalhar de segunda a sexta-feira e cumprir jornada das 9 às 18 horas, com intervalo de uma hora para refeição. Depois do falecimento, nada foi pago a Julieta que até procurou a sociedade empresária para receber alguma importância, sem sucesso. Tentou ainda receber documentos de um seguro de vida que a sociedade empresária deveria fazer, mas foi comunicada que ela passava por dificuldades financeiras desde a pandemia e, por isso, não contratou o seguro. Além disso, Julieta não conseguiu se habilitar para receber a pensão por morte do INSS, em razão da ausência de oficialização do contrato de trabalho na CTPS e, consequentemente, do recolhimento da contribuição previdenciária. Julieta explica que teve de pegar dinheiro emprestado com familiares para pagar o enterro (total de R$ 1.000,00 (mil reais)) e agora está em franco desespero porque, com o falecimento de seu esposo, começou a passar dificuldades financeiras, uma vez que sempre foi dona de casa, tem 62 anos de idade, e todos os gastos eram arcados pelo falecido. Julieta lhe entregou os seguintes documentos: a certidão de óbito, na qual consta como declarante Julieta e que o falecido não deixou filhos; a cópia integral do inquérito policial, no qual a conclusão da autoridade policial é de que a sociedade empresária empilhou inadequadamente material pesado que tombou e vitimou Romeu, encontrado pelos bombeiros sem vida embaixo do entulho e vestindo o uniforme com o logotipo da sociedade empresária Distribuidora Capuleto Ltda.; o extrato bancário da conta do falecido dos últimos 12 meses, no qual consta, no dia 5 de todos os meses, transferência bancária correspondente a 2 salários mínimos feita pela Distribuidora Capuleto Ltda.; o recibo de R$ 1.000,00 (mil reais) relativo aos gastos com caixão, flores e missa em uma funerária local; a convenção coletiva da categoria do falecido, vigente de março de 2023 a fevereiro de 2025, na qual consta, na cláusula 37, a obrigação dos empregadores contratarem, às custas deles, seguro de vida e acidentes pessoais para seus empregados com prêmio de, no mínimo, R$ 25.000,00 (vinte e cinco mil reais) em caso de morte e R$ 10.000,00 (dez mil reais) em caso de invalidez permanente; o termo de inventariante judicial assumido por Julieta no inventário aberto para adjudicação de um automóvel do ano 2012, único bem deixado pelo falecido, cujo valor estimado é de R$ 18.000,00 (dezoito mil reais). Considerando que Julieta procurou você, como advogado(a), para pleitear os direitos lesados, informando que se encontra em precária situação financeira, elabore a peça processual pertinente.

GABARITO:

O(a) examinando(a) deverá formular uma peça no formato de uma petição inicial de reclamação trabalhista, com base no art. 840, § 1º, da CLT, dirigida ao juízo da Vara do Trabalho de Osasco/SP, qualificando as partes envolvidas, tendo como autor o Espólio de Romeu Diamante ou a viúva Julieta Safira. Deverá requerer gratuidade de justiça, pois a viúva é dona de casa e o espólio deixou bem de pequeno valor, na forma do art. 790, § 3º, da CLT. Deverá requerer prioridade na tramitação por se tratar de idosa, na forma do art. 1048 do CPC ou art. 71 da Lei n. 10.741/2003. Deverá postular o reconhecimento do vínculo empregatício e a anotação na CTPS, conforme preveem o art. 3º ou o art. 29, ambos da CLT. Deverá requerer as verbas pela extinção do contrato (saldo salarial de fevereiro de 2024, proporcionais de 13º salário e férias com 1/3) e, ainda, o FGTS e multa do art. 477 § 8º, da CLT. Deverá requerer indenização pelo dano material: o pagamento de indenização pelo gasto com o enterro (dano emergente); indenização pelo seguro de vida, pela pensão por morte não recebida e pensão mensal pela sobrevida estimada ou vitalícia (lucro cessante), conforme o art. 186, o 927 e o 949, todos do CCB. Deverá requerer o pagamento de indenização por dano moral pelo acidente do trabalho, conforme o art. 186 e o art. 927, ambos do CC, ou o art. 223-B, o 223-C e o 223-G, todos da CLT, 944 ou 948 do CCB. Deverá requerer o pagamento de honorários advocatícios, conforme o art. 791-A da CLT. Formular o encerramento da peça, reiterando a procedência dos pedidos, com valor estimado (basta colocar R$, como consta das orientações) e, após, data, local, advogado(a) e OAB.

2. **(XXXIII Exame)** Sheila Melodia procura você, na condição de advogado(a), em 27-8-2021, relatando que é empregada da sociedade empresária Solução Ltda. desde 15-10-2019, recebendo 1 salário mínimo por mês, estando com o contrato em vigor. Sheila informa que desde o início do contrato de trabalho atua como auxiliar de manutenção terceirizada nas dependências da sociedade empresária Tecnologia Ltda., localizada em Campinas/SP, pois existe contrato de prestação de serviços entre ambas as empresas. A empregada informa que jamais assinou qualquer documento ou autorização, sendo aprovada em processo seletivo, logo após, ter a CTPS anotada. Diz que trabalha de 2ª a 6ª feira, das 9h às 15 horas, com intervalo de 15 minutos para refeição, e aos sábados, das 8h às 14 horas sem intervalo, marcando corretamente os cartões de ponto. Sheila explica que o supervisor da empregadora, alocado junto à sociedade empresária Tecnologia Ltda. para controlar a qualidade dos serviços, foi substituído há 2 meses, e o novo supervisor, de nome Carlos, tem o estranho e constrangedor hábito de enfileirar as empregadas no início do expediente e exigir que cada trabalhadora lhe dê um beijo no rosto. Carlos justifica esse procedimento dizendo que é uma forma de melhorar a relação da chefia com as subordinadas, e afirma que quem se negar sofrerá punição. Com receio de sofrer algo, Sheila se submete à vontade de Carlos, mesmo contrariada. Sheila lhe apresenta um extrato atual do FGTS, no qual se verifica um único depósito referente à competência de novembro de 2019, a certidão de nascimento do seu único filho, que tem 20 anos de idade, uma fotografia na qual aparece com o uniforme da sociedade empresária Solução Ltda., a cópia da ata de audiência de um processo anterior que ela ajuizou contra as empresas, com as mesmas pretensões, e que foi extinta sem resolução do mérito (arquivada) pela ausência da trabalhadora à 1ª audiência, tendo ela pago as custas processuais, com grande sacrifício (reclamação número 0100217-58.2021.5.15.0170, que tramitou perante a 170ª Vara do Trabalho de Campinas), os contracheques de todo o período, nos quais consta, na parte de créditos, o salário mínimo e, na parte de descontos, a dedução de INSS, sendo que, no mês de março de 2020 consta uma dedução da contribuição sindical de R$ 40,00, sendo que Sheila nem sabia que havia um sindicato que a representava. A empregada afirma que, diante das irregularidades que sofre, não deseja continuar o contrato de trabalho, mas decidiu não pedir demissão porque foi alertada por familiares que, nesse caso, perderia vários direitos. Por fim, diz que sua situação financeira é periclitante, e não tem recurso financeiro para ajuizar a ação, caso seja necessário adiantar alguma quantia. Elabore, na condição de advogado(a), a peça prático-profissional que melhor defenda os interesses de Sheila, sem usar dados ou informações que não estejam no enunciado.

GABARITO:

O(a) examinando(a) deve elaborar uma peça no formato de Petição Inicial, dirigida ao juízo da 170ª Vara do Trabalho de Campinas, com a devida qualificação das partes envolvidas, incluindo o tomador dos serviços (contratante). Deverá requerer a distribuição à 170ª VT de Campinas em razão da dependência/prevenção, com base no art. 286, II, do CPC. Deverá requerer a gratuidade de justiça com base no art. 790, §§ 3º e 4º, da CLT, pois a trabalhadora relata insuficiência financeira e aufere salário inferior a 40% do limite máximo dos benefícios do Regime Geral de Previdência Social. Deverá requerer o pagamento de 15 minutos diários pelo intervalo desrespeitado nos sábados, com adicional de 50%, na forma do art. 71, § 4º, da CLT. Deverá requerer a devolução da contribuição sindical descontada, porque a autora não era sindicalizada e não autorizou o desconto, sendo então indevido, na forma dos arts. 578, 579, 582 e 545 da CLT. Deverá requerer a diferença de FGTS não depositado, conforme o art. 15 da Lei n. 8.036/90 ou art. 27 do Decreto n. 99.684/90. Deverá requerer indenização por dano moral pela conduta do supervisor, na forma dos arts. 223-B e 223-C, ambos da CLT ou 186, 187 ou 927, do CCB ou 5º, V ou X, da CF/88. Deverá requerer a resolução ou despedida indireta ou "rescisão indireta" do contrato, diante das irregularidades cometidas pelo empregador, conforme o art. 483, *d* ou *e*, da CLT. Deverá requerer as verbas do aviso prévio, do 13º salário proporcional, das férias proporcionais + 1/3, saque/levantamento do FGTS, indenização de 40% sobre o FGTS e acesso ao seguro-desemprego. Deverá requerer a responsabilidade subsidiária do tomador/contratante, conforme a Súmula 331, IV, do TST e o art. 5º-A, § 5º, da Lei n. 6.019/74. Deverá requerer honorários advocatícios, com base no art. 791-A da CLT. Deverá requerer ao final a procedência dos pedidos, indicar as provas que pretende produzir e o valor da causa e indicar a expressão econômica de cada pedido. Fechamento com indicação de local, data, advogado e inscrição na OAB.

3. **(XXXIV Exame)** Heitor Agulhas trabalhava na sociedade empresária Porcelanas Orientais Ltda. desde 26-10-2020, exercendo a função de vendedor na unidade localizada em Linhares/ES e recebendo, em média, quantia equivalente a 1,5 salário mínimo por mês, a título de comissão. Em janeiro de 2022, o dono do estabelecimento resolveu instalar mais duas prateleiras na loja para poder expor mais produtos e, visando economizar dinheiro, fez a instalação pessoalmente. As prateleiras foram afixadas logo acima do balcão em que trabalhavam os vendedores. Ocorre que o dono da empresa tinha pouca habilidade manual, e, por isso, as prateleiras não foram fixadas adequadamente. No dia seguinte à instalação malfeita, com o peso dos produtos nelas colocadas, as prateleiras caíram com todo o material, acertando violentamente a cabeça de Heitor, que estava logo abaixo fazendo um atendimento. Heitor desmaiou com o impacto, foi socorrido e conduzido ao hospital público, onde recebeu atendimento e levou 50 pontos na cabeça, testa e face, resultando em uma grande cicatriz que, segundo Heitor, passou a despertar a atenção das pessoas, que reagiam negativamente ao vê-lo. Heitor teve o plano de saúde, que era concedido pela sociedade empresária, cancelado após o dia do incidente e teve de usar suas reservas financeiras para arcar com R$ 1.350,00 em medicamentos, para aliviar as dores físicas, além de R$ 2.500,00 em sessões de terapia, pois ficou fragilizado psicologicamente depois do evento. Heitor ficou afastado em benefício previdenciário por acidente do trabalho (auxílio por incapacidade temporária acidentária, antigo auxílio-doença acidentário, código B-91), teve alta médica após 3 meses e retornou à empresa com a capacidade laborativa preservada, mas foi dispensado, sem justa causa, no mesmo dia. Heitor procura você, como advogado(a), querendo propor alguma medida judicial para defesa dos seus direitos, pois está desempregado, sem dinheiro para se manter e sentindo-se injustiçado porque ainda precisará de tratamento médico e suas reservas financeiras acabaram. Além dos documentos comprobatórios do atendimento hospitalar e gastos, Heitor exibe a CTPS devidamente assinada pela sociedade empresária e o extrato do FGTS, onde não constam depósitos nos 3 meses de afastamento pelo INSS. Como advogado de Heitor, elabore a medida judicial em defesa dos interesses dele.

GABARITO:

O(a) examinando(a) deve elaborar uma peça no formato de Petição Inicial, dirigida ao juízo de Linhares, com a devida qualificação das partes envolvidas. Deverá requerer a gratuidade de justiça com base no art. 790, §§ 3º ou 4º, da CLT, porque o trabalhador continua desempregado. Deverá requerer a responsabilidade civil do empregador que agiu com culpa. Na hipótese apresentada, isso envolverá indenização pelos danos materiais quanto aos gastos (art. 186, art. 927 ou art. 949, todos do CC), morais pelo constrangimento (art. 223-B ou art. 223-C, todos da CLT, e art. 186 ou art. 927, ambos do CC) e estéticos pela alteração da aparência/dano físico aparente (art. 223-B ou art. 223-C, ambos da CLT, ou art. 186 ou art. 927, ambos do CC). Deverá requerer o FGTS dos três meses de afastamento porque o evento foi um acidente de trabalho, conforme art. 15, § 5º, da Lei n. 8.036/90 e art. 28, III, do Decreto n. 99.684/90. Deverá requerer a reintegração porque o ex-empregado possui estabilidade/garantia no emprego em virtude do acidente do trabalho, conforme o art. 118 da Lei n. 8.213/91 ou a Súmula 378, II, do TST. Deverá requerer o restabelecimento do plano de saúde, conforme a Súmula 440 do TST. Deverá requerer a concessão de tutela de urgência, evidência, provisória, antecipatória ou liminar para a reintegração imediata e restabelecimento incontinente do plano de saúde, conforme o art. 294, *caput* ou parágrafo único, art. 300, *caput* ou § 2º, ou, ainda, art. 311, todos do CPC. Deverá requerer honorários advocatícios, com base no art. 791-A da CLT. Deverá, ao final, renovar o pedido de tutela de urgência/evidência/provisória/antecipatória ou liminar, requerer a procedência dos pedidos, indicar as provas que pretende produzir e o valor da causa, bem como indicar a expressão econômica de cada pedido. Fechamento com indicação de local, data, advogado e inscrição na OAB.

1.1.6. Modelo da peça

1. (40º Exame)

AO JUÍZO DA... VARA DO TRABALHO DE OSASCO-SP

ESPÓLIO DE ROMEU DIAMANTE, representado por JULIETA SAFIRA, qualificação e endereço completos, por seu advogado com procuração anexa, com fulcro no art. 840, § 1º, da CLT, vem à presença de Vossa Excelência ajuizar

RECLAMAÇÃO TRABALHISTA

em face de DISTRIBUIDORA CAPUELTO LTDA., qualificação e endereço completos.

DA JUSTIÇA GRATUITA

A representante do espólio, atualmente, se encontra desempregada, sem condições de pagar as custas processuais.

Nos termos do art. 790, § 3º, da CLT, o juiz poderá, a qualquer momento, deferir a justiça gratuita ao reclamante que não tem condições de pagar as custas processuais, conforme ocorre no caso em tela.

Diante do exposto, requer seja deferida a justiça gratuita à representante do espólio.

DA PRIORIDADE DE TRAMITAÇÃO

A representante do espólio conta com mais de 60 anos.

Nos termos do art. 1.048, I, do CPC, os processos em que a parte tiver idade igual ou superior a 60 anos terão prioridade de tramitação.

Diante do exposto, requer seja deferida a prioridade de tramitação.

DO VÍNCULO EMPREGATÍCIO

Romeu Diamante trabalhou para a reclamada com pessoalidade, subordinação, onerosidade e habitualidade, sem ter a CTPS anotada.

Nos termos do art. 3º da CLT, Romeu tem direito ao reconhecimento do vínculo empregatício e anotação da CTPS.

Diante do exposto, requer a procedência do pedido para reconhecer o vínculo empregatício, anotar a CTPS e condenar a reclamada ao pagamento das seguintes verbas rescisórias: a) saldo de salário; b) 13º salário proporcional; c) férias + 1/3 proporcionais; d) saque do FGTS; e) multa do art. 477, § 8º, da CLT em razão do pagamento das verbas fora do prazo legal.

DO DANO PATRIMONIAL – CUSTOS DO ENTERRO

A reclamada deixou de contratar o seguro de vida para os seus empregados.

Nos termos dos arts. 186 e 927 do CC, Julieta sofreu dano patrimonial, uma vez que, pela ausência da contratação do seguro de vida pela reclamada, teve que arcar com os custos do enterro de Romeu.

Diante do exposto, requer a procedência do pedido para condenar a reclamada ao pagamento da indenização pelos custos do enterro.

DO DANO PATRIMONIAL – DO SEGURO DE VIDA

A reclamada deixou de contratar seguro de vida para os seus empregados.

Nos termos dos arts. 186 e 927 do CC, Julieta sofreu dano patrimonial, pois deixou de receber o valor referente ao seguro de vida.

Diante do exposto, requer a procedência do pedido para condenar a reclamada ao pagamento da indenização pelo seguro de vida.

DO DANO PATRIMONIAL – DA PENSÃO DO INSS

A reclamada não reconheceu o vínculo empregatício de Romeu, o que impediu que Julieta recebesse a pensão do INSS.

Nos termos dos arts. 186 e 927 do CC, Julieta sofreu dano patrimonial, pois não conseguiu receber a pensão do INSS em razão de que a reclamada deixou de reconhecer o vínculo empregatício de Romeu.

Diante do exposto, requer a procedência do pedido para condenar a reclamada ao pagamento de indenização pela pensão do INSS por morte.

DO DANO EXTRAPATRIMONIAL

 Romeu morreu ao sofrer acidente de trabalho quando trabalhava para a reclamada.
 Nos termos dos arts. 223-A, 223-B, 223-C e 223-G da CLT, Julieta sofreu dano extrapatrimonial, pois seu esposo morreu ao sofrer acidente de trabalho quando trabalhava para a reclamada.
 Diante do exposto, requer a procedência do pedido para condenar a reclamada ao pagamento de indenização por dano extrapatrimonial.

DA PENSÃO VITALÍCIA

 Romeu morreu ao sofrer acidente de trabalho quando trabalhava para a reclamada.
 Nos termos dos arts. 949 e 949, I, do CC, Julieta tem direito ao recebimento da pensão vitalícia, pois seu esposo morreu ao sofrer acidente de trabalho quando trabalhava para reclamada.
 Diante do exposto, requer a procedência do pedido para condenar a reclamada ao pagamento da pensão vitalícia mensal ou em parcela única.

DOS PEDIDOS

 Diante do exposto, requer sejam julgados totalmente procedentes os seguintes pedidos: a) reconhecimento do vínculo empregatício; b) pagamentos das seguinte verbas rescisórias: saldo de salário, no valor de R$...; 13º salário proporcional, no valor de R$...; férias + 1/3 proporcionais, no valor de R$..., saque do FGTS, no valor de R$..., multa do art. 477, § 8º, da CLT, no valor de R$...; c) indenização pelos custos do enterro, no valor de R$...; d) indenização pelo seguro de vida, no valor de R$...; e) indenização pela pensão por morte do INSS, no valor de R$...; f) indenização pelo dano extrapatrimonial, no valor de R$...; g) pensão vitalícia mensal ou em parcela única, no valor de R$...

DOS REQUERIMENTOS

 Requer a notificação da reclamada para comparecer em audiência, sob pena de revelia.
 Requer provar o alegado por todos os meios de prova admitidos.
 Requer a condenação da reclamada ao pagamento dos honorários sucumbenciais, nos termos do art. 791-A da CLT.
 Dá-se à causa o valor de R$... (valor por extenso).

Nestes termos,
Requer deferimento.
Local/Data
Advogado
OAB n. ...

2. (XXXIII Exame)

AO JUÍZO DA 170ª VARA DO TRABALHO DE CAMPINAS

 SHEILA MELODIA, qualificação e endereço completos, por seu advogado com procuração anexa, com fulcro no art. 840, § 1º, da CLT, vem à presença de Vossa Excelência ajuizar

RECLAMAÇÃO TRABALHISTA

em face de SOLUÇÃO LTDA., qualificação e endereço completos e TECNOLOGIA LTDA., qualificação e endereço completos.

DA JUSTIÇA GRATUITA

Atualmente, a reclamante encontra-se desempregada, de forma que não tem condições de pagar as custas processuais.

Nos termos do art. 790, § 3º, da CLT, a justiça gratuita deverá ser conferida ao empregado que não tem condições de arcar com as custas do processo, o que ocorre no caso em tela, uma vez que a reclamante encontra-se desempregada.

Diante do exposto, requer seja deferida à reclamante os benefícios da justiça gratuita.

DO INTERVALO INTRAJORNADA

Durante o contrato de trabalho, a reclamante não gozava de intervalo intrajornada aos sábados.

Nos termos do art. 71, § 4º, da CLT, a reclamante faz jus a 15 minutos pelo intervalo suprimido aos sábados, com adicional de 50%.

Diante do exposto, requer a Vossa Excelência a procedência do pedido para condenar a reclamada ao pagamento de 15 minutos de intervalo intrajornada com adicional de 50%, no valor de R$... (valor por extenso).

DO FGTS

Durante o contrato de trabalho, a reclamada efetuou o pagamento de apenas um mês de FGTS.

Nos termos do art. 15 da Lei n. 8.036/90, o empregador é obrigado a recolher a diferença do FGTS de todo o contrato de trabalho.

Diante do exposto, requer a Vossa Excelência a procedência do pedido para condenar a reclamada ao pagamento da diferença do FGTS de todo o contrato de trabalho, no valor de R$... (valor por extenso).

DO DANO EXTRAPATRIMONIAL

O supervisor da reclamante diariamente exigia das empregadas um beijo no rosto.

Nos termos dos arts. 223-B e 223-C da CLT c/c os arts. 186 e 927 do CC, a conduta do supervisor da reclamante gera dano extrapatrimonial.

Diante do exposto, requer a Vossa Excelência a procedência do pedido para condenar a reclamada ao pagamento de indenização por dano extrapatrimonial no valor de R$... (valor por extenso).

DA RESCISÃO INDIRETA

Durante o contrato de trabalho, a reclamada vem descumprindo suas obrigações contratuais.

Nos termos do art. 483, "d" e "e", da CLT, a reclamada praticou falta grave que autoriza a rescisão indireta do contrato de trabalho.

Diante do exposto, requer a Vossa Excelência a procedência do pedido para reconhecer a rescisão indireta do contrato de trabalho e condenar a reclamada ao pagamento das seguintes verbas rescisórias: a) saldo de salário; b) aviso prévio indenizado; c) 13º salário; d) férias + 1/3; e) guias para saque do FGTS; f) indenização compensatória de 40% do FGTS; e g) formulário para inscrição no seguro-desemprego.

DA RESPONSABILIDADE SUBSIDIÁRIA

Durante o contrato de trabalho a reclamante foi contratada pela empresa SOLUÇÃO LTDA., mas sempre prestou serviço para empresa TECNOLOGIA LTDA.

Nos termos do art. 5º-A, § 5º, da Lei n. 6.019/74, a empresa contratante responde subsidiariamente pelas verbas trabalhistas da reclamante.

Diante do exposto, requer a Vossa Excelência a procedência do pedido para reconhecer a responsabilidade subsidiária da empresa contratante.

DOS PEDIDOS

Diante do exposto, requer a Vossa Excelência sejam julgados totalmente procedentes os seguintes pedidos:

a) condenar a reclamada ao pagamento de 15 minutos de intervalo intrajornada com adicional de 50%, no valor de R$... (valor por extenso);
b) condenar a reclamada ao pagamento da diferença do FGTS de todo contrato de trabalho, no valor de R$... (valor por extenso);
c) condenar a reclamada ao pagamento de indenização por dano extrapatrimonial no valor de R$... (valor por extenso);
d) reconhecer a rescisão indireta do contrato de trabalho e condenar a reclamada ao pagamento das seguintes verbas rescisórias: a) saldo de salário; b) aviso prévio indenizado; c) 13º salário; d) férias + 1/3; e) guias para saque do FGTS; f) indenização compensatória de 40% do FGTS; e
g) formulário para inscrição no seguro-desemprego;
e) reconhecer a responsabilidade subsidiária da empresa contratante.

Requer a concessão dos benefícios da gratuidade de justiça.

Requer a notificação da reclamada, via postal, para comparecer em audiência, sob pena de revelia.

Requer provar o alegado por todos os meios de prova admitidos.

Requer a condenação da reclamada ao pagamento dos honorários sucumbenciais, nos termos do art. 791-A da CLT.

Requer a distribuição por prevenção, conforme art. 286, II, do CPC.

Dá-se à causa o valor de R$... (valor por extenso).

Nestes termos,
Requer deferimento.
Local/Data
Advogado
OAB n. ...

3. (XXXIV Exame)

AO JUÍZO DA ... VARA DO TRABALHO DE LINHARES-ES

HEITOR AGULHAS, qualificação e endereço completos, por seu advogado com procuração anexa, com fulcro no art. 840, § 1º, da CLT, vem à presença de Vossa Excelência ajuizar

RECLAMAÇÃO TRABALHISTA

em face de PORCELANAS ORIENTAIS LTDA., qualificação e endereço completos.

DA JUSTIÇA GRATUITA

Atualmente, o reclamante encontra-se desempregado, de forma que não tem condições de pagar as custas processuais.

Nos termos do art. 790, § 3º, da CLT, a justiça gratuita deverá ser conferida ao empregado que não tem condições de arcar com as custas do processo, o que ocorre no caso em tela, uma vez que o reclamante encontra-se desempregado.

Diante do exposto, requer seja deferida à reclamante os benefícios da justiça gratuita.

DO DANO MATERIAL

Durante o contrato de trabalho, o reclamante sofreu acidente de trabalho que lhe causou algumas lesões, que exigiu tratamento médico e terapia.

Nos termos dos arts. 186 e 927, ambos do CC, a reclamada deverá ser condenada ao pagamento de indenização por dano material, uma vez que o reclamante foi obrigado a custear o tratamento médico e terapia em razão do acidente de trabalho que sofreu.

Diante do exposto, requer a Vossa Excelência a procedência do pedido para condenar a reclamada ao pagamento de indenização por dano material no valor de R$ 1.350,00 referente ao tratamento médico e R$ 2.500,00 referente à terapia.

DO DANO EXTRAPATRIMONIAL

Durante o contrato de trabalho, o reclamante sofreu acidente de trabalho.

Nos termos dos arts. 223-B ou 223-C, ambos da CLT, a reclamada deverá ser condenada ao pagamento de indenização por dano extrapatrimonial em razão do acidente de trabalho sofrido pelo reclamante.

Diante do exposto, requer a Vossa Excelência a procedência do pedido para condenar a reclamada ao pagamento de indenização por dano extrapatrimonial, no valor de R$... (valor por extenso).

DO DANO ESTÉTICO

Durante o contrato de trabalho, o reclamante sofreu acidente de trabalho que lhe causou uma grande cicatriz.

Nos termos dos arts. 186 e 927 do CC, o dano físico lhe causou alteração na aparência ou na estrutura morfológica, o que gera dano estético.

Diante do exposto, requer a Vossa Excelência a procedência do pedido para condenar a reclamada ao pagamento de indenização por dano estético no valor de R$... (valor por extenso).

DO FGTS

Durante o contrato de trabalho, o reclamante permaneceu afastado do trabalho em razão de ter sofrido acidente de trabalho, sendo que no referido período a reclamada não depositou o FGTS.

Nos termos do art. 15, § 5º, da Lei n. 8.036/90, é devido o FGTS durante o período de afastamento em razão de acidente de trabalho.

Diante do exposto, requer a Vossa Excelência a procedência do pedido para condenar a reclamada ao pagamento do FGTS do período de afastamento, no valor de R$... (valor por extenso).

DA REINTEGRAÇÃO PELA ESTABILIDADE ACIDENTÁRIA

Durante o contrato de trabalho, o reclamante permaneceu afastado do emprego por três meses em razão de ter sofrido acidente do trabalho, chegando a gozar do auxílio por incapacidade temporária acidentária.

Nos termos do art. 118 da Lei n. 8.213/91 ou da Súmula 378, II, do TST, o reclamante, ao retornar ao emprego, tem direito à estabilidade acidentária, de forma que deve ser reintegrado.

Diante do exposto, requer a Vossa Excelência a procedência do pedido para reconhecer a estabilidade acidentária e determinar a reintegração do reclamante.

DO REESTABELECIMENTO DO PLANO DE SAÚDE

Durante o contrato de trabalho, o reclamante sofreu acidente de trabalho e no dia seguinte teve o plano de saúde, que era concedido pela reclamada, cancelado.

Nos termos da Súmula 440 do TST, o reclamante tem direito ao reestabelecimento do plano de saúde.

Diante do exposto, requer a Vossa Excelência a procedência do pedido para determinar o reestabelecimento do plano de saúde.

DA TUTELA PROVISÓRIA DE URGÊNCIA

O reclamante teve o contrato de trabalho extinto durante a estabilidade acidentária, bem como o plano de saúde cancelado pela reclamada no dia seguinte ao acidente de trabalho.

Nos termos do art. 300 do CPC, o reclamante tem direito à reintegração no emprego e ao reestabelecimento do plano de saúde de imediato.

Diante do exposto, requer a Vossa Excelência a procedência do pedido para reconhecer a estabilidade acidentária e determinar a reintegração do reclamante.

DOS PEDIDOS

Diante do exposto, requer a Vossa Excelência o deferimento da tutela provisória de urgência e que sejam julgados totalmente procedentes os seguintes pedidos:
a) condenar a reclamada ao pagamento de indenização por dano material no valor de R$ 1.350,00 referente ao medicamento e R$ 2.500,00 referente à terapia;
b) condenar a reclamada ao pagamento do FGTS do período de afastamento, no valor de R$... (valor por extenso);
c) condenar a reclamada ao pagamento de indenização por dano extrapatrimonial no valor de R$... (valor por extenso);
d) condenar a reclamada ao pagamento de indenização por dano estético, no valor de R$... (valor por extenso);
e) condenar a reclamada à reintegração do reclamante e ao reestabelecimento do plano de saúde.

Requer a concessão dos benefícios da gratuidade de justiça.
Requer a notificação da reclamada.
Requer provar o alegado por todos os meios de prova admitidos.

Requer a condenação da reclamada ao pagamento dos honorários sucumbenciais, nos termos do art. 791-A da CLT.

Dá-se à causa o valor de R$... (valor por extenso).

Nestes termos,
Pede Deferimento.
Local/Data
Advogado
OAB n. ...

1.2. Ação de consignação em pagamento

1.2.1. Apresentação

A ação de consignação em pagamento é uma ação de rito especial, com regramento pelo CPC, que tem por finalidade o depósito da quantia ou da coisa devida pelo devedor, a fim de conseguir junto ao Poder Judiciário a quitação da obrigação.

Na seara trabalhista, é mais comum o empregador figurar no polo ativo da ação, depositando em juízo as verbas rescisórias quando desconhece o paradeiro do empregado ou quando este se recusa em receber tais valores ou ainda, quando houver a dúvida para quem pagar, por exemplo, na morte do empregado sem beneficiários habilitados na Previdência Social, e que deixou filhos menores de um casamento e companheira de uma união estável atual sem prova documental.

Tem fundamentação legal prevista nos arts. 539 e ss. do CPC, plenamente aplicável ao processo do trabalho de forma subsidiária e supletiva, por autorização do art. 769 da CLT e do art. 15 do CPC.

A estrutura da petição inicial da ação de consignação em pagamento é muito semelhante à da reclamação trabalhista.

1.2.2. Características e requisitos

São requisitos da Ação de Consignação em Pagamento

a) Endereçamento completo

O endereçamento definirá o juiz ou Tribunal que irá apreciar a petição inicial, razão pela qual deverá ser endereçada para o juiz ou tribunal competente em razão do lugar para processá-la e julgá-la.

A competência territorial está definida no art. 651 e seus parágrafos da CLT. A regra geral é que a ação de consignação em pagamento deverá ser ajuizada no foro do local da prestação do serviço, independentemente do local da contratação.

> Não se esqueça do juiz de direito investido na jurisdição trabalhista, conforme o art. 112 da CF/88, como já estudado anteriormente.

b) Qualificação completa do consignante

A petição inicial é a peça que inicia o processo, na qual as partes estão sendo apresentadas ao Poder Judiciário naquele momento, de forma que é essencial sua especificação.

Nesse momento é muito importante não se esquecer que não é válido criar dados que não estejam no enunciado.

Aqui deverá ser indicada a qualificação e endereço completos.

Quem ajuíza a ação de consignação é denominado de consignante.

c) Advogado

Nesse momento deverá ser indicado o advogado do consignante.

É muito simples, basta citar o advogado e informar que a procuração consta anexa.

d) Fundamentação legal da peça

O fundamento legal da peça é o art. 539 do CPC.

e) Verbo

Com relação à petição inicial, o verbo correto, ou melhor, os verbos corretos são: Ajuizar ou Aforar ou Intentar.

f) Nome da peça

O nome correto da peça é AÇÃO DE CONSIGNAÇÃO EM PAGAMENTO.

g) Qualificação do consignatário

As informações sobre a qualificação do consignante valem também para o consignatário (réu na ação de consignação).

h) Teses (fundamentos jurídicos e legais)

Aqui deverão ser desenvolvidas as teses, de forma que sugerimos a utilização do silogismo jurídico.

Nesse caso, a única tese a ser desenvolvida é a consignação, que em regra gira em torno da consignação dos valores referentes as verbas rescisórias, porém também poderá ser de coisas, por exemplo, um relógio, a CTPS etc.

i) Pedidos

Nesse tópico deverá ser finalizada a linha de raciocínio por meio do pedido.

Basta repetir os pedidos já realizados no desenvolvimento das teses com outra formatação utilizando o menor espaço possível.

É imprescindível requerer a procedência do pedido para quitação e extinção do contrato de trabalho.

j) Citação

Neste item deverá ser requerida a citação do consignado para levantar o depósito ou apresentar defesa.

k) Requerimento por provas

Nesse momento deverão ser indicadas as provas que serão produzidas durante a instrução processual.

l) Valor da causa

O valor da causa no processo do trabalho tem grande importância, uma vez que é ele que define o rito/procedimento pelo qual o processo vai tramitar.

Em regra, para prova da Ordem, o rito é o ordinário, salvo se o problema lhe der subsídios para afirmar ao contrário.

No caso em específico, o valor da causa não irá definir o rito, uma vez que a ação de consignação em pagamento, por sua natureza jurídica, sempre tramitará pelo rito especial.

m) Encerramento

Esse é um ponto da peça prático-profissional que merece grande atenção.

Não raro, vários examinandos acabam assinando a petição, gerando sua reprovação sumária pelo fato de terem se identificado.

Assim, é de suma importância não assinar a peça.

1.2.3. Como identificar a peça

Na leitura do enunciado do exercício deverá ser observado que NÃO consta informação da prática de nenhum ato processual, que o cliente é o empregador e que pretende realizar um pagamento ou devolver um objeto, sendo que desconhece o paradeiro do empregado ou o mesmo se negou a receber.

1.2.4. Questão da peça profissional

1. (X Exame) Zenga Modas Ltda., CNPJ 1.1.0001/00, com sede na Rua Lopes Quintas, 10 – Maceió – AL, encontra-se na seguinte situação: Joana Firmino, brasileira, casada, costureira, residente na Rua Lopes Andrade, 20 – Maceió – AL – CEP 10.0001-00, foi contratada, em 12-9-2008, para exercer a função de costureira, na unidade de Maceió – AL, sendo dispensada sem justa causa em 11-10-2012, mediante aviso-prévio indenizado. Naquele dia Joana entregou a CTPS à empresa para efetuar as atualizações de férias, e tal documento ainda se encontra custodiado no setor de recursos humanos. Joana foi cientificada de que no dia 15-10-2012, às 10 h, seria homologada a ruptura e pagas as verbas devidas no sindicato de classe de Joana. Contudo, na data e hora designadas, a empregada não compareceu, recebendo a empresa certidão nesse sentido, emitida pelo sindicato. Procurado por Zenga Modas Ltda. em 17-10-2012, apresente a medida judicial adequada à defesa dos interesses empresariais, sem criar dados ou fatos não informados, ciente de que a empregada fruiu férias dos períodos 2008/2009 e 2009/2010 e de que, no armário dela, foi encontrado um telefone celular de sua propriedade, que se encontra guardado no almoxarifado da empresa. É desnecessária a indicação de valores.

GABARITO:
Elaboração de uma petição inicial de ação de consignação em pagamento, baseada nos arts. 890 a 900 do CPC (atual arts. 539 a 549 do CPC/2015), com endereçamento ao Juiz do Trabalho de uma das Varas do Trabalho de Maceió e qualificação das partes, sendo a empresa a consignante e a ex-empregada, consignatária. AVISO-PRÉVIO PROPORCIONAL AO TEMPO DE SERVIÇO – o examinando deve identificar o direito e realizar a oferta do aviso-prévio de forma proporcional ao tempo de serviço na razão de 42 dias. SALDO SALARIAL – o examinando deve identificar o direito e realizar a oferta do saldo salarial de 11 dias do mês de outubro de 2012. 13º SALÁRIO PROPORCIONAL – o examinando deve identificar o direito e realizar a oferta do 13º salário proporcional de 11/12 avos. FÉRIAS EM DOBRO 2010/2011 – o examinando, identificando que as férias 2010/2011 não foram concedidas e, uma vez que o período concessivo já fluiu, deverá ofertá-las em dobro com acréscimo de 1/3. FÉRIAS SIMPLES 2011/2012 – o examinando, identificando que as férias 2011/2012 não foram concedidas, deverá ofertá-las de forma simples com acréscimo de 1/3. FÉRIAS PROPORCIONAIS – o examinando deve identificar o direito e realizar a oferta das férias proporcionais na razão de 2/12 avos com acréscimo de 1/3. FGTS – deverão ser oferecidas as guias para saque do FGTS ou TRCT, fazendo-se menção ao depósito da indenização de 40%. SEGURO-DESEMPREGO – deverão ser oferecidos os formulários para percepção do seguro-desemprego. CTPS – uma vez que a CTPS permanece com a consignante, a devolução deverá ser requerida na ação consignatória. TELEFONE CELULAR – uma vez que é possível a consignação de coisa, o examinando deverá requerer a devolução do aparelho celular.

2. **(XXIX Exame)** A sociedade empresária Ômega S.A., estabelecida em Campinas, dedica-se à construção civil. Ela contratou o empregado João da Silva, em 5-1-2018, para exercer a função de pedreiro. Contudo, diante da necessidade de redução do seu quadro de pessoal, concedeu-lhe aviso prévio, em 10-10-2018, na forma indenizada. João ficou muito triste com a situação e ainda tentou apelar junto à direção da sociedade empresária para que não fosse dispensado, pois tinha esposa e dois filhos menores para criar. Porém, não só motivado pela crise, mas também porque o trabalho de João não se mostrava de boa qualidade, a sociedade empresária manteve a extinção, tal qual havia manifestado originalmente. Foi marcado, então, o dia 15-10-2018 para o pagamento das verbas rescisórias devidas e a entrega dos documentos hábeis para o requerimento de outros direitos, no próprio local de trabalho, oportunidade na qual o trabalhador faria, também, a retirada dos seus pertences pessoais. Ocorre que, nesse dia, a sociedade empresária não tinha em caixa o dinheiro suficiente para realizar a quitação do devido e, por isso, pediu desculpas a João, anotou a dispensa na sua CTPS e solicitou que ele retornasse 60 dias após, para que fossem feitos o pagamento e a retirada dos pertences. No dia marcado, João não compareceu. A sociedade empresária tentou contato telefônico e foram enviados dois telegramas para o endereço informado por ele na ficha de registro de empregados, mas tudo em vão. Até mesmo os ex-colegas de trabalho enviaram mensagens para o Facebook de João, na tentativa de fazê-lo ir à sociedade empresária para o acerto de contas, mas igualmente não houve sucesso. Sabe-se, contudo, que João continua desempregado. No vestiário da sociedade empresária, no armário anteriormente usado por João, foram encontradas algumas fotografias dele com a esposa e uma camisa do seu time de futebol. Diante disso, a sociedade empresária procura você para, na condição de advogado(a), adotar as medidas judiciais cabíveis à espécie.

PRÁTICA TRABALHISTA

183

Observando o tempo já decorrido, elabore a peça necessária à defesa dos interesses da sociedade empresária, considerando todos os direitos previstos na legislação trabalhista.

GABARITO:

O candidato deverá confeccionar uma petição inicial de ação de *Consignação em Pagamento*, com base no art. 539 do CPC, identificando consignante, consignatário e oferecendo os direitos devidos ao ex-empregado: saldo salarial de 10 dias, aviso prévio, 13º salário proporcional, férias proporcionais acrescidas de 1/3, entrega das guias para saque do FGTS (ou o TRCT), indenização de 40% sobre o FGTS (ou a juntada do comprovante do depósito da indenização de 40%), entrega dos formulários de seguro-desemprego, multa prevista no art. 477, § 8º, da CLT, no valor de um salário do empregado, em razão do atraso no pagamento e consignação das fotografias e da camisa do clube de futebol.

Em relação às verbas pecuniárias, deverá requerer o depósito da quantia devida e, encerrando, o requerimento de citação, procedência do pedido para se conferir quitação judicial à consignante, honorários advocatícios, indicação das provas e valor da causa.

1.2.5. Modelo da peça

1. (X Exame)

AO JUÍZO DA... VARA DO TRABALHO DE MACEIÓ

ZENGA MODAS LTDA., CNPJ 11.0001/00, com sede na Rua Lopes Quintas, 10 – Maceió – AL, por seu advogado com procuração anexa, com fulcro no art. 539 do CPC, vem respeitosamente à presença de Vossa Excelência ajuizar

AÇÃO DE CONSIGNAÇÃO EM PAGAMENTO

em face de Joana Firmino, brasileira, casada, costureira, residente na Rua Lopes Andrade, 20 – Maceió – AL – CEP 10.0001-00.

DAS VERBAS RESCISÓRIAS

A consignatária não compareceu na homologação de sua rescisão contratual marcada para o dia 15-10-2012 às 10h, como comprova com a certidão emitida pelo ente sindical.

A consignante, nestes casos, pode requerer, de acordo com o art. 539 do CPC, a consignação dos valores e guias com efeito de quitação.

Deste modo, considerando a dispensa sem justa causa, requer a consignação dos seguintes valores: Aviso-prévio proporcional de 42 dias, saldo de salário de 11 dias, décimo terceiro proporcional de 11/12 avos referente ao ano de 2012, férias em dobro do período 2010/2011 acrescidas de 1/3 constitucional, férias simples do período 2011/2012 acrescidas de 1/3, férias proporcionais de 2/12 avos acrescidas de 1/3, a entrega das CTPS devidamente anotada e guias para saque do FGTS e percepção do seguro-desemprego.

DO TELEFONE CELULAR

A consignatária, também, deixou no armário na sede da empresa um aparelho celular.

A consignante, nestes casos, pode requerer, de acordo com o art. 539 do CPC, a consignação do objeto com efeito de quitação.

Diante do exposto, requer a consignação, em juízo, do aparelho celular.

DOS PEDIDOS

Diante do exposto requer sejam julgados totalmente procedentes os pedidos, para o fim de:
a) deferir o depósito das verbas rescisórias no prazo de 5 dias, nos termos do art. 542, I, do CPC;
b) a consignação da CTPS e do aparelho celular em juízo;
c) quitação e extinção do contrato de trabalho.

DOS REQUERIMENTOS

Requer a citação da consignatária para levantamento do depósito ou apresentar defesa.

Requer a produção de todos os meios de provas admitidas, tais quais oral, pericial e documental.

Requer a condenação da consignatária ao pagamento dos honorários sucumbenciais, nos termos do art. 791-A da CLT.

Dá-se à causa o valor de R$... (valor por extenso).

Nestes termos,
Requer deferimento.
Local/Data
Advogado
OAB n. ...

2. (XXIX Exame)

AO JUÍZO DA... VARA DO TRABALHO DE CAMPINAS

ÔMEGA S.A., qualificação e endereços completos, por seu advogado com procuração anexa, com fulcro no art. 539 do CPC, vem respeitosamente à presença de Vossa Excelência ajuizar

AÇÃO DE CONSIGNAÇÃO EM PAGAMENTO

em face de JOÃO DA SILVA, qualificação e endereços completos.

DAS VERBAS RESCISÓRIAS

O consignatário não compareceu no dia marcado para receber os valores referentes a suas verbas rescisórias, bem como retirar seus pertences pessoais, agendado para 60 dias após o dia 15-10-2018. A consignante ainda tentou contato com o consignatário, porém infrutífero.

A consignante, nestes casos, pode requerer, de acordo com o art. 539 do CPC, a consignação dos valores e guias com efeito de quitação.

Deste modo, considerando a dispensa sem justa causa, requer a consignação dos seguintes valores: saldo de salário, aviso prévio indenizado, décimo terceiro proporcional, férias proporcionais acrescidas de 1/3 constitucional, a entrega das guias para saque do FGTS, indenização de 40% do FGTS, guias para percepção do seguro-desemprego, multa pelo atraso na quitação das verbas rescisórias do art. 477, § 8º, da CLT.

DA CAMISA E DA FOTOGRAFIA

O consignatário, também, deixou no armário na sede da empresa uma camisa de um clube de futebol e fotografias.

A consignante, nestes casos, pode requerer, de acordo com o art. 539 do CPC, a consignação do objeto com efeito de quitação.

Diante do exposto, requer a consignação, em juízo, da camisa do clube de futebol e das fotografias.

DOS PEDIDOS

Diante do exposto requer sejam julgados totalmente procedentes os pedidos, para o fim de:
a) deferir o depósito das verbas rescisórias no prazo de 5 dias, nos termos do art. 542, I, do CPC;
b) a consignação da camisa do clube de futebol e das fotografias em juízo;
c) quitação e extinção do contrato de trabalho.

DOS REQUERIMENTOS

Requer a citação do consignatário para levantamento do depósito ou apresentar defesa.

Requer a produção de todos os meios de provas admitidas, tais quais oral, pericial e documental.

Requer a condenação da consignatária ao pagamento dos honorários sucumbenciais, nos termos do art. 791-A da CLT.

Dá-se à causa o valor de R$... (valor por extenso).

Nestes termos,
Pede deferimento.
Local/Data
Advogado
OAB n. ...

1.3. Inquérito judicial para apuração de falta grave

1.3.1. Apresentação

Em regra, o empregador tem a faculdade de rescindir por justa causa o contrato de trabalho do empregado que comete falta grave (art. 482, CLT). Porém, em determinadas situações em que o referido empregado é detentor de estabilidade provisória no emprego, antes de rescindir o contrato faz-se necessário o ajuizamento de uma ação, ao passo que o Poder Judiciário irá declarar a existência ou não da falta grave e autorizar a extinção do contrato.

A ação que deverá ser ajuizada pelo empregador em casos tais é o Inquérito Judicial para Apuração de Falta Grave, conforme dispõe o art. 853 da CLT.

Ainda nesse diapasão, não é qualquer empregado estável que deve ser submetido ao inquérito no suposto cometimento de falta grave. Em regra, a referida ação somente deverá ser utilizada, por exemplo, no caso de:

a) dirigente sindical estável (art. 543, § 3º, da CLT e Súmula 379 do TST);
b) empregado estável decenal (art. 492 da CLT), hoje de difícil aplicação;
c) diretor de cooperativa de consumo (art. 55 da Lei n. 5.764/71).

1.3.2. Características e requisitos

São requisitos do Inquérito Judicial para Apuração de Falta Grave:

a) Endereçamento completo

O endereçamento definirá o juiz ou Tribunal que irá apreciar a petição inicial, razão pela qual deverá ser endereçada para o juiz ou tribunal competente em razão do lugar para processá-la e julgá-la.

A competência territorial está definida no art. 651 e seus parágrafos da CLT. A regra geral é que a inquérito judicial para apuração de falta grave deverá ser ajuizada no foro do local da prestação do serviço, independentemente do local da contratação.

> Não se esqueça do juiz de direito investido na jurisdição trabalhista, art. 112 da CF/88, conforme já estudado.

Em síntese, as mesmas regras de competência da reclamação trabalhista também se aplicam ao inquérito judicial.

b) Qualificação completa do requerente

A petição inicial é a peça que inicia o processo, na qual as partes estão sendo apresentadas ao Poder Judiciário naquele momento, de forma que é essencial sua especificação.

Nesse momento é muito importante não se esquecer que não é válido criar dados que não estejam no enunciado.

Aqui deverão ser indicados a qualificação e endereço completos.

c) Advogado

Nesse momento deverá ser indicado o advogado do requerente, ou seja, daquele que está ajuizando o Inquérito.

É muito simples, basta citar o advogado e informar que a procuração consta anexa.

d) Fundamentação legal da peça

O inquérito judicial para apuração de falta grave tem sua fundamentação legal no art. 853 da CLT.

e) Verbo

Com relação a petição inicial, o verbo correto, ou melhor, os verbos corretos são: Ajuizar ou Aforar ou Intentar.

f) Nome da peça

O nome correto da peça é INQUÉRITO JUDICIAL PARA APURAÇÃO DE FALTA GRAVE.

g) Qualificação do requerido

As informações sobre a qualificação do requerente valem também para o requerido.

h) Teses (fundamentos jurídicos e legais)

Aqui deverão ser desenvolvidas as teses, de forma que sugerimos utilizar o silogismo jurídico.

Em regra, no inquérito judicial, a tese vai ter como objeto principal a comprovação de alguma das faltas graves previstas no art. 482 da CLT.

i) Pedidos

Nesse tópico deverá ser finalizada sua linha de raciocínio por meio do pedido.

Basta repetir os pedidos já realizados no desenvolvimento das teses com outra formatação, utilizando o menor espaço possível.

Não se esqueça de requerer a procedência do pedido.

j) Notificação

Neste item deverá ser requerida a notificação da parte contrária para comparecimento em audiência, a fim de aduzir suas defesas.

k) Requerimento por provas

Nesse momento deverão ser indicadas as provas que serão produzidas durante a instrução processual.

l) Valor da causa

O valor da causa no processo do trabalho tem grande importância, uma vez que é ele que define o rito/procedimento pelo qual o processo vai tramitar.

Em regra, para sua prova, o rito é o ordinário, salvo se o problema lhe der subsídios para afirmar ao contrário.

No caso em específico, o valor da causa não irá definir o rito, uma vez que o inquérito, por sua natureza jurídica sempre tramitará pelo rito especial.

m) Encerramento

Esse é um ponto da peça prático-profissional que merece grande atenção.

Não raro, vários examinandos acabam assinando a petição, gerando sua reprovação sumária pelo fato de terem se identificado.

Assim, é de suma importância que você não assine a peça.

1.3.2.1. Prazo para ajuizamento

Após tomar ciência da suposta falta grave cometida pelo empregado, o empregador tem a faculdade de suspendê-lo pelo prazo de 30 dias, conforme dispõe o art. 494 da CLT.

Caso o empregador decida pela suspensão, tem o prazo de 30 dias para o ajuizamento da ação, contados do início da suspensão, conforme o art. 853 da CLT.

O mencionado prazo é decadencial, o que é pacífico na doutrina e confirmado pela Súmula 403 do STF.

Tendo em vista que a suspensão é uma faculdade do empregador, caso ele não entenda pela necessidade de suspender o empregado, a ação deverá ser ajuizada o mais rápido possível, sob pena de a demora configurar o perdão tácito.

1.3.2.2. Procedimento

A ação de inquérito judicial segue o mesmo procedimento da reclamação trabalhista pelo rito ordinário, com duas especificidades:
a) A petição inicial deverá ser escrita, art. 853 da CLT.
b) Cada parte poderá ouvir até 6 testemunhas, art. 821 da CLT.

1.3.3. Questão da peça profissional

(Questão adaptada) João Cláudio Silva, brasileiro, solteiro, CTPS n. 55555, CPF n. 99999, residente na Rua Gama Rosa, 34, Bairro Porto, Salvador/BA, era professor de ensino superior da Faculdade Alpha Ltda., pessoa jurídica de direito privado, com sede na Rua Gameleira, 75, Bomfim, Salvador/BA, há mais de dez anos ininterruptos, sempre sendo considerado como um excelente professor, cumpridor de suas obrigações trabalhistas. Em 2015, João resolveu candidatar-se à eleição para Dirigente do Sindicato de sua categoria. Registrou sua candidatura, tendo sido a empresa informada corretamente acerca daquele registro, nos termos da Súmula 369 do TST. Três meses após a sua eleição como Dirigente do Sindicato dos Professores, João Claudio Silva começou a desenvolver um comportamento um pouco diferente, faltando sem justificativa, chegando atrasado diversas vezes, encerrando a aula muito antes do seu término, liberando turmas em dias normais de aula etc. A empresa fez uma consulta a você, Advogado Trabalhista, sobre o que fazer para tentar corrigir a situação, sendo informado que a empresa deveria advertir por escrito o Professor pelo menos umas 2 ou 3 vezes e, caso não houvesse correção da postura, aplicar umas 2 a 3 suspensões. Apesar das condutas punitivas da empresa, João Cláudio Silva continuou a falhar no desenvolvimento as atividades, sendo que a Direção da Faculdade chegou ao limite e quer demitir o empregado desidioso. Na qualidade de Advogado da empresa, ajuíze a ação necessária à dispensa do obreiro. Redija, dessa forma, a medida processual adequada.

1.3.4. Modelo da peça

AO JUÍZO DA... VARA DO TRABALHO DE SALVADOR/BAHIA

FACULDADE ALPHA LTDA., *pessoa jurídica de direito privado, com sede na Rua Gameleira, 75, Bonfim, Salvador/BA, por meio de seus Advogados infrafirmados, com fulcro no art. 853 da CLT, vem perante Vossa Excelência ajuizar a presente*

AÇÃO DE INQUÉRITO JUDICIAL PARA APURAÇÃO DE FALTA GRAVE

em face de JOÃO CLÁUDIO SILVA, brasileiro, solteiro, CTPS n. 55555, CPF n. 99999, residente na Rua Gama Rosa, 34, Bairro Porto, Salvador/BA.

DA FALTA GRAVE

O requerido, apesar de professor de ensino superior da requerente há mais de dez anos, está incurso na alínea "d" do art. 482 da CLT, que prevê a desídia como uma das hipóteses de justa causa obreira.

Apesar de configurada a justa causa, diante da estabilidade provisória do obreiro, faz-se necessário o ajuizamento da presente ação, visando ao reconhecimento judicial da justa causa, nos termos da Súmula 379 do TST e do art. 853 da CLT.

Diante do exposto, requer seja reconhecida a falta grave cometida pelo requerido.

DOS PEDIDOS

Diante do exposto, requer a Vossa Excelência seja julgado procedente o pedido para o reconhecimento da justa causa em que incorreu o obreiro, culminando com a rescisão do contrato de trabalho.

DOS REQUERIMENTOS

Requer seja o requerido notificado para comparecer à audiência, sob pena de revelia.
Requer provar o alegado por todos os meios de prova admitidos.
Requer a condenação do requerido ao pagamento dos honorários sucumbenciais, nos termos do art. 791-A da CLT.
Dá-se à causa o valor de R$... (valor por extenso).

Nestes termos,
Requer deferimento.
Local/Data
Advogado
OAB n. __

1.4. Ação de cumprimento

1.4.1. Apresentação

A ação de cumprimento tem por finalidade fazer cumprir a norma coletiva (acordo ou convenção coletiva) ou a Sentença Normativa, conforme art. 872 da CLT e Súmula 286 do TST e, para alguns, a sentença arbitral em sede de solução de conflito de natureza coletiva.

Em princípio, a ação de cumprimento foi criada para fazer cumprir apenas a sentença normativa, já que o dissídio coletivo não possui fase de execução, uma vez que a sentença normativa não é considerada título executivo. Entretanto, com o passar do tempo tornou-se também útil para fazer cumprir as normas coletivas, bem como as sentenças arbitrais proferidas em solução das lides coletivas.

A ação de cumprimento pode ser ajuizada pelo empregado com o direito lesado ou pelo seu sindicato de classe.

É de bom alvitre ressaltar que, no caso de o empregado pretender pleitear direitos previstos em norma coletiva/sentença normativa e outros previstos em lei de forma cumulativa, não há falar em ação de cumprimento, mas sim na reclamação trabalhista, por falta de interesse processual. A ação de cumprimento só tem lugar quando forem pleiteados direitos previstos apenas em norma coletiva/sentença normativa.

Para ilustrar tal situação, imagine uma convenção coletiva que prevê a concessão de uma cesta básica no valor de R$ 200,00 por mês. Se o empregador não cumprir a norma coletiva, o empregado poderá ajuizar ação de cumprimento, em vez da reclamação trabalhista. Ao contrário, levando em consideração que, além da cesta básica, o empregador também não venha a fazer pagamento das horas extras, de forma que, nesse caso, o empregado terá de ajuizar a reclamação trabalhista para pleitear a condenação do empregador ao pagamento da cesta básica e das horas extras.

Muito embora o dissídio coletivo, que dá origem a sentença normativa, seja de competência originária, em regra do TRT, e por exceção do TST, a ação de cumprimento para fazer cumprir a sentença normativa deve ser ajuizada na Vara do trabalho.

1.4.2. Características e requisitos

São requisitos da ação de cumprimento

a) Endereçamento completo

O endereçamento definirá o juiz ou Tribunal que irá apreciar sua petição, razão pela qual você deverá endereçá-la para o juiz ou tribunal competente em razão do lugar para processá-la e julgá-la.

A competência territorial está definida no art. 651 e seus parágrafos da CLT. A regra geral é que a ação de cumprimento deverá ser ajuizada no foro do local da prestação do serviço, independentemente do local da contratação.

Não se esqueça da possibilidade do juiz de direito investido na jurisdição trabalhista, art. 112 da CF/88.

b) Qualificação completa do requerente

A petição inicial é a peça que inicia o processo, na qual as partes estão sendo apresentadas ao Poder Judiciário naquele momento, de forma que é essencial sua especificação.

Nesse momento é muito importante não se esquecer que não é válido criar dados que não estejam no enunciado.

Aqui o examinando deverá indicar a qualificação e endereço completos do requerente.

c) Advogado

Nesse momento, o examinando deverá qualificar o advogado do requerente, ou seja, daquele que está ajuizando a ação de cumprimento.

É muito simples, basta citar o advogado e informar que a procuração consta anexa.

d) Fundamentação legal da peça

A ação de cumprimento tem previsão legal no art. 872 da CLT e Súmula 286 do TST.

e) Verbo

Com relação a petição inicial, o verbo correto, ou melhor, os verbos corretos são: Ajuizar ou Aforar ou Intentar.

f) Nome da peça

O nome correto da peça é AÇÃO DE CUMPRIMENTO.

g) Qualificação do requerido

As informações sobre a qualificação do autor valem também para o requerido.

h) Teses (fundamentos jurídicos e legais)

Aqui o examinando deverá desenvolver as teses, de forma que deverá utilizar o silogismo jurídico.

i) Pedidos

Nesse tópico, o examinando deverá finalizar sua linha de raciocínio por meio do pedido.

Basta repetir os pedidos já realizados no desenvolvimento das teses com outra formatação, utilizando o menor espaço possível.

É importante não se esquecer de requerer a procedência do pedido, bem como da sua liquidação.

j) Notificação

Neste item, o examinando deverá requerer que seja realizada a notificação da parte contrária para comparecimento em audiência, a fim de aduzir suas defesas.

k) Requerimento de provas

Nesse momento o examinando deverá indicar as provas que pretende produzir durante a instrução processual.

l) Valor da causa

O valor da causa no processo do trabalho tem grande importância, uma vez que é ele que define o rito/procedimento pelo qual o processo vai tramitar.

Em regra, para prova, o rito é o ordinário, salvo se o problema der subsídios para afirmar ao contrário.

No caso em específico, o valor da causa não irá definir o rito, uma vez que a ação de cumprimento, por sua natureza jurídica sempre tramitará pelo rito especial.

m) Encerramento

Esse é um ponto da peça prático-profissional que merece grande atenção.

Não raro, vários examinandos acabam assinando a petição, gerando sua reprovação sumária pelo fato de terem se identificado.

Assim, é de suma importância que a peça não seja assinada.

1.4.3. Questão da peça profissional

(Questão adaptada) Firmada a Convenção Coletiva entre Sindicato dos Trabalhadores da Indústria Metalúrgica e o Sindicato das Empresas Metalúrgicas, a cláusula 13ª previa o pagamento de adicional por tempo de serviço nos seguintes termos: anuênio (1%), biênio (2%), quinquênio (5%) e decênio (10%), sendo cumulativos. João da Silva, brasileiro, casado, torneiro mecânico, residente na Rua Oriente, n. 12, Bairro Conquista, São Luís, CEP: 23.345-000, empregado na empresa Brasil Metal Mecânico Ltda. em São Luís/MA, com endereço na Rua Joassaba, 13, Trindade, São Luís/MA, CEP: 23.345-000, e que faz jus à aplicação da CCT referida, completou, no dia 12-3-2015, cinco anos na empresa, devendo receber, portanto, 5% de reajuste, valor que não vem sendo pago desde então. Atualmente o salário de João da Silva é de R$ 2.200,00. Consultado, o setor de RH da empresa disse que a informação repassada pela Diretoria é de que não haverá pagamento dessa parcela. Pelo exposto, na qualidade de Advogado de João da Silva, ajuíze a ação adequada à preservação das normas insertas na CCT.

1.4.4. Modelo da peça

AO JUÍZO DA VARA... DO TRABALHO DE SÃO LUÍS-MA

JOÃO DA SILVA, brasileiro, casado, torneiro mecânico, residente na Rua Oriente, n. 12, Bairro Conquista, São Luís, CEP: 23.345-000, por seu advogado com procuração anexa, com escritório profissional, endereço completo, com fulcro no art. 872, parágrafo único, da CLT e Súmula 286 do TST, vem à presença de Vossa Excelência para ajuizar

AÇÃO DE CUMPRIMENTO

em face de Brasil Metal Mecânico Ltda., com endereço na Rua Joassaba, 13, Trindade, São Luís/MA, CEP: 23.345-000.

DO MÉRITO

A requerida não tem observado o disposto na convenção coletiva da categoria do requerente, uma vez que não tem realizado o reajuste em razão do pagamento do adicional por tempo de serviço, conforme a cláusula 13ª da CCT.

O ordenamento jurídico trabalhista faculta, nestes casos, a apresentação da Ação de Cumprimento, a fim de que se realize de imediato o pagamento correto do adicional por tempo de serviço, conforme dispõe o art. 872, parágrafo único, da CLT e a Súmula 286 do TST.

Diante do exposto, requer seja a requerida condenada ao pagamento do adicional por tempo de serviço, no valor estimado de R$... (valor por extenso).

DOS PEDIDOS

Diante do exposto, requer seja julgado procedente o pedido, com a condenação da requerida ao pagamento do adicional por tempo de serviço, no valor estimado de R$... (valor por extenso).

DOS REQUERIMENTOS

Requer, também, a notificação da requerida para que, querendo, compareça em ausência, sob pena de revelia.

Requer provar o alegado por todos os meios de prova admitidos.

Seja a ré condenada a pagar honorários de sucumbência, na forma do art. 791-A da CLT.

Dá-se à causa o valor de R$... (valor por extenso).

Nestes termos,
Requer deferimento.
Local/Data
Advogado
OAB n. ...

1.5. Mandado de segurança

1.5.1. Apresentação

O mandado de segurança é uma ação constitucional que tem cabimento para proteger direito líquido e certo, não amparado por habeas corpus ou *habeas data*, quando o responsável pela ilegalidade for autoridade pública, conforme dispõe o art. 1º da Lei n. 12.019/2009.

Nos termos do art. 1º da Lei n. 12.019/2009, qualquer pessoa física ou jurídica que tenha o direito líquido e certo ferido tem legitimidade ativa para a impetração do mandado de segurança.

A competência material para julgamento do mandado de segurança, quando o impugnado envolver matéria sujeita à jurisdição trabalhista, é da Justiça do Trabalho, conforme dispõe o art. 114, IV, da CF.

A competência funcional do mandado de segurança é definida pela autoridade coatora, nisto que, em se tratando de autoridade coatora que não faz parte da organização da Justiça do Trabalho, a competência é do Juiz do Trabalho; se a autoridade coatora for o Juiz do trabalho ou Desembargador do TRT, a competência é do TRT; se a autoridade coatora for o Ministro do TST, a competência é do próprio TST.

O requisito essencial para impetração do mandado de segurança é a existência do direito líquido e certo a ser protegido.

Entende-se por direito líquido e certo aquele que não tem necessidade da dilação probatória, razão pela qual a Súmula 415 do TST impossibilita a complementação de documentação. O prazo para impetração do mandado de segurança é decadencial de 120 dias, contados da ciência do ato impugnado, conforme art. 23 da Lei n. 12.019/2009.

1.5.2. Características e requisitos

São requisitos da petição do Mandado de Segurança:

a) Endereçamento completo

O mandado de segurança deverá ser impetrado ao juiz do trabalho ou juiz de direito investido na jurisdição trabalhista contra atos de Auditores Fiscais do Trabalho, Procuradores do Trabalho ou Oficiais de Cartório.

O mandado de segurança deverá ser impetrado ao Desembargador Presidente do Tribunal Regional do Trabalho contra atos do juiz do trabalho ou juiz de direito investido na jurisdição trabalhista, atos do próprio desembargador do TRT e atos dos demais servidores da Vara, Cartório ou próprio TRT.

O mandado de segurança deverá ser impetrado ao Ministro Presidente do Tribunal Superior do Trabalho contra ato do ministro do próprio TST ou servidores do próprio TST.

b) Qualificação completa do impetrante

Aqui deverá ser indicada a qualificação e endereço completos.

O nome de quem impetra o mandado de segurança é impetrante.

c) Advogado

Nesse momento deverá ser indicado o advogado do impetrante.

É muito simples, basta citar o advogado e informar que a procuração consta anexa.

d) Fundamentação legal da peça

O fundamento legal da peça é o art. 5º, LXIX, da CRFB/88 e o art. 1º da Lei n. 12.016/2009.

e) Verbo

O verbo correto é IMPETRAR.

f) Nome da peça

O nome correto da peça é MANDADO DE SEGURANÇA.

g) Qualificação da autoridade coatora

As informações sobre a qualificação do impetrante valem também para autoridade coatora.

h) Teses (fundamentos jurídicos e legais)

Aqui deverão ser desenvolvidas as teses, de forma que sugiro utilizar o silogismo jurídico.

i) Pedidos

Nesse tópico deverá ser finalizada a linha de raciocínio por meio do pedido.

Basta repetir os pedidos já realizados no desenvolvimento das teses com outra formatação, utilizando o menor espaço possível.

No caso do mandado de segurança, deverá ser requerida a concessão da segurança e, se for o caso, a concessão da liminar, o que é a regra geral.

j) Requerimentos finais

Aqui, à luz do art. 7º da Lei n. 12.016/2009, deverá ser requerido:

1) a notificação da autoridade coatora com envio de cópia da segunda via da inicial e documentos, a fim de que no prazo de 10 dias preste as informações;

2) a ciência do feito ao órgão judicial da pessoa jurídica interessada, enviando-lhe cópia da inicial sem documentos, para querendo ingressar no feito.

Nesse momento também poderá ser realizado o pedido liminar, desde que preenchidos dois requisitos, a probabilidade do direito e o perigo na demora da prestação jurisdicional, conforme disciplina o art. 7º, III, da Lei n. 12.016/2009.

k) Valor da causa

O valor da causa no processo do trabalho tem grande importância, uma vez que é ele que define o rito/procedimento pelo qual o processo vai tramitar.

Em regra, para sua prova, o rito é o ordinário, salvo se o problema lhe der subsídios para afirmar ao contrário.

No caso em específico o valor da causa não irá definir o rito, uma vez que o mandado de segurança, por sua natureza jurídica, sempre tramitará pelo rito especial.

l) Encerramento

Esse é um ponto da peça prático-profissional que merece grande atenção.

Não raro, vários examinandos acabam assinando a petição, gerando sua reprovação sumária pelo fato de terem se identificado.

1.5.3. Como identificar a peça

O ponto principal é identificar no exercício se ocorreu algum ato ilegal por parte da autoridade coatora, que em regra vai tratar do Auditor Fiscal do Trabalho, serventuários da Justiça do Trabalho, Juiz do Trabalho, Desembargador do TRT ou Ministro do TST.

1.5.4. Questão da peça profissional

(Questão adaptada) José Albino apresentou Reclamação Trabalhista em face da empresa Lanternas Verdes Ltda., requerendo a condenação da empresa ao pagamento do adicional de insalubridade. Na audiência inicial, o juiz designou a realização de perícia e determinou que a reclamada recolhesse no prazo de cinco dias os honorários prévios do perito, sob pena de não realização da perícia. Você, como advogado da empresa, utilize a medida cabível a fim de impugnar a decisão.

1.5.5. Modelo da peça

AO DESEMBARGADOR PRESIDENTE DO EGRÉGIO TRIBUNAL REGIONAL DO TRABALHO DA... REGIÃO

LANTERNAS VERDES LTDA., qualificação e endereço completos, por seu advogado com procuração anexa, com fulcro no art. 5º, LXIX, da Constituição e no art. 1º da Lei n. 12.016/2009, vem à presença de Vossa Excelência impetrar

MANDADO DE SEGURANÇA

contra o ato do Juiz da... Vara do Trabalho de..., proferido nos autos da Reclamação Trabalhista n. ..., em que figura no polo ativo JOSÉ ALBINO, qualificação e endereço completos, pelas razões de fato e de direito a seguir expostas:

MÉRITO

DO DIREITO LÍQUIDO E CERTO DO IMPETRANTE

O Sr. José Albino ajuizou ação trabalhista, que tramita na... Vara do Trabalho sob o n. ..., onde pediu a condenação da empresa impetrante ao pagamento do adicional de insalubridade. Na audiência inicial, o juiz designou a realização de perícia e determinou que a impetrante recolhesse no prazo de cinco dias os honorários prévios do perito, sob pena de não realização da perícia.

Os honorários do perito devem ser suportados pela parte sucumbente na pretensão objeto da perícia, o que somente será avaliado após a sentença, como se depreende do art. 790-B, "caput", da CLT.

O art. 790-B, § 3º, dispõe que não é possível o adiantamento dos honorários periciais.

Diante do exposto, resta clarividente que a decisão feriu direito líquido e certo da impetrante, na forma da OJ n. 98 da SDI-2 do TST.

DOS PEDIDOS E REQUERIMENTOS

Diante do exposto, requer a Vossa Excelência:
a) a notificação da autoridade coatora para que preste as informações no prazo de 10 (dez) dias, nos moldes do art. 7º, I, da Lei n. 12.016/2009;
b) a intimação do Advogado-Geral da União, dando-se ciência da impetração do presente mandado de segurança, nos exatos termos dos arts. 6º e 7º, II, da Lei n. 12.016/2009;
c) a concessão da segurança para determinar a realização da perícia sem a necessidade do pagamento dos honorários prévios.

Dá-se à causa o valor de R$... (valor por extenso).

Nestes termos,
Requer deferimento.
Local/Data
Advogado
OAB n. ...

1.6. Ação rescisória

1.6.1. Apresentação

A ação rescisória tem por finalidade desconstituir a coisa julgada material, sendo seus pressupostos decisão de mérito (regra) e trânsito em julgado. Ademais, não se admite em nosso sistema a ação rescisória preventiva (antes do trânsito em julgado).

No processo do trabalho, o art. 836 da CLT dispõe sobre o cabimento da ação rescisória.

Entretanto, o referido dispositivo legal não apontou quais os casos de cabimento da ação rescisória, razão pela qual devemos aplicar de forma subsidiária e supletiva as hipóteses previstas no art. 966 do CPC.

1.6.2. Características e requisitos

São requisitos da ação rescisória

a) Endereçamento completo

A primeira regra é não utilizar abreviaturas.

A ação rescisória é de competência originária dos tribunais trabalhistas. Vara do Trabalho jamais tem competência para julgar ação rescisória.

Quando o objeto da ação for rescindir uma sentença proferida pelo juiz do trabalho ou juiz de direito investido na jurisdição trabalhista, ou for rescindir um acórdão proferido pelo TRT, a competência é do TRT. Quando o objeto da ação for rescindir um acórdão proferido pelo TST, a competência é do próprio TST, observando-se o que dispõe a Súmula 192 do TST.

b) Qualificação completa do autor

A petição inicial é a peça que inicia o processo, na qual as partes estão sendo apresentadas ao Poder Judiciário naquele momento, de forma que é essencial sua especificação.

Nesse momento é muito importante não se esquecer que não é válido criar dados que não estejam no enunciado.

Aqui deverá ser indicada a qualificação e endereço completos.

c) Advogado

Nesse momento deverá ser indicado o advogado do autor.

É muito simples, basta citar o advogado e informar que a procuração consta anexa.

d) Fundamentação legal da peça

O fundamento legal da peça são o art. 836 da CLT combinado com o art. 966 do CPC.

e) Verbo

Com relação a petição inicial, o verbo correto, ou melhor, os verbos corretos são: Ajuizar ou Aforar ou Intentar.

f) Nome da peça

O nome correto da peça é AÇÃO RESCISÓRIA.

g) Qualificação do réu

As informações sobre a qualificação do autor valem também para o réu.

h) Depósito prévio

O art. 836, *caput*, da CLT prevê a exigência do depósito prévio de 20% do valor da causa para a propositura da ação rescisória, salvo prova de miserabilidade do autor, além dos casos previstos no § 1º do art. 968 do CPC. Há outros casos em que o depósito prévio é dispensado, como se extrai da IN n. 31 de 2017 do TST, por exemplo.

i) Teses (fundamentos jurídicos e legais)

Aqui deverão ser desenvolvidas as teses, de forma que sugiro utilizar o silogismo jurídico.

As teses da ação rescisória estão no art. 966 do CPC.

j) Pedidos

Nesse tópico deverá ser finalizada a linha de raciocínio por meio do pedido.

Basta repetir os pedidos já realizados no desenvolvimento das teses com outra formatação, utilizando o menor espaço possível.

Em especial, no caso da ação rescisória, o autor deverá requerer a procedência do pedido para o fim de determinar a rescisão do julgado e, se for o caso, novo julgamento pelo Tribunal, de acordo com o art. 968 do CPC.

k) Citação

Neste item deverá ser requerida a citação do réu para apresentar resposta.

l) Requerimento por provas

Nesse momento deverão ser indicas as provas que serão produzidas durante a instrução processual.

m) Valor da causa

A IN n. 31/2007 do TST disciplina o valor da causa da ação rescisória da seguinte forma:

- Ação rescisória que visa a desconstituir decisão da fase de conhecimento:
  – No caso de improcedência, ao valor dado à causa do processo originário ou aquele fixado pelo juiz.
  – No caso de procedência, o valor da condenação.
- Ação rescisória que visa a desconstituir decisão da fase de execução corresponderá ao valor apurado em liquidação de sentença.

n) Encerramento

Esse é um ponto da peça prático-profissional que merece grande atenção.

Não raro, vários examinandos acabam assinando a petição, gerando sua reprovação sumária pelo fato de terem se identificado.

1.6.2.1. Hipóteses de cabimento

As hipóteses de cabimento da ação rescisória estão elencadas de forma taxativa no art. 966 do CPC (*numerus clausus*), o qual dispõe que "*a decisão de mérito, transitada em julgado, pode ser rescindida quando*:

> I – se verificar que foi proferida por força de prevaricação, concussão ou corrupção do juiz;
>
> II – for proferida por juiz impedido ou por juízo absolutamente incompetente;
>
> III – resultar de dolo ou coação da parte vencedora em detrimento da parte vencida ou, ainda, de simulação ou colusão entre as partes, a fim de fraudar a lei;
>
> IV – ofender a coisa julgada;
>
> V – violar manifestamente norma jurídica;
>
> VI – for fundada em prova cuja falsidade tenha sido apurada em processo criminal ou venha a ser demonstrada na própria ação rescisória;
>
> VII – obtiver o autor, posteriormente ao trânsito em julgado, prova nova cuja existência ignorava ou de que não pôde fazer uso, capaz, por si só, de lhe assegurar pronunciamento favorável;
>
> VIII – for fundada em erro de fato verificável do exame dos autos.

Note-se que há erro de fato quando a decisão rescindenda admitir fato inexistente ou quando considerar inexistente fato efetivamente ocorrido, sendo indispensável, em ambos os casos, que o fato não represente ponto controvertido sobre o qual o juiz deveria ter se pronunciado.

Vale ressaltar que será rescindível a decisão transitada em julgado que, **embora não seja de mérito**, impeça nova propositura da demanda; ou admissibilidade do recurso correspondente.

A ação rescisória pode ter por objeto apenas 1 (um) capítulo da decisão.

Os atos de disposição de direitos, praticados pelas partes ou por outros participantes do processo e homologados pelo juízo, bem como os atos homologatórios praticados no curso da execução, estão sujeitos à anulação, nos termos da lei.

Cabe ação rescisória, com fundamento em violar manifestamente norma jurídica, contra decisão baseada em enunciado de súmula ou acórdão proferido em julgamento de casos repetitivos que não tenha considerado a existência de distinção entre a questão discutida no processo e o padrão decisório que lhe deu fundamento e, nestes casos, caberá ao autor, sob pena de inépcia, demonstrar, fundamentadamente, tratar-se de situação particularizada por hipótese fática distinta ou de questão jurídica não examinada, a impor outra solução jurídica.

1.6.2.2. Competência e legitimidade

A ação rescisória é de competência originária do tribunal, de forma que ela não pode ser ajuizada na Vara do Trabalho, sendo obrigatória a leitura da Súmula 192 do TST.

A definição do tribunal competente será realizada com base na decisão a ser rescindida; se for uma sentença da primeira instância ou acórdão do TRT, a competência é do TRT; se for um acórdão do TST, a competência é do TRT, a não ser nos casos excepcionados pela Súmula ao norte.

O art. 678, I, *c*, item 2, da CLT dispõe que compete ao Tribunal Regional do Trabalho processar e julgar as ações rescisórias das decisões das varas do trabalho e dos juízes de direito, sendo certo que a competência para o julgamento será estabelecida pelo Regimento Interno, e como regra geral ou é a Seção Especializada ou o Pleno.

No Tribunal Superior do Trabalho, a Lei n. 7.701/88 prevê que será a Seção de Dissídios Coletivos (SDC) ou a Seção de Dissídios Individuais (SDI), como segue:

a) O art. 2º, I, *c*, determina que será da SDC a competência, originariamente, para o julgamento das ações rescisórias propostas contra suas sentenças normativas.

b) O art. 3º, I, *a*, prevê que será da SDI a competência, originariamente, para o julgamento das ações rescisórias propostas contra decisões das turmas do TST e suas próprias, inclusive as anteriores à especialização em seções.

Conforme dispõe o art. 967 do CPC, é parte legítima para ajuizar a ação rescisória quem foi parte no processo ou seu sucessor, o terceiro prejudicado, o MP e aquele que não foi parte e era obrigatória sua intervenção.

1.6.2.3. Procedimento e prazo

Para o ajuizamento da ação rescisória, é preciso:
a) **trânsito em Julgado (art. 966, *caput*, do CPC);**
b) **decisão de mérito ou que impeça a propositura da ação ou admissibilidade do recurso (art. 966, § 2º, I e II, do CPC);**
c) **depósito prévio de 20% (art. 836, *caput*, da CLT), salvo para aqueles que são isentos.**

O prazo para o ajuizamento da ação rescisória é decadencial de 2 anos, contados a partir o trânsito em julgado da última decisão no processo, conforme art. 975 do CPC e Súmula 100 do TST.

PRÁTICA TRABALHISTA

Se fundada a ação no inciso VII do art. 966, o termo inicial do prazo será a data de descoberta da prova nova, observado o prazo máximo de 5 (cinco) anos, contado do trânsito em julgado da última decisão proferida no processo.

Nas hipóteses de simulação ou de colusão das partes, o prazo começa a contar, para o terceiro prejudicado e para o Ministério Público, que não interveio no processo, a partir do momento em que têm ciência da simulação ou da colusão.

Após distribuída a petição inicial, o réu será citado para apresentar contestação no prazo de 15 a 30 dias, que fica a critério do tribunal fixar, conforme dispõe o art. 970 do CPC.

1.6.3. Como identificar a peça

A ação rescisória só cabe quando verificada qualquer uma das hipóteses do art. 966, de forma que deverá ser verificado no exercício se o último ato processual praticado foi uma sentença ou acórdão e que não é mais possível a interposição de recurso por conta do trânsito em julgado e que se trata, em regra, de coisa julgada material, ou seja, decisão que resolveu o mérito.

1.6.4. Questão da peça profissional

(Questão adaptada) Joaquim José Lírio, brasileiro, gerente de vendas, portador do CPF n. 3333, CTPS n. 4444, residente na Rua dos Cocais, 87, Centro, Rio de Janeiro/RJ, ex-empregado da empresa Cogumelo Azul Produtos Naturais Ltda., com sede na Rua República do Líbano, 800, Centro, Rio de Janeiro/RJ, CEP: 34.888-000, dispensado com justa causa em 13-4-2018, ajuizou reclamação trabalhista que foi distribuída para a 26ª Vara do Trabalho do Rio de Janeiro, postulando o pagamento, entre outros títulos, de férias vencidas. O pedido foi julgado totalmente improcedente, sob a alegação de que a gravidade da falta praticada – agressão física a superior hierárquico – prevista no art. 482 da CLT, afastaria a possibilidade de qualquer crédito ao empregado, mesmo sob a rubrica de férias vencidas, já que a dispensa naquela modalidade era considerada como a punição mais grave que o empregado poderia receber. Não houve recurso da sentença, que transitou em julgado em 20-5-2021. Você foi procurado após o trânsito em julgado para analisar o processo e verificar se há alguma medida processual a ser tomada na situação. Na qualidade de Advogado de Joaquim, ajuíze a ação cabível.

GABARITO:

A medida processual adequada corresponde à ação rescisória, fundada no art. 485, V, do CPC [atual art. 966, V, do CPC/2015], tendo em vista que a rejeição do pedido de pagamento de férias vencidas, em caso de dispensa com justa causa, viola o art. 146 da CLT, de modo que há notória violação a norma jurídica.

1.6.5. Modelo da peça

AO DESEMBARGADOR PRESIDENTE DO EGRÉGIO TRIBUNAL REGIONAL DO TRABALHO DA 1ª REGIÃO

Processo n. ...

JOAQUIM JOSÉ LÍRIO, brasileiro, gerente de vendas, portador do CPF n. 3333, CTPS n. 4444, residente na Rua dos Cocais, 87, Centro, Rio de Janeiro/RJ, por seu advogado com procuração anexa, com fulcro no art. 836 da CLT combinado com o art. 966 do CPC, vem à presença de Vossa Excelência ajuizar

AÇÃO RESCISÓRIA

em face de COGUMELO AZUL PRODUTOS NATURAIS LTDA., com sede na Rua República do Líbano, 800, Centro, Rio de Janeiro/RJ, CEP: 34.888-000, pelas razões de fato e de direito a seguir expostas, a fim de desconstituir a decisão transitada em julgado.

DO DEPÓSITO PRÉVIO

Vale ressaltar que a autora deixa de efetuar o depósito prévio nos termos do art. 836, "caput", da CLT, uma vez que é pessoa comprovadamente pobre, pelo que requer a concessão da gratuidade de justiça, nos termos do § 3º do art. 790 da CLT, juntando, neste ato, sua declaração de hipossuficiência.

DA VIOLAÇÃO DE NORMA JURÍDICA

O autor teve o contrato de trabalho extinto por justa causa, sendo que a ré não pagou as férias vencidas. Foi ajuizada reclamação trabalhista, a qual teve o pedido julgado improcedente.

No caso em tela, resta evidente que a sentença do juiz da 26ª Vara do trabalho violou manifestamente uma norma jurídica, qual seja o art. 146 da CLT, que prevê o pagamento das férias vencidas ao empregado que tem o contrato rescindido por justa causa. Nesse caso, cabe a rescisão da referida sentença, nos termos do art. 966, V, do CPC, bem como novo julgamento para condenar a empresa ao pagamento das férias vencidas.

Deste modo, requer seja julgado procedente o pedido formulado na presente ação rescisória, com a consequente rescisão da sentença e novo julgamento.

DOS PEDIDOS

Diante do exposto, requer sejam julgados totalmente procedentes os pedidos, para o fim de rescindir a sentença e que seja proferido novo julgamento, para que seja julgado procedente o pedido de férias vencidas, o que faz nos termos do art. 968, I, do CPC.

DOS REQUERIMENTOS

Requer a citação da ré para que, querendo, apresente defesa no prazo a ser fixado, nos termos do art. 970 do CPC.

A condenação da ré ao pagamento de honorários advocatícios, nos termos do art. 791-A da CLT.

Por fim, pretende provar o alegado por todos os meios de provas admitidos, em especial pela documental juntada aos autos.

Dá-se à causa o valor de R$... (valor por extenso).

Nestes termos,
Requer deferimento.
Local/Data
Advogado
OAB n. ...

1.7. Contestação

1.7.1. Apresentação

A contestação é uma das modalidades de defesa do reclamado, e tem por fundamento o art. 847 da CLT e, tendo em vista a insuficiência da CLT, aplica-se subsidiária e supletivamente o CPC nos arts. 336 ao 341.

Ademais, a contestação é pautada por dois princípios basilares: princípio da eventualidade (também denominado de concentração por parte da doutrina) e princípio da impugnação especificada dos fatos.

O princípio da eventualidade diz respeito a obrigação de apresentar todas as teses defensivas em uma única peça, haja vista que o réu tem apenas uma chance de aduzir toda sua defesa, mesmo que tenha mais de uma tese defensiva. Assim, caberá ao réu arguir defesa processual, prejudiciais de mérito e defesa de mérito.

Para não esquecer, lembre-se desse princípio como o princípio da partícula "se": se o juiz não concordar com a primeira tese apresentada, siga utilizando outra tese.

Tal princípio somente tem lugar em razão das várias teses defensivas que o réu poderá alegar em sua defesa, por exemplo, a tese processual, também conhecida como preliminar de mérito (art. 337, CPC), que se trata de um obstáculo de natureza de direito processual que impede o juiz de conhecer do mérito da ação, da tese da defesa que prejudica a análise do mérito, parcialmente ou no todo, também conhecida como Prejudicial de mérito, que se trata de um fato extintivo do direito do autor (como a prescrição), e por último a tese da defesa do mérito (direta – ataca os fatos constitutivos ou indireta – reconhece os fatos constitutivos, mas alega fatos impeditivos, modificativos ou extintivos), onde o réu irá atacar os fatos alegados pelo reclamante, observando-se a impugnação específica.

1.7.2. Características e requisitos

A Contestação deverá conter os seguintes requisitos:

a) Endereçamento completo

Aqui o endereçamento é mais fácil do que na reclamação trabalhista, pois basta observar o endereçamento utilizado na petição inicial.

Exemplos:

Imagine que o exercício proposto indicou que o processo está tramitando perante a 1ª Vara do Trabalho de Porto Alegre; nesse caso, você precisa indicar a referida Vara:

AO JUÍZO DA 1ª VARA DO TRABALHO DE PORTO ALEGRE

No caso de o exercício não indicar a Vara na qual o processo tramita (o que é raro), basta deixar a lacuna.

AO JUÍZO DA... VARA DO TRABALHO...

b) Número do processo

Não esqueça que nesse momento processual já existe uma ação tramitando, consequentemente essa ação foi numerada (autuada) ao ser distribuída junto ao Poder Judiciário, razão pela qual deverá indicar o número do processo.

O referido número será indicado no exercício; caso não ocorra, basta deixar a lacuna, conforme o exemplo abaixo:

Processo n.

Na hipótese de o exercício indicar o número do processo, por exemplo, Processo n. 1234, basta repetir na contestação:

Processo n. 1234

c) Qualificação completa do reclamado

A contestação é uma das peças em que o reclamado tem seu primeiro contato com o Poder Judiciário, de forma que é essencial sua qualificação completa.

Nesse momento é muito importante não esquecer que não é válido criar dados que não estejam no enunciado.

No caso do exercício, não informar os dados da reclamada, basta indicar qualificação e endereço completos. Entretanto, se o exercício informar os dados do reclamado, o uso dos mesmos é obrigatório.

EMPRESA LTDA., qualificação e endereço completos...

d) Advogado

Nesse momento deverá ser indicada a presença do advogado do reclamado.

É muito simples, basta citar o advogado e informar que a procuração consta anexa.

EMPRESA LTDA.,..., por procurador com procuração anexa...

e) Fundamentação legal

É de suma importância a indicação correta do fundamento legal, uma vez que é elemento necessário para justificar tecnicamente o motivo pelo qual foi escolhida a confecção de uma contestação.

A fundamentação irá variar conforme a peça.

EMPRESA LTDA.,..., vem à presença de Vossa Excelência, com fundamento no art. 847 da CLT e arts. 336 a 341 do CPC, apresentar (oferecer)...

CONTESTAÇÃO

f) Verbo

É muito importante informar o verbo correto sobre o ato processual que irá praticar.

Com relação à contestação o verbo a ser utilizado pode ser apresentar ou oferecer.

EMPRESA LTDA.,..., vem à presença de Vossa Excelência apresentar...

g) Nome da peça

É de suma importância a indicação correta da peça, uma vez que é elemento necessário para justificar tecnicamente o motivo pelo qual o aluno a escolheu.

O nome irá variar conforme a peça.

Sugiro que o nome da peça seja destacado em letra diferente daquela utilizada para o restante da peça, bem como seja centralizado.

> EMPRESA LTDA,.., vem à presença de Vossa Excelência, com fundamento no art. 847 da CLT e arts. 336 a 341 do CPC, apresentar
>
> CONTESTAÇÃO

h) Indicação do reclamante

Nesse caso o reclamante já foi qualificado quando da confecção da reclamação trabalhista, de forma que basta inserir tal informação na peça.

> ...apresentar
>
> CONTESTAÇÃO
>
> em razão da reclamação trabalhista que lhe move FULANO DE TAL, já devidamente qualificado nos autos,

i) Benefícios na justiça gratuita

O benefício da justiça gratuita, pautado no art. 790, § 4º, da CLT, somente deverá ser requerido se o exercício trouxer dados sobre a dificuldade econômica do seu cliente, por exemplo, "a reclamada vem passando por grave crise financeira". Pela primeira vez a CLT expressamente autoriza a concessão da justiça gratuita ao reclamado.

Como sugestão, poderá ser utilizado o seguinte texto:

> DA JUSTIÇA GRATUITA
>
> A reclamada vem passando por grave crise financeira.
>
> O art. 790, § 4º, da CLT garante a justiça gratuita para a parte que não tem condições de arcar com as despesas processuais, o que ocorre com a reclamada no caso em comento.
>
> Diante do exposto, requer a Vossa Excelência sejam deferidos os benefícios da justiça gratuita à reclamada.

j) Teses (fundamentos jurídicos e legais)

1) Tese Processual – Preliminar de Mérito

Aqui deverá ser atacado o vício processual, com base em alguma das hipóteses do art. 337 do CPC, e chamamos a atenção para a "Impugnação do valor da causa", que, a partir da vigência do CPC de 2015, passou a ter que ser alegada em preliminar, e não mais em uma peça autônoma.

As preliminares de mérito, quando alegadas, sempre produzem um determinado efeito no processo, que em regra é a extinção do feito sem resolução do mérito. Na verdade, a preliminar que visa a extinção do processo é denominada peremptória, enquanto a preliminar que tem por fito sanar eventual vício é conhecida como dilatória.

Para facilitar a compreensão de cada preliminar e seu efeito, segue quadro demonstrativo.

Preliminar (art. 337 do CPC)	Requerimento (Efeito)
Nulidade ou inexistência de citação – inciso I	Requerimento de realização de uma nova audiência, com prazo mínimo de cinco dias de antecedência – art. 841 da CLT
Incompetência absoluta – inciso II	Em regra, remessa dos autos para o Juiz competente – art. 64, § 3º, do CPC. Às vezes, extinção do pedido, como será visto no exemplo abaixo
Incorreção do valor da causa – inciso III	Requerimento para correção do valor da causa, e se for o caso alteração do rito processual – art. 293 do CPC
Inépcia da petição inicial – inciso IV	Extinção do feito (ou pedido) sem resolução do mérito – art. 485, I, do CPC
Perempção – inciso V	Extinção do feito sem resolução do mérito – art. 485, V, do CPC
Litispendência – inciso VI	Extinção do feito sem resolução do mérito – art. 485, V, do CPC
Coisa Julgada – inciso VII	Extinção do feito sem resolução do mérito – art. 485, V, do CPC
Conexão – inciso VIII	Reunião das ações no juízo prevento – art. 55, § 1º, do CPC
Incapacidade das partes, defeito de representação ou falta de autorização – inciso IX	Requerimento de suspensão do processo para regularização – art. 76 do CPC
Convenção de arbitragem – inciso X	Extinção do feito sem resolução do mérito – art. 485, VII, do CPC
Ilegitimidade ou ausência de interesse processual – inciso XI	Extinção do feito sem resolução do mérito – art. 485, VI, do CPC
Falta de caução ou de outra prestação – inciso XII	Requerimento de suspensão do processo para regularização – art. 76 do CPC
Indevida a concessão do benefício da justiça gratuita – inciso XIII	Requerimento de revogação do benefício e condenação ao pagamento das custas – art. 789, § 1º, da CLT

Exemplo de uma preliminar de mérito

DA PRELIMINAR DE MÉRITO

DA INCOMPETÊNCIA ABSOLUTA

O reclamante ajuizou reclamação trabalhista pleiteando a condenação da reclamada ao pagamento das contribuições previdenciárias que não foram quitadas durante o contrato de trabalho.

Nos termos do art. 876, parágrafo único, da CLT, do art. 114, VIII, da Constituição, da Súmula 368, I, do TST e da Súmula Vinculante 53 do STF, c/c o art. 337, II, do CPC, o juiz do trabalho não tem competência material para processar e julgar o pedido de condenação da reclamação ao pagamento das contribuições pleiteadas.

Diante do exposto, requer seja acolhida a preliminar de mérito para o fim de que seja extinto sem análise de mérito o pedido ora citado.

Atenção: Neste caso, também é possível a arguição de outra preliminar, que é a Ilegitimidade Ativa, já que não há no ordenamento jurídico brasileiro autorização para que o autor de uma ação trabalhista possa, em nome próprio, pleitear crédito que não lhe pertence, de modo que estaria agindo como substituto processual da União de forma indevida, nos termos do art. 18 do CPC.

2) Prejudicial de Mérito

Nesse momento, deverá ser aduzida a prescrição bienal ou quinquenal, total ou parcial, ou ainda a decadência, pois que são as únicas teses extintivas do direito do reclamante que cabem nesse momento processual.

DA PREJUDICIAL DE MÉRITO

DA PRESCRIÇÃO

O reclamante ajuizou a reclamação trabalhista em 03 de maio de 2016.

O art. 7º, XXIX, da CF e o art. 11 da CLT determinam que o reclamante poderá reclamar somente as verbas trabalhistas dos últimos cinco anos, contados de forma retroativa a partir do ajuizamento da ação, bem como que o empregado possui o prazo de dois anos contados a partir da extinção do contrato de trabalho para ajuizamento da reclamação; assim, as verbas trabalhistas anteriores a 03 de maio de 2011 estão prescritas.

Diante do exposto, requer a Vossa Excelência seja acolhida a prejudicial de mérito para determinar a extinção do feito com resolução de mérito, com relação às verbas trabalhistas anteriores a 03 de maio de 2011, nos termos do art. 487, II, do CPC.

3) Tese da Defesa de Mérito

Nessa vertente da defesa deverão ser atacados os fatos alegados pelo reclamante, não se esquecendo do princípio da Impugnação Especificada dos Fatos (art. 341, CPC).

Esse é, sem sombra de dúvidas, o tópico mais importante da sua peça prático-profissional, haja vista ser aquele ao qual a banca examinadora mais atribui nota.

Aqui, sugerimos fazer uso do silogismo jurídico já ensinado no item anterior.

> Aconselhamos desenvolver a tese e fazer o pedido em separado de cada uma.
>
> Sugerimos, também, iniciar um novo tópico para cada tese desenvolvida.
>
> Nesse momento deverá ser demonstrado para o examinador todo o conhecimento jurídico sobre a matéria, de maneira que não poderá se esquecer de citar a legislação, Súmulas e Orientações Jurisprudenciais do TST e, se for o caso, Súmulas Vinculantes do STF ou outra base do ordenamento jurídico aplicável.

DO TRABALHO NOTURNO

O reclamante iniciava sua jornada às 5 horas da manhã e permanecia no trabalho até as 15 horas.

O art. 73, § 2º, da CLT preconiza que considera trabalho noturno aquele desenvolvido entre as 22 horas de um dia até as 5 horas do dia seguinte, bem como que aquele que se ativa em tal período tem direito de receber um adicional de 20% sobre o valor da hora diurna. Desta forma, resta evidente que o reclamante nunca se ativou durante o período considerado como noturno.

Diante do exposto, a reclamada não deve ser condenada ao pagamento do adicional noturno e seus reflexos, de modo que o pedido deve ser julgado improcedente.

k) Pedidos ou Conclusão

Nesse tópico deverá ser finalizada a linha de raciocínio por meio do pedido.

Aqui é preciso observar se houve alegação de preliminar ou prejudicial de mérito, uma vez que, se tiver sido aduzida alguma dessas teses, o pedido deverá ser o seguinte:

1) Preliminar de Mérito

Acolhimento da preliminar com a extinção do feito sem resolução do mérito, nos termos do art. 485, inciso... do Código de Processo Civil.

2) Prejudicial de Mérito

Acolhimento da prejudicial com a extinção do feito com resolução do mérito, nos termos do art. 487, II, do Código de Processo Civil.

DOS PEDIDOS

Diante do exposto, requer a Vossa Excelência seja acolhida a preliminar de mérito para o fim de extinguir o feito sem resolução do mérito, e que seja acolhida a prejudicial de mérito para o fim de extinguir o processo com resolução do mérito em relação às verbas trabalhistas anteriores a 03 de maio de 2011 e, ao final, sejam julgados totalmente improcedentes os pedidos do reclamante.

l) Requerimento por provas

Nesse momento deverão ser indicadas as provas que pretende produzir durante a instrução processual.

> **LEMBRE-SE:** As provas devem ser requeridas de forma genérica.

Requer a produção de todos os meios de prova admitidos.

m) Honorários sucumbenciais

Os honorários sucumbenciais são devidos pela parte sucumbente ao advogado da parte vencedora; assim, ao apresentar a defesa, o aluno pretende lograr êxito nos pedidos, e deverá requerer a condenação do reclamante ao pagamento dos referidos honorários.

Exemplo:

Requer a condenação do reclamante ao pagamento dos honorários sucumbenciais, na forma do art. 791-A da CLT.

n) Encerramento

Esse é um ponto da peça prático-profissional que merece grande atenção.

Não raro vários examinandos acabam assinando a petição, gerando sua reprovação sumária pelo fato de terem se identificado.

Assim, é de suma importância que você não assine a peça.

Nestes termos,
Pede Deferimento.
Local e data.
Advogado...
OAB n. ...

1.7.2.1. Compensação

A compensação é uma forma de extinção da obrigação, que deverá ser alegada quando reclamante e reclamado forem credores e devedores ao mesmo tempo, na forma do art. 767 da CLT combinado com as Súmulas 18 e 48 do TST.

Requisitos
- Reclamante e reclamado credores e devedores ao mesmo tempo.
- A dívida a ser compensada deve ser de natureza trabalhista.
- Requerida pelo reclamado em sede de contestação, sob pena de preclusão.
- Deverá ser respeitado o limite da condenação.

> **Art. 767 da CLT – A compensação, ou retenção, só poderá ser arguida como matéria de defesa.**
>
> **Súmula 18 do TST**
> COMPENSAÇÃO (mantida) – Res. 121/2003, *DJ* 19, 20 e 21-11-2003
> A compensação, na Justiça do Trabalho, está restrita a dívidas de natureza trabalhista.
>
> **Súmula 48 do TST**
> COMPENSAÇÃO (mantida) – Res. 121/2003, *DJ* 19, 20 e 21-11-2003
> A compensação só poderá ser arguida com a contestação.

1.7.3. Como identificar a peça

Para identificação da contestação, basta analisar dois requisitos ao fazer a leitura do exercício: o primeiro é que, em regra, o cliente é o empregador, e o segundo é que o exercício irá mencionar que já foi ajuizada reclamação trabalhista ou que foi ajuizada a reclamação trabalhista e a reclamada foi notificada para comparecer à audiência.

1.7.4. Contestação com reconvenção

A reconvenção não tem previsão na CLT, sendo que é aplicada ao Processo do Trabalho com fulcro no princípio da aplicação subsidiária e supletiva do CPC na seara trabalhista, estando prevista no art. 343 do CPC.

A reconvenção é um contra-ataque do réu em face do autor na mesma ação.

A reconvenção deverá ser aduzida no mesmo prazo da contestação, ou seja, em audiência.

A reconvenção poderá ser aduzida em uma peça em separado, quando alegada sozinha, ou deverá ser uma das teses da contestação, quando alegada em conjunto com esta por meio de um tópico próprio.

Requisitos
- Mesma relação processual.
- Mesma competência do juízo.

- Mesmo procedimento.
- Legitimidade: importante lembrar sobre a possibilidade de ampliar o polo passivo.
- Conexão, ou seja, ambos os pedidos devem ser conexos ao contrato de trabalho.

> Apresentada a reconvenção, o Juiz designará nova audiência para que o reclamante reconvindo possa apresentar sua defesa.
>
> A reclamação trabalhista e a reconvenção serão decididas no mesmo momento, na mesma sentença.
>
> O CPC de 2015 trouxe para nosso ordenamento jurídico a possibilidade da inclusão de um terceiro ao polo ativo ou passivo da ação no momento da apresentação da reconvenção, formando-se assim um litisconsórcio, conforme dispõe o art. 343, em seus §§ 3º e 4º, do CPC. **Exemplo:** Em razão do contrato de trabalho, o reclamado fornece ao reclamante um quarto no imóvel sede da empresa para que o mesmo resida durante a prestação do serviço. O reclamante, por sua vez, passa a residir no imóvel junto com sua esposa. Ao término do contrato de trabalho, o reclamante e sua esposa não desocupam o imóvel, e o reclamante ainda ajuíza uma RT em face do reclamado. Por ocasião da defesa, o reclamado apresenta a contestação em face do reclamante e a reconvenção em face do reclamante e de sua esposa para que desocupem o imóvel.

1.7.5. Questões da peça profissional

1. (**XXIII Exame**) Em 30 de abril de 2017, Hamilton ajuizou reclamação trabalhista em face da sociedade empresária Loteria Alfa Ltda., distribuída para a 50ª Vara de João Pessoa, sob o número 1234. Hamilton afirma que trabalhou na empresa de 13 de janeiro de 2010 a 25 de março de 2017, quando foi dispensado sem justa causa. Afirma, ainda, que trabalhava de 2ª a 6ª feira, das 7 h às 14 h, com intervalo de uma hora para refeição. Ele relata que sempre foi cumpridor de suas tarefas e prestativo para com os prepostos da empresa, e que, duas semanas após receber o aviso prévio, decidiu inscrever-se numa chapa como candidato a presidente do sindicato dos empregados em lotéricas, para lutar por melhorias para a sua categoria. Hamilton afirma que, além de processar os jogos feitos pelos clientes, também realizava atividade bancária referente a saques de até R$ 100,00 e o pagamento de contas de serviços públicos (água, luz, gás e telefone), bem como de boletos bancários de até R$ 200,00. Ele confirma que, dentre os clientes do empregador, estava uma companhia de energia elétrica da cidade, daí por que, uma vez por semana, tinha de ir até essa empresa para pegar, de uma só vez, as apostas de todos os seus empregados, o que fidelizava esses clientes; contudo, nesse dia, ele permanecia em área de risco (subestação de energia) por 10 minutos. Hamilton relata que, durante o período em que trabalhou na Loteria Alfa, faltou algumas vezes ao serviço e que teve essas faltas descontadas; diz, ainda, que substituiu o gerente da loteria, quando este se afastou por auxílio-doença, pelo período de três meses, mas que não teve qualquer alteração de salário. Ele afirma que existe o benefício de *ticket*-alimentação, previsto em acordo coletivo assinado pela sociedade empresária Beta Ltda., mas que jamais recebeu esse benefício durante todo o contrato. O empregado em questão informa que adquiriu empréstimo bancário, consignado em folha de pagamento, e que por três meses, quando houve sensível diminuição do movimento em razão da crise econômica, realizou serviço do seu próprio domicílio (*home office*), conferindo as planilhas de jogos, mas que não recebeu vale-transporte; ainda informa que não trabalhava nos feriados e que recebia vale-cultura do empregador no valor de R$ 30,00 mensais. Na reclamação trabalhista, Hamilton requer adicional de periculosidade, vantagens previstas na norma coletiva dos bancários, reintegração ao emprego, horas extras, horas de sobreaviso, *ticket* previsto na norma coletiva, vale-transporte pelo período em que trabalhou em *home office* e integração do vale-cultura ao seu salário. Foram juntados os contracheques, cópia da CTPS, comprovante de residência, acordo coletivo assinado pela sociedade empresária Loteria Beta Ltda. e norma coletiva dos bancários de 2010 a 2017. Contratado(a) pela sociedade empresária Loteria Alfa Ltda., você deve apresentar a peça judicial adequada aos interesses da ré. (Valor: 5,00)

GABARITO:

O candidato deverá apresentar uma *Contestação*, dirigida ao Juiz da 50ª Vara do Trabalho de João Pessoa, com indicação das partes e sustentando o seguinte: Inépcia do pedido de horas de sobreaviso porque não há causa de pedir acerca deste tema, mas apenas pedido, o que viola a norma de regência (art. 330, I, ou § 1º, I, e art. 485, I, ambos do CPC). Prescrição das pretensões anteriores a 30-4-2012 ou das pretensões anteriores a cinco anos do ajuizamento da ação, conforme o art. 7º, XXIX, da CRFB/88, art. 11, I, da CLT e Súmula 308, I, do TST. Sustentar que a periculosidade é indevida porque o tempo que o empregado passava em situação de risco de morte era extremamente reduzido (10 minutos a cada semana), o que não lhe assegura direito ao adicional almejado, conforme Súmula 364, I, do TST. Sustentar que o autor não é bancário porque o seu empregador não explora atividade bancária, mas sim de loteria, daí não fazer jus aos benefícios desta categoria, conforme o art. 511 da CLT. Sustentar ser indevida a reintegração porque a candidatura ocorreu no decorrer do aviso prévio, não sendo assegurada a garantia, conforme prevê a Súmula 369, V, do TST. Sustentar que a jornada cumprida não excede o módulo constitucional, seja o semanal, seja o diário, de modo que são indevidas as horas extras postuladas, conforme o art. 7º, XIII, da CRFB/88 e o art. 58 da CLT. Sustentar ser indevido o *ticket*, porque o acordo coletivo juntado não foi assinado pelo empregador, daí por que ele não está obrigado a respeitá-lo, conforme o art. 611, § 1º, da CLT. Sustentar que o vale transporte é indevido porque, no trabalho em domicílio, o empregado não utiliza transporte público, daí por que não faz jus a esse direito, não atendendo aos requisitos previstos no art. 1º da Lei n. 7.418/85 e no art. 2º do Decreto n. 95.247/87. A integração do vale-cultura é indevida por expressa disposição legal, conforme art. 458, § 2º, VIII, da CLT.

2. **(XXV Exame)** Você foi contratado(a) pela Floricultura Flores Belas Ltda., que recebeu citação de uma reclamação trabalhista com pedido certo, determinado e com indicação do valor, movida em 27-2-2018 pela ex-empregada Estela, que tramita perante o juízo da 50ª Vara do Trabalho de João Pessoa/PB e recebeu o número 98.765. Estela foi floricultora na empresa em questão de 25-10-2012 a 29-12-2017 e ganhava mensalmente o valor correspondente a dois salários mínimos. Na demanda, requereu os seguintes itens: a aplicação da penalidade criminal cominada no art. 49 da CLT contra os sócios da ré, uma vez que eles haviam cometido a infração prevista na referido diploma legal; o pagamento de adicional de penosidade, na razão de 30% sobre o salário-base, porque, no exercício da sua atividade, era constantemente furada pelos espinhos das flores que manipulava; o pagamento de horas extras com adição de 50%, explicando que cumpria a extensa jornada de segunda à sexta-feira, das 10 h às 20 h, com intervalo de duas horas para refeição, e aos sábados, das 16 h às 20 h, sem intervalo; o pagamento da multa do art. 477, § 8º, da CLT, porque o valor das verbas resilitórias somente foi creditado na sua conta 20 dias após à comunicação do aviso prévio, concedido na forma indenizada, extrapolando o prazo legal. Afirmou, ainda, que foi obrigada a aderir ao desconto para o plano de saúde, tendo assinado na admissão, contra a sua vontade, um documento autorizando a subtração mensal. A sociedade empresária informou que, assim que foi cientificada do aviso prévio, Estela teve uma reação violenta, gritando e dizendo-se injustiçada com a atitude do empregador. A situação chegou a tal ponto que a segurança terceirizada precisou ser chamada para conter a trabalhadora e acompanhá-la até a porta de saída. Contudo, quando deixava o portão principal, Estela começou a correr, pegou uma pedra do chão e a arremessou violentamente contra o prédio da empresa, vindo a quebrar uma das vidraças. A empresa informa que gastou R$ 300,00 na recolocação do vidro atingido, conforme nota fiscal que exibiu, além de apresentar a guia da RAIS comprovando possuir 7 empregados, os contracheques da autora e o documento assinado pela empregada autorizando o desconto de plano de saúde. Diante dessa narrativa, apresente a peça pertinente na melhor defesa dos interesses da reclamada. (Valor: 5,00)

GABARITO:
Deverá ser confeccionada uma resposta na forma unificada de contestação e reconvenção, dirigida ao juízo da 50ª Vara do Trabalho de João Pessoa/PB. Na contestação, deverão ser abordados os seguintes tópicos: Ser suscitada preliminar de incompetência absoluta da Justiça do Trabalho para apreciação e condenação criminal referente ao art. 49 da CLT, conforme o art. 114, IX, da CRFB/88. Ser arguida a prescrição das pretensões anteriores a 27-2-2013, conforme o art. 7º, XXIX, da CRFB/88, o art. 11, I, da CLT e a Súmula 308, I, do TST. Advogar que o vício de vontade em relação à assinatura da autorização para desconto deve ser provado pela autora, conforme o art. 818, I, da CLT ou a Súmula 342 do TST, já que é válida a autorização de desconto feita no momento da admissão, conforme OJ n. 160 do TST. Sustentar que o adicional de penosidade não foi regulamentado, estando previsto apenas no art. 7º, XXIII, da CRFB/88. Negar as horas extras porque, pela própria narrativa da petição inicial, se verifica que o módulo constitucional não foi ultrapassado, conforme o art. 7º, XIII, da CRFB/88 e o art. 58 da CLT. Sustentar ser indevida a multa do art. 477, porque o pagamento das verbas devidas foi feito no prazo legal, observado o art. 477, § 6º, da CLT. Na reconvenção, deverá ser requerido o valor de R$ 300,00, relativo ao vidro quebrado pela autora, com indicação do art. 343 do CPC, do art. 186 do CC e do art. 927 do CC. Requerer honorários advocatícios na ação principal e na reconvenção, conforme o art. 791-A e § 5º, da CLT. Encerramento com renovação da preliminar, da prejudicial de mérito, da procedência da reconvenção e indicação das provas a serem produzidas.

3. **(XXVIII Exame)** A sociedade empresária Tecelagem Fio de Ouro S.A. procura você, como advogado(a), afirmando que Joana da Silva, que foi empregada da Tecelagem de 10-5-2008 a 29-9-2018, ajuizou reclamação trabalhista em face da sociedade empresária, em 15-10-2018, com pedido certo, determinado e com indicação de seu valor. O processo tramita na 80ª Vara do Trabalho de Cuiabá, sob o número 1000/2018. Joana requereu da ex-empregadora o pagamento de indenização por dano moral, alegando ser vítima de doença profissional, já que o mobiliário da empresa, segundo diz, não respeitava as normas de ergonomia. Disse, ainda, que a empresa fornece plano odontológico gratuitamente, requerendo, então, a sua integração, para todos os fins, como salário-utilidade. Afirma que, nos últimos dois anos, a sociedade empresária fornecia, a todos os empregados, uma cesta básica mensal, suprimida a partir de 1º de agosto de 2018, violando direito adquirido, pelo que requer o seu pagamento nos meses de agosto e setembro de 2018. Relata que, no ano de 2018, permanecia, duas vezes na semana, por mais uma hora na sede da sociedade empresária para participar de um culto ecumênico, caracterizando tempo à disposição do empregador, que deve ser remunerado como hora extra, o que requereu. Joana afirma que foi coagida moralmente a pedir demissão, pois, se não o fizesse, a sociedade empresária alegaria dispensa por justa causa, apesar de ela nada ter feito de errado. Assim, requer a anulação do pedido de demissão e o pagamento dos direitos como sendo uma dispensa sem justa causa. Ela reclama que foi contratada como cozinheira, mas que era obrigada, desde o início do contrato, após preparar os alimentos, a colocá-los em uma bandeja e levar a refeição para os 5 empregados do setor. Esse procedimento caracterizaria acúmulo funcional com a atividade de garçom, pelo que ela requer o pagamento de um *plus* salarial de 30% sobre o valor do seu salário. Por fim, formulou um pedido de adicional de periculosidade, mas não o fundamentou na causa de pedir. Joana juntou, com a petição inicial, os laudos de ressonância magnética da coluna vertebral, com o diagnóstico de doença degenerativa, e a cópia do cartão do plano odontológico, que lhe foi entregue pela empresa na admissão. Juntou, ainda, a cópia da convenção coletiva, que vigorou de julho de 2016 a julho de 2018, na qual consta a obrigação de os empregadores fornecerem uma cesta básica aos seus colaboradores a cada mês, e, como não foi entabulada nova convenção desde então, advoga que a anterior prorrogou-se automaticamente. Por fim, juntou a circular da empresa que informava a todos os empregados que eles poderiam participar de um culto na empresa, que ocorreria todos os dias ao fim do expediente. A ex-empregadora entregou a você o pedido de demissão escrito de próprio punho pela autora e o documento com a quitação dos direitos da ruptura considerando um pedido de demissão. Diante da situação, elabore a peça processual adequada à defesa dos interesses de seu cliente.

GABARITO:

O candidato deve apresentar uma contestação dirigida ao Juízo da 80ª Vara do Trabalho de Cuiabá, com base no art. 847 da CLT, identificando as partes envolvidas. Deverá suscitar preliminar de inépcia em relação ao pedido de adicional de periculosidade, com a extinção do processo sem resolução do mérito em relação a esse pleito, na forma do art. 330, § 1º, I, e do art. 485, I, ambos do CPC/2015. Deverá ser arguida a prejudicial de mérito de prescrição parcial, para ver declarado prescrito todo e qualquer suposto direito anterior a 15-10-2013, conforme o art. 7º, XXIX, da CRFB/88, OU o art. 11, da CLT OU a Súmula 308, I, do TST. Deverá ser contestado o pedido de indenização por dano moral porque doença degenerativa não é considerada doença profissional nem doença do trabalho, na forma do art. 20, § 1º, *a*, da Lei n. 8.213/91. Deverá ser sustentado que o plano odontológico não caracteriza salário-utilidade por expressa vedação legal, na forma do art. 458, § 2º, IV e § 5º, da CLT, daí por que não poderá ser integrado ao salário. Deverá ser contestado o pedido de cesta básica porque a norma coletiva juntada findou em julho de 2018 e não possui ultratividade, na forma do art. 614, § 3º, da CLT. Deverá ser contestado o pedido de tempo à disposição porque a participação voluntária do empregado em práticas religiosas dentro da empresa não o caracteriza, por explícita vedação legal, na forma do art. 4º, § 2º, I, da CLT. Deverá ser negada a coação no pedido de demissão, caso em que o advogado que o ônus de provar o alegado vício de consentimento pertence à autora, na forma do art. 818, I, da CLT e do art. 373, I, do CPC/2015. Alternativamente, será aceita a tese de negar a prática de qualquer ato ilícito capaz de provocar dano, conforme os arts. 186 e 927 do CCB. Deverá ser contestado o pedido de acúmulo funcional porque a atividade desempenhada pela autora era compatível com a sua condição pessoal e profissional, na forma do art. 456, parágrafo único, da CLT. Por fim, o fechamento, indicando local, data, nome e inscrição OAB.

4. **(XXXII Exame)** Érica Grama Verde trabalhou para a sociedade empresária Auditoria Pente Fino S.A. de 29-9-2011 a 7-1-2020, exercendo, desde a admissão, a função de gerente do setor de auditoria de médias empresas. Na condição de gerente, Érica comandava 25 auditores, designando suas atividades junto aos clientes do empregador, bem como fiscalizando e validando as auditorias por eles realizadas. Érica recebia salário mensal de R$ 20.000,00 (vinte mil reais), acrescido de gratificação de função de R$ 10.000,00 (dez mil reais). Érica pediu demissão, em 7-1-2020, e ajuizou reclamação trabalhista em 30-1-2020, na qual postulou o pagamento de horas extras, alegando que trabalhava de segunda-feira a sábado, das 8h às 20h, com intervalo de 1 hora para refeição, sendo que não marcava folha de ponto. Érica requereu o pagamento da indenização de 40% sobre o FGTS, que não foi depositada na sua conta vinculada, conforme extrato analítico do FGTS, que juntou com a inicial. Ela afirmou, ainda, que a empresa não efetuou o recolhimento do INSS nos anos de 2018 e 2019, fazendo comprovação disso por meio do seu Cadastro Nacional de Informações Sociais (CNIS), juntado com a petição inicial, no qual se constata que, nos anos citados, não houve recolhimento previdenciário, pelo que requereu que a empresa fosse condenada a regularizar a situação. Érica explicou e comprovou com os contracheques que, a partir de 2018, passou a receber prêmios em pecúnia, em valores variados, pelo que requereu a integração do valor desses prêmios à sua remuneração, com reflexos nas demais verbas salariais e rescisórias, inclusive FGTS, e o pagamento das diferenças daí decorrentes. Érica informou que, desde o início de seu contrato, realizava as mesmas atividades que Silvana Céu Azul, outra gerente do setor de auditoria de médias empresas, admitida na Auditoria Pente Fino S.A. em 15-1-2009, já na função de gerente, mas que ganhava salário 10% superior ao da reclamante, conforme contracheques que foram juntados com a petição inicial e evidenciam o salário superior da modelo. Uma vez que as atividades de Érica eram desenvolvidas em prédio da sociedade empresária localizado ao lado de uma comunidade muito violenta, tendo a empregada ouvido diversas vezes disparos de arma de fogo e assistido, da janela de sua sala de trabalho, a várias operações policiais que combatiam o tráfico de drogas no local, requereu o pagamento de adicional de periculosidade. Por fim, Érica requereu o pagamento de honorários advocatícios de 20% sobre o valor da condenação, conforme o art. 85, § 2º, do CPC. Diante da situação, você, como advogado(a) da sociedade empresária, deve elaborar a peça processual adequada à defesa dos interesses de seu cliente, sabendo que a demanda foi proposta perante a 200ª Vara do Trabalho de São Paulo sob o número 0101010-50.2020.5.02.0200.

GABARITO:

O examinando deve apresentar uma peça no formato de contestação, dirigida ao Juízo da 200ª Vara do Trabalho de São Paulo, com base no art. 847 da CLT, identificando as partes envolvidas. Deverá suscitar preliminar de incompetência material em relação ao recolhimento do INSS, na forma da Súmula Vinculante 53 do STF, Súmula 368, I, do TST e art. 876, parágrafo único, da CLT. Deverá suscitar preliminar de inépcia em relação à equiparação salarial porque há causa de pedir sem pedido, conforme art. 330, § 1º, II, do CPC. Deverá ser arguida a prejudicial de mérito de prescrição parcial, para ver declarado prescrito todo e qualquer suposto direito anterior a 30-1-2015 ou anteriores a cinco anos do ajuizamento da ação, conforme o art. 7º, XXIX, da CRFB/88, o art. 11 da CLT e a Súmula 308, I, do TST. Deverá ser contestado o pedido de horas extras porque sendo a autora gerente e, efetivamente, tendo poder de gestão e salário diferenciado, com gratificação de função superior a 40%, ocupa cargo de confiança e, assim, não tem direito a limite de jornada. Consequentemente, não tem direito ao pagamento de horas extras, conforme o art. 62, II, da CLT. Deverá ser sustentado que não há direito à indenização de 40% sobre o FGTS porque a autora pediu demissão, o que impede a pretensão, porque essa hipótese não é prevista na norma cogente, na forma do art. 18, § 1º, da Lei n. 8.036/90 e art. 9º, § 1º, do Decreto 99.684/90. Deverá ser contestado o pedido de integração dos prêmios porque, ainda que habituais, eles não integram a remuneração conforme previsão legal expressa no art. 457, § 2º, da CLT. Deverá ser contestado, em razão princípio da eventualidade, o pedido de equiparação salarial porque a modelo tem mais de 2 anos na função, não implementando uma das condições legais, na forma do art. 461, § 1º, da CLT. Deverá ser contestado o pedido de periculosidade porque a situação retratada na petição inicial não autoriza tecnicamente o pagamento do adicional, pois a empregada não laborava em atividade ou operações perigosas segundo o art. 193 da CLT. Deverá ser contestado o pedido de honorários advocatícios porque limitam-se a 15%, além de postulados honorários sucumbenciais, na forma do art. 791-A da CLT. Por fim, o fechamento, indicando local, data, nome e inscrição OAB.

1.7.6. Modelo da peça

1. (XXIII Exame)

AO JUÍZO DA 50ª VARA DO TRABALHO DE JOÃO PESSOA

PROCESSO N. 1234

LOTERIA ALFA LTDA., qualificação e endereço completos, por seu procurador com procuração anexa, com fulcro no art. 847 da CLT e nos arts. 336 e ss. do CPC, vem à presença de Vossa Excelência apresentar

CONTESTAÇÃO

em razão da reclamação trabalhista que lhe move HAMILTON, já qualificado nos autos.

PRELIMINARMENTE

DA INÉPCIA DO PEDIDO

O reclamante requereu a condenação da reclamada ao pagamento das horas de sobreaviso, entretanto não apontou a causa de pedir.
Nos termos do art. 330, I, § 1º, I, do CPC, dispõe que será inepto o pedido quando lhe faltar causa de pedir, o que ocorre com o pedido de horas de sobreaviso.
Diante do exposto, requer seja acolhida a preliminar de mérito para o fim de extinguir o pedido sem resolução do mérito, conforme dispõe o art. 485, V, do CPC.

DA PREJUDICIAL DE MÉRITO

DA PRESCRIÇÃO QUINQUENAL

O reclamante foi contratado dia 13 de janeiro de 2010, e teve o contrato rescindido em 25 de março de 2017, e ajuizou a reclamação trabalhista em 30 de abril de 2017.

O art. 11 da CLT dispõe que prescreve em cinco anos, contados do ajuizamento da ação, a possibilidade de exigir os direitos trabalhistas, sendo que no presente caso a prescrição quinquenal operou-se dia 30-4-2012.

Diante do exposto, requer seja acolhida a prescrição quinquenal para extinguir, com resolução do mérito os pedidos anteriores a 30-4-2012, nos termos do art. 487, II, do CPC.

DA DEFESA DE MÉRITO

DA INEXISTÊNCIA DO ADICIONAL DE PERICULOSIDADE

O reclamante tinha contato com energia elétrica uma vez por semana, por um período de apenas 10 minutos.

Nos termos da Súmula 364, I, do TST, não faz jus ao recebimento do adicional de periculosidade, o empregado que, muito embora tenha contato habitual, seja por tempo muito reduzido, conforme ocorreu com o reclamante.

Diante do exposto, requer seja julgado totalmente improcedente o pedido.

DAS VANTAGENS DA CATEGORIA DOS BANCÁRIOS

O reclamante pleiteia a condenação da reclamada ao pagamento de alguns benefícios previstos na norma coletiva da categoria dos bancários.

Nos termos do art. 511 da CLT, o reclamante não faz parte da categoria dos bancários, uma vez que a reclamada não explora atividade bancária, mas de loteria.

Diante do exposto, requer seja julgado totalmente improcedente o pedido.

DA REINTEGRAÇÃO

O reclamante alega ter direito a reintegração, uma vez que tinha estabilidade no emprego em razão da candidatura como dirigente sindical que ocorreu durante o período do aviso prévio.

Nos termos da Súmula 369, V, do TST, o empregado que registra a candidatura durante o período do aviso prévio, inclusive indenizado, não faz jus a estabilidade no emprego e por consequência também não tem direito a reintegração.

Diante do exposto, requer seja julgado improcedente o pedido.

DA INEXISTÊNCIA DAS HORAS EXTRAS

O reclamante se ativava de segunda à sexta-feira das 7 às 14 horas, com uma hora de intervalo para descanso e refeição.

Nos termos do art. 58 da CLT, a jornada de trabalho do reclamante não excedia 8 horas diárias, de forma que não faz jus às horas extras.

Diante do exposto, requer seja julgado improcedente o pedido.

DO "TICKET" REFEIÇÃO

O reclamante pleiteia o recebimento do "ticket" refeição, e para tanto, juntou aos autos acordo coletivo firmado pela Lotérica Beta.

Nos termos do art. 611, § 1º, da CLT, o acordo coletivo juntado aos autos não obriga a reclamada, pois que assinado por empresa distinta.

Diante do exposto, requer seja julgado improcedente o pedido.

DO VALE-TRANSPORTE

O reclamante pleiteia a condenação da reclamada ao pagamento do valor transporte referente o período em que o mesmo trabalhou na sua própria residência.

Nos termos do art. 1º da Lei n. 7418/85 e no art. 107 do Decreto n. 10.854/2021 o reclamante não faz jus ao vale-transporte, uma vez que não preencheu os requisitos previstos em lei.

Diante do exposto, requer seja julgado improcedente o pedido.

DO VALE-CULTURA

O reclamante pleiteia a integração do valor do vale-cultura ao seu salário.

Nos termos do art. 458, § 2º, VIII, da CLT, o vale-cultura não tem natureza salarial.

Diante do exposto, requer seja julgado improcedente o pedido.

DOS PEDIDOS

Diante do exposto, requer a Vossa Excelência seja acolhida a preliminar de mérito para extinguir o pedido de horas de sobreaviso sem resolução do mérito, bem como que seja acolhida a prescrição quinquenal para extinguir com resolução do mérito os pedidos anteriores a 30-4-2012, e, ao final, sejam julgados totalmente improcedentes todos os pedidos.

Requer provar o alegado por todos os meios de prova admitidos.

Requer a condenação do reclamante ao pagamento dos honorários sucumbenciais, nos termos do art. 791-A da CLT.

Nestes termos,
Requer deferimento.
Local/Data
Advogado
OAB n. ....

2. (XXV Exame)

AO JUÍZO DA 50ª VARA DO TRABALHO DE JOÃO PESSOA-PB

Processo n. 98.765

FLORICULTURA FLORES BELAS LTDA., qualificação e endereço completos, por seu advogado com procuração anexa, com fulcro no art. 847 da CLT, vem à presença de Vossa Excelência apresentar

CONTESTAÇÃO

em face da reclamação trabalhista que lhe move ESTELA, já devidamente qualificada nos autos.

DA PRELIMINAR

DA INCOMPETÊNCIA ABSOLUTA

A reclamante pleiteia a condenação criminal da reclamada.
Nos termos do art. 114, IX, da CRFB/88, o juiz do trabalho não tem competência material para processar e julgar crimes.
Diante do exposto, requer seja acolhida a preliminar para determinar a extinção do pedido sem análise de mérito, na forma do art. 485, II, do CPC.

DA PREJUDICIAL DE MÉRITO

DA PRESCRIÇÃO QUINQUENAL

A reclamante foi contratada em 25-10-2012 e ajuizou a reclamação trabalhista em 27-2-2018.
Nos termos do art. 11 da CLT, o empregado pode pleitear os direitos referentes aos últimos cinco anos, contados do ajuizamento da ação.
Diante do exposto, requer seja colhida a prescrição quinquenal para o fim de extinguir os direitos anteriores a 27-2-2013, com resolução do mérito, conforme o art. 487, II, do CPC.

DA DEFESA DE MÉRITO

DO DESCONTO COM PLANO DE SAÚDE

A reclamante pleiteia a devolução dos descontos referentes ao plano de saúde, pois alega que foi forçada a assinar autorização quando da contratação.
Nos termos do art. 818, I, da CLT, é ônus da reclamante provar que houve o vício de consentimento quando da assinatura do documento, do qual não se desincumbiu.
Diante do exposto, requer seja julgado improcedente o pedido.

DO ADICIONAL DE PENOSIDADE

A reclamante pleiteia a condenação da reclamada ao pagamento do adicional de penosidade.
Ocorre que o adicional de penosidade, muito embora expresso no art. 7º, XXIII, da CRFB/88, não foi regulamentado.
Diante do exposto, requer seja julgado improcedente o pedido.

DA INEXISTÊNCIA DAS HORAS EXTRAS

A reclamante pleiteia a condenação da reclamada ao pagamento de horas extras.
Nos termos do art. 58 da CLT, a jornada de trabalho da reclamante não ultrapassa o módulo constitucional de 8 horas diárias e 44 semanais.
Diante do exposto, requer seja julgado improcedente o pedido.

DA MULTA DO ART. 477 DA CLT

A reclamante pleiteia a condenação da reclamada ao pagamento da multa do art. 477, § 8º, da CLT, alegando que as verbas foram pagas no prazo de 20 dias da concessão do aviso prévio indenizado.

Nos termos do art. 477, § 6º, da CLT, as verbas rescisórias devem ser pagas no prazo de 10 dias, contados da extinção do contrato, de forma que no caso em tela foram quitadas dentro do prazo legal.

Diante do exposto, requer seja julgado totalmente improcedente o pedido.

DA RECONVENÇÃO

A reclamante-reconvinda, no ato da demissão, causou um prejuízo a reclamada-reconvinte no valor de R$ 300,00.

Nos termos do art. 343 do CPC, a reconvenção pode ser alegada em conjunto com a contestação, de forma que a reclamante-reconvinda deverá ser condenada ao pagamento de R$ 300,00 pelo prejuízo causado, conforme os arts. 186 c/c o art. 927, ambos do CC.

Diante do exposto, requer seja julgado procedente o pedido reconvencional.

DOS PEDIDOS

Diante do exposto, requer a Vossa Excelência seja acolhida a preliminar de mérito de incompetência absoluta do juízo, bem como que seja acolhida a prescrição quinquenal para o fim de extinguir com resolução do mérito os pedidos anteriores a 27-2-2013 e, por fim, sejam julgados totalmente improcedentes os pedidos e julgado procedente o pedido reconvencional.

Requer a notificação da reclamante-reconvinda para apresentar defesa no prazo legal.

Requer provar o alegado por todos os meios de prova admitidos.

Requer a condenação da reclamante ao pagamento dos honorários sucumbenciais da reclamação trabalhista e da reconvenção, nos termos do art. 791-A da CLT.

Nestes termos,
Requer deferimento.
Local/Data
Advogado
OAB n. ...

3. (XXVIII Exame)

AO JUÍZO DA 50ª VARA DO TRABALHO DE CUIABÁ

Processo n. 1000/2018

TECELAGEM FIO DE OURO S.A., qualificação e endereço completos, por seu advogado com procuração anexa, com fulcro no art. 847 da CLT, vem à presença de Vossa Excelência apresentar

CONTESTAÇÃO

em face da reclamação trabalhista que lhe move JOANA DA SILVA, já devidamente qualificada nos autos.

PRELIMINARMENTE

DA INÉPCIA DO PEDIDO

A reclamante pleiteia a condenação da reclamada ao pagamento do adicional de periculosidade, entretanto não menciona a causa de pedir.

Nos termos do art. 337, IV, do CPC c/c o art. 330, § 1º, I, do CPC, o pedido será inepto quando faltar causa de pedir.

Diante do exposto, requer seja acolhida a preliminar para determinar a extinção do pedido sem resolução do mérito, na forma do art. 485, I, do CPC.

DA PREJUDICIAL DE MÉRITO

DA PRESCRIÇÃO QUINQUENAL

A reclamante foi contratada em 15-5-2008 e ajuizou a reclamação trabalhista em 15-10-2018.

Nos termos do art. 11 da CLT, o empregado pode pleitear os direitos referentes aos últimos cinco anos, contados do ajuizamento da ação.

Diante do exposto, requer seja colhida a prescrição quinquenal para o fim de extinguir os direitos anteriores a 15-10-2013, com resolução do mérito, conforme o art. 487, II, do CPC.

DA DEFESA DE MÉRITO

DA INDENIZAÇÃO POR DANO EXTRAPATRIMONIAL

A reclamante pleiteia a condenação da reclamada ao pagamento de indenização por dano extrapatrimonial em razão de que foi acometida de doença ocupacional durante o contrato de trabalho.

Nos termos do art. 20, § 1º, "a", da Lei n. 8.213/91, a doença degenerativa não é considerada doença ocupacional.

Diante do exposto, requer seja julgado improcedente o pedido.

DA INTEGRAÇÃO DO VALOR DO PLANO DE SAÚDE

A reclamante pleiteia a condenação da reclamada a integração do valor do plano de saúde ao seu salário.

Nos termos do art. 458, § 2º, IV, da CLT, o valor pago a título de plano de saúde não é considerado salário-utilidade, de forma que não integra o salário do empregado.

Diante do exposto, requer seja julgado improcedente o pedido.

DA CESTA BÁSICA

A reclamante pleiteia a condenação da reclamada ao pagamento da cesta básica referente a agosto e setembro de 2018.

Nos termos do art. 614, § 3º, da CLT, a norma coletiva tem vigência por apenas, no máximo, dois anos, e não terá ultratividade, sendo que a convenção coletiva juntada pela reclamante teve seu termo em julho de 2018, as cestas básicas de agosto e setembro de 2018 não são devidas.

Diante do exposto, requer seja julgado improcedente o pedido.

DA INEXISTÊNCIA DE HORAS EXTRAS

A reclamante pleiteia a condenação da reclamada ao pagamento de horas extras em razão de que permanecia na empresa para participar de culto religioso.

Nos termos do art. 4º, § 2º, I, da CLT, o tempo que o empregado permanece na sede da empresa para participar de culto religioso, por mera liberalidade, não é considerado tempo à disposição do empregador, de forma que não gera hora extra.

Diante do exposto, requer seja julgado totalmente improcedente o pedido.

DO PEDIDO DE DEMISSÃO

A reclamante pleiteia a condenação da reclamada a conversão do pedido de demissão em rescisão sem justa causa.

Nos termos do art. 818, I, da CLT, o ônus da prova do fato constitutivo do direito é do reclamante, sendo que não comprovou a ocorrência de coação na assinatura do pedido de demissão.

Diante do exposto, requer seja julgado procedente o pedido reconvencional.

DO ACÚMULO DE FUNÇÃO

A reclamante pleiteia a condenação da reclamada ao pagamento de um "plus" salarial pelo acúmulo de função.

Nos termos do art. 456, parágrafo único, da CLT, a atividade desempenhada pela reclamante era compatível com sua condição pessoal e profissional.

Diante do exposto, requer seja julgado improcedente o pedido.

DOS PEDIDOS

Diante do exposto, requer a Vossa Excelência seja acolhida a preliminar de mérito de inépcia do pedido, bem como que seja acolhida a prescrição quinquenal para o fim de extinguir com resolução do mérito os pedidos anteriores a 15-10-2013 e, por fim, sejam julgados totalmente improcedentes os pedidos.

Requer provar o alegado por todos os meios de prova admitidos.

Requer a condenação da reclamante ao pagamento dos honorários sucumbenciais da reclamação trabalhista e da reconvenção, nos termos do art. 791-A da CLT.

Nestes termos,
Pede deferimento.
Local/Data
Advogado
OAB n. ...

4. (XXXII Exame)

AO JUÍZO DA 200ª VARA DO TRABALHO DE SÃO PAULO

Processo n. 0101010-50.2020.5.02.0200

AUDITORIA PENTE FINO S.A., qualificação e endereço completos, por seu procurador com procuração anexa, com fulcro no art. 847 da CLT, vem à presença de Vossa Excelência apresentar

CONTESTAÇÃO

em razão da reclamação trabalhista que lhe move ÉRICA GRAMA VERDE, já qualificado nos autos.

PRELIMINARMENTE

DA INCOMPETÊNCIA MATERIAL

A reclamante requereu a condenação da reclamada ao pagamento do INSS que não foi recolhido na época do contrato de trabalho.

Nos termos da Súmula 368, I, do TST, o juiz do trabalho é incompetente para processar e julgar o pedido de condenação ao pagamento das contribuições previdenciárias que não foram recolhidas a época do contrato.

Diante do exposto, requer seja acolhida a preliminar de mérito para remeter os autos ao juízo competente.

DA PREJUDICIAL DE MÉRITO

DA PRESCRIÇÃO QUINQUENAL

A reclamação trabalhista foi ajuizada em 30 de janeiro de 2020.

O art. 11 da CLT dispõe que prescreve em cinco anos, contados do ajuizamento da ação, a possibilidade de exigir os direitos trabalhistas, sendo que no presente caso a prescrição quinquenal operou-se dia 30-1-2015.

Diante do exposto, requer seja acolhida a prescrição quinquenal para extinguir, com resolução do mérito os pedidos anteriores a 30-1-2015, nos termos do art. 487, II, do CPC.

DA DEFESA DE MÉRITO

DA INEXISTÊNCIA DAS HORAS EXTRAS

A reclamante pleiteia a condenação da reclamada ao pagamento de horas extras.

Nos termos do art. 62, II, da CLT, o empregado que ocupa cargo de confiança não faz jus ao recebimento das horas extras, conforme ocorreu com a reclamante.

Diante do exposto, requer seja julgado totalmente improcedente o pedido.

DA INEXISTÊNCIA DA INDENIZAÇÃO DO FGTS

A reclamante pleiteia a condenação da reclamada ao pagamento da indenização de 40% do FGTS.

Nos termos do art. 18, § 1º, da Lei n. 8.036/90, a reclamante não faz jus à indenização do FGTS, uma vez que pediu demissão.

Diante do exposto, requer seja julgado totalmente improcedente o pedido.

DOS PRÊMIOS

A reclamante alega ter direito a integração do valor dos prêmios ao seu salário.
Nos termos do art. 457, § 2º, da CLT, os prêmios, ainda que sejam pagos de forma habitual, não integram o salário.
Diante do exposto, requer seja julgado improcedente o pedido.

DA INEXISTÊNCIA DE EQUIPARAÇÃO SALARIAL

A reclamante pleiteia a condenação da reclamada ao pagamento das diferenças salariais pela equiparação salarial.
Nos termos do art. 461, § 1º, da CLT, a equiparação salarial no caso em tela é inviável, uma vez que a reclamante tinha mais de 2 anos de diferença na função em relação ao paradigma.
Diante do exposto, requer seja julgado improcedente o pedido.

DA INEXISTÊNCIA DO ADICIONAL DE PERICULOSIDADE

A reclamante pleiteia condenação da reclamada ao pagamento do adicional de periculosidade.
Nos termos do art. 193 da CLT, a atividade desenvolvida pela reclamante não é considerada perigosa, de forma que não tem direito ao adicional de periculosidade.
Diante do exposto, requer seja julgado improcedente o pedido.

DOS HONORÁRIOS SUCUMBENCIAIS

A reclamante pleiteia a condenação da reclamada ao pagamento dos honorários sucumbenciais no percentual de 20%.
Nos termos do art. 790-A da CLT, os honorários sucumbenciais limitam-se a 15% na justiça do trabalho.
Diante do exposto, requer seja julgado improcedente o pedido.

DOS PEDIDOS

Diante do exposto, requer a Vossa Excelência:
a) seja acolhida a preliminar de mérito;
b) seja acolhida a prescrição quinquenal;
c) sejam julgados totalmente improcedentes os pedidos.
Requer provar o alegado por todos os meios de prova admitidos.
Requer a condenação do reclamante ao pagamento dos honorários sucumbenciais, nos termos do art. 791-A da CLT.

Nestes termos,
Requer deferimento.
Local/Data
Advogado
OAB n. ...

1.7.7. Exceção de incompetência

Vale lembrar que a exceção de incompetência territorial deve observar o art. 800 da CLT, sendo vedado ao juiz, de ofício, declinar a competência, como prevê a OJ n. 149 da SDI-2: "Não cabe declaração de ofício de incompetência territorial no caso do uso, pelo trabalhador, da faculdade prevista no art. 651, § 3º, da CLT. Nessa hipótese, resolve-se o conflito pelo reconhecimento da competência do juízo do local onde a ação foi proposta".

1.7.8. Questão da peça profissional

(Questão simulada) Valmir, que tem domicílio na cidade de Niterói/RJ, foi contratado pela empresa Floresta S/A em 16 de junho de 2019, com sede em Nova Iguaçu/RJ, para exercer a função de auxiliar de serviços gerais, recebendo como contraprestação a quantia de R$ 1.200,00, além de inúmeros benefícios.

Em julho de 2020, a empresa, tendo em vista previsão contratual expressa, determinou que Valmir fosse trabalhar na filial de Duque de Caxias/RJ para atender a uma demanda extraordinária naquela localidade, o que foi prontamente atendido, nela permanecendo até dezembro de 2016, quando retornou para Nova Iguaçu, onde ficou até ser dispensado em 16 de maio de 2021.

Embora tenha recebido suas verbas rescisórias no prazo legal, Valmir ajuizou uma ação trabalhista no local do seu domicílio, visando à condenação da reclamada no pagamento do adicional de transferência, que entende fazer jus, no período que trabalhou em Duque de Caxias/RJ.

O feito foi autuado e tramita perante a 7ª Vara do Trabalho de Niterói, sob o n. 0000001-00.2021.53.0007.

Como advogado da reclamada, atue da forma adequada, requerendo o que for de direito, sem considerar o mérito da demanda.

Vejamos a peça que deve ser redigida no caso em apreço, já que não se trata de contestação, nos termos do art. 800 da CLT.

1.7.9. Modelo da peça

AO JUÍZO DA 7ª VARA DO TRABALHO DE NITERÓI – TRIBUNAL REGIONAL DO TRABALHO DO ESTADO DO RIO DE JANEIRO

REF. PROCESSO N. 0000001-00.2017.53.0007

FLORESTA S/A, qualificação e endereço completos, vem perante Vossa Excelência, por seu advogado que ao final subscreve, apresentar

EXCEÇÃO DE INCOMPETÊNCIA TERRITORIAL

Nos termos dos arts. 651 e 800, ambos da CLT, conforme fundamentação a seguir:

DA INCOMPETÊNCIA TERRITORIAL

O art. 651 da CLT, em seu "caput", determina que as ações devem ser ajuizadas no local da prestação do serviço, mas o excepto, Sr. Valmir, de forma incorreta ajuizou a presente demanda no local de seu domicílio, sem que haja qualquer previsão legal para tanto, de modo que este juízo, notadamente, é incompetente para processar e julgar a presente demanda, uma vez que o local da prestação do serviço fora Nova Iguaçu.

Desta feita, com fundamento no art. 800 da CLT, o excipiente oferece, no prazo de cinco dias a contar da notificação, a presente exceção, que deve ser recebida com suspensão do processo, retirando-se de pauta o feito.

Protesta o excipiente para produção de provas, inclusive a testemunhal que, se for necessária, será ouvida por carta precatória.

Por todo o exposto, REQUER a V. Exa., que, após a manifestação do excepto, seja reconhecida a incompetência territorial acima apontada, remetendo-se os autos para Nova Iguaçu, a fim de que lá seja distribuída para seu regular processamento, assegurando-se ao excipiente a possibilidade de ouvir suas testemunhas no juízo que indica como competente.

Termos em que requer deferimento.
Local... Data...
Advogado...
OAB n. ...

1.7.10. Exceção de suspeição ou impedimento

O magistrado, seja de que instância for, deve ser imparcial, já que esta nuance é um dos pressupostos processuais de validade do processo, de modo que sua inobservância pode gerar vícios no processo e, no caso de sentença proferida por juiz impedido, até ação rescisória.

Assim, o ordenamento jurídico prevê hipóteses em que o juiz estará sujeito a arguição de sua parcialidade, sugerindo, desta feita, seu afastamento da relação processual que preside.

Com efeito, há casos em que o legislador presume de forma absoluta a parcialidade do juiz (*jure et de jure*, que são os casos de impedimento) e outros em que há uma presunção relativa (*juris tantum*, que são os casos de suspeição).

O CPC não exige a nomenclatura exceções, mas sim que as matérias sejam arguidas por meio de petição (de modo autônomo e não no seio da contestação, recursos por exemplo). No entanto, vamos manter a praxe e invocar qualquer uma das matérias por meio de exceções, que são defesas indiretas do processo, como se extrai dos arts. 799 e seguintes da CLT e art. 144 e outros do CPC, pois são dirigidas ao órgão jurisdicional, acarretando a suspensão do processo até que a questão seja decidida.

No entanto, como veremos abaixo, aplicamos o CPC de forma supletiva, em razão das notórias lacunas axiológicas e ontológicas, o que é majoritariamente aceito pela doutrina e jurisprudência.

1.7.10.1. Apresentação e requisitos

A Consolidação das Leis do Trabalho não faz menção à exceção de impedimento, mas tão somente a de suspeição (ambas, suspeição e impedimento questionam a imparcialidade do magistrado), como se nota da leitura do art. 801 da CLT:

> Art. 801. O juiz, presidente ou vogal, é obrigado a dar-se por suspeito, e pode ser recusado, por algum dos seguintes motivos, em relação à pessoa dos litigantes:
> a) inimizade pessoal;
> b) amizade íntima;
> c) parentesco por consanguinidade ou afinidade até o terceiro grau civil;
> d) interesse particular na causa.
>
> Parágrafo único. Se o recusante houver praticado algum ato pelo qual haja consentido na pessoa do juiz, não mais poderá alegar exceção de suspeição, salvo sobrevindo novo motivo. A suspeição não será também admitida, se do processo constar que o recusante deixou de alegá-la anteriormente, quando já a conhecia, ou que, depois de conhecida, aceitou o juiz recusado ou, finalmente, se procurou de propósito o motivo de que ela se originou.

Como a CLT não faz menção à exceção de impedimento, e, é demasiadamente breve nas hipóteses de suspeição, aplicamos o art. 144 do CPC que faz menção as hipóteses de impedimento e o art. 145 que cita as hipóteses de suspeição, além do disposto nos arts. 147 a 148, todos *in verbis*.

Quando apresentada a exceção de suspeição, pela CLT, o juiz ou Tribunal designará audiência dentro de 48 (quarenta e oito) horas, para instrução e julgamento da mesma, e se julgada acolhida, tanto nas Varas quanto nos Tribunais, será desde logo convocado para a mesma audiência ou sessão, ou para a seguinte, o substituto legal, o qual continuará a funcionar no processo até decisão final, nos termos do art. 802, § 1º, da CLT, o que também se aplica caso o juiz se declare suspeito.

Entretanto, apesar da redação do preceptivo celetista acima citado, o entendimento majoritário, como dissemos acima, é que uma vez apresentada à exceção de suspeição ou de impedimento, uma vez que foram extintas as Juntas de Conciliação e Julgamento pela EC n. 24/99, o julgamento dessas exceções é de competência do Tribunal Regional do Trabalho, e não do próprio magistrado, na medida em que não haveria imparcialidade, já que é em face dele que se oferece a exceção, hipótese em que será aplicado o art. 146 do CPC.

1.7.11. Questão da peça profissional

(Questão simulada) Alexandre O Grande ajuizou ação trabalhista em face da Faculdade Direito para Todos, uma vez que foi demitido e não recebeu suas verbas rescisórias, além de não ter recebido pelas horas extras prestadas e ter sofrido assédio moral. O feito foi autuado sob o n. 0000002-11.2022.43.0103 e tramita na 3ª Vara do Trabalho de Belém do Pará. Porém, ao ser designada a audiência una, o autor e seu advogado ficaram sabendo, tendo em vista que constava em um cartaz no corredor do fórum onde fica situada a Vara do Trabalho, que o juiz que iria presidir a audiência una, é também, além de juiz, professor do curso de direito da faculdade reclamada, além de lecionar nos cursos de pós-graduação e extensão da mesma instituição, o que para eles afeta sua imparcialidade. Desta feita, querem apresentar uma petição arguindo tal circunstância.

1.7.12. Modelo da peça

A peça a seguir pode ser utilizada tanto nos casos de **arguição de suspeição** como nos de **impedimento**, como já explicado, tendo em vista que o procedimento é o mesmo.

No entanto, observe a hipótese de cada caso, para alterar as informações sobre o vício, ou seja, indicar se é caso de suspeição ou de impedimento.

AO JUÍZO DA 3ª VARA DO TRABALHO DE BELÉM DO PARÁ

REF. PROCESSO N. 0000002-11.2022.43.0103

ALEXANDRE O GRANDE (qualificar, se for o caso) vem perante Vossa Excelência, por seu advogado que ao final subscreve, apresentar

EXCEÇÃO DE SUSPEIÇÃO

nos termos dos arts. 799 e seguintes da CLT, c/c os arts. 145, III e IV, e 146, ambos do CPC, conforme fundamentação a seguir:

DA SUSPEIÇÃO

Excelência, o excipiente vem por meio desta petição arguir a suspeição do juízo, tendo em vista que V. Exa. é professor do curso de direito, da pós-graduação e dos cursos de extensão na reclamada, como faz provar como cartaz que segue acostado.

Assim, é notório que a parte reclamada é sua devedora (inciso III do art. 145 do CPC) e que há interesse no julgamento em favor de uma das partes, no caso a reclamada (inciso III do art. 145 do CPC).

DOS REQUERIMENTOS

Desta feita, o excipiente oferece, tempestivamente, a presente exceção, que deve ser recebida com suspensão do processo, retirando-se de pauta o feito.

Requer o excipiente para produção de provas, inclusive a testemunhal, qual seja...

Por todo o exposto, REQUER a V. Exa., que, caso não se declare suspeito, autue em apartado a presente petição e, após suas razões, remeta os autos ao Eg. TRT para processamento e julgamento.

Termos em que requer deferimento.
Local... Data...
Advogado...
OAB n. ...

2. RECURSOS E PROCESSO DE EXECUÇÃO

2.1. Recurso ordinário

2.1.1. Apresentação

O recurso ordinário é **uma das peças mais importantes em se tratando de 2ª fase do Exame de Ordem em direito do trabalho.** Sabe-se que pelas estatísticas de provas anteriores, fora o único recurso exigido, o qual está previsto no art. 895 da CLT.

Conhecer o recurso ordinário em sua profundidade é indispensável para lograr êxito no Exame da OAB e isso significa estudar as suas hipóteses de cabimento, requisitos de admissibilidade e procedimento, pois todos esses requisitos são indispensáveis para a redação de um bom recurso ordinário.

Na redação de tal espécie recursal, o examinando deve demonstrar o preenchimento dos requisitos de admissibilidade, em especial, tempestividade, interesse recursal, legitimidade, cabimento e preparo (custas e/ou depósito recursal), o que é possível se fazer mediante pequenas expressões, ao longo do texto, tais como: *tempestividade, parte vencida, tendo em vista a sentença que rejeitou os pedidos do ora recorrente*, dentre outros.

Além disso, o candidato terá que se acostumar, quando da redação de um recurso, que este possui duas peças (e isso é um dos motivos que leva o recurso a ser uma peça mais trabalhosa), sendo a primeira peça denominada *petição de interposição (ou folha de rosto)* e a segunda *petição das razões*. A primeira endereçada ao órgão prolator da decisão, enquanto a segunda ao órgão que irá, caso conhecido o recurso, julgar o mesmo.

Todos os requisitos serão estudados com detalhes a partir desse momento, de maneira que o candidato tenha pleno conhecimento da matéria e logre êxito na Prova da OAB, conquistando a tão sonhada "Carteira Vermelha".

2.1.2. Requisitos de admissibilidade

2.1.2.1. Cabimento

Para fins de 2ª fase da OAB, prova de Direito do Trabalho, o pressuposto (ou requisito) de admissibilidade mais importante é o cabimento, pois por meio dele saberemos se é ou não hipótese de redigir um recurso ordinário. As dicas serão estudadas com mais detalhes no item "Como identificar a peça".

As hipóteses de cabimento do recurso ordinário podem ser assim divididas:
- Previstas no art. 895 da CLT:

    Inciso I: **trata-se da hipótese de cabimento geralmente cobrada nas Provas da OAB,** por ser a mais comum. Segundo o inciso I do art. 895 da CLT, caberá recurso ordinário **de sentença,** seja definitiva (aquela que resolver o mérito) com procedência total ou parcial, seja terminativa (que não resolve o mérito). Sendo proferida uma sentença em 1ª instância (Vara do Trabalho), caberá recurso ordinário, pouco importante se a demanda tramitou pelo rito sumaríssimo (até 40 salários mínimos), ordinário ou especial, com inquérito para apuração de falta grave, ação de cumprimento, mandado de segurança etc. Nessa hipótese, é interposto perante a Vara do Trabalho e julgado pelo TRT. **Em síntese, cabe Recurso Ordinário, nesse caso, de sentença.**

Inciso II: apesar de não ser comum a sua cobrança em Exames de Ordem, **merece atenção redobrada**, pois por não ser usual, em provas, tende a ser esquecido. Segundo disposição legal, **cabe recurso ordinário do acórdão do TRT que julga as demandas de competência originária daquele tribunal,** ou seja, naquelas ações que são ajuizadas diretamente perante o Tribunal Regional do Trabalho, tais como ações rescisórias, dissídios coletivos, mandados de segurança etc. **Em síntese, cabe Recurso Ordinário, nesse caso, de acórdão.**

Obs.: Cuidado com as regras de competência, pois:

- os dissídios coletivos podem ser ajuizados perante o TRT e TST, e apenas na primeira hipótese será interposto recurso ordinário do acórdão proferido;
- os mandados de segurança podem ser impetrados perante a Vara do Trabalho, TRT e TST. Na Vara do Trabalho, da sentença caberá recurso ordinário com fulcro no art. 895, I, da CLT. No TRT, também caberá recurso ordinário, mas com base no art. 895, II, da CLT. **No TST, não caberá recurso ordinário;**
- as tutelas cautelares seguem as mesmas regras do mandado de segurança, acima dispostas, quando for o caso;
- a ação rescisória pode ser ajuizada perante o TRT e TST, sendo que apenas na primeira hipótese será interposto recurso ordinário do acórdão proferido. **Não há competência de Vara do Trabalho (1ª instância) para julgar ação rescisória;**
- é possível que caiba recurso ordinário para o TRT quando a sentença for proferida por juiz estadual, desde que este esteja na competência trabalhista (**art. 112, CF**).

• Em face de decisões interlocutórias que reconhecem a incompetência da Justiça do Trabalho: **Trata-se de exceção à regra da irrecorribilidade imediata das interlocutórias,** previsto no art. 893, § 1º, da CLT. Apesar de estarmos diante de decisão interlocutória, será passível o recurso de imediato, *in casu*, o recurso ordinário. O entendimento que se deve ter é esse: apesar de ser uma decisão interlocutória, ao reconhecer a incompetência absoluta da Justiça do Trabalho, o juiz determina a remessa dos autos para "outra justiça", sendo, portanto, **final** para a Justiça do Trabalho.

• Hipóteses da Súmula 214 do TST: a alínea *c* da súmula em comento trata de importante e fácil hipótese de interposição do recurso ordinário. A súmula trata do julgamento de arguição de incompetência territorial, já estudada, em que se remetem os autos para Vara do Trabalho pertencente (vinculada) a Tribunal Regional do Trabalho diverso. Para esclarecer, há os seguintes exemplos (considere que o TRT 17ª Região possui competência em todo o Estado do Espírito Santo):

- ação trabalhista ajuizada em Vitória/ES, com arguição de incompetência relativa (declinatória do foro) e acolhimento pelo juiz, com determinação de remessa para Aracruz/ES. Nessa hipótese, **não cabe qualquer recurso**, pois as duas Varas (Vitória e Aracruz) estão vinculadas ao mesmo TRT;
- ação trabalhista ajuizada em Vitória/ES, com arguição de incompetência relativa (declinatória do foro) e acolhimento pelo juiz, com determinação de remessa para o Rio de Janeiro/RJ. Nessa hipótese, **cabe Recurso Ordinário**, pois as Varas (Vitória e Rio de Janeiro) **estão vinculadas a Tribunais Regionais do Trabalho diferentes**.

Obs.: Nessa última hipótese, a decisão que determina a remessa dos autos para o Rio de Janeiro/RJ **não é sentença**, e sim decisão interlocutória (de natureza terminativa de jurisdição), mas o TST reconhece o cabimento de recurso e, na hipótese, **cabe o recurso ordinário para o TRT da 17ª Região, já que a Vara do Trabalho de Vitória está a ele subordinado**.

Ao redigir um recurso ordinário, é praxe fazer menção aos dispositivos que disciplinam o cabimento, afirmando, por exemplo: "vem perante Vossa Excelência, com base no art. 895, I, da CLT, interpor recurso ordinário em face da r. sentença, que julgou improcedentes os pedidos formulados (...)".

2.1.2.2. Interesse recursal e legitimidade

O interesse recursal manifesta-se pela indicação de que a decisão foi desfavorável, total ou parcialmente, ao recorrente, sendo essa a razão de seu inconformismo, relatado no recurso que se interpõe. O recurso é interposto por alguém vencido, ou seja, prejudicado, que geralmente é o autor (no caso de improcedência ou procedência parcial) ou réu (no caso de procedência total ou parcial).

Aproveitando o ensejo, é importante destacar que a utilização de termos técnicos é extremamente importante para o candidato, pois demonstra ao examinador o conhecimento das normas de direito processual. Assim, **não se deve afirmar que a ação foi julgada procedente ou, pior ainda, que a causa foi julgada "assim ou assado"**, já que o que é julgado pelo Magistrado é o pedido ou são os pedidos formulados na petição inicial. Ação é direito abstrato, portanto, não é tal direito julgado. Assim sendo, ao se afirmar que houve a procedência, parcial procedência ou improcedência, lembre-se dos **pedidos**.

Voltando aos pressupostos de admissibilidade, o art. 996 do CPC destaca que a *parte vencida, o terceiro prejudicado e o Ministério Público, como parte ou fiscal da ordem jurídica*, podem interpor recursos. O dispositivo, ao tratar da legitimidade, ou seja, de **quem pode recorrer**, também tratou do interesse processual, pois afirmou que **a parte é vencida, o terceiro é prejudicado e o Ministério Público verificou que houve violação da ordem jurídica**.

Os termos *vencido* e *prejudicado* demonstram que houve **sucumbência** daqueles, caracterizando a necessidade de recorrer para buscar uma situação jurídica melhor no processo.

Porém, parte vencida nem sempre é a que sucumbiu, pois pode ser que o juiz tenha extinguido o processo sem resolução do mérito e, mesmo a reclamada não tendo perdido, pode ter interesse em recorrer para que o tribunal afaste a causa que determinou a extinção do processo e reconheça a prescrição bienal, por exemplo, uma vez que neste caso fará coisa julgada material.

Em exames de OAB, geralmente quem recorre são as partes (reclamante e reclamado), sendo que o candidato redige o recurso ordinário na qualidade de advogado de um deles e, via de regra, pelo reclamado (réu na reclamação trabalhista).

2.1.2.3. Tempestividade

O recurso ordinário será interposto no prazo de oito dias úteis da intimação da decisão recorrida (art. 895 da CLT). Na petição de interposição é rotineiro afirmar que o apelo é tempestivo. Apenas isso!

2.1.2.4. Preparo

O preparo do recurso trabalhista é um pouco diferente dos recursos interpostos com base no CPC, pois na seara trabalhista aquele não engloba apenas as custas processuais, ante a previsão da existência do **depósito recursal. Logo, preparo** *pode* **significar custas + depósito**, cujo valor máximo é definido por ato da Presidência do TST, que anualmente atualiza seu valor.

Dissemos que *pode* significar custas + depósito, pois o preparo possui as seguintes variantes:

- consistirá em **custas + depósito** se o recorrente for a empresa ou tomadora de serviços, quando houver condenação em pecúnia (Súmula 161 do TST);
- consistirá **apenas em custas** se o recorrente for o empregado ou trabalhador, ou até mesmo no caso de procedência do pedido formulado em ação declaratória, sendo que neste caso as custas correm por conta da reclamada;
- pode haver a **isenção das custas** se o recorrente for o empregado e tiver sido deferida a justiça gratuita;
- **se o recorrente for entidade sem fins lucrativos, empregador doméstico, microempreendedor individual, microempresas e empresas de pequeno porte, o depósito recursal deverá ser reduzido à metade**;
- **se o recorrente for beneficiário da justiça gratuita, entidade filantrópica ou empresa em recuperação judicial ficará isento**;
- **a Súmula 86 do TST** preconiza que não ocorre deserção de recurso da massa falida por falta de pagamento de custas ou de depósito do valor da condenação. Esse privilégio, todavia, não se aplica à empresa em liquidação extrajudicial.

Tais informações devem constar na petição de interposição, hipótese em que o candidato deverá afirmar que:

- foi realizado o pagamento das custas e depósito recursal, **conforme comprovantes** anexos, se o recorrente for empresa;

- foi realizado **apenas o pagamento das custas, haja vista que o reclamante é isento de depósito recursal**;
- não foi realizado o pagamento das custas ou depósito recursal, pois houve o deferimento do benefício da justiça gratuita, conforme o § 4º do art. 790 da CLT.
  - **Obs.**: Tecnicamente, *assistência judiciária gratuita* e *justiça gratuita* são institutos diversos, pois o primeiro está ligado à representação do obreiro pelo Sindicato da categoria, e o segundo trata da isenção de custas processuais, mesmo a parte representada por Advogado particular.

2.1.3. Procedimento

Os aspectos que devem ser destacados acerca do procedimento do recurso ordinário são apenas aqueles que interessam ao candidato quanto da redação do apelo. O principal requisito relacionado ao procedimento, que deve ser externado no recurso ordinário é a competência. Por serem **duas peças, uma de interposição e a outra das razões,** o cuidado deve ser redobrado. As seguintes regras devem ser seguidas:
- **Petição de interposição:** no procedimento do recurso ordinário, o apelo é apresentado perante o *juízo a quo*, que é aquele que proferiu a decisão recorrida, impugnada, podendo ser:
  - **Vara do Trabalho**, se o recorrente estiver impugnando uma sentença ou decisão interlocutória recorrível de imediato. Nessa hipótese, o endereçamento da peça será feito ao *Juízo da... Vara do Trabalho de...*, lembrando que devem ser utilizados os dados constantes do problema ou deixados os espaços em branco caso inexistem referidos dados, **sob pena de identificação da peça**. Dados como *vara, número do processo, local* **não devem ser inventados**. JAMAIS INVENTE DADOS NÃO INDICADOS PELA BANCA!
  - **Desembargador Relator do TRT**, se o recorrente estiver impugnando um acórdão, na hipótese de interposição do art. 895, II, da CLT. O recurso ordinário, que nessa hipótese será julgado pelo TST, é interposto perante o TRT, endereçado ao relator da demanda na qual foi proferida decisão impugnada.
- **Petição das razões:** a petição das razões é endereçada ao juízo *ad quem*, que pode ser o TRT ou TST, órgãos que analisarão os fundamentos do recorrente, julgando provido ou improvido o recurso (dando ou negando provimento ou até mesmo dando provimento em parte), reformando/anulando ou mantendo, respectivamente, a decisão recorrida. É costume na petição das razões afirmar: Egrégio Tribunal (TRT); Colendo Tribunal (TST); Nobres Julgadores (ambos); Eminentes Desembargadores (TRT) etc.

2.1.4. Como identificar a peça

A identificação da peça, numa prova de 2ª fase da OAB, é relativamente simples, caso o candidato se lembre de todas as hipóteses de cabimento que foram estudadas. O problema fará menção a:

- **Decisão interlocutória proferida:** decisão interlocutória "terminativa do feito", ou seja, que reconhece a incompetência da Justiça do Trabalho.
- **Sentença proferida:** hipótese mais comum, podendo ser com ou sem resolução do mérito.
- **Acórdão proferido:** na hipótese de ação de competência originária do TRT (dissídio coletivo, mandado de segurança, ação rescisória etc.).

Assim, se o problema disser que foi proferida uma daquelas decisões e que você, na qualidade de Advogado da parte prejudicada, deve agir, **certamente a redação de um recurso ordinário será a resposta correta.**

Os problemas constantes da Prova da OAB, em que se exige a redação de um recurso ordinário, geralmente **são os maiores, pois o examinador, além de afirmar que foi ajuizada ação trabalhista com os pedidos A, B e C, dirá que a defesa contemplou os fundamentos X, Y e Z e que o Magistrado julgou "desse ou daquele modo".** Contudo, não se assuste com o tamanho, pois a redação de recurso ordinário não é difícil, como veremos nos tópicos abaixo.

2.1.5. Espécies de vícios atacados por meio do recurso e pedido específico

Duas são as espécies de vícios que uma decisão judicial pode conter e que ensejam a interposição de recurso: *error in procedendo* e *erros in judicando*. Distinguir e, principalmente, identificar tais vícios é de grande importância para o candidato, pois o pedido a ser feito no recurso – reforma ou anulação – depende do vício que foi arguido anteriormente. A relação que se deve fazer é a seguinte:

Vício	Pedido
Error in procedendo	Anulação dos atos posteriores ao vício
Error in judicando	Reforma da decisão impugnada

O que significa dizer que houve *error in procedendo*? Significa que algum ato processual não foi realizado conforme preveem as normas legais. **Houve, portanto, um equívoco no procedimento,** como ocorre quando a citação é nula, quando uma das partes não é intimada, quando a testemunha não é ouvida embora a prova fosse necessária e a sentença prejudica a parte exatamente em razão de não ter produzido a prova, dentre outros. Neste caso, fazem-se tais arguições por meio de um tópico denominado preliminar de nulidade, por exemplo, cerceamento do direito de defesa etc.

O que significa dizer que houve *error in judicando*? O *error in judicando* é o erro do magistrado ao decidir. Pelo conjunto probatório deveria julgar procedente, mas julgou improcedente. Entendeu que a testemunha afirmou a existência do vínculo de emprego e assim concluiu, que o vínculo não existiu. **Trata-se de equívoco no momento de julgar. Os atos processuais foram realizados corretamente, mas no momento de aplicar a norma jurídica, ao dizer se o autor tinha ou não razão no que pedia, errou o Juiz.** Ocorre ainda quando o juiz julga, por exemplo, fora ou além do que fora pedido.

Obs.: É bom lembrar que este recurso também é dotado de efeito apenas devolutivo, de modo que se for necessário buscar o efeito suspensivo, deve ser feito um requerimento expresso dirigido ao tribunal, ao relator ou ao presidente ou ao vice-presidente do tribunal recorrido, por aplicação subsidiária do art. 1.029, § 5º, do CPC, conforme Súmula 414, item I, segunda parte.

2.1.6. Fundamentos mais comuns

No quadro abaixo são listados alguns fundamentos que podem servir de base para o recurso ordinário a ser redigido pelo candidato, levando-se em consideração as estatísticas das provas anteriores.

Pedido formulado na petição inicial	Decisão judicial	Fundamento do recurso
Dano moral	Procedência em razão de revista em bolsas do empregado.	Art. 5º, X, da CF/88 e art. 186 do CC, uma vez que este tipo de revista não viola direitos da personalidade.
Periculosidade	Procedência em razão de praticar atividades perigosas sem prova pericial.	Art. 195, § 2º, da CLT, aduzindo que a prova pericial é imprescindível.
Reconhecimento do vínculo de emprego	Improcedência, pois o reclamante trabalhava em casa.	O art. 6º da CLT não distingue entre trabalho realizado em casa ou na empresa.
Reintegração do membro do conselho fiscal do sindicato	Procedência, por reconhecer que o dirigente sindical possui estabilidade.	OJ n. 365 da SDI-1 do TST. O membro do conselho fiscal não possui estabilidade.
Condenação ao pagamento de horas extraordinárias	Improcedência, pois havia compensação tácita.	Nos termos da Súmula 85 do TST, o sistema de compensação, mesmo que semanal, deve ser ajustado por escrito.
Equiparação salarial	Procedência, uma vez que o autor passou a exercer cargo que estava desocupado.	Súmula 159, II, uma vez que o ocupar de cargo vago não gera direito ao mesmo salário do anterior.
Equiparação salarial	Improcedência, já que reclamante e paradigma trabalham com diferença superior a dois anos na mesma empresa.	A diferença de dois anos deve ser na função e não na empresa, que deve ser não superior a quatro anos.
Condenação ao pagamento das verbas rescisórias	Procedência, condenando-se ao pagamento de aviso-prévio, 13º proporcional, férias proporcionais + 1/3 e multa do FGTS.	A rescisão do contrato foi por justa causa, perdendo o direito às verbas, conforme a Súmula 73 do TST.

2.1.7. Estrutura da peça

Conforme já salientado anteriormente, **duas são as peças a serem desenvolvidas**, a saber: **petição de interposição** e **petição das razões**, conforme quadros abaixo:

- PETIÇÃO DE INTERPOSIÇÃO:
1. **Competência:** endereçamento à Vara do Trabalho que proferiu a decisão impugnada. *Ao Juízo da 3ª Vara do Trabalho de Vitória.*
2. **Número do processo:** menção ao número do processo.
3. **Qualificação da parte recorrente:** não há necessidade de qualificar novamente, pois já consta na petição inicial ou contestação. **Basta o nome e a informação "já devidamente qualificado nos autos".**

4. **Nome do recurso que está sendo interposto e fundamento legal:** afirmação de que está **interpondo** o RECURSO ORDINÁRIO, com fulcro no art. 895, I (por exemplo), da CLT.
5. **Qualificação da parte recorrida:** não há necessidade de qualificar novamente, pois já consta na petição inicial ou contestação. **Basta o nome e a informação "também qualificado nos autos".**
6. **Informações acerca da admissibilidade, em especial o preparo, quando for o caso:** "Estão presentes todos os pressupostos de admissibilidade, intrínsecos e extrínsecos, em especial o preparo, como comprova com as guias de pagamento das custas e depósito recursal". Atenção, pois pode não haver preparo, caso em que o candidato terá que informar o motivo do não pagamento das despesas.
7. **Requerimentos:** "Requer a intimação do recorrido para, querendo, apresentar contrarrazões e, após regular processamento, sejam os autos remetidos à instância *ad quem* para julgamento do mérito do recurso".
8. **Fechamento:** Nestes termos, requer deferimento.
9. **Data, local e assinatura/OAB:** caso o problema traga tais dados, devem ser fielmente assinaladas. Caso contrário, nenhum dado deve ser inventado, sob pena de identificação da prova, o que acarretará a atribuição da nota zero.

- PETIÇÃO DAS RAZÕES:

1. **Indicação do processo, partes e origem:** número do processo, nome do recorrente, nome do recorrido e origem do processo (3ª Vara do Trabalho de São Paulo/SP).
2. **Menção aos julgadores:** Egrégio Tribunal, Eminentes Julgadores (por exemplo).
3. **Fundamentos do recurso:** indicação do equívoco da decisão que, conforme já exposto, pode ser um *error in procedendo* ou um *error in judicando*. Deve-se explicitar como foi a decisão e como deveria ser, comparando a norma jurídica de forma a deixar claro que a decisão está errada e, por isso, deve ser reformada/anulada.
4. **Requerimentos:** Seja o recurso ADMITIDO e PROVIDO para reformar/anular a decisão recorrida, tendo em vista o *error in judicando/procedendo* demonstrado na fundamentação.
5. **Fechamento:** Nestes termos, requer deferimento.
6. **Data, local e assinatura/OAB:** caso o problema traga tais dados, devem ser fielmente assinaladas. Caso contrário, nenhum dado deve ser inventado, sob pena de identificação da prova, o que acarretará a atribuição da nota zero.

Obs.: Seguem dois casos de provas anteriores, os quais serão por nós utilizados para elaboração dos modelos de peças inerentes ao Recurso Ordinário.

2.1.7.1. Questões da peça profissional

1. (35º **Exame**) Em sentença prolatada pela 89ª Vara do Trabalho de Floriano/PI, nos autos da reclamação trabalhista número 0101010-50.2021.5.22.0089, movida por Benício Pérolas contra a Transportadora Rapidinha Ltda., o pedido foi julgado procedente em parte nos seguintes termos: (i) não foi conhecida a prejudicial de prescrição parcial porque suscitada pela sociedade empresária em razões finais, e não na contestação, ocorrendo, na ótica do magistrado, preclusão; (ii) foi indeferida a anulação do pedido de demissão feito pelo ex-empregado, em 10-2-2021, após 10 anos de trabalho, porque o autor não provou qualquer vício na sua manifestação de vontade; (iii) foi deferido o pagamento de 1 hora extra diária, com adicional de 50% (cinquenta por cento), pelo intervalo interjornada desrespeitado, pois o juiz se convenceu que o autor trabalhava de segunda a sexta-feira, das 8 às 20h, com intervalo de 1 hora para refeição; (iv) foi indeferido o pagamento do 13º salário de 2019, porque a empresa comprovou documentalmente nos autos, a quitação regular deste direito; (v) foi deferida a reintegração do autor ao emprego, porque ele comprovou ser, à época, dirigente, com mandato em vigor, de uma associação desportiva criada pelos empregados da Transportadora Rapidinha Ltda.; (vi) foi deferido o depósito do FGTS na conta vinculada para o período de 5 meses no qual o autor ficou afastado pelo INSS em auxílio por incapacidade temporária previdenciária (antigo auxílio-doença comum, código B-31), período em que a empresa não recolheu o FGTS; (vii) foi indeferido o pedido de férias 2018/2019, em razão da grande quantidade de faltas injustificadas que o trabalhador teve no período aquisitivo, comprovada documentalmente nos autos; (viii) foi deferida a integração da ajuda de custo à remuneração do autor, porque ela era paga mensalmente pela empresa, conforme se verificou dos contracheques que foram juntados aos autos; (ix) foi deferida, de julho de 2020 a fevereiro de 2021, a equiparação salarial do autor com o empregado Raul Flores Raras, que exercia a mesma função do reclamante e atuava na filial da empresa localizada em Goiás; (x) foi deferido o pagamento de insalubridade desde a sua supressão, porque, em que pese ter havido comprovadamente a reclassificação da atividade pelo órgão competente durante o contrato de trabalho, o juiz entendeu que havia direito adquirido porque o trabalhador já contava com essa verba no seu orçamento, além de ofensa ao princípio da irredutibilidade salarial; e (xi) foram deferidos honorários advocatícios em favor do advogado do reclamante, na ordem de 30% (trinta por cento) sobre o valor da liquidação e de 15% (quinze por cento) em favor do advogado da empresa sobre os pedidos julgados improcedentes. Diante disso, como advogado(a) da ré, redija a peça prático-profissional para a defesa dos interesses do seu cliente em juízo, ciente de que a ação foi ajuizada em 28-6-2021 e que, na sentença, não havia vício ou falha estrutural que comprometesse a sua integridade.

2. (**XXXI Exame**) Débora Pimenta trabalhou como auxiliar de coveiro na sociedade empresária Morada Eterna Ltda., de 30-3-2018 a 7-1-2019, quando foi dispensada sem justa causa, recebendo, por último, o salário de R$ 1.250,00 mensais, conforme anotado na CTPS. Em razão disso, ela ajuizou reclamação trabalhista em face da sociedade empresária. A ação foi distribuída ao juízo da 90ª Vara do Trabalho de Teresina/PI, recebendo o número 0050000-80.2019.5.22.0090. Débora formulou vários pedidos, que assim foram julgados: o juízo declarou a incompetência material da Justiça do Trabalho para apreciar o pedido de recolhimento do INSS do período trabalhado; foi reconhecido que a jornada se desenvolvia de 2ª a 6ª feira, das 10 às 16 horas, com intervalo de 10 minutos para refeição, conforme confessado pelo preposto em interrogatório, sendo, então, deferido o pagamento de 15 minutos com adicional de 50%, em razão do intervalo desrespeitado, e reflexos nas demais verbas salariais; não foi reconhecido o salário oficioso de mais R$ 2.000,00 alegado na petição inicial, já que o julgador entendeu não haver prova de qualquer pagamento "por fora"; foi deferido o pagamento de horas extras pelos feriados, conforme requerido pela trabalhadora na inicial, que pediu

PRÁTICA TRABALHISTA

237

extraordinário em "todo e qualquer feriado brasileiro", sendo rejeitada a preliminar suscitada na defesa contra a forma desse pedido; foi deferida indenização de R$ 6.000,00 a título de dano moral por acidente do trabalho em razão de doença degenerativa da qual a trabalhadora foi vítima, conforme laudos médicos juntados aos autos; foi indeferido o pagamento de adicional noturno, já que a autora não comprovou que houvesse enterro, ou preparação para tal fim, no período compreendido entre 22 e 5 horas; foi deferido o pagamento do vale-transporte em todo o período trabalhado, sendo que, na instrução, o magistrado indeferiu a oitiva de duas testemunhas trazidas pela sociedade empresária, que seriam ouvidas para provar que ela entregava o valor da passagem em espécie diariamente à trabalhadora; foi julgado procedente o pedido de devolução em dobro, como requerido na exordial, de 5 dias de faltas justificadas por atestados médicos, pois a preposta reconheceu que a empresa se negou a aceitar os atestados porque não continham CID (Classificação Internacional de Doenças); foi deferido o pagamento correspondente a 1 cesta básica mensal, porque sua entrega era prevista na convenção coletiva que vigorou no ano anterior (de janeiro de 2017 a janeiro de 2018) e, no entendimento do julgador, uma vez que não houve estipulação de uma nova norma coletiva, a anterior foi, automaticamente, prorrogada no tempo; foram deferidos honorários advocatícios em favor do advogado da autora na razão de 20% da liquidação e, em favor do advogado da ré, no importe de 10% em relação aos pedidos julgados improcedentes. Diante disso, na condição de advogado da ré, redija a peça prático-profissional para a defesa dos interesses da sua cliente em juízo, ciente de que, na sentença, não havia vício ou falha estrutural que comprometesse sua integridade.

2.1.8. Modelo da peça

1. (35º Exame)

AO JUÍZO DA 89ª VARA DO TRABALHO DE FLORIANO – PI.

Processo n. 0101010-50.2021.5.22.0089

TARNSPORTADORA RAPIDINHA LTDA., já qualificada nos autos da reclamação trabalhista que lhe move BENICIO PÉROLAS, vem por seu advogado, com fulcro no art. 895, I, da CLT, à presença de Vossa Excelência, interpor

RECURSO ORDINÁRIO

em razão do inconformismo com a r. sentença, o que faz pelas razões de fato e de direito que seguem anexas.

O presente recurso preenche os pressupostos intrínsecos e extrínsecos de admissibilidade recursal.

O presente recurso preenche o pressuposto da tempestividade, pois interposto dentro do prazo de 8 dias.

Requer a juntada do comprovante de pagamento das custas processuais, bem como do depósito recursal.

Requer o recebimento e a remessa dos autos para o TRT competente.

Requer a notificação da recorrida para apresentar contrarrazões.

Nestes termos, requer deferimento.
Local... Data...
Advogado...
OAB n. ...

EGRÉGIO TRIBUNAL REGIONAL DO TRABALHO

RAZÕES DO RECURSO ORDINÁRIO

RECORRENTE: TRANSPORTADORA RAPIDINHA LTDA.
RECORRIDA: BENICIO PÉROLAS
PROCESSO N. 0101010-50.2021.5.22.0089
VARA DE ORIGEM: 89ª VARA DO TRABALHO DE FLORIANO – PI

Egrégio Tribunal,
Eminentes Desembargadores,

DOS PRESSUPOSTOS DE ADMISSIBILIDADE

O presente recurso preenche todos os pressupostos intrínsecos e extrínsecos de admissibilidade recursal.

DA PRESCRIÇÃO

O juízo "a quo" deixou de acolher a prescrição quinquenal porque alegada em razões finais.
Nos termos da Súmula 153 do TST, a prescrição pode ser arguida em instância ordinária.
Diante do exposto, requer seja acolhida a prescrição quinquenal.

DO INTERVALO INTERJORNADA

O juízo "a quo" condenou a reclamada ao pagamento de 1 hora extra referente à supressão do intervalo interjornada.
Nos termos do art. 66 da CLT, o intervalo interjornada é de no mínimo 11 horas entre um dia e outro de trabalho, o que foi observado pela recorrente.
Diante do exposto, requer o provimento do recurso e a reforma da sentença.

DA ESTABILIDADE

O juízo "a quo" condenou a recorrente à reintegração do recorrido, sob a fundamentação de estabilidade sindical
Nos termos do art. 543, § 3º, da CLT, somente o dirigente sindical tem estabilidade, o que não era o caso do recorrido.
Diante do exposto, requer o provimento do recurso e a reforma da sentença.

DO FGTS

O juízo "a quo" condenou a recorrente ao pagamento do FGTS do período em que o recorrido estava afastado do trabalho através do INSS por auxílio por incapacidade temporária previdenciária.
Nos termos do art. 15, § 5º, da Lei n. 8.036/90, o FGTS somente é devido no caso de afastamento por acidente de trabalho, o que não era o caso do recorrido.
Diante do exposto, requer o provimento do recurso e a reforma da sentença.

PRÁTICA TRABALHISTA

DA INTEGRAÇÃO DA AJUDA DE CUSTO

O juízo "a quo" condenou a recorrente à integração da ajuda de custo à remuneração, uma vez que era paga mensalmente.

Nos termos do art. 457, § 2º, da CLT, a ajuda de custo não tem natureza salarial, de forma que não integra a remuneração do recorrido.

Diante do exposto, requer o provimento do recurso e a reforma da sentença.

DA EQUIPARAÇÃO SALARIAL

O juízo "a quo" condenou a recorrente ao pagamento das diferenças salariais pela equiparação salarial com o empregado Raul.

Nos termos do art. 461 da CLT, é indevida a equiparação salarial, uma vez que o paradigma não trabalhava no mesmo estabelecimento do recorrido.

Diante do exposto, requer o provimento do recurso e a reforma da sentença.

DO ADICIONAL DE INSALUBRIDADE

O juízo "a quo" condenou a recorrente ao pagamento do adicional de insalubridade, uma vez que, em que pese a reclassificação havia direito adquirido em relação ao adicional.

Nos termos da Súmula 248 do TST, a reclassificação gera a perda do adicional de insalubridade.

Diante do exposto, requer o provimento do recurso e a reforma da sentença.

DOS HONORÁRIOS SUCUMBENCIAIS

O juízo "a quo" condenou a recorrente ao pagamento de honorários sucumbenciais no percentual de 30% sobre o valor da liquidação da sentença.

Ocorre que o art. 791-A da CLT fixou como limite máximo da condenação, em honorários sucumbenciais, o percentual de 15% sobre o valor da liquidação.

Diante do exposto, requer o provimento do recurso e a reforma da sentença.

DOS PEDIDOS

Por todo o exposto, REQUER:
a) o conhecimento do recurso;
b) o acolhimento da prescrição quinquenal;
c) o provimento do recurso.

Nestes termos, requer deferimento.
Local... Data...
Advogado...
OAB n. ...

2. (XXXI Exame)

AO JUÍZO DA 90ª VARA DO TRABALHO DE TERESINA – PI.

Processo n. 0050000-80.2019.5.22.0090

MORADA ETERNA LTDA., já qualificada nos autos da reclamação trabalhista que lhe move DEBORA PIMENTA, vem por seu advogado, com fulcro no art. 895, I, da CLT, à presença de Vossa Excelência, interpor

RECURSO ORDINÁRIO

em razão do inconformismo com a r. sentença, o que faz pelas razões de fato e de direito que seguem anexas.

O presente recurso preenche os pressupostos intrínsecos e extrínsecos de admissibilidade recursal.

Requer a juntada do comprovante de pagamento das custas processuais, bem como do depósito recursal.

Por fim, requer o conhecimento e remessa dos autos para o TRT competente, após as contrarrazões da recorrida.

Requer a notificação da recorrida para apresentar contrarrazões.

Nestes termos, requer deferimento.
Local... Data...
Advogado...
OAB n. ...

EGRÉGIO TRIBUNAL REGIONAL DO TRABALHO DA 22ª REGIÃO

RAZÕES DO RECURSO ORDINÁRIO

RECORRENTE: MORADA ETERNA LTDA.
RECORRIDA: DEBORA PIMENTA
PROCESSO N. 0050000-80.2019.5.22.0090
VARA DE ORIGEM: 90ª VARA DO TRABALHO DE TERESINA/PI

Egrégio Tribunal,
Eminentes Desembargadores,

DOS PRESSUPOSTOS DE ADMISSIBILIDADE

O presente recurso preenche todos os pressupostos intrínsecos e extrínsecos de admissibilidade recursal.

PRELIMINARMENTE

DA INÉPCIA DO PEDIDO

O juízo "a quo" condenou a reclamada ao pagamento das horas extras pelo trabalho nos feriados.

Ocorre que, na petição inicial, a recorrida não indicou em quais feriados havia trabalhado, informando apenas que seria em todos os feriados brasileiros, de forma genérica, de maneira que faltou a causa de pedir, nos termos do art. 330, I, do CPC ou art. 330, § 1º, II, do CPC ou art. 840, § 1º, da CLT.

Diante do exposto, requer seja acolhida a preliminar para extinguir sem resolução do mérito o pedido de horas extras nos feriados.

DO CERCEAMENTO DE DEFESA

O juízo "a quo", na instrução, indeferiu a oitiva de duas testemunhas da recorrente, relacionadas ao pedido de condenação ao pagamento de vale-transporte.

Nos termos do art. 369 do CPC ou art. 5º, LV, da CRFB/88, é direito da parte empregar todos os meios legais para provar a verdade dos fatos, sendo que o impedimento injusto da produção da prova oral gera o cerceamento de defesa.

Diante do exposto, requer seja declarada a nulidade da sentença e retorno dos autos à origem.

DO MÉRITO DA CAUSA PROPRIAMENTE DITO

DO INTERVALO INTRAJORNADA

O juízo "a quo" condenou a recorrente ao pagamento da integralidade do intervalo intrajornada, com reflexos nas demais verbas trabalhistas.

Ocorre que o art. 71, § 4º, da CLT preconiza que, na concessão parcial do intervalo intrajornada, será devido apenas o período suprimido, sem reflexos nas demais verbas por se tratar de verba indenizatória.

Diante do exposto, requer seja reformada a sentença, para afastar a condenação do período integral do intervalo intrajornada e seus reflexos.

DO DANO EXTRAPATRIMONIAL

O juízo "a quo" condenou a recorrente ao pagamento de indenização por dano extrapatrimonial, em razão de acidente do trabalho causado por doença degenerativa da qual a recorrida foi vítima.

Durante o contrato de trabalho, a recorrente foi vítima de doença degenerativa conforme laudo médico, que, de acordo com o art. 20, § 1º, "a", da Lei n. 8.213/91, não é doença do trabalho, o que afasta a responsabilidade da recorrente.

Diante do exposto, requer seja reformada a sentença, para o fim de excluir sem condenação o pagamento da indenização por dano extrapatrimonial.

DA DEVOLUÇÃO DO DESCONTO EM DOBRO

O juízo "a quo" condenou a recorrente à devolução em dobro dos descontos realizados em razão de faltas justificadas através de atestado médico.

Não há previsão legal para devolução em dobro dos descontos realizados de forma ilegal, de forma que a sentença descumpriu o princípio da legalidade, nos termos do art. 5º, II, da CRFB/88.

Diante do exposto, requer seja reformada a sentença, para excluir a condenação à devolução em dobro dos descontos ilegais.

DA CESTA BÁSICA

O juízo "a quo" condenou a recorrente ao pagamento de uma cesta básica com base na norma coletiva que vigorou entre janeiro de 2017 e janeiro de 2018.

Ocorre que não foi criada nova norma coletiva após janeiro de 2018, de forma que a norma anterior perde seus efeitos, já que o art. 614, § 3º, da CLT veda a ultratividade dos efeitos da norma coletiva.

Diante do exposto, requer seja reformada a sentença, para excluir a condenação ao pagamento da cesta básica.

DOS HONORÁRIOS SUCUMBENCIAIS

O juízo "a quo" condenou a recorrente ao pagamento de honorários sucumbenciais no percentual de 20% sobre o valor da liquidação da sentença.

Ocorre que o art. 791-A da CLT fixou como limite máximo da condenação, em honorários sucumbenciais, o percentual de 15% sobre o valor da liquidação.

Diante do exposto, requer seja reformada a r. sentença, para reduzir o percentual dos honorários sucumbenciais.

DOS REQUERIMENTOS

Por todo o exposto, REQUER:

Seja o presente recurso admitido para, em preliminar, ser declarada a nulidade da sentença, ou acolhida inépcia do pedido de horas extras dos feriados, e no mérito da causa seja dado provimento para reformar a sentença na medida do que é devolvido.

Nestes termos, requer deferimento.
Local... Data...
Advogado...
OAB n. ...

2.1.9. Contrarrazões do recurso ordinário

Trata-se de peça que, até o momento, só foi exigida no XX Exame (reaplicação Porto Velho/RO).

Como nossa intenção é ter um livro mais completo possível, resolvemos inserir, além da questão exigida na prova, um modelo de petição de contrarrazões ao Recurso Ordinário, de forma bem objetiva, além da estruturação da peça e fundamentos, conforme exigido pela FGV na reaplicação acima citada.

A petição de contrarrazões tem por objetivo impugnar as teses da parte recorrente, onde o recorrido (aquele que oferece as contrarrazões) irá pugnar pela manutenção da sentença, refutando o pedido de reforma e, algumas vezes, até apresentando algum ponto ou questão relevante que reforce o julgado, podendo, inclusive, suscitar cerceamento do direito de defesa envidado pela 1ª instância, mas, que, até aquele momento, não teria causado prejuízo. Exemplo: juiz indefere prova requerida pelo autor, mas julga procedente o pedido. A reclamada recorre, arguindo nulidade da sentença. Em contrarrazões, cabe ao autor arguir a nulidade em razão do indeferimento da prova, pois se o Tribunal anular a sentença, terá oportunidade de produzir a prova.

PRÁTICA TRABALHISTA

Não é difícil identificar a necessidade de utilização desta peça, já que você irá perceber que a parte deve ser intimada para oferecer resposta ao recurso interposto, tendo o mesmo prazo que a parte recorrente teve para recorrer, ou seja, 8 dias, na forma do art. 900 da CLT.

Vale lembrar que, no prazo das contrarrazões, se for o caso, pode o recorrido lançar mão do recurso adesivo, mas terá que fazê-lo em peça apartada, de modo que terá que fazer uma petição de contrarrazões e outra de recurso adesivo.

A lei não exige que a peça de contrarrazões seja feita por meio de duas petições. Porém, na praxe é comum assim proceder, razão pela qual teremos:

1) petição de apresentação das contrarrazões, dirigida ao órgão prolator da decisão: **Ao Juízo da ___ Vara do Trabalho de___;**

2) petição de contrarrazões propriamente dita, endereçada ao órgão competente para julgamento do recurso, no caso o TRT: **Ao Egrégio Tribunal Regional do Trabalho da Região.**

É importante citar os dispositivos legais, súmulas e orientações jurisprudenciais que sustentam a impugnação ao pedido de reforma.

A seguir, veja o modelo da peça, cabendo apenas as devidas adaptações para enquadramento ao caso que for apresentado.

AO JUÍZO DA 1ª VARA DO TRABALHO DE PORTO ALEGRE

PROCESSO N. 000066662222

EMPREGADO DA EMPRESA, já qualificado nos autos da reclamação trabalhista que move em face de EMPREGADORA, por seu advogado infra-assinado, com fulcro no art. 900 da CLT, vem à presença de Vossa Excelência apresentar

CONTRARRAZÕES AO RECURSO ORDINÁRIO

o que faz na melhor forma de direito, requerendo que sejam inclusivas aos autos e remetidas à instância superior, para que o recurso interposto pelo recorrente seja improvido.

Nestes termos,
Requer deferimento.
Local e Data.
Advogado...
OAB n. ...

EGRÉGIO TRIBUNAL REGIONAL DO TRABALHO DA 4ª REGIÃO

CONTRARRAZÕES DO RECURSO ORDINÁRIO

RECORRENTE: EMPREGADORA
RECORRIDO: EMPREGADO
ORIGEM: 1ª VARA DO TRABALHO DE PORTO ALEGRE
PROCESSO: 000066662222

Eminentes Julgadores,

O recurso ordinário ora alvejado não merece ser conhecido e, caso o seja, que no mérito seja negado provimento, mantendo-se a r. sentença que julgou procedentes os pedidos formulados na ação trabalhista, como passamos a aduzir.

DOS PRESSUPOSTOS DE ADMISSIBILIDADE

O presente recurso, como se nota, não preenche todos os pressupostos intrínsecos e extrínsecos de admissibilidade recursal, já que foi interposto intempestivamente, uma vez que o prazo para recorrer terminou em 1º-4-2021 e o mesmo foi interposto em 3-5-2021.

PRELIMINARMENTE

DO CERCEIO DO DIREITO DE DEFESA

Não deve ser acolhida a pretensão de anulação do julgado, determinando-se a remessa dos autos à origem para reabertura da instrução, já que como se extrai da Ata de audiência, não houve qualquer protesto quanto ao indeferimento da prova testemunhal, o que deveria ter sido feito, razão pela qual operou a preclusão, na forma do art. 795 c/c o art. 893, § 1º, ambos da CLT.

DO MÉRITO RECURSAL

DA PRESCRIÇÃO QUINQUENAL

O juízo "a quo" não reconheceu a prescrição sob alegação de que a ação foi ajuizada no prazo correto e, sobre a quinquenal, não havia por que se pronunciar, já que o recorrido manteve contrato por apenas 2 anos.

Correto o juízo de piso, nos termos do art. 7º, XXIX, da CF, do art. 11 da CLT e da Súmula 308 do TST.

DAS HORAS EXTRAS

O juízo "a quo" condenou a recorrente ao pagamento das horas extras por todo o período, uma vez que, como tem mais de 10 empregados e juntou controle de ponto uniforme, houve a inversão do ônus da prova, como se constata da Ata de audiência e, como a recorrente não se desincumbiu do encargo, o magistrado, corretamente, julgou procedente o pedido, o que deve ser mantido, na forma da Súmula 338 do TST.

DA CONCLUSÃO

Diante do exposto, requer que não seja conhecido o presente apelo, mas se o for que no mérito seja negado provimento, para manter a r. sentença, nos termos da fundamentação "supra".

Nestes termos,
Requer deferimento.
Local e Data.
Advogado...
OAB n. ...

2.1.10. Questão da peça profissional

(XX Exame – Reaplicação Porto Velho/RO) Renato trabalhou como motorista para o Restaurante Amargo Ltda., tendo sempre recebido salário fixo no valor de R$ 1.600,00 mensais. Diariamente dirigia o veículo com as refeições solicitadas pelos clientes, as quais eram entregues por um ajudante. Foi dispensado imotivadamente após dois anos de serviço. Ajuizou ação trabalhista distribuída à 99ª Vara do Trabalho de Teresina/PI pleiteando diferenças salariais decorrentes da aplicação do piso salarial estipulado para os funcionários em bares e restaurantes, conforme a convenção coletiva firmada pelo sindicato dos bares e restaurantes com o sindicato dos garçons e ajudantes em bares e restaurantes, ambos do estado do Piauí.

Pleiteou o pagamento extraordinário pelo tempo de duração da viagem de ida e volta ao trabalho, pois ficava com o carro da empresa que dirigia e que ficava sob sua guarda. Alegou que de sua residência para o local de trabalho havia apenas três linhas diretas de ônibus com tarifa modal em cada horário, sendo o transporte insuficiente.

Pleiteou salário *in natura* pelo uso de veículo do empregador, o qual ficava com Renato ao longo da semana útil, devendo deixá-lo na garagem do empregador durante o fim de semana de folga, bem como nas férias.

Pleiteou, ainda, a integração de diárias para viagem, recebidas no valor de R$ 400,00 por cada viagem ocorrida, relatando que ao longo do contrato viajou a serviço por três ocasiões, em três diferentes meses.

Por último pleiteou diferenças salariais decorrentes de equiparação salarial com outro motorista, o qual inicialmente trabalhava como *maitre*, mas por força de decisão do INSS, por limitação física, teve sua função alterada, quando percebia R$ 2.000,00 mensais.

Na audiência, após a apresentação de defesa com documentos, foram dispensados os depoimentos pessoais. A parte autora declarou não ter outras provas. A parte ré requereu a oitiva de uma testemunha, a qual foi indeferida pelo juiz, gerando o inconformismo da parte ré, registrado em ata de audiência.

Dez dias após o encerramento normal da audiência, o juiz prolatou sentença de improcedência total dos pedidos, com custas fixadas em R$ 500,00. Inconformado, Renato, 15 dias após haver sido notificado da decisão de improcedência dos pedidos, apresentou a medida jurídica cabível para tentar revertê-la, em juntar qualquer documento.

Você foi notificado como advogado(a) da empresa para apresentar a peça prático-profissional em nome de seu cliente. Redija a mesma apresentando os argumentos pertinentes.

2.1.11. Modelo da peça

AO JUÍZO DA 99ª VARA DO TRABALHO DE TERESINA/PI

PROCESSO N. XXXXXXXXXX

RESTAURANTE AMARGO LTDA., já qualificado nos autos da reclamação trabalhista, que é movida por RENATO, por seu advogado infra-assinado, com fulcro no art. 900 da CLT, vem à presença de Vossa Excelência apresentar

CONTRARRAZÕES AO RECURSO ORDINÁRIO

o que faz na melhor forma de direito, requerendo que sejam inclusivas aos autos e remetidas à instância superior, para que o recurso interposto pelo recorrente não seja conhecido, por intempestivo e ausência de preparo ou, que no mérito, seja improvido.

Nestes termos,
Requer deferimento.
Local e Data.
Advogado...
OAB n. ...

EGRÉGIO TRIBUNAL REGIONAL DO TRABALHO DO PIAUÍ

CONTRARRAZÕES DO RECURSO ORDINÁRIO

RECORRENTE: RENATO
RECORRIDO: RESTAURANTE AMARGO LTDA.
ORIGEM: 99ª VARA DO TRABALHO DE TERESINA
PROCESSO: XXXXXXXXXXXXX

Eminentes Julgadores,

O recurso ordinário ora alvejado não merece ser conhecido e, caso o seja, que no mérito seja negado provimento, mantendo-se a r. sentença que julgou improcedentes os pedidos formulados na ação trabalhista movida pelo recorrente RENATO, como passamos a aduzir:

I. PRELIMINARMENTE

DA INTEMPESTIVIDADE

O recurso ordinário deve ser interposto no prazo de 8 dias, como determina o art. 7º da Lei n. 5.584/70 c/c o art. 895, I, da CLT. Porém, no caso, o recorrente interpôs o recurso em 15 dias, muito além do prazo. Logo, intempestivo, razão pela qual requer o seu não conhecimento.

DA AUSÊNCIA DE PREPARO

Além de intempestivo, o recurso é deserto, já que não houve o preparo, uma vez que o recorrente não comprovou o pagamento das custas a que fora condenado, no valor de R$ 500,00, conforme consta em sentença.

DO CERCEAMENTO DO DIREITO DE DEFESA

Caso acolhido o recurso ordinário do recorrente, requer seja declarada a nulidade, por cerceamento do direito de defesa, já que foi indeferida a oitiva de testemunha da ré, como se nota dos autos.

II. DO MÉRITO RECURSAL

DAS DIFERENÇAS SALARIAIS

Deve ser mantida a sentença quanto ao indeferimento do pedido de diferenças salariais pela aplicação de norma coletiva, pois o autor, como motorista, pertence a categoria diferenciada. Logo, na forma do art. 511 da CLT, o regramento da norma coletiva geral não se aplica a ele. Assim, deve ser mantida a sentença e afastada a tese recursal.

DAS HORAS "IN ITINERE"

Deve ser mantida a sentença de improcedência do pedido de horas "in itinere", pois na forma da Súmula 90, item III, do TST, a mera insuficiência do transporte público regular não gera o direito pretendido. Logo, pela manutenção da decisão.

Obs: A Lei n. 13.467/2017 alterou o § 2º e revogou o § 3º, ambos do art. 58 da CLT.

DO SALÁRIO "IN NATURA"

Deve ser mantida a decisão de improcedência do pedido de salário "in natura", pois conforme o art. 458, "caput" e inciso III, da CLT, o recorrente não usava o veículo para fins privados, mas apenas para o trabalho, afastando o caráter contraprestacional da verba. Assim, a sentença está correta e deve ser mantida.

DAS DIÁRIAS PARA VIAGEM

Deve ser mantida a decisão de improcedência da integração das diárias para viagem, pois não excederam 50% do salário mensal, conforme art. 457, § 2º, da CLT e Súmula 101 do TST. Desta forma, pela mantença.

Obs: A Lei n. 13.467/2017 alterou o § 2º do art. 457 da CLT.

DA EQUIPARAÇÃO SALARIAL

Deve ser mantida a sentença de improcedência de diferenças salariais por equiparação salarial, haja vista que o modelo era readaptado, não servindo, portanto, como paradigma, conforme art. 461, § 4º, da CLT.

Obs: A Lei n. 13.467/2017 alterou o § 4º do art. 461 da CLT.

DA CONCLUSÃO

Diante do exposto, requer que sejam acolhidas as preliminares de não conhecimento do recurso do recorrente por intempestivo e ausência de preparo e, ainda, de cerceamento de defesa caso acolhido o recurso do recorrente.

Por fim, deve ser mantida, no todo, a sentença de piso.

Nestes termos,
Requer deferimento.
Local e Data.

Advogado...
OAB n. ...

2.2. Recurso de embargos de declaração

2.2.1. Apresentação

Na prática trabalhista, o recurso de embargos de declaração é extremamente utilizado. Contudo, nos Exames de Ordem, não é usualmente exigido, mas como o propósito da obra é abranger todas as peças que, em tese, podem ser cobradas e preparar o candidato para todas as "surpresas" da prova, será analisado o recurso, garantindo a melhor preparação possível.

O recurso possui algumas características diferentes dos demais, que serão exploradas no tópico abaixo, mas, num primeiro momento, vale a pena afirmar que se trata de um recurso de fundamentação vinculada, pois somente pode versar sobre alguns tipos de vícios, além de ser um recurso impróprio, pois é dirigido e julgado pela mesma autoridade prolatora da decisão embargada.

Diferentemente do recurso ordinário, já estudado, que serve para demonstrar **qualquer** *error in judicando* **e** *error in procedendo*, os embargos de declaração servem apenas para demonstrar a ocorrência de vícios desde logo descritos pelo legislador, a saber: omissão, obscuridade, contradição e manifesto equívoco no exame dos pressupostos extrínsecos de admissibilidade dos recursos, como se extrai do art. 897-A da CLT combinado com o art. 1.022 do CPC, que serão oportunamente analisados.

O recurso também tem importante função no prequestionamento, pressuposto de admissibilidade dos recursos extraordinários (recurso de revista, embargos para o TST e extraordinário para o STF).

Parte-se agora para a análise dos seus requisitos e características mais importantes.

2.2.2. Características e requisitos

De maneira a facilitar o entendimento, a matéria será apresentada em tópicos.

- **Fundamentação vinculada/cabimento:** conforme já afirmado acima, a utilização dos embargos de declaração depende da ocorrência de determinados vícios, que já são descritos pelo legislador quando da criação da norma (art. 897-A da CLT e art. 1.022 do CPC). Os vícios que podem ser atacados são: **omissão, obscuridade e contradição**. Nos termos do art. 897-A da CLT, também pode ser alegada o **manifesto equívoco na análise dos pressupostos extrínsecos de admissibilidade.**
- **Interposição múltipla:** diferentemente dos demais recursos, que possuem sua utilização calcada no princípio da unirrecorribilidade, os embargos de declaração podem ser utilizados sucessivamente, sem limite, ou seja, da decisão dos embargos de declaração podem ser opostos novos embargos e assim sucessiva-

mente, embora em muitos casos não seja necessário. Destarte, graficamente: ED de ED de ED,....

- **Prazo diferenciado:** a Lei n. 5.584/70 uniformizou os prazos recursais em oito dias. Contudo, uma das exceções à regra é o recurso em estudo, que possui prazo de oposição de cinco dias. **Além disso, em regra, não há contrarrazões**, só havendo resposta ao recurso na existência de possíveis efeitos infringentes (modificativos) (§ 2º do art. 897-A e Súmula 278 do TST), a ser analisado em tópico a frente.

- **Interrupção do prazo recursal:** note, ainda, que **a regra** é no sentido de que a oposição dos embargos de declaração interrompe o prazo para interposição de outros recursos, nos termos do § 3º do art. 897-A da CLT. Porém o efeito interruptivo não ocorrerá quando for intempestivo, houver irregularidade na representação da parte ou ausente sua assinatura, além daquela acima aduzida. Assim, uma das peculiaridades do recurso de embargos de declaração cinge-se à possibilidade de haver a interrupção do prazo para outros recursos (efeito interruptivo). Exemplificando: se de uma sentença foi oposto ED, ainda que já tenham transcorridos quatro dias do prazo para interposição do recurso ordinário, o prazo voltará a contar do zero. Desta forma, quando a parte for intimada do julgamento do ED, o prazo do recurso ordinário será contado integralmente, ou seja, terá a parte oito dias para interpor o novo recurso. **Contudo, a interrupção do prazo somente ocorre se o ED for admitido (conhecido), ou seja, de os pressupostos de admissibilidade estiverem presentes.**

- **Aplicação de multa por utilização protelatória:** a interrupção do prazo para o próximo recurso, estudado no tópico anterior, pode acarretar a utilização protelatória do mesmo, ou seja, a interposição fora das hipóteses legais apenas para "ganhar prazo". Tal utilização fere os princípios da celeridade e economia processuais, havendo previsão de multa a ser aplicada ao recorrente de má-fé. Contida no § 2º do art. 1.026 do CPC, quando manifestamente protelatórios, o juiz ou tribunal, em decisão fundamentada, condenará o embargante a pagar ao embargado multa não excedente a 2% sobre o valor atualizado da causa. Em caso de reiteração de embargos protelatórios, aplicar-se-á o § 3º do art. 1.026 do CPC.

- **Possibilidade de efeitos infringentes:** os embargos de declaração foram idealizados pelo legislador com o propósito de tão somente esclarecer dúvidas (obscuridades) contidas na decisão ou sanar omissões e contradições, não possuindo, portanto, o intuito de alterar a decisão. Contudo, a prática mostrou que em algumas situações, em especial, quando há omissão, a correção do vício acarretaria a alteração do julgado, passando-se de uma procedência para improcedência, por exemplo. Um breve exemplo serve para esclarecer: ao julgar determinada demanda trabalhista, o Magistrado condenou o reclamado ao pagamento de verbas rescisórias no valor de R$ 10.000,00. Porém, houve omissão ao não analisar o fundamento da defesa, que arguiu a "prescrição". Com a oposição dos embargos de declaração alegando a referida omissão, o Julgador deu provimento ao recurso, reconheceu a prescrição e, por consequência, julgou improcedentes os pedidos. **Percebe-se que a sentença antes de procedência passou a improcedência. Trata-se do efeito modificativo (infringente) dos embargos de declaração.** Sempre que os ED puderem acarretar a modificação do julgado, é necessário que o recorrido **seja intimado para apresentação de resposta, em cinco dias, sob pena de ser passível de nulidade da decisão.** É a única hipótese de contrarrazões nos embargos de declaração, que agora tem previsão expressa no § 2º do art. 897-A, CLT, nos seguintes termos: "Eventual efeito modificativo dos embargos de declaração somente poderá ocorrer em virtude da correção de vício na decisão embargada e desde que ouvida a parte contrária, no prazo de 5 (cinco) dias".

- **Evita ocorrência de preclusão quanto à matéria:** importa destacar que a Súmula 184 do TST averba que ocorrerá preclusão se não forem opostos embargos de declaração para suprir omissão apontada em recurso de revista ou de embargos.
- **Utilização para fins de prequestionamento:** o prequestionamento, previsto expressamente na CLT no art. 896, § 1º-A, I, é um pressuposto de admissibilidade dos recursos classificados como extraordinários, que no direito processual do trabalho são: recurso de revista, recurso de embargos ao TST e recurso extraordinário para o STF (embora não seja um recurso tipicamente trabalhista). Tais recursos somente podem ser utilizados quando: 1) não houver qualquer outro recurso a ser interposto; 2) quando a decisão recorrida tiver analisado a matéria, ou seja, decidido acerca da matéria jurídica objeto do recurso. Assim sendo, **matéria prequestionada significa matéria efetivamente decidida ou, em algumas hipóteses, fictamente decidida.** Os embargos de declaração, à luz da Súmula 297 do TST, possuem importante função prequestionadora das questões jurídicas, pois é por meio desse recurso que a parte demonstrará ao Poder Judiciário a omissão quando a análise de fundamentos carreados aos autos pelas partes, fazendo com que o Poder Judiciário a analise e, por consequência, reste prequestionada. Nessa hipótese, o recurso não pode ser considerado protelatório e, por isso, a parte recorrente não pode sofrer aplicação de multa.

2.2.3. Competência

A competência para os embargos de declaração é um pouco diferente do recurso ordinário, considerando o seu julgamento. No recurso ordinário, estudou-se que o *juízo a quo* recebe o recurso e o remete ao *juízo ad quem*, que o julga. Assim, exemplificativamente, a 1ª Vara do Trabalho de Belo Horizonte recebe o recurso ordinário, o admite e remete ao TRT da 3ª Região (MG) para julgamento.

Nos embargos de declaração, o mesmo juízo *a quo* recebe, admite e julga o recurso. Não há remessa para órgão superior (*ad quem*). Assim, conforme quadro abaixo, tem-se:

PRÁTICA TRABALHISTA

Juízo que proferiu a decisão	Juízo competente para o julgamento dos ED
1ª Vara do Trabalho de São Paulo/SP	Ao Juízo da 1ª Vara do Trabalho de São Paulo – Estado de São Paulo.
Tribunal Regional do Trabalho do AL	Ao Excelentíssimo Desembargador Relator... – Tribunal Regional do Trabalho do Estado de Alagoas.
Tribunal Superior do Trabalho	Ao Excelentíssimo Ministro Relator... – Tribunal Superior do Trabalho.

2.2.4. Como identificar a peça

A identificação da peça mostra-se simples. O candidato deve visualizar, no problema narrado pela banca examinadora, que, na sentença ou no acórdão proferido, houve, por parte do Poder Judiciário, alguma omissão, obscuridade ou contradição, bem como manifesto equívoco na análise dos pressupostos de admissibilidade recursal.

Ao exigir do candidato a formulação de recurso de embargos de declaração, o problema mencionará que houve, por exemplo:

- **omissão:** algum fundamento do autor ou réu não foi analisado, ou mesmo algum pedido. A título de exemplo, formulou-se, na petição inicial, o pedido de condenação ao pagamento de honorários advocatícios de sucumbência, e o juiz não o julgou;
- **contradição:** há contradição *entre a fundamentação e o dispositivo* da decisão quando, por exemplo, o magistrado, na fundamentação, afirma que não houve prova acerca das horas extraordinárias alegadas e, no dispositivo, condena ao pagamento daquelas. **Atenção:** não há contradição, para fins de embargos de declaração, quando o juiz julga de forma contrária a prova dos autos. Neste caso, deve ser utilizado o recurso ordinário;
- **obscuridade:** a obscuridade, que, salienta-se, é o vício mais difícil de ocorrer de todos, dar-se-á quando o magistrado não conseguir explicar claramente o seu entendimento. A decisão não é clara, dando ensejo a diversas interpretações etc. Ora diz que o ônus da prova é do reclamante, mais à frente afirma ser do reclamado etc.;
- **manifesto equívoco na análise dos pressupostos de admissibilidade:** tal hipótese é restrita ao processo do trabalho, já que prevista no art. 897-A da CLT. Pode ocorrer de o recurso ser inadmitido por intempestividade, mesmo tendo sido interposto no prazo legal, por não ter sido levado em consideração um feriado nacional no último dia, que fez que o *dies ad quem* fosse prorrogado para o dia útil seguinte.

Caso o problema não deixe claro algum desses vícios, não se trata de hipótese de o candidato redigir um recurso de embargos de declaração. Provavelmente, a banca mencionou algum *error in judicando* ou *error in procedendo*, o que gera o cabimento do recurso ordinário, já estudado.

Outrossim, percebe-se que, em diversos casos abordados nas provas anteriores, a banca deixa evidenciado o não cabimento dos embargos de declaração, ou que não há omissão, contradição ou obscuridade a ser sanada.

2.2.5. Estrutura da peça

Diferentemente do recurso ordinário, **que possui duas peças – interposição e razões –,** os embargos de declaração possuem tão somente uma peça. A diferença decorre da ausência de dois juízos – *a quo* e *ad quem*. Como o recebimento e o julgamento são feitos pelo mesmo juízo, não há justificativa para duas peças.

1. **Competência:** Endereçamento à Vara do Trabalho, Desembargador Relator ou Ministro Relator que proferiu a decisão impugnada.
2. **Número do processo:** menção ao número do processo.
3. **Qualificação da parte recorrente:** não há necessidade de qualificar a parte novamente, pois os dados já constam do processo. Basta afirmar o nome e que a parte já está qualificada nos autos, por exemplo: "BRUNO DA SILVA, já devidamente qualificado nos autos, (...)".
4. **Nome do recurso que está sendo oposto e fundamento legal:** importante mencionar com destaque (caixa alta) o recurso que está sendo oposto e o fundamento legal. No caso, "vem perante Vossa Excelência opor EMBARGOS DE DECLARAÇÃO, com fulcro nos arts. 897-A da CLT e 1.022 do CPC".
5. **Qualificação do recorrido:** basta afirmar que a parte contrária é JOÃO DA SILVA, ou seja, o nome sem qualificação, pois já está qualificado nos autos.
6. **Fundamento do recurso:** descrição do vício que está sendo apontado, ou seja, omissão, obscuridade, contradição e/ou equívoco manifesto na análise dos pressupostos extrínsecos de admissibilidade. É extremamente importante deixar claro para a banca examinadora que você está alegando OMISSÃO, OBSCURIDADE etc.
7. **Requerimentos:** nos embargos de declaração, o pedido é para que o recurso seja conhecido e provido para sanar a omissão, contradição, obscuridade e/ou o equívoco manifesto nos pressupostos extrínsecos de admissibilidade, conforme demonstrado.
8. **Fechamento:** Nestes termos, requer deferimento.
9. **Data, local e assinatura/OAB:** caso o problema traga tais dados, devem ser fielmente assinalados. Caso contrário, nenhum dado deve ser inventado, sob pena de identificação da prova, o que acarretará a atribuição da nota zero.

2.2.6. Questão da peça profissional

Joaquim Barbosa ajuizou demanda trabalhista em face de seu ex-empregador, empresa Alpha Ltda. pleiteando o pagamento da quantia de R$ 3.000,00 a título de comissões não pagas, que fora distribuída para a 2ª Vara do Trabalho de Salvador. Em defesa, a empresa alegou a necessidade de dedução da quantia de R$ 500,00, valor já pago pelas comissões devidas ao empregado. Na fundamentação da sentença, o MM. Juiz entendeu serem devidos apenas uma parte das comissões, em valor de R$ 2.000,00, autorizando a dedução da quantia integral. No dispositivo, julgou parcialmente procedente a demanda, condenando a empresa ao pagamento de R$ 1.000,00, bem como em custas no importe de R$ 20,00. Na qualidade de Advogado de Joaquim Barbosa, redija a peça processual adequada à correção do vício contido na sentença proferida.

2.2.7. Modelo da peça

AO JUÍZO DA 2ª VARA DO TRABALHO DE SALVADOR

REF. PROCESSO N. ...

JOAQUIM BARBOSA, já devidamente qualificado nos autos em epígrafe, vem perante Vossa Excelência, tempestivamente, por seu advogado que esta subscreve, nos termos dos arts. 897-A da CLT e 1.022 do CPC, opor EMBARGOS DE DECLARAÇÃO tendo em vista a ocorrência de contradição na r. sentença proferida nos autos da ação trabalhista movida em desfavor de ALPHA LTDA., nos seguintes termos:

1. A r. sentença julgou procedentes os pedidos formulados pelo reclamante/embargante, condenando a embargada ao pagamento de R$ 1.000,00. Ademais, autorizou a dedução integral das quantias pagas.

2. Contudo, há contradição entre a fundamentação e o dispositivo, haja vista que pela fundamentação o valor da condenação, já deduzidos os valores pagos, seria R$ 1.500,00, mas o dispositivo condenou a reclamada nos seguintes termos: "(...) condenando a empresa ao pagamento de R$ 1.000,00, bem como em custas no importe de R$ 20,00".

3. A ocorrência de contradição gera o cabimento dos embargos de declaração, conforme autorizam os arts. 897-A da CLT e 1.022 do CPC.

Por todo o exposto, REQUER:

Seja o presente recurso conhecido e provido para sanar a contradição apontada, manifestando-se o Juízo prolator da sentença expressamente acerca do valor correto da condenação.

Termos em que requer deferimento.
Local... Data...
Advogado...
OAB n. ...

2.3. Recurso de revista

2.3.1. Apresentação

Pode-se afirmar que o recurso de revista é o mais técnico e completo do direito processual do trabalho, tanto que exige a subscrição por advogado, conforme a Súmula 425 do TST, não se aplicando o *jus postulandi*.

Trata-se de recurso de natureza extraordinária, assim como o recurso especial julgado pelo STJ e o extraordinário, julgado pelo STF, tendo fundamentação vinculada as questões jurídicas que nele são suscitadas e efeito devolutivo restrito às questões jurídicas. Por se tratar de recurso dessa natureza, não pode ser utilizado:

- Antes de serem interpostos todos os outros recursos, ou seja, havendo algum outro recurso a ser utilizado, não é hora ainda de manejar o recurso de revista, pois as "portas do TST" só se abrem ao recurso de revista quando não for possível a interposição de outra espécie recursal, no caso o recurso ordinário em face da sentença.

- Enquanto não for demonstrado o prequestionamento, ou seja, enquanto todas as matérias que foram o seu objeto não estiverem devidamente decididas pelo órgão inferior. Assim, o TST só analisará se os honorários advocatícios de sucumbência são devidos se o TRT se pronunciar acerca da matéria. **Matéria decidida é matéria prequestionada. Exceção se a violação nascer do próprio acórdão recorrido.**
- Se a causa não oferecer transcendência, seja no aspecto político, jurídico, econômico ou social, como prevê o art. 896-A da CLT.

2.3.2. Características e requisitos

Ser classificado como extraordinário significa dizer que não se presta à rediscussão de fatos e provas, como ocorre no recurso ordinário, e sim apenas ao direito, isto é, à análise sobre violação à norma jurídica, súmulas vinculantes do STF, súmulas do TST etc. A restrição é imposta pela Súmula 126 do TST, o que significa dizer que o âmbito de proteção é o direito objetivo.

A segunda informação a ser destacada é a finalidade do recurso. A espécie recursal possui por finalidade essencial corrigir decisão do TRT, ocorrida em julgamento de recurso ordinário em dissídios individuais, quando esta violar lei federal, CF/88, súmula vinculante, súmulas ou OJs do TST, bem como uniformizar a jurisprudência entre os Tribunais Regionais do Trabalho. **A divergência apta a ensejar o cabimento de recurso de revista é aquela que ocorre entre Tribunais Regionais do Trabalho e não aquela evidenciada dentro do mesmo TRT.**

2.3.2.1. Cabimento

Passa-se agora à análise do cabimento recursal, previsto no art. 896 da CLT, indispensável à realização de qualquer prova de direito processual do trabalho, por mostrar-se complexo, a saber:

1ª Hipótese – o recurso de revista será interposto de acórdão proferido no julgamento de RO em dissídios individuais: a interposição de recurso de revista depende da prévia interposição de recurso ordinário em face de sentença proferida em dissídio individual. Destaque para a importante regra do direito processual do trabalho: apesar de alguns procedimentos serem considerados individuais, tais como um mandado de segurança impetrado em face de decisão interlocutória, ou uma ação rescisória, não são passíveis de impugnação por recurso de revista, por serem de competência originária do TRT. O dissídio individual passível de ser impugnado por RR deve iniciar-se na Vara do Trabalho, passando pelo TRT pela interposição de RO para, ao final, chegar ao TST por meio de recurso de revista. **Os dissídios coletivos, por iniciarem-se no TRT ou TST, não são passíveis de impugnação por recurso de revista. No caso de dissídio coletivo que inicia no TRT, a sentença normativa será objeto de recurso ordinário. Quando a demanda iniciar no TST, poderá ser impugnada por embargos infringentes (art. 894, I, da CLT) ou recurso extraordinário.**

Uma situação bastante peculiar encontra-se prevista na OJ n. 334 da SBDI-1 do TST, relacionada à remessa necessária. Segundo o entendimento do TST, não cabe recurso de revista quando os autos sobem ao TRT por meio de remessa necessária, isto é, quando não há interposição de recurso voluntário pela Fazenda Pública. Segundo o TST, se a Fazenda Pública não interpuser RO e a situação foi mantida pelo TRT, não haveria interesse recursal daquele ente para o RR, salvo se houver piora na situação jurídica da Fazenda, o que ocorreria se o recurso da parte contrária fosse provido para elevar a condenação imposta ao ente público. Se não houve interposição de recurso pela parte contrária, não pode haver majoração da condenação, pois na remessa necessária a condenação é mantida ou os pedidos são julgados improcedentes, isentando a Fazenda Pública da condenação anteriormente exposta, uma vez que o instituto é considerado uma prerrogativa dos entes públicos e a Súmula 45 do STJ proíbe qualquer majoração da condenação em sede de remessa necessária.

Acerca dessa hipótese (acórdão do TRT em Recurso Ordinário), três são os fundamentos que podem ser expostos pelo recorrente, conforme alíneas do art. 896 da CLT, a saber:

- **Alínea *a*: Divergência na interpretação de lei federal entre Tribunais Regionais do Trabalho:** nessa primeira alínea, fica clara a função do TST de tribunal uniformizador da jurisprudência trabalhista, haja vista que será cabível o recurso de revista quando a mesma norma de lei federal for interpretada de maneira diversa por mais de um TRT. Assim, se a determinada norma sobre jornada extraordinária for aceita por um TRT e rejeitada por outro, poderá o prejudicado com a decisão interpor o recurso em estudo para que o TST interprete a divergência e indique a solução a ser dada ao caso concreto. Alguns pontos merecem destaque acerca da questão:
1. **Somente é possível a interposição de recurso de revista nessa hipótese quando houver julgado divergente de outro Tribunal Regional do Trabalho, sendo inviável a utilização do apelo para demonstrar divergência do mesmo TRT.** Assim, a divergência dentro do mesmo tribunal não cabe ao TST dirimir, e sim ao próprio tribunal.
2. **O recurso de revista será inadmitido caso interposto na alínea em exame, caso a divergência não abranja todos os fundamentos da decisão**, uma vez que o TST, ao "comparar" os julgados, deve verificar que as decisões proferidas pelos Tribunais Regionais do Trabalho são totalmente incompatíveis. Se algum fundamento utilizado por um TRT não foi objeto de análise do outro tribunal, não há como comparar os acórdãos.
3. **A divergência deve ser demonstrada conforme as regras impostas pelo § 8º do art. 896 da CLT e na Súmula 337 do TST**, não bastando a simples juntada do acórdão paradigma. Assim, em suma, o recorrente deve juntar aos autos o acórdão paradigma ou citar a fonte, que pode ser da internet, além de transcrever nas razões do recurso, demonstrando o conflito de teses, de forma a admitir o apelo diante da divergência.

Importa registrar, ainda com fulcro na alínea *a*, que também ensejam a interposição do recurso de revista decisões proferidas pelos TRTs, em sede de recurso ordinário, contrárias às súmulas do TST ou às súmulas vinculantes do STF.

A Súmula 23 do TST aduz que "não se conhece de recurso de revista ou de embargos, se a decisão recorrida resolver determinado item do pedido por diversos fundamentos e a jurisprudência transcrita não abranger a todos".

Note-se ainda que é inadmissível o recurso de revista fundado apenas em divergência jurisprudencial, se a parte não comprovar que a lei estadual, norma coletiva ou o regulamento da empresa extrapolam o âmbito do TRT prolator da decisão.

Embora não esteja explícito na alínea em comento, também cabe recurso de revista para o TST quando a decisão do TRT, em recurso ordinário, violar uma orientação jurisprudencial do TST, por ilação do art. 896, § 1º-A, II, da CLT, haja vista que é ônus da parte, sob pena de não conhecimento do recurso de revista, "indicar, de forma explícita e fundamentada, contrariedade a dispositivo de lei, súmula ou **orientação jurisprudencial** do Tribunal Superior do Trabalho, que conflite com a decisão regional".

- **Alínea *b*: Divergência na interpretação de lei estadual, acordo coletivo ou convenção coletiva, regulamento de empresa ou sentença normativa de aplicação em área superior à abrangência de um Tribunal Regional do Trabalho:** apesar de não ser uma hipótese comum, deve ser lembrada. Pode ocorrer que uma mesma norma, apesar de não ser oriunda de lei federal, seja analisada por mais de um Tribunal Regional do Trabalho, como pode ocorrer com as espécies descritas acima. Imaginemos que uma convenção coletiva venha a atingir trabalhadores nos estados do Espírito Santo e Rio de Janeiro, sendo analisada pelos Tribunais Regionais do Trabalho daqueles Estados. Pode ocorrer que alguma cláusula seja analisada de maneira diversa pelos tribunais, cabendo nessa hipótese a interposição de recurso de revista. A demonstração da divergência também deve se dar conforme o § 8º do art. 896 da CLT e a Súmula 337 do TST.

- **Alínea *c*: Decisão do TRT que afronta lei federal ou norma da CF/88:** o primeiro destaque necessário está relacionado ao conceito de *dispositivo de lei*, de forma a verificarmos a extensão do cabimento do recurso em estudo. Será lei federal apenas legislação ordinária? Doutrina majoritária assegura a interpretação ampliativa do termo, abarcando além de lei ordinária e complementar, também decreto, medida provisória e outros. Sobre esse assunto, destaque para as seguintes informações:

Sabe-se que impera no processo do trabalho a máxima *iura novit curia*, ou seja, que o juiz conhece o direito, o que representa dizer não haver necessidade de fazer menção a dispositivos de lei. Ocorre que no recurso de revista, por se tratar de apelo extraordinário, o TST exige a indicação do preceito legal como requisito de admissibilidade, **conforme descreve a Súmula 221 daquele tribunal. Observe ainda a redação do art. 896, II, § 1º-A, da CLT.** Com efeito, o recurso deve estar devidamente fundamentado, *ex vi* da Súmula 422 do TST.

2ª Hipótese – prevista no § 2º do art. 896 da CLT, está relacionado ao julgamento pelo TRT de agravo de petição, recurso previsto no art. 897, *a*, da CLT para impugnação das decisões proferidas em execução trabalhista. Assim, das decisões proferidas em execução de sentença, assim como nos processos atinentes àquele processo (embargos à execução, embargos de terceiro etc.), será interposto o recurso de agravo de petição, no prazo de oito dias, a ser julgado pelo TRT. Do acórdão do Tribunal Regional que julgar o aludido recurso, caberá recurso de revista, conforme previsão do art. 896, § 2º, da CLT. Ocorre que o cabimento do RR nessa hipótese é mais restrito se comparada com a 1ª hipótese estudada, já que a fundamentação estará vinculada unicamente à demonstração de violação direta e literal a norma da CF/88. Sobre o tema, importante destacar a **Súmula 266 do TST, que reafirma a hipótese de cabimento descrita na CLT, a saber:** "A admissibilidade do recurso de revista interposto de acórdão proferido em agravo de petição, na liquidação de sentença ou em processo incidente na execução, inclusive os embargos de terceiro, depende de demonstração inequívoca de violência direta à Constituição Federal".

É de bom grado destacar que o **cabimento do recurso de revista na execução fora ampliado**, como se extrai do art. 896, § 10, da CLT, que assim dispõe: "Cabe recurso de revista por violação de lei federal, por divergência jurisprudencial e por ofensa à Constituição Federal nas execuções fiscais e nas controvérsias da fase de execução que envolvam a Certidão Negativa de Débitos Trabalhistas (CNDT), criada pela Lei n. 12.440, de 7 de julho de 2011".

2.3.2.2. Prequestionamento

Ao se interpor o recurso de revista, o recorrente deve estar atento ao prequestionamento, que significa dizer que a matéria a ser discutida no recurso foi julgada/enfrentada pelo Tribunal Regional do Trabalho, ou seja, que aquele tribunal decidiu, analisou, se debruçou sobre a questão que será suscitada e analisada pelo TST no recurso de revista. A necessidade de a matéria estar decidida (prequestionada) encontra-se no art. 896, § 1º-A, I, da CLT, nos seguintes termos: "indicar o trecho da decisão recorrida que consubstancia o prequestionamento da controvérsia objeto do recurso de revista" e na Súmula 297 do TST, que será analisada, item por item, a partir de agora:

- **Item I:** a primeira informação contida na súmula em destaque é sobre a espécie de prequestionamento que é exigido pelo TST, a saber, o explícito. Isso não quer dizer que o Tribunal tenha de fazer referência ao dispositivo supostamente violado, como se extrai da OJ n. 118 da SDI-1 do TST: "Havendo tese explícita sobre a matéria, na decisão recorrida, desnecessário contenha nela referência expressa do dispositivo legal para ter-se como prequestionado este".
- **Item II:** narra a necessidade de o recorrente opor embargos de declaração caso a matéria não tenha sido analisada pelo TRT, sob pena de preclusão, haja vista a não realização do prequestionamento. Ou seja, se no Recurso Ordinário ou no Agravo de Petição houve indicação de violação ao princípio da dignidade da pessoa humana, deve o TRT se manifestar sobre. Caso não o faça, como não enfrentou, deve a parte embargar em razão da omissão para provocar o prequestionamento.
- **Item III:** trata do prequestionamento ficto (implícito ou tácito), que é aquele que surge quando a parte opõe os embargos de declaração e, mesmo com o pedido de análise de determinada matéria, o tribunal continua omisso. A omissão daquele órgão não deve prejudicar a parte, já que essa "fez a sua parte", que era opor os embargos de declaração. O nome sugere o que realmente

ocorre: a matéria não está decidida, prequestionada, mas por ficção jurídica afirma que o prequestionamento está realizado.

Percebe-se facilmente que o TST somente analisará os fundamentos do recorrente se eles tiverem sido decididos pelo tribunal *a quo*. Mas será que há necessidade de prequestionamento até para as matérias de ordem pública, que podem ser conhecidas de ofício pelo julgador? A OJ n. 62 da SBDI-1 do TST responde **positivamente. O prequestionamento também é necessário nessas hipóteses. Pouco importa se o vício se constitui ou não em norma de ordem pública, deverá o tribunal manifestar-se sobre o mesmo para que o TST possa analisá-lo.**

Situação peculiar, que dispensa a realização do prequestionamento, é aquela descrita na OJ n. 119 da SBDI-1 do TST, que narra a violação a dispositivo de lei na própria decisão recorrida. Nessa hipótese, inviável a realização do prequestionamento, já que o tribunal não estará julgando uma violação à lei perpetrada pela instância inferior, e sim nascida em seu próprio julgado.

Dispõe a Súmula 459 do TST: "O conhecimento do recurso de revista, quanto à preliminar de nulidade por negativa de prestação jurisdicional, supõe a indicação de violação do art. 832 da CLT, do art. 489 do CPC de 2015 (art. 458 do CPC de 1973) ou do art. 93, IX, da CF/88".

Outrossim, dispõe o inciso IV do § 1º-A do art. 896 da CLT que sob pena de não conhecimento, é ônus da parte recorrente transcrever na peça recursal, no caso de suscitar preliminar de nulidade de julgado por negativa de prestação jurisdicional, o trecho dos embargos declaratórios em que foi pedido o pronunciamento do tribunal sobre questão veiculada no recurso ordinário e o trecho da decisão regional que rejeitou os embargos quanto ao pedido, para cotejo e verificação, de plano, da ocorrência da omissão.

Ademais, prevê a OJ n. 257 da SDI-I do TST que "a invocação expressa no recurso de revista dos preceitos legais ou constitucionais tidos como violados não significa exigir da parte a utilização das expressões 'contrariar', 'ferir', 'violar' etc.".

2.3.2.3. Da transcendência

De acordo com o art. 896-A da CLT, o TST examinará, previamente, se a causa oferece transcendência no que toca aos reflexos gerais de natureza social, política, jurídica e econômica, ou seja, deve o TST, única e exclusivamente, verificar se a questão de fundo é relevante, importante para a sociedade como um todo, e não apenas para aquele que está recorrendo.

São indicadores de transcendência, entre outros: I – econômica, o elevado valor da causa; II – política, o desrespeito da instância recorrida à jurisprudência sumulada do Tribunal Superior do Trabalho ou do Supremo Tribunal Federal; III – social, a postulação, por reclamante-recorrente, de direito social constitucionalmente assegurado; IV – jurídica, a existência de questão nova em torno da interpretação da legislação trabalhista.

Poderá o relator, monocraticamente, denegar seguimento ao recurso de revista que não demonstrar transcendência, cabendo agravo desta decisão para o colegiado.

Porém, em relação ao recurso que o relator considerou não ter transcendência, o recorrente poderá realizar sustentação oral sobre a questão da transcendência, durante cinco minutos em sessão.

Se for mantido o voto do relator quanto à não transcendência do recurso, será lavrado acórdão com fundamentação sucinta, que constituirá decisão irrecorrível no âmbito do tribunal.

Note que, nos termos da CLT, é irrecorrível a decisão monocrática do relator que, em agravo de instrumento em recurso de revista, considerar ausente a transcendência da matéria. No entanto, o Pleno do TST decidiu que, mesmo neste caso, caberá agravo contra a decisão do relator, ou seja, no ArgInc-1000845-52.2016.5.02.0461 declarou a inconstitucionalidade do § 5º do art. 896-A da CLT.

Por fim, o juízo de admissibilidade do recurso de revista exercido pela Presidência dos Tribunais Regionais do Trabalho limita-se à análise dos pressupostos intrínsecos e extrínsecos do apelo, não abrangendo o critério da transcendência das questões nele veiculadas.

2.3.2.4. Rito sumaríssimo

O legislador restringiu o cabimento do recurso de revista nos processos que tramitam perante o rito sumaríssimo, de forma a imprimir maior celeridade àqueles. Nessas demandas, o recurso somente será cabível nas hipóteses do art. 896, § 9º, da CLT, assim redigido: "Nas causas sujeitas ao procedimento sumaríssimo, somente será admitido recurso de revista por contrariedade a súmula de jurisprudência uniforme do Tribunal Superior do Trabalho ou a súmula vinculante do Supremo Tribunal Federal e por violação direta da Constituição Federal".

Em suma, não é possível discutir-se divergência jurisprudencial, seja em virtude de lei federal, seja em virtude de qualquer outra norma. A fundamentação do recorrente deverá mencionar apenas a existência de contrariedade das súmulas do TST, súmula vinculante do STF e norma da CF/88, desde que a violação a última seja direta.

Dúvida que surgiu na doutrina e jurisprudência diz respeito à interpretação que deveria ser dada ao termo *súmula* constante do art. 896, § 9º, da CLT, se ampliativa ou restritiva, de forma a abarcar as *orientações jurisprudenciais*, na primeira hipótese. O TST, por meio da Súmula 442, demonstrou que a interpretação deve ser restritiva, **não alcançando as orientações jurisprudenciais**, ou seja, não cabe recurso de revista no procedimento sumaríssimo por contrariedade à orientação jurisprudencial.

2.3.2.5. Efeitos

Dois aspectos sobre os efeitos do recurso de revista devem ser levados em consideração neste estudo:

- **Efeito suspensivo:** primeira informação que deve ser lembrada consta no art. 899 da CLT, que afirma que os recursos trabalhistas serão recebidos apenas no efeito devolutivo, podendo-se iniciar a execução provisória. Essa regra é aplicada ao recurso de revista, com mais razão em comparação ao recurso ordinário, pois se a sentença foi confirmada pelo TRT e desse acórdão foi interposto recurso de revista, tem-se uma maior certeza de que a decisão está correta, autorizando-se a execução provisória. Assim, caso o recorrente queira evitar a produção de efeitos pelo acórdão recorrido, deve valer-se da disposição contida na Súmula 414 do TST, também aplicável ao recurso ordinário, ou seja, deve fazer requerimento de atribuição de efeito suspensivo. Somente dessa forma o recorrente obstará o cumprimento imediato da decisão, devendo-se, nessa hipótese, demonstrar a presença do *fumus boni iuris* e do *periculum in mora*.

- **Efeito translativo:** o efeito translativo permite ao tribunal conhecer das matérias de ordem pública mesmo sem pedido do recorrente. Exemplificando, mesmo que o recorrente não alegue em seu recurso ordinário a existência de incompetência absoluta, poderá o TRT reconhecê-la, anulando a sentença e remetendo os autos para o juízo competente. Ocorre que tal regra **não se aplica ao recurso de revista**, por tratar-se de recurso extraordinário, que depende da apreciação da matéria pelo órgão *a quo* para manifestar-se sobre esta (prequestionamento), como já afirmado acima.

2.3.3. Como identificar a peça

A identificação da peça, em uma prova de 2ª fase da OAB em direito do trabalho, mostra-se fácil se tivermos em mente as hipóteses de cabimento antes estudadas, pois o problema certamente afirmará que houve um **julgamento** "x" **pelo TRT em recurso ordinário**, com um fundamento "y" e com base nessas informações o candidato terá de concluir se é ou não hipótese de recurso de revista. Para facilitar, o quadro abaixo relembrará as hipóteses de cabimento de forma sucinta, para que o candidato possa lembrar de todas:

Hipótese de cabimento	Peculiaridades/Detalhes importantes
O RR será interposto de acórdão proferido no julgamento de RO em dissídios individuais.	A interposição de recurso de revista depende da prévia interposição de recurso ordinário em face de sentença (ou decisão terminativa do feito) proferida em dissídio individual. Os dissídios coletivos, por iniciarem-se no TRT ou TST, não são passíveis de impugnação por recurso de revista. No caso de dissídio coletivo que inicia no TRT, a sentença normativa será objeto de recurso ordinário. Quando a demanda iniciar no TST, poderá ser impugnada por embargos infringentes ou recurso extraordinário.
Alínea *a* do art. 896 da CLT.	Quando as decisões dos TRTs, em recurso ordinário, derem ao mesmo dispositivo de lei federal interpretação diversa da que lhe houver dado outro Tribunal Regional do Trabalho, no seu Pleno ou Turma, ou a Seção de Dissídios Individuais do Tribunal Superior do Trabalho, ou contrariarem súmula de jurisprudência uniforme dessa Corte ou súmula vinculante do Supremo Tribunal Federal.
Alínea *b* do art. 896 da CLT.	Quando as decisões dos TRTs, em recurso ordinário, derem ao mesmo dispositivo de lei estadual, convenção coletiva de trabalho, acordo coletivo, sentença normativa ou regulamento empresarial de observância obrigatória em área territorial que exceda a jurisdição do Tribunal Regional prolator da decisão recorrida, interpretação divergente, na forma da alínea *a*.
Alínea *c* do art. 896 da CLT.	Quando as decisões dos TRTs, em grau de recurso ordinário, forem proferidas com violação literal de disposição de lei federal ou afronta direta e literal à Constituição Federal.
Art. 896, § 2º, da CLT.	Das decisões proferidas pelos Tribunais Regionais do Trabalho ou por suas Turmas, em execução de sentença, inclusive em processo incidente de embargos de terceiro, não caberá recurso de revista, **salvo na hipótese de ofensa direta e literal de norma da Constituição Federal.**

Art. 896, § 10, da CLT.	Cabe recurso de revista por violação a lei federal, por divergência jurisprudencial e por ofensa à Constituição Federal nas execuções fiscais e nas controvérsias da fase de execução que envolvam a Certidão Negativa de Débitos Trabalhistas (CNDT).
Art. 896, § 9º, da CLT.	Nas causas sujeitas ao **procedimento sumaríssimo**, somente será admitido recurso de revista por contrariedade à súmula de jurisprudência uniforme do Tribunal Superior do Trabalho ou à súmula vinculante do Supremo Tribunal Federal e por violação direta da Constituição Federal. **JAMAIS CABE EM CASO DE OJ!**

2.3.4. Competência e procedimento

O recurso de revista será interposto perante a Presidência do TRT, que é o órgão incumbido de realizar o primeiro juízo de admissibilidade. Se positivo aquele juízo, será o recorrido intimado para apresentar contrarrazões, subindo os autos ao TST. Se negativo, caberá agravo de instrumento (observar IN n. 41 do TST) para o TST, de forma a "destrancar" o recurso denegado. Ainda sobre o juízo de admissibilidade, se o feito foi inadmitido pelo Ministro Relator do TST, caberá agravo no prazo de oito dias, a ser processado e julgado conforme o regimento interno daquele tribunal (RITST).

Salienta-se que o recurso de revista somente será admitido se houver fundamentação jurídica, ou seja, indicação do erro em que incorreu o TRT ao proferir o acórdão, haja vista a disposição contida na Súmula 422 do TST, observando-se ainda o disposto no art. 896 e seus incisos e o § 1º-A e seus incisos, todos da CLT.

Ademais, quando o recurso tempestivo contiver defeito formal que não se repute grave, o TST poderá desconsiderar o vício ou mandar saná-lo, julgando o mérito.

Cabe lembrar que o recurso de revista somente será admitido se realizado o depósito recursal (pode haver substituição por seguro-garantia judicial ou fiança bancária), conforme o art. 899 da CLT, sob pena de deserção, salvo se o juízo já estiver integralmente garantido ou nas hipóteses em que o ordenamento jurídico isenta o recorrente. A parte recorrente deve atentar para o valor do depósito recursal, inclusive naquelas em que a parte requer a redução pela metade, já que podem surgir as seguintes situações:

- O valor integral da condenação já ter sido depositado em sede de recurso ordinário, hipótese em que não haverá necessidade de depositar qualquer outra quantia.
- Apesar de a condenação ter sido depositada anteriormente, o TRT pode aumentar a condenação, por ter dado provimento ao recurso da outra parte, hipótese em que será necessária a realização de novo depósito.
- Dependendo do valor da condenação, esta não será depositada integralmente, haja vista que o recurso de revista possui, como todos os demais, um valor máximo a ser depositado.

2.3.5. Estrutura da peça

Conforme já salientado anteriormente, **duas são as peças a serem desenvolvidas**, a saber: **petição de interposição** e **petição das razões**, conforme quadros a seguir:

2.3.5.1. Petição de interposição

1. **Competência:** endereçamento ao Presidente do Tribunal Regional do Trabalho que julgou o recurso ordinário, cujo acórdão é objeto do recurso de revista, uma vez que cabe àquele órgão realizar a análise acerca da admissibilidade do apelo.
2. **Número do processo:** menção ao número do processo.
3. **Qualificação da parte recorrente:** não há necessidade de qualificar novamente, pois já consta na petição inicial ou contestação. **Basta o nome e a informação "já devidamente qualificado nos autos".**
4. **Nome do recurso que está sendo interposto e fundamento legal:** afirmação de que está **interpondo** o RECURSO DE REVISTA, com fulcro no art. 896, alínea..., da CLT.
5. **Qualificação da parte recorrida:** não há necessidade de qualificar novamente, pois já consta na petição inicial ou contestação. **Basta o nome e a informação "também já devidamente qualificado nos autos".**
6. **Informação sobre a admissibilidade, inclusive o preparo:** estão presentes todos os requisitos de admissibilidade...., inclusive o preparo (deve-se explicar se o preparo foi realizado ou não e o motivo).
7. **Requerimentos:** seja admitido o recurso, com a intimação do recorrido para contrarrazões e, após, o seu regular processamento, com a remessa dos autos à instância *ad quem* para julgamento do mérito do recurso.
8. **Fechamento:** Nestes termos, requer deferimento.
9. **Data, local e assinatura/OAB:** caso o problema traga tais dados, devem ser fielmente assinalados. Caso contrário, nenhum dado deve ser inventado, sob pena de identificação da prova, o que acarretará a atribuição da nota zero.

2.3.5.2. Petição das razões

1. **Indicação do processo, partes e origem:** número do processo, nome do recorrente, nome do recorrido e origem do processo (*Tribunal Regional do Trabalho de São Paulo, 2ª Região*).
2. **Menção aos julgadores:** Colendo Tribunal Superior do Trabalho. Eminentes Ministros (por exemplo).
3. **Fundamentos do recurso:**
    3.1. Cabimento do recurso: demonstrar em que hipótese de cabimento do art. 896 da CLT está sendo interposto o recurso de revista.
    3.2. Da admissibilidade
        3.2.1. **Prequestionamento:** afirmar e demonstrar que houve prequestionamento da matéria pelo acórdão recorrido, ou seja, que a matéria foi efetivamente decidida pelo juízo *a quo* (*TRT*), conforme art. 896, § 1º-A, I, da CLT e Súmula 297 do TST.

3.2.2. Informar que a causa oferece **transcendência** na forma do art. 896-A da CLT.

3.3. **Mérito do recurso:** deve-se explicitar, de forma analítica, como foi a decisão e como deveria ser, de forma a deixar claro que a decisão está errada e, por isso, deve ser reformada/anulada, tudo de acordo com os incisos II e III do § 1º-A do art. 896 da CLT.

4. **Requerimentos:** Seja o recurso conhecido e, no mérito, provido para reformar/anular acórdão recorrido, nos termos da fundamentação *supra*.

5. **Fechamento:** Nestes termos, requer deferimento.

6. **Data, local e assinatura/OAB:** caso o problema traga tais dados, devem ser fielmente assinalados. Caso contrário, nenhum dado deve ser inventado, sob pena de identificação da prova, o que acarretará a atribuição da nota zero.

2.3.6. Questão da peça profissional

(Questão simulada) Saulo Ramos ajuizou reclamação trabalhista em face da empresa Infor Serviços de Informática LTDA., a qual fora distribuída para a 1ª Vara do Trabalho de Aracaju e atuada sob o n. 155.651, onde pleiteou o pagamento de horas de sobreaviso, pois ficava com o celular dado pela empresa durante os finais de semana, de modo que entendia fazer jus a adicional previsto no art. 244 da CLT. A sentença julgou improcedente o pedido, aduzindo que o mero fornecimento de celular não importa em jornada sobreaviso, se não ilidida a possibilidade de locomoção do empregado. Não satisfeito, Saulo interpôs recurso ordinário para o TRT, o qual foi admitido pelo juízo da 1ª Vara do Trabalho e, após as contrarrazões, o remeteu ao Tribunal de Sergipe. A 2ª Turma deste tribunal reformou a sentença e julgou procedente o pedido de Saulo, afirmando que a lei não faz distinção se o empregado fica ou não em casa, já que o importante é o empregador ter acesso ao mesmo. Inconformada com o acórdão prolatado, a empresa pretende recorrer, para ver reformada a decisão do TRT de Sergipe. Redija a peça cabível, apresentando todos os seus requisitos e fundamentos pertinentes.

2.3.7. Modelo da peça

AO SENHOR DESEMBARGADOR PRESIDENTE DO TRIBUNAL REGIONAL DO TRABALHO DO ESTADO DE SERGIPE

REF. PROCESSO N. 155651

INFOR SERVIÇOS DE INFORMÁTICA LTDA., já devidamente qualificada nos autos do processo em epígrafe, em que contende com SAULO RAMOS, por meio de seu Advogado infrafirmado, vem perante Vossa Excelência interpor o presente RECURSO DE REVISTA, nos termos do art. 896, "a" e "c", da CLT, tendo em vista que o acórdão proferido pela 2ª Turma deste Eg. Tribunal, que julgou o recurso ordinário interposto pelo ora recorrente, viola flagrantemente Súmula do TST e Lei Federal, no caso a CLT.

Insta ressaltar que estão presentes todos os pressupostos de admissibilidade intrínsecos e extrínsecos, inclusive o preparo, juntando o comprovante do depósito recursal (ou seguro-garantia judicial ou fiança bancária). As custas já foram recolhidas quando da interposição do recurso ordinário.

Assim, pugna pela admissibilidade deste recurso e após a intimação do recorrido para contrarrazões, seja remetido os autos para julgamento perante o Tribunal Superior do Trabalho.

Termos em que requer deferimento.
Local... Data...
Advogado...
OAB n. ...

COLENDO TRIBUNAL SUPERIOR DO TRABALHO

RAZÕES DO RECURSO DE REVISTA

RECORRENTE: INFOR SERVIÇOS DE INFORMÁTICA LTDA.
RECORRIDO: SAULO RAMOS
PROCESSO N. 155651
ORIGEM: 2ª TURMA DO TRIBUNAL REGIONAL DO TRABALHO DE SERGIPE.

Colendo Tribunal,
Eminentes Ministros,

Merece reforma o v. acórdão proferido pela 2ª Turma do Tribunal Regional do Trabalho da 20ª Região, tendo em vista que este viola o art. 244 da CLT, bem como o entendimento cristalizado na Súmula 428 do TST, como será visto.

DA ADMISSIBILIDADE

Estão presentes todos os pressupostos de admissibilidade intrínsecos, extrínsecos e os específicos, com observância do § 1º-A do art. 896 da CLT, inclusive o preparo, uma vez que comprovado o pagamento do depósito recursal e das custas.

DO PREQUESTIONAMENTO

Cumpre destacar que a matéria em questão foi objeto de prequestionamento, nos termos do art. 896, § 1º-A, I, da CLT e da Súmula 297 do TST, como será visto abaixo.

DA TRANSCENDÊNCIA

A presente causa oferece transcendência com relação aos reflexos gerais de natureza econômica, política e jurídica, na forma do art. 896-A, § 1º, da CLT, uma vez que a causa é de elevado valor, houve desrespeito da instância recorrida à jurisprudência sumulada deste C. TST e existe questão nova em torno da interpretação da legislação trabalhista.

DAS RAZÕES DA REFORMA

Considerando o disposto nos incisos II e III do § 1º-A do art. 896 da CLT, a recorrente passa a expor de forma explícita e fundamentada as razões de reforma, impugnando os fundamentos jurídicos da decisão recorrida.

O acórdão recorrido negou a pretensão do recorrente, em reformar a sentença originária, mantendo a condenação no pagamento de horas de sobreaviso em razão de o recorrido ficar com aparelho celular fornecido pelo empregador, mesmo não estando o recorrente em sistema de plantão com a utilização do referido aparelho, o que não afetaria sua liberdade de locomoção.

O acórdão do TRT prequestionou a matéria, ao afirmar expressamente que: "a lei não faz distinção se o empregado fica ou não em casa, já que o importante é o empregador ter acesso ao mesmo".

Este pensar viola o entendimento do TST exposto no inciso II da Súmula 428, que dispõe ser sobreaviso o tempo que o empregado permanece em plantão com o celular. O acórdão do TRT também viola o art. 244 da CLT, pois este dispõe que "considera-se de sobreaviso o empregado efetivo, que permanecer em sua própria casa, aguardando a qualquer momento o chamado para o serviço".

Por ter havido violação à lei federal e entendimento sumulado do TST, mostra-se cabível o recurso em tela, na forma do art. 896, "a" e "c", da CLT, que deve ser admitido e provido para reformar o acórdão recorrido.

Por todo o exposto, REQUER:

Seja o presente recurso admitido e provido para reformar a decisão recorrida, haja vista a ocorrência de "error in judicando", excluindo-se da condenação o pagamento das horas de sobreaviso.

Termos em que requer deferimento.
Local... Data...
Advogado...
OAB n. ....

2.3.8. Contrarrazões ao recurso de revista

Trata-se de peça que nunca foi exigida na prova da OAB em direito do trabalho.

Porém, como nossa intenção é ter um livro mais completo possível, resolvemos inserir um modelo de petição de contrarrazões ao Recurso de Revista, ainda que de forma objetiva.

Esta petição tem por objetivo impugnar as teses da parte recorrente, onde o recorrido (aquele que oferece as contrarrazões) irá pugnar pela manutenção do acórdão proferido pelo TRT, refutando o pedido de reforma e, algumas vezes, até apresentando algum ponto ou questão relevante que reforce o julgado, no viés das matérias jurídicas que foram invocadas.

Não é difícil identificar a necessidade de utilização desta peça, já que você irá perceber que a parte deve ser intimada para oferecer resposta ao recurso interposto, tendo o mesmo prazo que a parte recorrente teve para recorrer, ou seja, 8 dias, na forma do art. 900 da CLT.

Vale lembrar que no prazo das contrarrazões, se for o caso, pode o recorrido lançar mão do recurso adesivo (que tem a mesma estrutura do recurso principal), mas terá que fazê-lo em peça apartada, de modo que terá que fazer uma petição de contrarrazões e outra de recurso de revista adesivo.

A lei não exige que a peça de contrarrazões seja feita por meio de duas petições. Porém, na praxe é comum assim proceder, razão pela qual teremos: 1) petição de apresentação das contrarrazões, dirigida, neste caso, ao Presidente do TRT, já que é ele quem procede com a admissibilidade do recurso de revista: *Ao Senhor Desembargador Presidente do Tribunal Regional do Trabalho da___ Região*; 2) petição de contrarrazões propriamente dita, endereçada ao órgão competente para julgamento do recurso, no caso ao TST: *Ao Colendo Tribunal Superior do Trabalho*.

É importante citar os dispositivos legais, súmulas e orientações jurisprudenciais que sustentam a impugnação ao pedido de reforma.

A seguir, veja o modelo da peça, cabendo apenas as devidas adaptações para enquadramento ao caso que for apresentado.

AO SENHOR DESEMBARGADOR PRESIDENTE DO TRIBUNAL REGIONAL DO TRABALHO DA 24ª REGIÃO

PROCESSO N.

FULANO, já qualificado nos autos da reclamação trabalhista que move em face de FULANINHO, por seu advogado que esta subscreve, com fulcro no art. 900 da CLT, vem à presença de Vossa Excelência apresentar

CONTRARRAZÕES AO RECURSO DE REVISTA

o que faz na melhor forma de direito, requerendo que sejam inclusas aos autos e remetidas à instância superior, para que o recurso interposto pelo recorrente seja improvido.

Nestes termos,
Requer deferimento.
Local e Data.
Advogado...
OAB n. ...

...

COLENDO TRIBUNAL SUPERIOR DO TRABALHO

CONTRARRAZÕES DO RECURSO DE REVISTA

RECORRENTE: FULANINHO
RECORRIDO: FULANO
ORIGEM: 1ª TURMA DO TRIBUNAL REGIONAL DO TRABALHO DA 24ª REGIÃO
PROCESSO: ...

Eminentes Julgadores,

O recurso de revista ora alvejado não merece ser conhecido, uma vez que a parte recorrente aduz questões de fato, onde há óbice na Súmula 126 deste Tribunal e, ademais, o recurso não oferece transcendência, mas caso seja conhecido, que no mérito seja negado provimento, mantendo-se o v. acórdão atacado, como passamos a aduzir:

DOS PRESSUPOSTOS DE ADMISSIBILIDADE

DA TRANSCENDÊNCIA

O presente recurso, como se nota, não preenche todos os pressupostos de admissibilidade recursal, já que o recorrente não cumpriu com a determinação contida no art. 896-A, no sentido de demonstrar a transcendência, seja no que diz ao aspecto político, econômico, jurídico ou social. Assim, como cabe exclusivamente ao TST manifestar-se sobre a questão em tela, requer que o recurso não seja conhecido.

DO PREQUESTIONAMENTO

Outrossim, Excelências, o recorrente não cumpriu com a questão do prequestionamento, como determina o inciso I do § 1º-A do art. 896 da CLT combinado com a Súmula 297 deste C. Tribunal, pois alega violação à lei federal e a Constituição, bem como a Súmula, mas não se vê no acórdão guerreado o enfrentamento da questão, de modo que não merece conhecimento o apelo em tela.

DO MÉRITO RECURSAL

DA PRESCRIÇÃO BIENAL

Alega o recorrente que a mantença do acórdão impugnado gera violação ao art. 7º, XXIX, da CF, ao art. 11 da CLT e à Súmula 308 do TST, uma vez que, segundo ele, o acórdão não reconheceu a prescrição prevista em todos os textos citados, já que o recorrido, a seu ver, ajuizou a ação mais de 2 anos da extinção do contrato.

Porém, está equivocado o recorrente, pois como assentado no acórdão regional, as violações suscitadas não merecem prosperar, já que o recorrente deixou de considerar a projeção do aviso prévio, o que por si só convence que a ação fora ajuizada dentro dos dois anos, ou seja, com a projeção dos 30 dias do aviso indenizado, o recorrido ajuizou a ação faltando ainda 15 dias para completar a projeção.

Assim, deve ser negado provimento ao recurso no particular.

DO ADICIONAL DE PERICULOSIDADE

Mais uma vez o recorrente se insurge contra o acórdão regional pretendendo sua reforma.

No entanto, a questão ora trazida é meramente fática, não havendo ensejo para pronunciamento sobre o tema por este Tribunal, já que aqui temos a vedação contida na Súmula 126 do TST.

Com efeito, ficou devidamente registrado no acórdão que o recorrido laborou em condições perigosas, tendo laudo técnico nesse sentido para corroborar, razão pela qual o apelo é protelatório, já que não se enquadra em nenhuma das hipóteses de cabimento do recurso de revista do art. 896 da CLT.

Desta feita, que seja negado provimento.

DA CONCLUSÃO

Diante do exposto, requer que não seja conhecido o presente recurso de revista, mas se for conhecido, que no mérito seja negado provimento, para manter o v. acórdão, nos termos da fundamentação "supra".

> Nestes termos,
> Requer deferimento.
> Local e Data.
> Advogado...
> OAB n. ...

2.4. Recurso de agravo de petição

2.4.1. Apresentação

Trata-se de mais um importantíssimo recurso da prática trabalhista, de simples feitura, que foi objeto do 38º Exame da OAB. Tendo em vista que o intuito da obra é proporcionar a mais completa preparação para a 2ª fase em direito do trabalho, independentemente da quantidade de vezes que a peça foi cobrada no exame, razão pela qual o recurso será inteiramente analisado, em seus pormenores.

Quando se fala em "agravo de petição" no processo do trabalho, é intuitivo lembrar do processo de execução trabalhista, haja vista que tal recurso somente é utilizado nessa fase processual, ou seja, um típico recurso a ser utilizado no processo de execução. Previsto no art. 897, *a*, da CLT, cabe tão somente das decisões do Juiz do Trabalho nas execuções, mesmo que seja pela Previdência Social quando da homologação de acordo entabulado entre exequente e executado, no que tange às contribuições sociais que entender devidas.

2.4.2. Características e requisitos

Como já dito, o recurso de agravo de petição é utilizado nas execuções trabalhistas, para impugnar as decisões proferidas nessa espécie de processo. Também cabe quando a **exceção de pré-executividade é julgada procedente, extinguindo a execução. Na improcedência da exceção de pré-executividade, não cabe o referido recurso, já que a execução prosseguirá, de modo que estaremos diante de uma decisão interlocutória, muito embora o TST, conforme consta no *Informativo* n. 218, relativizou essa regra.**

O prazo de interposição e contrarrazões segue a regra geral, ou seja, a parte recorrente possui oito dias para interpor e recorrido o mesmo prazo para contrarrazoar.

Um dos pontos mais importantes acerca do recurso e que é constantemente exigido em provas de direito processual do trabalho relaciona-se à admissibilidade do apelo. A espécie recursal possui um pressuposto de admissibilidade específico, descrito no § 1º do art. 897 da CLT, que é a **delimitação da matéria e valores impugnados**, o que significa dizer que a fundamentação não pode ser genérica, e sim apontar exatamente em qual capítulo da decisão encontra-se o erro do juízo, bem como o valor que entende correto na hipótese de alegar-se excesso na execução. O recurso genérico não será admitido.

Ao se delimitar a matéria e os valores objeto da discordância, o mesmo dispositivo legal permite a execução em relação à matéria e valores incontroversos, sendo que tal execução se processará de maneira definitiva, em autos constituídos para tal fim. Aliás, a Súmula 416 do TST afirma inexistir ferimento a direito líquido e certo quando se prossegue na execução em relação à matéria incontroversa. Na verdade, se inexiste controvérsia, há direito líquido e certo do exequente em satisfazer seu crédito.

Sobre o preparo do recurso, destaque para a Súmula 128 do TST, especificamente em seu inciso II, que afirma: "Garantido o juízo, na fase executória, a exigência de depósito para recorrer de qualquer decisão viola os incisos II e LV do art. 5º da CF/88. Havendo, porém, elevação do valor do débito, exige-se a complementação da garantia do juízo". Segundo o entendimento do TST, a exigência de depósito quando o juízo já está garantido, ou seja, quando já há depósito garantindo o valor integral da condenação, viola ao mesmo tempo os princípios da legalidade, contraditório e ampla defesa. No agravo de petição, geralmente não há depósito, uma vez que o juízo já está garantido por penhora, já que a hipótese mais comum de interposição do recurso se dá em face da sentença que julga os embargos à execução, sendo que a garantia do juízo é um pressuposto para o oferecimento daquela espécie de defesa do executado.

Ademais, não há previsão legal para pagamento de custas de forma antecipada, ou seja, quando da interposição do agravo de petição, cabendo pagamento de custas ao final pelo executado, na forma do art. 789-A da CLT. Caso o AP não seja admitido por esta razão, caberá à interposição de agravo de instrumento para destrancar o recurso denegado.

2.4.3. Como identificar a peça

A identificação da peça mostra-se fácil, pois a utilização do apelo, como já falado, é bastante restrita. Nos moldes do art. 897, *a*, da CLT, somente cabe das decisões em execução trabalhista. Basta analisar o conceito de "decisões" para identificar com 100% de certeza a determinação da banca examinadora para que o candidato redija aquele recurso.

No curso do processo de execução, o magistrado pode proferir diversas decisões, tais como sentenças terminativas, definitivas, bem como inúmeras interlocutórias. A CLT utiliza a expressão "decisões", cabendo-nos interpretar o termo.

As demais decisões interlocutórias não são passíveis de impugnação pela via do agravo de petição, haja vista a regra geral da *irrecorribilidade imediata das decisões interlocutórias*, presente no art. 893, § 1º, da CLT, não se aplicando a regra apenas ao processo de conhecimento, e sim, também à execução trabalhista, como regra geral.

2.4.4. Competência

A regra acerca da competência para o recurso de agravo de petição é a mesma do recurso ordinário, pois há procedimento tanto no *juízo a quo* como no juízo *ad quem*, ou seja, aquele juízo que proferiu a decisão recebe o recurso, o admite e o órgão de hierarquia superior julga o mérito. Isso reflete no endereçamento das peças que serão redigidas por você candidato, devendo-se seguir as regras a seguir descritas:

Petição	Juízo	Redação
Interposição	A quo (Vara do Trabalho)	Ao Juízo da 15ª Vara do Trabalho de Campinas.
Razões	Ad quem (Tribunal Regional do Trabalho)	Egrégio Tribunal, Eminentes Desembargadores.

Conforme pode ser verificado, a competência para o recurso de agravo de petição é idêntica ao recurso ordinário interposto com base no inciso I do art. 895 da CLT, qual seja: **o agravo de petição é interposto de decisão proferida pela Vara do Trabalho, sendo interposto perante aquele órgão, mas remetido para julgamento no Tribunal Regional do Trabalho (instância superior)**.

2.4.5. Fundamentos mais comuns

Abaixo estão relacionadas algumas situações comuns de interposição de agravo de petição, que são hipóteses que podem estar dispostas no problema a ser apresentado pela banca examinadora na prova da 2ª fase da OAB, bem como os fundamentos do recurso.

Decisão proferida no processo de execução	Fundamento para o recurso de agravo de petição
Decisão em embargos à execução ou impugnações	A decisão que julga os embargos à execução é a típica decisão passível de agravo de petição. Cabe também contra sentenças que não conhecem os embargos à execução sob o fundamento de que não há garantia do juízo.
Extinção do processo por meio de exceção de pré-executividade	Se a execução for extinta cabe agravo de petição. Se a exceção de pré-executividade for indeferida, não cabe o recurso, em regra.

2.4.6. Estrutura da peça

Conforme já salientado anteriormente, **duas são as peças a serem desenvolvidas**, a saber: **petição de interposição** e **petição das razões**, conforme quadros abaixo:

2.4.6.1. Petição de interposição

1. **Competência:** endereçamento à Vara do Trabalho que proferiu a decisão impugnada. *Ao Juízo da 3ª Vara do Trabalho do Rio de Janeiro.*
2. **Número do processo:** menção ao número do processo.
3. **Qualificação da parte recorrente:** não há necessidade de qualificar novamente, pois já consta na petição inicial ou contestação. **Basta o nome e a informação "já devidamente qualificado nos autos".**
4. **Nome do recurso que está sendo manejado e fundamento legal:** afirmação de que está **interpondo** o AGRAVO DE PETIÇÃO, com fulcro no art. 897, *a*, da CLT.
5. **Qualificação da parte recorrida:** não há necessidade de qualificar novamente, pois já consta na petição inicial ou contestação. **Basta o nome e a informação "já devidamente qualificado nos autos".**
6. **Informação acerca do preparo:** deve-se explicar se o preparo foi realizado ou não é o caso de efetuar. Se for o caso, dizer que comprova a complementação do juízo naquele momento, em razão da majoração do valor da execução (Súmula 128, II, TST).

7. **Informar, quando for o caso, a delimitação da matéria e os valores impugnados**, demonstrando o que é controvertido e incontroverso, se for o caso, para fins do § 1º, do art. 897 da CLT.
8. **Requerimentos:** conhecimento do recurso, uma vez que estão preenchidos os pressupostos de admissibilidade e, intimação do agravado para contrarrazões e, após, sejam os autos remetidos à instância *ad quem* para julgamento do mérito do recurso.
9. **Fechamento:** nestes termos, requer deferimento.
10. **Data, local e assinatura/OAB:** caso o problema traga tais dados, devem ser fielmente assinaladas. Caso contrário, nenhum dado deve ser inventado, sob pena de identificação da prova, o que acarretará a atribuição da nota zero.

2.4.6.2. Petição das razões

1. **Indicação do processo, partes e origem:** número do processo, nome do recorrente, nome do recorrido e origem do processo (3ª Vara do Trabalho do Rio de Janeiro).
2. **Menção aos julgadores:** Egrégio Tribunal, Eminentes Julgadores (por exemplo).
3. **Fundamentos do recurso:** indicação do equívoco da decisão. Deve-se explicitar como foi a decisão e como deveria ser, comparando a norma jurídica de forma a deixar claro que a decisão está errada e, por isso, deve ser reformada, considerando as matérias e valores que estão sendo objeto de impugnação (art. 897, § 1º, da CLT), quando for o caso.
4. **Requerimentos:** seja o recurso CONHECIDO e PROVIDO para reformar a decisão recorrida, tendo em vista o que fora demonstrado na fundamentação.
5. **Fechamento:** nestes termos, requer deferimento.
6. **Data, local e assinatura/OAB:** caso o problema traga tais dados, devem ser fielmente assinaladas. Caso contrário, nenhum dado deve ser inventado, sob pena de identificação da prova, o que acarretará a atribuição da nota zero.

2.4.7. Questão da peça profissional

(41º Exame) Jeferson Peres ajuizou reclamação trabalhista contra seu ex-empregador, a sociedade empresária Costela de Ouro Ltda., o restaurante mais conhecido do Distrito Federal. A ação foi ajuizada em 30 de janeiro de 2019, tramitou perante a 503ª Vara do Trabalho do Distrito Federal sob o número 0120813-35.2019.5.10.0503 e a sentença julgou procedentes os seus pedidos. A sociedade empresária recorreu, mas o TRT manteve a sentença. Advindo o trânsito em julgado iniciou-se a execução. A liquidação importou em R$ 72.000,00 (setenta e dois mil reais), mas a sociedade empresária não pagou voluntariamente a dívida, em que pese ter sido citada para tanto. Tentou-se fazer a execução forçada com as ferramentas existentes na Justiça do Trabalho, igualmente sem sucesso. Então, o Juiz, de ofício, sem suspensão do feito, instaurou um incidente de desconsideração da personalidade jurídica (IDPJ) e citou os sócios Pedro Serra e Maria Serra para a manifestação em 10 dias. Diante da inércia, o IDPJ foi julgado procedente. Maria Serra, três dias depois da decisão, procurou você, como advogado(a), dizendo que saiu da sociedade em março de 2015, em ato devidamente averbado perante a Junta Comercial, sendo que Jeferson Peres trabalhou na sociedade empresária de janeiro de

2018 a dezembro de 2018. O mal-entendido, segundo Maria Serra, foi que, na contestação, juntaram o contrato social antigo, no qual ainda constava o seu nome. Maria Serra afirmou ainda, e comprovou documentalmente, que é aposentada pelo INSS. O Juiz determinou de ofício tutela de urgência de natureza cautelar, daí por que foram retidos 100% de sua aposentadoria, no valor de R$ 1.500,00 (um mil e quinhentos reais), e que atualmente é a sua única fonte de renda, já havendo nos autos R$ 3.000,00 (três mil reais). Considerando os fatos narrados, a CLT e o CPC, e tendo em vista que você foi contratado(a) para defender os interesses de Maria Serra, como houve a intimação da decisão que julgou procedente o IDPJ, apresente a medida cabível para tentar reverter essa decisão.

2.4.8. Modelo da peça

AO JUÍZO DA 503ª VARA DO TRABALHO DO DISTRITO FEDERAL

PROCESSO N. 0120813-35.2019.5.10.0503

MARIA SERRA, já devidamente qualificada nos autos da ação trabalhista que lhe move JEFERSON PERES, com fulcro nos arts. 855-A, § 1º, II, e 897, "a", da CLT, por seu advogado, vem perante Vossa Excelência interpor

AGRAVO DE PETIÇÃO

Pelas razões em anexo.
O presente recurso é tempestivo, pois interposto no prazo legal de 8 dias, art. 897, "a", da CLT.
Requer o recebimento e a remessa dos autos para o TRT.
Informa que delimitou a matéria e o valor, art. 897, § 1º, da CLT.
Requer a notificação do recorrido para contraminuta.

Nesses termos, pede deferimento.
Local... Data...
Advogado...
OAB n. ...

EGRÉGIO TRIBUNAL REGIONAL DO TRABALHO

MINUTA DO AGRAVO DE PETIÇÃO

DA ILEGITIMIDADE DA AGRAVANTE

O juízo instaurou o IDPJ em face da agravante.
Nos termos do art. 10-A da CLT, a agravante é parte ilegítima, uma vez que não tem responsabilidade, pois que se retirou da sociedade há mais de dois anos do ajuizamento da ação.
Diante do exposto, requer seja acolhida a preliminar de ilegitimidade, para excluir a agravante do feito.

DO IDPJ DE OFÍCIO

O juízo determinou a instauração do IDPJ de ofício.

Nos termos do art. 133 do CPC, o IDPJ somente poderá ser instaurado a requerimento da parte ou do MPT, não podendo ser de ofício.
Diante do exposto, requer o provimento do recurso.

DA SUSPENSÃO DO PROCESSO

O juízo instaurou o IDPJ sem a suspensão do processo.
Nos termos do art. 134, § 3º, do CPC ou do art. 855-A, § 2º, da CLT, a instauração do IDPJ deverá suspender o processo.
Diante do exposto, requer o provimento do recurso.

DO PRAZO PARA MANIFESTAÇÃO

O juízo concedeu à agravante o prazo de 10 dias para manifestação sobre o IDPJ.
Nos termos do art. 135 CPC, o prazo para manifestação é de 15 dias.
Diante do exposto, requer o provimento do recurso.

DO BLOQUEIO DA APOSENTADORIA

O juízo determinou o bloqueio de 100% da aposentadoria da agravante.
Nos termos do art. 833, IV, do CPC, não é possível o bloqueio da totalidade da aposentadoria, pois isso inviabilizaria sua sobrevivência.
Diante do exposto, requer o provimento do recurso.

DOS PEDIDOS

Diante do exposto, requer:
1 – conhecimento do recurso;
2 – revogação da tutela e devolução do valor bloqueado;
3 – provimento do recurso.

Nesses termos, pede deferimento.
Local... Data...
Advogado...
OAB n. ...

2.5. Recurso de agravo de instrumento

2.5.1. Apresentação

Diferentemente do direito processual civil, em que o agravo de instrumento serve para impugnar as decisões interlocutórias, dentre as quais aquelas que inadmitem outros recursos, como prevê o art. 1.015 do CPC, no processo do trabalho, a utilização do agravo de instrumento mostra-se um pouco mais restrita, haja vista que as decisões interlocutórias, como regra, são irrecorríveis de imediato, uma vez que no direito processual do trabalho um dos princípios mais importantes é da *irrecorribilidade imediata das decisões interlocutórias*, cujas exceções, em sua maioria, estão descritas na Súmula 214 do TST, sem prejuízo das situações descritas nos incisos II e III do § 1º do art. 855-A da CLT.

Logo, no processo do trabalho, apenas utilizamos o agravo de instrumento quando outro recurso é inadmitido e não cabe, por exemplo, agravo regimental ou embargos de declaração.

Pelo exposto, se o recorrente interpõe recurso ordinário e este é inadmitido pelo juízo *a quo*, caberá a interposição de agravo de instrumento. Sendo o mesmo recurso ordinário inadmitido pelo órgão *ad quem*, por meio de decisão monocrática do relator, **não caberá agravo de instrumento, pois há previsão para o agravo interno.** Se a inadmissão do mesmo recurso ordinário se der pelo colegiado, **caberá recurso de revista ao TST**.

Note-se, todavia, que não cabe recurso de revista contra acórdão proferido em sede de agravo de instrumento, por total ausência de previsão legal.

Em suma, **somente cabe agravo de instrumento quando outro recurso for INADMITIDO pelo juízo *a quo*.**

Observe que não cabe agravo de instrumento das decisões que denegarem seguimento ao recurso de embargos no TST, pois o recurso adequado é o agravo regimental, haja vista que o agravo de instrumento é um recurso próprio, isto é, deve necessariamente ser julgado por órgão *ad quem*, na forma do art. 235 do Regimento Interno do TST e § 4º do art. 894 da CLT.

2.5.2. Características e requisitos

O recurso está previsto no art. 897, *b*, da CLT, sendo utilizado para "destrancar" outros recursos, isto é, para impugnar decisão de inadmissão de outros recursos, quando proferida pelo juízo *a quo*. Explica-se: ao se interpor, por exemplo, um recurso ordinário, este será submetido à análise, num primeiro momento, acerca da presença dos pressupostos de admissibilidade recursal (tempestividade, preparo, legitimidade, regularidade na representação etc.), sendo que aquele pode ser positivo ou negativo, caso estejam presentes todos os requisitos ou ausente algum deles, respectivamente.

Sendo positivo o juízo de admissibilidade, não caberá qualquer recurso, mesmo pela parte contrária, já que os autos subirão ao juízo *ad quem*, após a intimação do recorrido para contrarrazões, visando à realização de novo juízo de admissibilidade e, se positivo novamente, proceder-se ao julgamento do mérito.

Sendo negativo o juízo de admissibilidade, isto é, declarando o juízo inferior a ausência de qualquer daqueles requisitos, restará "trancado" naquela instância o recurso, cabendo a daquela decisão e inadmissibilidade o recurso de agravo de instrumento, de modo que é correto afirmar que o mérito do recurso de agravo de instrumento são os pressupostos de admissibilidade do recurso "trancado".

Impende transcrever a OJ n. 282 da SDI-1 do TST: "No julgamento de Agravo de Instrumento, ao afastar o óbice apontado pelo TRT para o processamento do recurso de revista, pode o juízo 'ad quem' prosseguir no exame dos demais pressupostos extrínsecos e intrínsecos do recurso de revista, mesmo que não apreciados pelo TRT".

Impende transcrever a OJ n. 282 da SDI-1 do TST: "No julgamento de Agravo de Instrumento, ao afastar o óbice apontado pelo TRT para o processamento do recurso de revista, pode o juízo 'ad quem' prosseguir no exame dos demais pressupostos extrínsecos e intrínsecos do recurso de revista, mesmo que não apreciados pelo TRT".

O recurso de agravo de instrumento será formado com uma série de documentos, que estão relacionados no art. 897, § 5º, da CLT (no processo eletrônico essa formação é dispensável), que permitirão o julgamento do próprio agravo de instrumento, bem como, na mesma ocasião, do recurso denegado, demonstrando que a formalidade imposta na formação do recurso possui como finalidade a celeridade processual, haja vista a desnecessidade de remessa dos autos originais do recurso inadmitido. Conforme o parágrafo referido acima, são indispensáveis os seguintes documentos, sob pena de não conhecimento do agravo de instrumento:

- decisão agravada, para possibilitar a verificação de eventual equívoco do juízo *a quo*;
- certidão de intimação, para aferir-se a tempestividade do agravo de instrumento;
- procurações de agravante a agravado, para verificar a regularidade de representação;
- petição inicial, contestação e decisão originária, para possibilitar o julgamento imediato do recurso denegado;
- comprovante do depósito recursal do recurso denegado, haja vista tratar-se de importante pressuposto de admissibilidade, bem como comprovação do recolhimento das custas;
- comprovante do depósito recursal do agravo de instrumento, consoante § 7º do art. 899 da CLT, que é de 50% do recurso que se pretende destrancar, **salvo** se o juízo já estiver garantido ou nas hipóteses previstas no § 8º do mesmo artigo acima citado;
- facultativamente, com outras peças que o recorrente entender úteis e necessárias ao deslinde da controvérsia, sendo comum a juntada de cópia integral do processo (salvo processo eletrônico), de forma a possibilitar o amplo acesso do Tribunal ao mérito da demanda.

O mais relevante aspecto relacionado ao agravo de instrumento é a necessidade de realização de depósito recursal, já que há obrigatoriedade de depósito de 50% da quantia inerente ao recurso que se busca destrancar. Entrementes, pode ser que seja necessário apenas complementar. Exemplificativamente, podemos encontrar as seguintes situações, considerando-se para fins didáticos a informação de que o depósito recursal máximo para o recurso ordinário é de R$ 10.000,00:

Valor da condenação	Valor depositado no RO	Valor a ser depositado no AI
R$ 5.000,00	R$ 5.000,00	Nada*
R$ 8.000,00	R$ 8.000,00	Nada*
R$ 12.000,00	R$ 10.000,00	R$ 2.000,00**
R$ 15.000,00	R$ 10.000,00	R$ 5.000,00***
R$ 50.000,00	R$ 10.000,00	R$ 5.000,00***
R$ 300.000,00	R$ 10.000,00	R$ 5.000,00***

* Nas duas primeiras hipóteses, não há necessidade de depositar qualquer quantia a título de depósito recursal no agravo de instrumento, haja vista que a execução já está totalmente garantida com o depósito realizado em sede de recurso ordinário.
** Na terceira situação, será depositado apenas R$ 2.000,00 (complementação), que não representa 50% do valor depositado no recurso ordinário, uma vez que, somando-se os dois valores, chega-se ao total da execução, não sendo lícito exigir do recorrente o depósito de quantia superior à executada.
*** Nas demais situações, o recorrente realizará o depósito de R$ 5.000,00 independentemente do valor da condenação, uma vez que as quantias depositadas no recurso ordinário e no agravo de instrumento são inferiores ao total da execução. Importante lembrar que existem dois limites, a saber: 1) valor máximo de cada recurso; 2) valor da condenação.

Porém, quando o agravo de instrumento tem a finalidade de destrancar recurso de revista que se insurge contra decisão que contraria a jurisprudência uniforme do Tribunal Superior do Trabalho, consubstanciada nas suas súmulas ou em orientação jurisprudencial, não haverá obrigatoriedade de se efetuar o depósito recursal, consoante § 8º do art. 899 da CLT.

É preciso afirmar que a formação do agravo incumbe as partes, razão pela qual é válido o traslado de peças realizado pelo agravado, como preconiza a OJ n. 283 da SDI-1 do TST.

Por seu turno, caso o agravante não tenha procuração nos autos, poderá juntar a cópia da ata onde consta sua presença, pois irá demonstrar que está constituído via mandato tácito. No entanto, caso tenha procuração e mera juntada da ata não supre aquela nos moldes da OJ n. 286 da SDI-1do TST.

2.5.3. Como identificar a peça

Talvez a identificação da necessidade de interposição de agravo de instrumento seja a mais fácil, dentre todos os recursos trabalhistas, pois depende exclusivamente da informação de que **outro recurso interposto foi inadmitido**, qualquer que seja o motivo (ausência de preparo, intempestividade, ilegitimidade etc.), desde que referente a não admissão na instância *a quo*, que impede a remessa dos autos para a instância *ad quem*.

Caso o problema narre que outro recurso trabalhista foi inadmitido pelo juízo *a quo*, caberá agravo de instrumento. O cuidado que temos que ter, ao analisar o problema apresentado pela banca examinadora, é perceber se a inadmissão se deu, efetivamente, no juízo *a quo*, pois caso contrário, não caberá agravo de instrumento, sendo, muito provável, a necessidade de utilização do agravo interno/regimental, quando o relator, por exemplo, não conhece de recurso ordinário interposto.

2.5.4. Competência

Sobre o procedimento, importante aspecto relaciona-se à competência para o recebimento do recurso, já que totalmente diferente do processo civil, com o qual não pode ser confundido. Sabe-se que na esfera civil o agravo de instrumento será interposto diretamente no órgão *ad quem*, isto é, aquele que detém competência para o julgamento do mérito recursal. Assim, caso interposta essa espécie recursal em face de decisão interlocutória proferida por juízo de primeira instância (Vara Cível, por exemplo), o recurso será interposto diretamente no Tribunal de Justiça, que é o órgão *ad quem*. **Isso não ocorre no processo do trabalho, haja vista que o agravo de instrumento é inter-**

posto perante o juízo *a quo*, ou seja, aquele que proferiu a decisão, aquele que inadmitiu o recurso, cuja decisão está sendo impugnada em sede de agravo de instrumento, que pode ser a Vara do Trabalho ou o Tribunal Regional do Trabalho.

Ao receber o agravo de instrumento, poderá o juízo exercer a retratação, isto é, reconsiderar a decisão anteriormente proferida, caso entenda que o agravante está com a razão. Tal possibilidade decorre do denominado efeito regressivo do recurso em estudo. Havendo retratação, será o recorrido intimado para apresentar contrarrazões ao recurso originalmente inadmitido, subindo os autos para julgamento. Caso não haja retratação, será o recorrido intimado para apresentar contrarrazões, mas com uma especificidade: o § 6º do art. 897 da CLT afirma que serão apresentadas duas contrarrazões no prazo de oito dias, a saber: ao agravo de instrumento e ao recurso inadmitido, de forma que o tribunal *ad quem*, ao dar provimento ao agravo de instrumento, já possa desde já julgar o mérito do recurso inadmitido, se for o caso, tratando-se claramente de medida de celeridade processual.

O agravo de instrumento será julgado conforme dispuserem as normas procedimentais do regimento interno do tribunal competente.

Vale dizer que a instância *a quo* não tem competência para falar sobre admissibilidade ou não do agravo de instrumento. Cabe, tão somente, receber o recurso, reconsiderar ou não a decisão que não admitiu o recurso de outrora, intimar a parte contrária para contrarrazões, se mantida a decisão agravada, e nada mais. Após, remessa ao tribunal superior.

2.5.5. Fundamentos mais comuns

O fundamento está sempre ligado ao equívoco do Magistrado na análise dos pressupostos de admissibilidade. O juízo *a quo* afirmou que o recurso é intempestivo, quando, na verdade, foi manejado dentro do prazo legal. Da mesma forma, afirmou, por exemplo, que o depósito recursal não foi realizado, quando era hipótese de dispensa, razão pela qual mais uma vez errou o Magistrado. Apenas para ajudar, passa-se a explicação rápida sobre cada um dos pressupostos recursais.

Pressuposto recursal	Explicação resumida
Cabimento	Recorribilidade + adequação, ou seja, se o ato judicial é recorrível e se foi utilizado o recurso adequado (daí dizer-se, recurso cabível).
Tempestividade	Verificação se o recurso foi interposto dentro do prazo recursal.
Legitimidade	Verificação se o recorrente pode recorrer.
Interesse recursal	Análise se houve sucumbência (parte vencida), ou seja, se da decisão judicial decorre prejuízo e, portanto, o recurso será útil.
Preparo	Verificação se foram pagas as custas processuais e o depósito recursal, quando necessário.
Regularidade de representação	O recurso deve ser interposto pelo advogado com mandato, expresso ou tácito, ou nas hipóteses em que não há necessidade de Advogado *(jus postulandi* – Súmula 425 do TST).

2.5.6. Estrutura da peça

Conforme já salientado anteriormente, **duas são as peças a serem desenvolvidas**, a saber: **petição de interposição** e **petição das razões**, conforme se vê a seguir:

2.5.6.1. Petição de interposição

1. **Competência:** endereçado ao juízo *a quo*. Se o recurso foi inadmitido pela 2ª Vara do Trabalho de Belo Horizonte/MG, o agravo de instrumento será direcionado àquele órgão.
2. **Número do processo:** menção ao número do processo.
3. **Qualificação da parte recorrente:** não há necessidade de qualificar novamente, pois já consta na petição inicial ou contestação. **Basta o nome e a informação "já devidamente qualificado nos autos".**
4. **Nome do recurso que está sendo interposto e fundamento legal:** afirmação de que está **interpondo** o AGRAVO DE INSTRUMENTO, com fulcro no art. 897, *b*, da CLT.
5. **Qualificação da parte recorrida:** não há necessidade de qualificar novamente, pois já consta na petição inicial ou contestação. **Basta o nome e a informação "já devidamente qualificado nos autos".**
6. **Informação acerca do preparo e formação do instrumento:** deve-se explicar se o preparo foi realizado ou não e o motivo. Indicação que cumprem os §§ 5º, 7º e 8º do art. 897 da CLT.
7. **Requerimentos:** que seja reconsiderada a decisão que não admitiu o recurso. Se mantida, que após regular processamento, sejam os autos remetidos à instância *ad quem* para julgamento do mérito do recurso.
8. **Fechamento:** nestes termos, requer deferimento.
9. **Data, local e assinatura/OAB:** caso o problema traga tais dados, devem ser fielmente assinaladas. Caso contrário, nenhum dado deve ser inventado, sob pena de identificação da prova, o que acarretará a atribuição da nota zero.

2.5.6.2. Petição das razões

1. **Indicação do processo, partes e origem:** número do processo, nome do recorrente, nome do recorrido e origem do processo (2ª Vara do Trabalho de Belo Horizonte/MG).
2. **Menção aos julgadores:** Egrégio Tribunal, Eminentes Julgadores (por exemplo).
3. **Fundamentos do recurso:** indicação do equívoco da decisão, qual seja, a presença do requisito de admissibilidade tido por ausente pelo Magistrado que inadmitiu o recurso. Por exemplo, deve-se demonstrar que o recurso é tempestivo, ao contrário do que afirmou o juízo *a quo*. Se este entendeu que a parte é ilegítima, deve-se demonstrar que o recorrente, por estar contido no art. 996 do CPC, é legítimo a recorrer.
4. **Requerimentos:** Seja o recurso ADMITIDO e PROVIDO para reformar a decisão recorrida, reconhecendo-se a presença dos pressupostos de admissibilidade e, por consequência, admitindo o recurso antes denegado.
5. **Fechamento:** nestes termos, requer deferimento.

6. **Data, local e assinatura/OAB:** caso o problema traga tais dados, devem ser fielmente assinaladas. Caso contrário, nenhum dado deve ser inventado, sob pena de identificação da prova, o que acarretará a atribuição da nota zero.

2.5.7. Questão da peça profissional

(Questão simulada) Isaias Profeta ajuizou uma reclamação trabalhista em face de Leão de Judá LTDA., pleiteando horas extras com o acréscimo de 50% e reflexos de praxe, indicando valores. O feito tramita na 1ª Vara do Trabalho de Maceió, autuado sob o n. 7777-77.7.77.7777. Após regular trâmite processual, o juiz proferiu sentença e julgou improcedentes os pedidos, aduzindo que o reclamante não provou suas alegações e, no ensejo, indeferiu a gratuidade de justiça, afirmando que o autor não comprovou sua condição de miserabilidade jurídica, condenando-o, assim, ao pagamento das custas no valor de R$ 1.000,00 (correspondente a 2% sobre o valor da causa). Tempestivamente, o reclamante interpôs o recurso ordinário, observando todos os requisitos legais, exceto o preparo, uma vez que não tem condição de pagar tal valor, até porque ele sempre recebeu, como comprovado nos autos, menos de 40% do teto previdenciário, entendendo, assim, que faz jus aos benefícios da gratuidade de justiça, reiterando tal requerimento na peça de interposição do recurso e nas razões. Ocorre que o julgador de origem negou seguimento ao recurso ordinário, ao argumento de deserção. Diante da problemática, você como advogado, redija a peça processual cabível para que o recurso ordinário de Isaias Profeta possa ser julgado.

2.5.8. Modelo da peça

AO JUÍZO DA 1ª VARA DO TRABALHO DE MACEIÓ

REF. PROCESSO N. 7777-77.7.77.7777

ISAIAS PROFETA, já devidamente qualificado nos autos do processo em epígrafe, em que contende com Leão de Judá LTDA., por meio de seu Advogado infrafirmado, vem perante Vossa Excelência interpor o presente recurso de AGRAVO DE INSTRUMENTO, nos termos do art. 897, "b", da CLT, tendo em vista o inconformismo com a r. decisão que inadmitiu o recurso ordinário interposto pelo recorrente, sob a afirmação de deserção.

Junta aos autos os documentos constantes no art. 897, § 5º, da CLT, para a formação do instrumento.

Após a intimação do recorrido, caso este juízo não reconsidere a decisão ora atacada, seja o recurso remetido para julgamento perante o Tribunal Regional do Trabalho de Alagoas.

Termos em que requer deferimento.
Local... Data...
Advogado...
OAB n. ...

RAZÕES DO AGRAVO DE INSTRUMENTO

RECORRENTE: ISAIAS PROFETA
RECORRIDO: LEÃO DE JUDÁ LTDA.

PROCESSO N. 7777-77.77.77.7777
VARA DE ORIGEM: 1ª VARA DO TRABALHO DE MACEIÓ

Egrégio Tribunal,
Eminentes Desembargadores,

    Merece reparo a decisão que inadmitiu o recurso ordinário interposto pelo ora recorrente, uma vez que preenchidos todos os pressupostos de admissibilidade recursal.
    Depreende-se da leitura da decisão recorrida que o MM. Juiz de piso entendeu por deserto o recurso ordinário, por não ter o recorrente comprovado o pagamento das custas.
    Contudo, dos autos constam que o agravante comprovou que sua renda sempre fora, enquanto estava empregado, inferior a 40% do valor máximo pago pelo Regime Geral de Previdência Social, de modo que faz jus ao benefício da gratuidade de justiça, ante o que dispõe o § 3º do art. 790 da CLT, com a redação dada pela Lei n. 13.467/2017, isso sem prejuízo da prova de miserabilidade juntada aos autos.
    Assim sendo, tendo em vista a miserabilidade presumida do recorrente, deve a decisão ser reformada para admitir o recurso ordinário, afastando a deserção, concedendo a gratuidade de justiça.
    Por todo o exposto, REQUER a concessão dos benefícios da gratuidade de justiça, determinando-se o prosseguimento do recurso antes considerado deserto.

Termos em que requer deferimento.
Local.. Data...
Advogado...
OAB n. ...

2.6. Recurso de agravo interno

2.6.1. Apresentação

O agravo interno está previsto nos arts. 1.021 do CPC e 896, § 12, da CLT, sendo interposto das decisões do relator, conforme dispositivos acima referidos, uma vez que o relator proferirá uma **decisão monocrática,** passível de interposição do recurso em destaque, de competência do colegiado que seria naturalmente competente para a análise do mérito do recurso anterior (julgado monocraticamente).

Importa ressaltar que, com a entrada em vigor da Reforma Trabalhista, da decisão do relator que nega seguimento ao Recurso de Revista por entender que a causa não oferece transcendência, caberá agravo para o colegiado, nos termos do § 2º do art. 896-A da CLT.

2.6.2. Características e requisitos

Apesar de ser, na prática, cada vez mais comum o julgamento monocrático nos tribunais, este continua a ser, teoricamente, exceção, uma vez que a regra de julgamento nos tribunais é a decisão colegiada. O art. 239 do RITST prevê o cabimento do recurso de agravo interno, no prazo de oito dias, nas seguintes hipóteses:

Art. 239. Caberá agravo ao órgão colegiado competente para o julgamento do respectivo recurso, no prazo de oito dias, a contar da publicação no órgão oficial:

I – da decisão do Relator, tomada com base no § 5º do art. 896 da CLT;

II – da decisão do Relator, dando ou negando provimento ou negando seguimento a recurso, nos termos do art. 557 e § 1º-A do CPC (atualmente art. 1.021 do CPC).

Acerca do procedimento, será interposto perante o relator, que poderá reconsiderar a decisão. Caso não a reconsidere, levará o recurso para julgamento pelo colegiado. Possui efeito apenas devolutivo, podendo, conforme mencionado, possuir efeito regressivo.

Já se afirmou que o julgamento dos recursos tende a ser realizado monocraticamente pelos tribunais, por celeridade processual, quando a questão já estiver pacificada perante os tribunais superiores ou quando a matéria estiver ligada aos pressupostos de admissibilidade, sendo que o agravo interno pode ser utilizado apenas para protelar o feito, assim como ocorre em demasia com os embargos de declaração já estudados. Em relação ao último recurso, verificou-se a existência de previsão legal contida no art. 1.026, § 2º, do CPC acerca da aplicação de multa, ocorrendo o mesmo em relação ao agravo interno, conforme descrito no art. 1.021, § 4º, do CPC. Logo, não é adequado interpor recurso com notório intuito protelatório.

A aplicação da multa não é automática, devendo o colegiado fundamentar aquela, expondo os motivos que o levam a entender que o recurso possui finalidade protelatória, exigindo-se unanimidade.

2.6.3. Como identificar a peça

A identificação da peça, em uma prova da OAB 2ª fase, passa pela análise, novamente, das hipóteses de cabimento. O problema fará a exposição de uma **decisão monocrática**, ou seja, **proferida em um Tribunal, pelo relator, conforme dispositivos acima apresentados**, que em resumo contemplam as seguintes hipóteses, nas quais o relator, ao analisar outro recurso, irá:

- inadmiti-lo por ausência de pressupostos recursais, tais como preparo, tempestividade, regularidade formal, dentre outros;
- negar provimento ao apelo, quando a decisão recorrida estiver fundada em súmula ou jurisprudência dominante dos tribunais superiores;
- dar provimento ao recurso quando a decisão recorrida estiver em confronto com súmula ou jurisprudência dominante dos tribunais superiores.

Se o problema disser que foi proferida uma **decisão monocrática**, será hipótese de interposição de agravo interno, para resguardar os direitos da parte, que teve seu recurso inadmitido, desprovido ou sofreu prejuízo com o provimento do recurso da parte contrária.

2.6.4. Competência

Assim como já foi analisado nos outros recursos, com exceção dos embargos de declaração, o agravo interno **será interposto perante o órgão** *a quo* **e julgado pelo** *ad* *quem*. Importante destacar que o juízo *a quo*, na hipótese, o **relator do recurso julgado monocraticamente**, ao receber o agravo interno, poderá **reconsiderar a decisão, haja vista a existência de efeito regressivo no recurso em estudo**. Não havendo reconsideração da decisão, os autos são remetidos ao juízo *ad quem*, que é o colegiado, originalmente competente para o recurso julgado monocraticamente. Vamos a um exemplo: diante de uma sentença que condenou a empresa Betha Construções Ltda., foi por esse interposto recurso ordinário, admitido pelo juízo *a quo* e remetido ao Tribunal Regional do Trabalho. Distribuído a um Desembargador Relator, este entendeu que o apelo era intempestivo e, monocraticamente, o inadmitiu. Diante dessa decisão novamente desfavorável, **proferida apenas pelo Relator, poderá a Betha Construções Ltda. interpor o recurso de agravo interno**.

No quadro abaixo, estão resumidas as três hipóteses acima aventadas, com exemplos de simples entendimento.

Decisão proferida	Exemplo	Explicação
Inadmissão do recurso	João da Silva, reclamante, teve seus pedidos julgados improcedentes e interpôs recurso ordinário, inadmitido pelo relator por ausência do depósito recursal.	Cabe a interposição de agravo interno por João da Silva, pois o depósito recursal não é exigido do empregado reclamante, apenas da empresa.
Improvimento do recurso	João da Silva ajuizou ação trabalhista requerendo o pagamento de horas de sobreaviso pela utilização de aparelho celular. A sentença foi de improcedência. Interposto recurso ordinário, foi julgado improvido monocraticamente pelo relator.	O relator não precisa encaminhar o recurso para julgamento pelo colegiado, já que a pretensão de João da Silva contraria Súmula do TST (n. 429), que afirma não serem sobreaviso as horas em que o empregado aguarda ordens pelo celular. Contudo, como a decisão monocrática pode estar errada, cabe a interposição de agravo interno, para que o colegiado analise se a decisão do relator está correta ou não.
Provimento do recurso	João da Silva ajuizou ação trabalhista buscando o pagamento de horas extraordinárias. A sentença de improcedência considerou que havia banco de horas pactuado entre empregado e empregador. João da Silva interpôs recurso ordinário, que foi monocraticamente provido pelo relator, já que a sentença está nitidamente errada, uma vez para o banco de horas é imprescindível autorização em negociação coletiva.	O provimento monocrático deu-se em decorrência da sentença estar nitidamente errada, não havendo necessidade, nesse caso, de pronunciamento do colegiado, já que se guarda àquele órgão as decisões de processos mais complexos. Contudo, há a previsão de interposição de agravo interno para discussão do tema, já que o relator pode estar equivocado.

2.6.5. Estrutura da peça

Conforme já salientado anteriormente, **duas são as peças a serem desenvolvidas**, a saber: **petição de interposição** e **petição das razões**, conforme se vê a seguir:

2.6.5.1. Petição de interposição

1. **Competência:** endereçado ao juízo *a quo*, ou seja, ao Desembargador ou Ministro Relator do recurso julgado monocraticamente.
2. **Número do processo:** menção ao número do processo.

3. **Qualificação da parte recorrente:** não há necessidade de qualificar novamente, pois já consta na petição inicial ou contestação. **Basta o nome e a informação "já devidamente qualificado nos autos".**
4. **Nome do recurso que está sendo interposto e fundamento legal:** afirmação de que está interpondo o AGRAVO INTERNO com fulcro no art. 1.021 do CPC ou 896, § 12, da CLT.
5. **Qualificação da parte recorrida:** não há necessidade de qualificar novamente, pois já consta na petição inicial ou contestação. **Basta o nome e a informação "já devidamente qualificado nos autos".**
6. **Informação acerca do preparo:** deve-se explicar se o preparo foi realizado ou não, se for o caso.
7. **Requerimentos:** após regular processamento, **caso não haja reconsideração pelo relator**, sejam os autos remetidos ao Colegiado para julgamento do mérito do recurso.
8. **Fechamento:** Nestes termos, requer deferimento.
9. **Data, local e assinatura/OAB:** caso o problema traga tais dados, devem ser fielmente assinaladas. Caso contrário, nenhum dado deve ser inventado, sob pena de identificação da prova, o que acarretará a atribuição da nota zero.

2.6.5.2. Petição das razões

1. **Indicação do processo, partes e origem:** número do processo, nome do recorrente, nome do recorrido e origem do processo (recurso ordinário da relatoria do Desembargador José da Silva).
2. **Menção aos Julgadores:** Egrégio Tribunal, Eminentes Julgadores (por exemplo).
3. **Fundamentos do recurso:** indicação do equívoco em que incorreu o relator ao julgar monocraticamente. Caso o feito tenha sido inadmitido, deve-se demonstrar a presença do requisito de admissibilidade que o relator afirmou estar ausente. Caso tenha sido provido o recurso, deve-se demonstrar o motivo pela qual deveria ter sido improvido. Se foi improvido, o motivo pela qual deveria ser provido. Em todas as hipóteses, a fundamentação demonstra o erro do Relator ao colegiado.
4. **Requerimentos:** Caso não haja reconsideração, seja o recurso ADMITIDO e PROVIDO para reformar a decisão monocrática, admitindo-se o recurso denegado/dando provimento ao recurso/negando provimento ao recurso.
5. **Fechamento:** Nestes termos, requer deferimento.
6. **Data, local e assinatura/OAB:** caso o problema traga tais dados, devem ser fielmente assinaladas. Caso contrário, nenhum dado deve ser inventado, sob pena de identificação da prova, o que acarretará a atribuição da nota zero.

2.6.6. Questão da peça profissional

(Questão simulada) Joaquim José da Silva Xavier, durante os vários anos em que laborou para a empresa Alpha Serviços Ltda., sempre trabalhou em média 3 a 4 horas extraordinárias por dia. Todavia, não as recebeu integralmente. A empresa alegava que o art. 59 da CLT previa o máximo de 2 horas extras por dia, razão pela qual só remunerava as horas extras que não excedessem de 2 horas diárias. Em decorrência desse fato, entendendo não ter direito ao pagamento de todas as horas extras efetivamente trabalhadas, o MM. Juiz do Trabalho julgou improcedentes os pedidos, mas deferiu gratuidade de justiça. Inconformado com a decisão, Joaquim José interpôs recurso ordinário, com fulcro no art. 895, I, da CLT, sustentando que o art. 59 da CLT não permite o trabalho além de 2 horas extras diárias, mas não impede o pagamento de todas as efetivamente trabalhadas, já que a sua força de trabalho foi usufruída pela empresa, gerando o enriquecimento daquela. Admitido o recurso em primeiro grau, foi remetido ao Tribunal Regional do Trabalho da 1ª Região, sendo distribuído ao Desembargador Relator Marcelo Hugo que, entendendo que a matéria está pacificada no Supremo Tribunal Federal, proferiu decisão monocrática negando provimento ao recurso ordinário. Na qualidade de advogado do reclamante, redija a peça processual adequada visando à reforma da decisão monocrática.

2.6.7. Modelo da peça

AO SENHOR DESEMBARGADOR RELATOR MARCELO HUGO – TRIBUNAL REGIONAL DO TRABALHO DO RIO DE JANEIRO.

REF. PROCESSO N. ...

JOAQUIM JOSÉ DA SILVA XAVIER, devidamente qualificado nos autos do processo em epígrafe, por meio de seu Advogado infrafirmado, vem perante Vossa Excelência interpor o presente RECURSO DE AGRAVO INTERNO, nos termos do art. 1.021 do CPC, tendo em vista o inconformismo com a r. decisão monocrática que negou provimento ao recurso ordinário do recorrente, sob a afirmação de que está em confronto com a jurisprudência dos Tribunais Superiores.

Deixa de realizar o preparo recursal por estar sob a égide do benefício da justiça gratuita, anteriormente deferido nos termos do art. 790, § 3º, da CLT.

Em não havendo reconsideração por Vossa Excelência, seja após regular processamento remetido para julgamento perante o órgão colegiado do Tribunal Regional do Trabalho do Rio de Janeiro...

Termos em que requer deferimento.
Local... Data...
Advogado...
OAB n. ...

...

RAZÕES DO AGRAVO INTERNO

RECORRENTE: JOAQUIM JOSÉ DA SILVA XAVIER
RECORRIDO: EMPRESA ALPHA SERVIÇOS LTDA.
PROCESSO N. ...
VARA DE ORIGEM: ... VARA DO TRABALHO DE...

Egrégio Tribunal,
Eminentes Desembargadores,

Deve ser reformada a decisão monocrática proferida pelo Relator do recurso ordinário interposto pelo ora recorrente, distribuído para esta C. Turma, tendo em vista que fora negado provimento ao mesmo sob a afirmação de que as alegações contrariam o entendimento cristalizado na jurisprudência pacificada do TST.

Vislumbra-se do recurso ordinário que a discussão travada nos autos refere-se ao reconhecimento da incidência da Súmula 376 do C. TST.

Apesar do entendimento sumulado do TST, o Excelentíssimo Desembargador Relator do recurso ordinário lhe negou provimento monocraticamente, novamente seguindo tão somente o entendimento do Supremo Tribunal Federal.

Ora, o que a Súmula 376 do TST assevera é exatamente o contrário do que se está aplicando desde a primeira instância, pois como se nota, embora o recorrente fizesse mais de duas horas por dia, não as recebia, de modo que a Súmula 376 dispõe que a limitação legal do art. 59 da CLT não exime o empregador de pagar o que exceder aquelas duas.

Desta feita, deve ser reformada a decisão para dar provimento ao recurso, a fim de que a decisão deste colegiado atenda o proclamado na Súmula 376 do C. TST.

Por todo o exposto, REQUER:
a) a reconsideração da decisão recorrida para que seja dado provimento monocrático ao recurso, ante o fato de a sentença contrariar o entendimento do TST, cristalizado na Súmula 376;
b) caso não haja a reconsideração, seja o feito admitido, processado de forma a que seja julgado pelo Colegiado da... Turma deste Tribunal Regional do Trabalho do Rio de Janeiro e, ao final, provido.

Termos em que requer deferimento.
Local... Data...
Advogado...
OAB n. ...

2.7. Embargos no TST

A base legal do recurso em testilha é o art. 894 da CLT, sendo certo que a Lei n. 13.015, de 21 de julho de 2014 alterou a redação do inciso II e acrescentou os §§ 2º, 3º e 4º.

O recurso de embargos deve ser interposto no prazo de oito dias, seguindo a uniformização dos prazos no processo do trabalho, e são recebidos no efeito meramente devolutivo.

Note-se que antes da edição da Lei n. 11.496/2007 havia a previsão dos embargos de nulidade, que foram revogados, de modo que atualmente só vigem os embargos infringentes e os embargos de divergência.

Da decisão que nega seguimento a ambos no âmbito do TST caberá agravo no prazo de oito dias, que não é o de instrumento.

2.7.1. Embargos infringentes

Os dissídios coletivos, em regra, são julgados pelos Tribunais Regionais do Trabalho. No entanto, se o dissídio exceder a jurisdição do TRT, será competente o TST.

É de bom grado observar que se o dissídio coletivo for no Estado de São Paulo como um todo, a competência será do TRT da 2ª Região, haja vista que o Estado de São Paulo tem dois TRTs, o da 2ª Região (Capital) e o da 15ª Região (Campinas), ou seja, se houver conflito coletivo em áreas que abracem o TRT da 2ª Região e o TRT da 15ª Região, a competência para julgar os dissídios coletivos será daquele Regional.

Assim, são cabíveis os embargos infringentes (recurso bem delineado na Lei n. 7.701/88 e no Regimento Interno do TST) das decisões proferidas em dissídio coletivo originariamente julgados pelo TST, visando modificar a decisão, tendo competência para o julgamento dos embargos a SDC (art. 2º, II, *c*, da Lei n. 7.701/88), quando a decisão não for unânime, como se depreende do art. 894, I, *a*, da CLT, e a falta de unanimidade está relacionada a cada cláusula que fora debatida no recurso.

Não cabem embargos infringentes quando a decisão normativa estiver em consonância com os precedentes ou súmulas do TST.

O recurso em apreço, por ter natureza ordinária, comporta devolutividade ampla, abrangendo matéria fática e jurídica.

Desta feita, pode-se afirmar que tal recurso é cabível tão somente nas hipóteses de julgamento de dissídios coletivos e desde que a decisão não seja unânime.

2.7.1.1. Modelo da peça

AO SENHOR DOUTOR MINISTRO PRESIDENTE DO TRIBUNAL SUPERIOR DO TRABALHO.

PROCESSO N. ...

CONFEDERAÇÃO DOS TRABALHADORES EM IGREJAS DO BRASIL, já devidamente qualificado nos autos do processo em epígrafe, por meio de seu Advogado infrafirmado, vem perante Vossa Excelência interpor o presente RECURSO DE EMBARGOS INFRINGENTES, nos termos do art. 894, I, "a", CLT, tendo em vista o inconformismo com a r. decisão não unânime proferida em sede de dissídio coletivo de competência originária deste Eg. Tribunal, conforme se extrai do acórdão... proferido pela...

Por preenchidos todos os pressupostos de admissibilidade, requer o conhecimento do mesmo com a remessa a Seção de Dissídios Coletivos para processamento e julgamento.

Termos em que requer deferimento.
Local... Data...
Advogado...
OAB n. ...

RAZÕES DOS EMBARGOS INFRINGENTES

RECORRENTE: CONFEDERAÇÃO DOS TRABALHADORES EM IGREJAS DO BRASIL
RECORRIDO: ...

PROCESSO N. ...
ORIGEM: Acórdão proferido pela...

Eminentes Ministros da Seção de Dissídios Coletivos do TST,

    Deve ser reformada a decisão proferida no dissídio coletivo de competência originária julgado por este Eg. Tribunal, conforme acórdão de... exarado pela..., haja vista que a decisão é não unânime.
    Vislumbra-se do julgamento ora impugnado que a decisão não fora unânime, tendo os votos vencidos assentado que...
    Com efeito, a pretensão do recorrente é demonstrar a V. Excelências que os votos vencidos, com a devida vênia, é o que devem prevalecer, haja vista que...
    Ademais, na matéria em análise, ganha força o entendimento deste Eg. TST sobre o que fora firmado pelos votos vencidos, como se demonstra com a decisão proferida...
    Não obstante, a doutrina mais moderna também tem entendido que...
    Desta feita, deve ser reformada a decisão para dar provimento ao recurso ora interposto, a fim de que a decisão deste colegiado atenda...

    Por todo o exposto, REQUER:
    O conhecimento do presente recurso, por preenchidos os pressupostos legais e, que no mérito, seja dado provimento ao mesmo para reformar a decisão não unânime, acolhendo os fundamentos "supra".

    Termos em que requer deferimento.
    Local... Data...
    Advogado...
    OAB n. ...

2.7.2. Embargos de divergência

É utilizado para uniformizar entendimento no âmbito do TST (turmas ou seções especializadas), em sede de dissídio individual, impugnando decisões divergentes proferidas pelas Turmas do tribunal, ou seja, decisão de Turma que diverge de outra Turma, bem como decisão de Turma que diverge de decisão da SDI do TST, consoante o art. 894, II, da CLT.

Deve ser considerada, para todos os efeitos, a divergência atual, razão pela qual não enseja o presente recurso decisões superadas por iterativa, notória e atual jurisprudência do TST, na forma do § 2º do art. 894 e da já citada Súmula 333 do TST.

Possui **natureza extraordinária**, sendo as razões encaminhadas à SDI (art. 3º, III, *b*, da Lei n. 7.701/88), não admitindo reexame de fatos e provas (Súmula 126 do TST), comportando efeito devolutivo restrito (matérias e questões jurídicas).

Perfeitamente cabível o recurso de embargos em fase de execução, sendo necessária a demonstração inequívoca de interpretação divergente de dispositivo da Constituição Federal conforme a Súmula 433 do TST.

Mesmo no procedimento sumaríssimo é admitido o recurso de embargos, desde que observado o disposto na Súmula 458 do TST.

É preciso destacar que não cabem embargos para a SDI das decisões proferidas pelas turmas em agravo, salvo nas hipóteses veiculadas na Súmula 353 do TST.

O ministro relator denegará seguimento aos embargos caso a decisão recorrida esteja de acordo com súmula da jurisprudência do TST ou do STF, ou ainda com iterativa, notória e atual jurisprudência do TST, quando então deverá o relator indicá-la, assim como nas hipóteses de intempestividade, deserção, irregularidade de representação ou de ausência de qualquer outro pressuposto extrínseco de admissibilidade.

2.7.2.1. Modelo da peça

AO SENHOR DOUTOR MINISTRO PRESIDENTE DO TRIBUNAL SUPERIOR DO TRABALHO.

PROCESSO N. ...

BROTHER'S CIA ROBÓTICA, já devidamente qualificada nos autos do processo em epígrafe, por meio de seu Advogado infrafirmado, vem perante Vossa Excelência interpor o presente RECURSO DE EMBARGOS DE DIVERGÊNCIA, nos termos do art. 894, II, da CLT, tendo em vista o inconformismo com a r. decisão proferida pela XX Turma deste Eg. Tribunal, que diverge de decisão proferida pela XX Turma do TST, exatamente sobre o mesmo tema, consoante razões anexadas.

Por preenchidos todos os pressupostos de admissibilidade, inclusive o preparo (quando for o caso), requer o conhecimento do mesmo com a remessa a Seção de Dissídios Individuais 1 para processamento e julgamento.

Termos em que requer deferimento.
Local... Data...
Advogado...
OAB n. ...

RAZÕES DOS EMBARGOS DE DIVERGÊNCIA

RECORRENTE: BROTHER'S CIA ROBÓTICA
RECORRIDO:...
PROCESSO N. ...
ORIGEM: Acórdão proferido pela XX Turma deste C. Tribunal

Eminentes Ministros da Seção de Dissídios Individuais 1 do TST,

Inicialmente, cabe averbar que estão presentes os pressupostos de admissibilidade extrínsecos e intrínsecos, bem como os específicos, inclusive o prequestionamento, a comprovação da divergência e o preparo.

Quanto ao Mérito:

Deve ser reformada a decisão proferida pela XX Turma deste Eg. Tribunal, considerando o acórdão exarado pela XX Turma deste Pretório, haja vista que a decisão daquele órgão fracionário diverge deste último, embora seja a mesma matéria.

Com efeito, como o objetivo é dar segurança jurídica com a uniformização do entendimento sobre determinada matéria, o recorrente vislumbra a notória necessidade de se reformar o acórdão prolatado pela XX Turma e, para fins de demonstração da divergência, nos termos do art. 894, § 2º (Súmula 333, TST) aduz que o tema em testilha é atual, uma vez que se refere a aplicação do art. ..., inserido pela Reforma Trabalhista (Lei n. 13.467/2017), tendo inclusive a transcendência e, sendo assim, cumpre o que determina a Súmula 337 no que diz respeito a comprovação da divergência, uma vez que...

Desta forma, como se percebe pela transcrição, juntada, apontamentos e demonstração por cotejo, a divergência é extremamente atual e precisa ser sanada por este órgão jurisdicional, de modo que...

Outrossim, além de todo o exposto, deve ser reformado o v. acórdão da XX Turma deste Eg. TST, pois a decisão da XX Turma caminha no mesmo entendimento majoritário da doutrina, como também assentou o acórdão que manejamos com a pretensão de reforma, pois...

Desta feita, deve ser reformada a decisão para dar provimento ao recurso ora interposto, a fim de que a decisão a prevalecer seja, de modo fundamental, aquela proferida pela XX Turma.

Por todo o exposto, REQUER:
O conhecimento do presente recurso, por preenchidos os pressupostos legais e, que no mérito, seja dado provimento ao mesmo para reformar a decisão proferida pela Eg. XX Turma deste C. TST, acolhendo os fundamentos "supra".

Termos em que requer deferimento.
Local.. Data...
Advogado...
OAB n. ...

2.8. Recurso extraordinário

2.8.1. Apresentação

Trata-se de recurso jamais exigido em exame da OAB, mas é importante conhecer suas hipóteses de cabimento, competência para julgamento, repercussão geral e ter um modelo de base para eventual necessidade.

2.8.2. Características e requisitos

É um recurso previsto em norma constitucional (art. 102, III, da CF/88), que pertence ao estudo da Jurisdição Constitucional, tendo por escopo não o interesse particular das partes (direito subjetivo), mas sim o direito objetivo, daí por que necessária à demonstração de **repercussão geral**, como se depreende do art. 102, § 3º, da CF/88 e do art. 1.035 e parágrafos do CPC.

Sem prejuízo da repercussão geral, há também o **prequestionamento** como pressuposto específico de admissibilidade, por ser um recurso de natureza eminentemente técnico.

A CLT admite seu manejo conforme art. 893, § 2º: *"A interposição de recurso para o Supremo Tribunal Federal não prejudicará a execução do julgado"*, bem como no § 14 do art.

896-C, incluído pela Lei n. 13.015/2014, tendo efeito devolutivo as questões jurídicas suscitadas.

2.8.3. Competência e cabimento

A competência para o julgamento do Recurso Extraordinário é do Supremo Tribunal Federal.

O cabimento, nos domínios do processo do trabalho, fica restrito a decisões de última ou única instância do TST (cabe das decisões proferidas por meio das seções ou do órgão especial – última instância e das decisões proferidas pela SDI-2 em ações rescisórias e mandados de segurança, que não sejam passíveis de impugnação via embargos – única instância) e, para alguns, das sentenças das varas do trabalho proferidas em procedimento sumário (§ 4º do art. 2º da Lei n. 5.584/70), apesar de haver entendimento admitindo que o recurso cabível é o de revista com base no art. 896, *c* da CLT.

Ademais, a Súmula 505 do STF é veemente ao dispor que, *"salvo quando contrariarem a Constituição, não cabe recurso para o Supremo Tribunal Federal, de quaisquer decisões da Justiça do Trabalho, inclusive dos presidentes de seus tribunais"*.

Assim, conclui-se que não cabe recurso extraordinário das decisões proferidas pelos TRTs em razão de afronta ao texto constitucional, uma vez que no caso seria cabível o recurso de revista (art. 896, *c*, da CLT), assim como não caberá recurso extraordinário quando fundado em divergência jurisprudencial, quando a orientação do plenário do STF já se firmou no mesmo sentido da decisão recorrida, nos termos da Súmula 286 STF, *in verbis*: "Não se conhece do recurso extraordinário fundado em divergência jurisprudencial, quando a orientação do plenário do Supremo Tribunal Federal já se firmou no mesmo sentido da decisão recorrida".

2.8.4. Petição e procedimento

No Recurso Extraordinário haverá a elaboração de duas peças (art. 1.029, *caput*, CPC): 1) petição de interposição ou peça de rosto, dirigida a autoridade recorrida; e 2) petição de razões, dirigida ao Supremo Tribunal Federal.

Vale lembrar que o prazo para interposição do recurso é de 15 dias e, após sua interposição, o recorrido terá 15 dias para apresentar suas contrarrazões, conforme o art. 1.030 do CPC.

Após escoado o prazo das contrarrazões, o Presidente ou Vice-Presidente procederá na forma de alguma das hipóteses previstas nos incisos do art. 1.030 do CPC.

Ademais, é possível requerer efeito suspensivo, na forma do art. 1.029, § 5º, do CPC.

2.8.5. Identificação da peça

A identificação da peça é bem simples, pois além de trabalhar com aplicação de exceção, já que estamos falando do recurso extraordinário, você perceberá que o enunciado deve trazer o que é veiculado no Texto Constitucional para cabimento do recurso (art. 102, III, CF) em tela, ou seja, houve julgamento em única ou última instância onde a decisão recorrida contraria dispositivo da Constituição; declara a inconstitucionalidade de tratado ou lei federal; julga válida lei ou ato de governo local contestado em face da Constituição e, por fim, julga válida lei local contestada em face de lei federal.

2.8.6. Estrutura da peça

Conforme já salientado anteriormente, **duas são as peças a serem desenvolvidas**, a saber: **petição de interposição** e **petição das razões**, conforme se vê a seguir:

2.8.6.1. Petição de interposição

1. **Competência:** endereçado ao juízo *a quo*, ou seja, ao Presidente do Tribunal Superior do Trabalho.
2. **Número do processo:** menção ao número do processo.
3. **Qualificação da parte recorrente:** não há necessidade de qualificar novamente, pois já consta na petição inicial ou contestação. **Basta o nome e a informação "já devidamente qualificado nos autos".**
4. **Nome do recurso que está sendo interposto e fundamento legal:** afirmação de que está interpondo o RECURSO EXTRAORDINÁRIO com fulcro no art. 102, III e a alínea pertinente, da Constituição combinado com os arts. 1.029 e seguintes do CPC.
5. **Qualificação da parte recorrida:** não há necessidade de qualificar novamente, pois já consta na petição inicial ou contestação. **Basta o nome e a informação "já devidamente qualificado nos autos".**
6. **Informação acerca do preparo:** deve-se explicar se o preparo foi realizado ou não, se for o caso.
7. **Requerimentos:** seja intimado o recorrido para oferecer contrarrazões no prazo de 15 dias e, após, seja admitido e remetido ao Supremo Tribunal Federal.
8. **Fechamento:** Nestes termos, requer deferimento.
9. **Data, local e assinatura/OAB:** caso o problema traga tais dados, devem ser fielmente assinalados. Caso contrário, nenhum dado deve ser inventado, sob pena de identificação da prova, o que acarretará a atribuição da nota zero.

2.8.6.2. Petição das razões

1. **Indicação do processo, partes e origem:** número do processo, nome do recorrente, nome do recorrido e origem do processo.
2. **Menção aos julgadores:** Excelso Supremo Tribunal Federal, Sapientes Julgadores (por exemplo).
3. **Admissibilidade do recurso:** expor as questões sobre prequestionamento, preparo (se for o caso), repercussão geral e outros se for necessário.
4. **Mérito do recurso:** indicação de qualquer uma das situações descritas nos incisivos do § 3º do art. 102 da CF.

5. **Requerimentos:** Seja o recurso ADMITIDO e PROVIDO para reformar a decisão recorrida.
6. **Fechamento:** Nestes termos, requer deferimento.
7. **Data, local e assinatura/OAB:** caso o problema traga tais dados, devem ser fielmente assinalados. Caso contrário, nenhum dado deve ser inventado, sob pena de identificação da prova, o que acarretará a atribuição da nota zero.

2.8.7. Questão da peça profissional

(Questão simulada) Carvalho e Carvalho Engenharia S/A. recebeu, por seu advogado, intimação para tomar ciência do acórdão proferido pela SDI-1 do Tribunal Superior do Trabalho, nos autos do Processo n. 5555.68.2022.5.2103, onde verificou, que de maneira explícita e com fundamentação exauriente, em seu entender, houve violação literal ao art. 7º, I, da Constituição, pois a empresa foi condenada a pagar uma indenização compensatória, não prevista em Lei Complementar, como determina o dispositivo citado, uma vez que o recorrido (reclamante) pediu que fosse aplicada uma indenização por analogia aquela referente a multa dos 40% do FGTS. Inconformado com a decisão "retro", já que em seu modo de ver viola flagrantemente a Constituição, já que não há lei regulando a hipótese, pretende recorrer. Redija a medida cabível.

2.8.8. Modelo da peça

AO SENHOR MINISTRO PRESIDENTE DO TRIBUNAL SUPERIOR DO TRABALHO

REF. PROCESSO N. 5555.68.2022.5.2103

CARVALHO E CARVALHO ENGENHARIA S/A., já devidamente qualificada nos autos do processo em epígrafe, que tem como recorrido..., já qualificado nos autos, vem perante Vossa Excelência, tempestivamente, interpor o presente RECURSO EXTRAORDINÁRIO, nos termos do art. 102, III, "a", da Constituição da República e dos arts. 1.029 e seguintes do CPC, tendo em vista que o acórdão proferido pela SDI-1 deste Tribunal, contraria o inciso I do art. 7º e o art. 5º, II, ambos da Constituição Federal.

Insta ressaltar que estão presentes todos os pressupostos de admissibilidade intrínsecos e extrínsecos, inclusive o preparo (demonstrar, se for o caso).

Seja o presente admitido e após a intimação do recorrido para contrarrazões, no prazo de 15 dias, remetidos os autos para julgamento perante o Supremo Tribunal Federal.

Termos em que requer deferimento.
Local... Data...
Advogado...
OAB n. ...

...

EXCELSO SUPREMO TRIBUNAL FEDERAL

RAZÕES DO RECURSO EXTRAORDINÁRIO

RECORRENTE: CARVALHO E CARVALHO ENGENHARIA S/A.
RECORRIDO: ...

PRÁTICA TRABALHISTA

PROCESSO N. 5555.68.2019.5.2103
ORIGEM: SDI-1 DO TRIBUNAL SUPERIOR DO TRABALHO.

Excelso Pretório,
Sapientes Ministros,

Merece reforma o v. acórdão proferido pela SDI-1 do Tribunal Superior do Trabalho, tendo em vista que este contraria de forma literal o inciso I do art. 7º e o art. 5º, II, ambos da Constituição Federal, como será visto.

DA ADMISSIBILIDADE

Estão presentes todos os pressupostos de admissibilidade intrínsecos, extrínsecos e os específicos, inclusive o preparo (informar se for o caso).

DO PREQUESTIONAMENTO

Cumpre destacar que a matéria em questão foi objeto de prequestionamento, uma vez que a SDI-1 do TST enfrentou o tema de modo explícito, não havendo omissão, portanto, de modo que está atendido este pressuposto na forma da Súmula 356 deste Tribunal.

DA REPERCUSSÃO GERAL

A presente causa tem repercussão geral, nos termos do art. 102, § 3º, da CF e art. 1.035 e parágrafos do CPC, com relação aos reflexos gerais de natureza econômica, política e jurídica, já que no caso em tela há violação notória dos dispositivos constitucionais invocados, pelo que deve este recurso ser admitido.

DAS RAZÕES DA REFORMA. DO MÉRITO RECURSAL

Considerando o disposto no inciso 102, III, "a", da CF/88 e no art. 1.029 do CPC, a recorrente passa a expor de forma explícita e fundamentada as razões de reforma, impugnando os fundamentos jurídicos da decisão recorrida;

O acórdão recorrido condenou a ora recorrente ao pagamento de uma indenização compensatória, pelos fundamentos apresentados de forma analítica, aduzindo que a ausência de Lei Complementar prevendo a indenização não seria motivo para eximir-se do pagamento, já que o recorrido pediu, com base na analogia, o pagamento, a título de indenização compensatória, da multa prevista para a indenização do saldo existente no FGTS, ou seja, de 40% sobre o saldo.

Excelências, data vênia, mas a decisão guerreada viola, de modo literal e flagrante, o disposto no inciso I do art. 7º, já que a Carta magna exige Lei complementar regulando a indenização compensatória e, ademais, contraria o inciso II do art. 5º, já que está obrigando a recorrida a fazer algo que não está previsto em lei, a qual a Constituição exige expressamente.

Por todo o exposto, REQUER:

Seja o presente recurso admitido e provido para reformar a decisão recorrida, excluindo a condenação ao pagamento da indenização compensatória.

Termos em que requer deferimento.
Local... Data...
Advogado...
OAB n. ...

2.9. Embargos à execução

2.9.1. Apresentação

A defesa do executado, apesar de mais restrita em relação ao processo de conhecimento, haja vista que nem todas as matérias arguíveis na defesa apresentada em audiência podem ser renovadas em execução, consiste basicamente na apresentação dos embargos à execução (embargos do devedor ou do executado) e a exceção de pré-executividade, sendo o primeiro objeto de análise a partir de agora.

2.9.2. Características e requisitos

Tratando-se de execução, a primeira informação relevante sobre os embargos à execução toca à sua natureza jurídica, que é incidente da fase executiva, com a mesma natureza que ostenta a execução no processo civil, ou seja, que surge no curso no processo de execução, **devendo-se assegurar o contraditório, efetivado pela possibilidade de apresentação de impugnação do exequente, seguindo-se a produção de provas, se necessário, culminando com o proferimento de sentença, que pode ser objeto de recurso de agravo de petição.**

Os embargos do executado são, pois, uma defesa incidental em que o executado é autor e o exequente é o réu, que visa anular ou reduzir a execução ou tirar do título sua eficácia executória, por demonstrar, por exemplo, que o título não é certo, líquido ou exigível, ou que a coisa julgada foi formada sem o contraditório, há excesso na execução, a penhora é nula etc.

No tocante aos requisitos para a utilização dos embargos à execução, destaque para a necessidade de **garantia do juízo**, ou seja, depósito da quantia reclamada (deve-se deduzir eventuais valores nos autos de depósito recursal) apresentação de bens a penhora ou penhora incidente sobre os bens do executado, no valor integral do débito, **ressalvando-se apenas as hipóteses elencadas no § 6º do art. 884 da CLT, incluído pela Lei n. 13.467/2017, nas quais se dispensa a garantia do juízo**, bem como a possibilidade de seguro-garantia judicial (art. 882, CLT). A penhora em bens ou o oferecimento daqueles em valor inferior ao débito (garantia parcial, portanto), impede a apresentação da defesa pelo executado. A matéria encontra-se prevista no art. 884 da CLT, que assim prescreve: "Garantida a execução ou penhorados os bens, terá o executado 5 (cinco) dias para apresentar embargos, cabendo igual prazo ao exequente para impugnação".

Sempre tomar cuidado com a necessidade de garantia integral do juízo, ou seja, somente se o valor do débito a ser discutido estiver totalmente depositado ou garantido por penhora ou qualquer outra forma de garantia admitida por lei, é que os embargos serão recebidos. Caso contrário, a petição será rejeitada.

Em se tratando de executado particular, conforme já dito, o prazo para apresentação dos embargos é de cinco dias. Para a Fazenda Pública, a norma é diferente. A Medida Provisória n. 2.180-35, incluiu o art. 1º-B na Lei n. 9.494/97, dispondo que o prazo do art. 884 da CLT seria de 30 dias para os componentes da Fazenda Pública, o que gerou uma série de inquietações e dúvidas, em decorrência da inserção da norma por medida provisória, que está intimamente ligada à urgência.

O STF julgou procedente a ADC 11, declarando a constitucionalidade do art. 4º da MP n. 2.180-35, de 24 de agosto de 2001, confirmando a medida cautelar anteriormente deferida pelo Plenário desta Corte, de modo que o prazo para a fazenda embargar é de 30 dias, como já vinha reconhecendo o TST.

Ainda sobre o procedimento, estando presentes os requisitos legais, os embargos serão admitidos, intimando-se o exequente/embargado para, querendo, apresentar sua impugnação aos embargos. Note que a CLT não determina expressamente que **os embargos à execução, no processo do trabalho, serão recebidos no efeito suspensivo, o que significa dizer que a execução não ficará suspensa até o julgamento daquela defesa do executado. No entanto, entendemos aplicável o art. 525, § 6º, do CPC, onde o juiz, no caso concreto, desde que presentes os requisitos ali previstos, poderá atribuir efeito suspensivo, mas em caráter excepcional**.

Acerca da possibilidade de produção de provas em sede de embargos de execução, o art. 884, § 2º, da CLT prevê a possibilidade de realização de provas. Não havendo qualquer prova a ser produzida em audiência, os autos irão conclusos para decisão, no prazo de cinco dias.

Por fim, a petição dos embargos pode ser rejeitada liminarmente nas hipóteses do art. 918 do CPC, aplicado subsidiariamente, sendo tal decisão passível de agravo de petição, nos termos do art. 897, *a*, da CLT, haja vista tratar-se de decisão em execução de sentença, amoldando-se inteiramente na hipótese de cabimento daquele recurso.

2.9.3. Como identificar a peça

A identificação da peça torna-se fácil em decorrência do requisito de admissibilidade que é imposto pela lei, qual seja, **a garantia do juízo**, isto é, a realização de penhora de bens do executado ou a nomeação de bens pelo próprio ou apresentação de seguro-garantia judicial e, ainda, se o devedor ficar inerte, sofrer a penhora de tantos bens quantos bastem para garantir a execução. Havendo indicação no problema apresentado pela banca examinadora de uma das duas condutas acima – **garantia do juízo** – será a hipótese de embargos à execução caso haja algum vício detectado no processo e que impõe prejuízo ao embargante, como aqueles a serem analisados em tópico *infra*, prescritos no § 1º do art. 884 da CLT e art. 525, § 1º, do CPC.

2.9.4. Competência

Os embargos à execução são julgados pelo juízo que processa a execução, ou seja, a Vara do Trabalho que determinou a realização dos atos processuais no processo de execução. Assim, requerida a execução da sentença proferida pela 2ª Vara do Trabalho de Curitiba/PR, a competência é daquele mesma Vara (competência funcional, portanto, absoluta), devendo o juiz daquela Vara do Trabalho determinar a expedição de mandado de citação, penhora e avaliação (MCPA). Havendo a penhora ou a nomeação de bens, os embargos à execução eventualmente oferecidos serão por aquele mesmo órgão jurisdicional julgados. Logo, o endereçamento será *Ao Juízo da 2ª Vara do Trabalho de Curitiba/PR*.

2.9.5. Fundamentos mais comuns

Diversos são os argumentos que podem ser invocados no bojo dos embargos à execução, nos termos do art. 884, § 1º, da CLT e art. 525, § 1º, do CPC. Segundo dispõe o preceito celetista acima referenciado, o executado poderá alegar nos embargos à execução apenas o cumprimento da decisão, a quitação ou a prescrição da dívida, desde que ocorridos posteriormente à sentença.

O cumprimento, quitação ou prescrição do direito material, anteriores à sentença devem ser arguidos em defesa a ser apresentada em audiência, nos termos do art. 847 da CLT.

Apesar de o § 1º do art. 884 da CLT mencionar poucas matérias passíveis de impugnação nessa fase processual, outras podem ser arguidas, por utilização subsidiária (art. 889 da CLT) do art. 525, § 1º, do CPC que elenca os seguintes vícios: *falta ou nulidade de citação se, na fase de conhecimento, o processo correu à revelia; inexigibilidade do título ou inexigibilidade da obrigação; penhora incorreta ou avaliação errônea; ilegitimidade de parte; excesso de execução ou cumulação indevida de execuções; qualquer causa modificativa ou extintiva da obrigação, como pagamento, novação, compensação, transação ou prescrição, desde que supervenientes à sentença*. O dispositivo do CPC pode ser aplicado subsidiariamente ao processo do trabalho e, ainda, de forma supletiva, já que o preceito celetista, por ser antigo, não mais se adéqua à realidade.

É sempre importante destacar que **a compensação e a retenção não podem ser objeto dos embargos à execução**, uma vez que tais matérias **somente podem ser levadas ao Poder Judiciário por meio da contestação, sob pena de preclusão**, conforme nos informa o art. 767 da CLT.

2.9.6. Estrutura da peça

A petição dos embargos à execução é bem simples, razão pela qual você não precisa de muitas formalidades. Assim, a estrutura seguirá o seguinte modelo:

1. **Competência:** endereçamento à Vara do Trabalho na qual tramita a execução trabalhista e que, portanto, determinou a expedição de mandado de citação, penhora e avaliação.
2. **Número do processo:** menção ao número do processo.
3. **Qualificação da parte executada:** não há necessidade de qualificação das partes, bastando dizer "já devidamente qualificado nos autos". Informação de que a peça é subscrita por Advogado regulamente constituído, constando o endereço daquele (se for o caso de estar entrando agora na relação processual), para o recebimento de notificações.

4. **Nome da medida judicial que está sendo apresentada e fundamento legal:** descrição da apresentação de EMBARGOS À EXECUÇÃO, nos termos dos arts. 884 da CLT e 525 do CPC.
5. **Qualificação da parte exequente:** basta dizer "já devidamente qualificada nos autos".
6. **Inicialmente deve ser informado que o juízo está garantido, já que é pressuposto para o processamento dos embargos.**
7. **Fatos e fundamentos jurídicos do pedido:** descrição da causa de pedir, ou seja, afirmação acerca de um ou mais vícios contidos no art. 884, § 1º, da CLT e art. 525, § 1º, do CPC, com a demonstração pormenorizada do equívoco realizado pelo Magistrado e que importa em nulidade do processo de execução ou, pelo menos, de um ou alguns dos seus atos. Apesar de teoricamente não haver necessidade de mencionar os fundamentos jurídicos (artigos de lei, súmulas, OJs etc.), na Prova da Ordem tal requisito é indispensável, pois o candidato deve mostrar ao examinador que conhece o direito do trabalho.
8. **Pedido e Requerimentos:** dentre as solicitações que devem ser formuladas na petição dos embargos à execução, tem-se:
    8.1. Notificação do reclamado para oferecer sua impugnação, no prazo de 5 dias.
    8.2. Produção de todos os meios de prova admitidos.
    8.3. Seja reconhecida (por exemplo) a nulidade do título executivo judicial, tendo em vista ser ilíquida, tornando nulo os atos processuais realizados até o momento.

> **Atenção!**
> É possível pedir tutela provisória, desde que devidamente fundamentada.

9. **Fechamento:** nestes termos, requer deferimento.
10. **Data, local e assinatura/OAB:** caso o problema traga tais dados, devem ser fielmente assinaladas. Caso contrário, nenhum dado deve ser inventado, sob pena de identificação da prova, o que acarretará a atribuição da nota zero.

2.9.7. Questão da peça profissional

(XIII Exame) Rômulo Delgado Silva, brasileiro, viúvo, empresário, portador da identidade 113, CPF 114, residente e domiciliado na Avenida Brás Montes, casa 72 – Boa Vista – Roraima – CEP 222, em entrevista com seu advogado, declara que foi sócio da pessoa jurídica Delgado Jornais e Revistas Ltda., tendo se retirado há 2 anos e 8 meses da empresa; que foi surpreendido com a visita de um Oficial de Justiça em sua residência, que da primeira vez o citou para pagamento de uma dívida trabalhista de R$ 150.000,00, oriunda da 50ª Vara do Trabalho de Roraima, no Processo 0011250-27.2013.5.11.0050 e, em seguida, 48 horas depois, retornou e penhorou o imóvel em que reside, avaliando-o, pelo valor de mercado, em R$ 180.000,00; que tem apenas esse imóvel, no qual reside com sua filha, já que viúvo; que o Oficial de Justiça informou que há uma execução movida pela ex-

-empregada Sônia Cristina de Almeida contra a empresa que, por não ter adimplido a dívida, gerou o direcionamento da execução contra os sócios; que foi ao Fórum e fotocopiou todo o processo, agora entregue ao advogado; que nas contas homologadas, sem que a parte contrária tivesse vista, foi verificado que a correção monetária foi calculada considerando o mês da prestação dos serviços, ainda que a sentença fosse omissa a respeito; que, ao retornar para penhorar o imóvel, o oficial informou que a dívida havia aumentado em 10%, porque o juiz aplicou a multa do art. 475-J do CPC. Diante do que foi exposto, elabore a medida judicial adequada para a defesa dos interesses do entrevistado, sem criar dados ou fatos não informados.

Atenção: A banca também admitiu, para o mesmo caso, embargos de terceiro, em razão da fungibilidade.

2.9.8. Modelo da peça

AO JUÍZO DA 50ª VARA DO TRABALHO DE RORAIMA

REF. PROCESSO N. 0011250-27.2013.5.11.0050

RÔMULO DELGADO SILVA, brasileiro, viúvo, empresário, portador da identidade 113, CPF 114, residente e domiciliado na Avenida Brás Montes, casa 72, Boa Vista, Roraima, CEP 222, por meio de seu Advogado infrafirmado, com escritório na Rua... (somente quando for necessário), onde recebe as notificações, vem perante Vossa Excelência ajuizar

EMBARGOS À EXECUÇÃO

nos termos dos arts. 884 da CLT, em razão da execução movida por SÔNIA CRISTINA DE ALMEIDA, pelos fatos e fundamentos que passa a expor:

1. DOS FATOS E FUNDAMENTOS JURÍDICOS

Em primeiro lugar, afirma-se que o juízo encontra-se garantido integralmente, haja vista a penhora efetivada em bem do embargante, avaliado pelo Oficial de Justiça em R$ 180.000,00 (cento e oitenta mil reais), valor superior àquele constante do mandado de citação, penhora e avaliação, que é de R$ 150.000,00.

O embargante foi surpreendido com a visita do oficial de justiça em sua residência, que a primeira vez o citou para pagamento de uma dívida trabalhista de R$ 150.000,00, oriunda desta MM. Vara do Trabalho e, em seguida, 48 horas depois, retornou e penhorou o imóvel em que reside, avaliando-o, pelo valor de mercado, em R$ 180.000,00, informando que há uma execução movida pela ex-empregada Sônia Cristina de Almeida contra a empresa que, por não ter adimplido a dívida, gerou o direcionamento da execução contra os sócios.

DA IMPOSSIBILIDADE DE EXECUÇÃO EM FACE DE EX-SÓCIO

O embargante foi sócio da empresa Delgado Jornais e Revistas LTDA., mas se retirou da sociedade há 2 anos e 8 meses, sendo ex-sócio, de modo que não pode ter a execução direcionada contra si, nos termos do art. 1.003, parágrafo único, do Código Civil.

Assim, requer que seja excluída sua responsabilidade.

DA IMPENHORABILIDADE DO BEM DE FAMÍLIA

O imóvel penhorado é o único do embargante, no qual reside com sua filha, já que viúvo, de modo que nos termos dos arts. 1º e 3º da Lei n. 8.009/90, não é possível a manutenção da penhora, já que se trata de bem de família, pelo que requer a desconstituição da penhora.

DA CORREÇÃO MONETÁRIA

Analisando os autos, o embargante percebe que a correção monetária está equivocada, uma vez que foi calculada considerando o mês da prestação dos serviços, mesmo a sentença sendo omissa a respeito. Porém, o certo é que, nos termos da Súmula 381 do TST, a correção seja feita pelo índice do mês seguinte ao da prestação dos serviços, de modo que requer a retificação dos cálculos.

DA APLICAÇÃO DA MULTA DO ART. 475-J DO CPC

Outrossim, foi aplicada a sanção prevista no art. 475-J do CPC, a qual é indevida e inaplicável no processo do trabalho, haja vista que esse ramo tem regra própria, conforme art. 880 da CLT.
Assim, pela exclusão da multa.

2. DOS REQUERIMENTOS

a) Seja o exequente notificado para, querendo, apresentar impugnação no prazo de cinco dias.
b) Produção de todos os meios de prova admitidos.
c) A procedência do pedido formulado no presente, para declarar a não responsabilidade de ex-sócio, a impenhorabilidade do bem de família, com a desconstituição da penhora, o refazer da aplicação da correção e a exclusão da multa do art. 475-J do CPC.

Termos em que requer deferimento.
Local... Data...
Advogado...
OAB n. ...

2.10. Exceção de pré-executividade

2.10.1. Apresentação

No tópico anterior afirmou-se que os embargos à execução somente são recebidos quando há a completa garantia do juízo. Fixou-se que a penhora parcial ou o oferecimento de bens que não atinjam o valor integral da condenação não permite a apresentação daquela defesa.

Ocorre que em algumas situações seria injusto impor a restrição patrimonial ao devedor para alegar a existência de vícios de ordem pública, ou seja, que podem ser reconhecidos de ofício pelo Magistrado. Caso o executado não possua patrimônio, não poderá alegar, por exemplo, a ausência de alguma das condições da ação ou de pressupostos processuais, o que, sem sombra de dúvidas, cria uma situação absurdamente injusta.

De forma a corrigir tal disparidade, doutrina e jurisprudência processual civil, com destaque para Pontes de Miranda, começaram a permitir que determinadas matérias – de ordem pública, cognoscíveis de ofício – pudessem ser arguidas não por embargos à execução, e sim por petição simples, sem necessidade de garantia do juízo, que passaram a denominar *exceção de pré-executividade*, mais tarde também chamada *objeção de pré-executividade*, em decorrência da natureza jurídica pública dos vícios que podem nela ser invocados. **A exceção de pré-executividade não possui previsão em lei, tratando-se de construção meramente doutrinária e jurisprudencial, mas bem aceita nos domínios do processo do trabalho, embora com restrições promovidas por alguns magistrados.**

2.10.2. Características e requisitos

A vantagem prática na apresentação da espécie de defesa em estudo é a desnecessidade de garantia do juízo, ou seja, o executado pode demonstrar a inexigibilidade do título sem nomear bens à penhora ou sofrer penhora em seus bens.

As situações mais comuns de utilização da exceção de pré-executividade na Justiça do Trabalho contemplam as alegações de:

- ausência de citação no processo de conhecimento;
- incompetência da Justiça do Trabalho;
- litispendência, coisa julgada, perempção e outros vícios previstos no art. 337 do CPC e que, regra geral, geram a extinção do feito sem apreciação do mérito;
- prescrição intercorrente, nos termos do art. 11-A da CLT.

Verifica-se que as alegações geralmente levadas ao Poder Judiciário por meio da exceção de pré-executividade são de fácil análise e conclusão, não havendo necessidade de produção de prova. Trata-se de situações que, mesmo podendo ser de fato, são analisadas à luz de documentos juntados aos autos.

Um dos pontos mais importantes sobre essa espécie de defesa é a impossibilidade de produção de provas, salvo a documental, que será anexada à petição da exceção. Assim sendo, **só se admite a prova pré-constituída, que é a documental, assim como ocorre no mandado de segurança**. Considerando-se a desnecessidade de garantia do juízo para a apresentação da defesa em estudo, a Fazenda Pública, quando executada, não pode apresentar exceção de pré-executividade, por ausência de interesse processual, uma vez que os embargos à execução independem de garantia do juízo para aqueles entes.

Importante que se diga que a utilização da exceção de pré-executividade pelo executado não o impede de apresentar posteriormente os embargos à execução, não havendo preclusão. Assim, caso a exceção seja rejeitada, poderá o executado garantir o juízo e manejar os embargos, com ampla instrução probatória nos limites recomendados por lei.

Por fim, cabe a análise da decisão que julga a exceção, bem como a recorribilidade do ato.

Sendo rejeitada a exceção, será proferida uma decisão interlocutória, que nos termos do art. 893, § 1º, da CLT, mostra-se irrecorrível, já que tal situação não está contemplada nas exceções da Súmula 214 do TST ou no art. 855-A, CLT. Essa é a regra geral. Porém, há decisão turmária do TST (TST ARR 19700-68.1986.5.02.0002) relativizando essa hipótese.

Sendo acolhida a exceção, a decisão que extinguir parcial ou totalmente a execução será impugnada por agravo de petição, haja vista que o processo será extinto, mesmo que parcial.

2.10.3. Como identificar a peça

A exceção de pré-executividade nunca foi cobrada em Exames de Ordem na 2ª fase em direito do trabalho, pois o seu cabimento é bem casuístico, o que dificulta, em muito, a identificação de sua utilização. As situações abaixo arroladas são normalmente objeto de alegação em exceção, mas isso não significa dizer que sempre que tais situações forem verificadas no processo trabalhista, será hipótese de exceção, já que se deve analisar, principalmente, se o juízo está garantido, quando então será o caso de oferecer embargos à execução, bem à desnecessidade de outras provas, que não a documental juntada na própria petição da exceção. As situações de utilização mais comuns são aquelas descritas acima, como:

- ausência de citação no processo de conhecimento;
- incompetência da Justiça do Trabalho;
- penhora de bem de família que não seja suficiente para garantir o juízo;
- litispendência, coisa julgada, perempção etc.

Nessas situações, havendo prova pré-constituída acerca dos fundamentos, pode ser manejada a espécie de defesa excepcional, sem necessidade de garantia do juízo.

2.10.4. Competência

Assim como ocorre com os embargos à execução, a exceção de pré-executividade será apresentada e julgada pelo órgão que realiza os atos executórios, ou seja, aquele que determinou a expedição de mandado de citação, penhora e avaliação. Logo, o endereçamento será *Ao Juízo da 1ª Vara do Trabalho de Goiânia/GO*.

2.10.5. Estrutura da peça

Como já foi afirmado, a exceção de pré-executividade, apesar de estar cada dia mais arraigada no processo do trabalho, não possui previsão legal, razão pela qual não podemos falar em requisitos legais, sendo bem informal. Assim sendo, a estrutura da peça que será a seguir exposta representa a peça que é usualmente realizada na seara trabalhista.

1. **Competência:** endereçamento à Vara do Trabalho na qual tramita a execução trabalhista e que, portanto, determinou a expedição de mandado de pagamento e penhora de bens.
2. **Número do processo:** menção ao número do processo.
3. **Qualificação da parte que oferece a exceção (executado):** não há necessidade de qualificação completa, bastando o NOME e a informação de que a parte "já devidamente qualificada nos autos".
4. **Nome da peça que está sendo manejada:** descrição da apresentação de EXCEÇÃO DE PRÉ-EXECUTIVIDADE nos autos da execução que move o reclamado.
5. **Qualificação da parte contrária (exequente):** não há necessidade de qualificação completa, bastando o NOME e a informação de que a parte "está devidamente qualificada nos autos".
6. **Fatos e fundamentos jurídicos do pedido:** exposição dos fundamentos que permitem a apreciação judicial por meio da presente peça, ou seja, sem a garantia do juízo, em exceção à regra da apresentação dos embargos à execução, demonstrando ainda a desnecessidade de produção de provas, já que todos os fatos e fundamentos podem ser comprovados pelos documentos juntados aos autos, ou seja, pela prova pré-constituída.
7. **Requerimentos:** os requerimentos, geralmente, estão ligados à intimação da parte contrária para manifestação, caso queira e procedência da exceção de pré-executividade, reconhecendo-se, por exemplo, a existência de nulidade de citação e, por consequência, tornando nulos os atos executórios.
8. **Fechamento:** nestes termos, requer deferimento.
9. **Data, local e assinatura/OAB:** caso o problema traga tais dados, devem ser fielmente assinaladas. Caso contrário, nenhum dado deve ser inventado, sob pena de identificação da prova, o que acarretará a atribuição da nota zero.

2.10.6. Questão da peça profissional

(Questão simulada) Em reclamação trabalhista, Júlio alegou ter trabalhado para a empresa Alpha Serviços Ltda. no período de 2013 a 2016, na qualidade de pintor. Em sentença, o Magistrado reconheceu o vínculo empregatício requerido e, por consequência, condenou a reclamada ao pagamento de R$ 100.000,00. Iniciada a execução, vislumbrou-se após diversas tentativas de constrição patrimonial, que a empresa executada não possui qualquer bem passível de penhora, razão pela qual o exequente requereu e desconsideração da personalidade jurídica, de forma a atingir o patrimônio dos sócios. Deferido o pedido pelo Juiz do Trabalho, sem a observância do incidente de desconsideração da personalidade jurídica, voltaram os atos executórios em face de João, José e Joaquim, com expedição de mandados de citação aos três. Ao receber o seu mandado de citação, José estranhou o fato, já que havia se retirado da sociedade no ano de 2010, ou seja, três anos antes do início do vínculo de emprego, entendendo, dessa forma, ser ilegítimo para a execução. Buscando evitar a constrição patrimonial e com vistas à sua exclusão do processo, procurou você para, na qualidade de Advogado, redigir a peça processual cabível, levando-se em consideração a existência de garantia do juízo.

2.10.7. Modelo da peça

AO JUÍZO DA 12ª VARA DO TRABALHO DE CAMPINAS

REF. PROCESSO N. ...

EMPRESA ALPHA SERVIÇOS LTDA., devidamente qualificada nos autos em epígrafe, por meio de seu Advogado infrafirmado, com escritório na Rua..., onde recebem as notificações (apenas se não houver advogado constituído), vem perante Vossa Excelência apresentar a presente

EXCEÇÃO DE PRÉ-EXECUTIVIDADE

nos autos da execução de contribuições previdenciárias movida pela UNIÃO, devidamente qualificada, pelos fatos e fundamentos a seguir expostos:

1. DOS FATOS E FUNDAMENTOS JURÍDICOS

Em primeiro lugar, mostra-se cabível a exceção de pré-executividade ante a ausência da condição da ação "interesse processual" na presente execução, ou seja, há norma de ordem pública – condição da ação – cuja ausência deve ser reconhecida pelo MM. Juiz do Trabalho que conduz a presente execução.

Ademais, a alegação de ausência de condição da ação não carece de produção de qualquer prova, sendo a análise possível apenas com base nos documentos juntados aos autos nesse momento.

A União requereu a execução das contribuições previdenciárias decorrentes da condenação da reclamada por meio da sentença proferida nos autos da reclamação trabalhista n. ... Segundo a União Federal, seriam devidos R$ 5.400,00 (cinco mil e quatrocentos reais) a título de contribuições previdenciárias, uma vez que na sentença houve a condenação ao pagamento de verbas de natureza salarial.

Contudo, comprova a peticionária que tal valor já foi objeto de parcelamento perante a Secretaria da Receita Federal do Brasil, sendo que o parcelamento está sendo regularmente pago conforme faz prova a documentação anexa.

Assim sendo, tendo sido parcelado o valor, não há por que se executar judicialmente tais valores, pois tal fato constituiria "bis in idem".

Desta forma, deve ser a presente exceção de pré-executividade admitida, sem garantia do juízo, pela ausência de interesse processual na execução por parte da União, suspendendo-se o curso da presente ação até o término do parcelamento firmado entre a peticionante e União Federal, exequente da quantia.

2. DOS REQUERIMENTOS

Ante o exposto, REQUER:
a) seja a presente defesa admitida, haja vista a ausência de condição da ação "interesse processual", bem como a desnecessidade de produção de provas, suspendendo-se o curso da execução até que a peticionária ultime o pagamento do parcelamento;
b) após a comprovação do pagamento da última parcela do aludido parcelamento, que seja extinta a presente execução.

Termos em que requer deferimento.
Local.. Data...
Advogado...
OAB n. ...

2.11. Impugnação à liquidação de sentença

2.11.1. Apresentação

O processo do trabalho é dividido em duas fases, fase de conhecimento ou cognitiva e fase de execução, salvo nos casos de execução de título extrajudicial. Naquela, a parte comprova possuir o direito, e o juiz o declara condenando a parte contrária, enquanto nessa, a parte vencedora procura dar efetividade a condenação, caso não ocorra o cumprimento espontâneo da obrigação.

A fase de execução tem início, como regra, com a liquidação da sentença, momento em que as palavras da decisão judicial serão transformadas em números.

A liquidação da sentença termina com a homologação do juiz, que tem finalidade declarar valor a condenação.

Após a sentença de liquidação, caso o exequente não concorde com o valor apurado, poderá atacar a referida decisão através de um incidente denominado impugnação à sentença de liquidação, conforme dispõe o art. 884 e § 3º da CLT.

2.11.2. Características e requisitos

A impugnação à sentença de liquidação é uma defesa que ocorre dentro dos próprios autos da reclamação trabalhista na fase de execução.

A impugnação deverá ser manejada, exclusivamente pelo exequente, sendo que o executado deverá atacar a sentença de liquidação através dos embargos à execução.

A impugnação à sentença de liquidação deverá ser apresentada por escrito, no mesmo prazo dos embargos à execução.

2.11.3. Competência

Como dito anteriormente, a impugnação à sentença de liquidação tem natureza jurídica de defesa, e deve ser apresentada nos próprios autos, de forma que a competência para processar a julgar a referida peça é do juiz da execução.

2.11.4. Identificação da peça

O macete para identificar que a peça prático-profissional de impugnação à sentença de liquidação, é ficar bem atento a três situações: a) trânsito em julgado; b) garantia do juízo; e c) estar advogando para o exequente após a garantia do juízo.

2.11.5. Estrutura da peça

A petição da impugnação à sentença de liquidação é bem simples, razão pela qual você não precisa de muitas formalidades. Assim, a estrutura seguirá o seguinte modelo:

1. **Competência:** endereçamento à Vara do Trabalho na qual tramita a execução trabalhista e que, portanto, determinou a expedição de mandado de citação, penhora e avaliação.
2. **Número do processo:** menção ao número do processo.
3. **Qualificação da parte exequente:** não há necessidade de qualificação das partes, bastando dizer "já devidamente qualificado nos autos". Informação de que a peça é subscrita por Advogado regulamente constituído, constando o endereço daquele (se for o caso de estar entrando agora na relação processual), para o recebimento de notificações.
4. **Nome da medida judicial que está sendo apresentada e fundamento legal:** descrição da apresentação de IMPUGNAÇÃO À SENTENÇA DE LIQUIDAÇÃO, nos termos do art. 884, § 3º, da CLT.
5. **Qualificação da parte executada:** basta dizer "já devidamente qualificada nos autos".
6. **Inicialmente deve ser informado que o juízo está garantido, já que é pressuposto para o processamento dos embargos.**
7. **Fatos e fundamentos jurídicos do pedido: a única tese possível na referida peça é a impugnação do valor da execução homologado pelo juiz.**
8. **Pedido e Requerimentos:** dentre as solicitações que devem ser formuladas na petição dos embargos à execução, tem-se:
    8.1. Notificação do executado que se manifeste sobre.
    8.2. Produção de todos os meios de prova admitidos.
    8.3. Seja alterado o valor homologado através da sentença de liquidação.

2.11.6. Questão da peça profissional

(Questão simulada) Alfredo ajuizou reclamação trabalhista em face de Estrela Dalva Acessórios LTDA., pleiteando a condenação da empresa ao pagamento de indenização por danos morais. Após defesa escrita, o juiz julgou totalmente procedente o pedido. Na fase de execução foi proferida sentença de liquidação indicando que o valor da condenação atualizada perfaz o montante de R$ 15.000,00. Ocorre que ao homologar os cálculos, o juiz aplicou a correção monetária a partir do trânsito em julgado da sentença. Após a garantia do juízo através da penhora de um veículo você foi contratado para defender os interesses do exequente.

2.11.7. Modelo da peça

AO JUÍZO DA... VARA DO TRABALHO DE...

REF. PROCESSO N....

ALFREDO, já qualificado nos autos da reclamação trabalhista que move em face de ESTRELA DALVA ACESSÓRIOS LTDA., por meio de seu advogado com procuração em anexo, com fulcro no art. 844 da CLT, vem perante Vossa Excelência apresentar

IMPUGNAÇÃO À SENTENÇA DE LIQUIDAÇÃO

pelos fatos e fundamentos que passa a expor:

DA CORREÇÃO MONETÁRIA

O juiz proferiu sentença de liquidação considerando como valor da execução o montante de R$ 15.000,00, entretanto, aplicou a correção monetária apenas a partir do trânsito em julgado da sentença.

Nos termos da Súmula 439 do TST, a correção monetária na condenação em dano moral é devida a partir da decisão de arbitramento ou alteração do valor.

Diante do exposto, requer a Vossa Excelência seja acolhida a presente impugnação para alterar o valor da execução.

DO PEDIDO

Diante do exposto, requer a Vossa Excelência seja acolhida a presente impugnação para o fim de alterar o valor da sentença de liquidação.

DOS REQUERIMENTOS

a) Seja o executado notificado para, querendo, apresentar manifestação.
b) Produção de todos os meios de prova admitidos.
c) A procedência do pedido formulado na presente.

Termos em que,
Pede deferimento.
Local... Data...
Advogado...
OAB n. ...

2.12. Embargos de terceiro

2.12.1. Apresentação

Não raras vezes, a constrição judicial (penhora) resta por incidir sobre bens que não pertencem ao executado, ou seja, sobre bens de terceiros estranhos à relação processual, quando o certo é que a penhora seja sobre o patrimônio do devedor.

Sendo assim, a lei processual civil prevê, para aqueles que não participam do processo, mas sofrem com os atos de execução sob seu patrimônio, a ação em apreço.

2.12.2. Características e requisitos

Para que o terceiro possa desconstituir atos de constrição que não tem relação com o processo, a ordem jurídica prevê uma ação autônoma (incidental ao processo de conhecimento ou de execução), que tem por azo tutelar a posse ou a propriedade que estão sendo turbadas ou esbulhadas por inadequação de ato processual, ação prevista no CPC a partir do art. 674, sendo um verdadeiro procedimento de jurisdição contenciosa.

A CLT não trata da ação em estudo, de modo que devemos aplicar, subsidiariamente, os arts. 674 e seguintes do CPC, em razão do disposto nos arts. 769 e 889 da CLT.

Dispõe o § 2º do art. 674 do CPC que são legitimados para ajuizar os embargos, pois considerados terceiros: 1) o cônjuge ou companheiro, quando defende a posse de bens próprios ou de sua meação, ressalvado o disposto no art. 843 (Súmula 134 do STJ); 2) o adquirente de bens cuja constrição decorreu de decisão que declara a ineficácia da alienação realizada em fraude à execução; 3) quem sofre constrição judicial de seus bens por força de desconsideração da personalidade jurídica, de cujo incidente não fez parte; 4) o credor com garantia real para obstar expropriação judicial do objeto de direito real de garantia, caso não tenha sido intimado, nos termos legais dos atos expropriatórios.

É um remédio jurídico que pode ser manejado não apenas na forma repressiva, mas também de modo preventivo.

Considerando o disposto no art. 675 do CPC, pode-se afirmar que no processo do trabalho os embargos de terceiro podem ser ajuizados a qualquer tempo na fase de conhecimento, desde que não transitada em julgado a sentença de mérito e, na execução, até cinco dias após a ocorrência da expropriação, mas antes da assinatura da carta.

Nos termos da OJ n. 54 da SDI-2 do TST, quando "ajuizados embargos de terceiro (art. 674 do CPC de 2015 – art. 1.046 do CPC de 1973) para pleitear a desconstituição de penhora, é incabível a interposição de mandado de segurança com a mesma finalidade".

2.12.3. Petição inicial e procedimento

O embargante deve elaborar petição escrita dirigida ao juiz do feito que determinou a apreensão dos bens (*Ao Juízo da 6ª Vara do Trabalho de Fortaleza*), observando-se os requisitos do art. 319 do CPC (lembre-se de que é uma ação autônoma), devendo o embargante fazer prova sumária de sua posse ou domínio e da qualidade de terceiro, oferecendo, ainda, documentos e rol de testemunhas.

Os embargos de terceiro serão distribuídos por dependência e tramitarão em autos apartados perante o juízo que ordenou a constrição patrimonial, conforme o art. 676 do CPC. **Não há efeito suspensivo, o qual pode ser obtido mediante tutela provisória, mediante requerimento do interessado**.

Caso o juiz entenda que a posse e a qualidade de terceiro estão suficiente e devidamente comprovadas na peça inicial, poderá determinar a suspensão das medidas constritivas sobre os bens litigiosos objeto dos embargos, bem como a manutenção ou a reintegração provisória da posse, se o embargante a houver requerido (art. 678 do CPC).

Com o recebimento dos embargos, o juiz determinará a intimação do embargado para contestar no prazo de 15 dias, sob pena de revelia, nos moldes do art. 679 do CPC).

Acolhido o pedido inicial, o ato de constrição judicial indevida será cancelado, com o reconhecimento do domínio, da manutenção da posse ou da reintegração definitiva do bem ou do direito ao embargante (art. 681 do CPC).

Da decisão que julgar os embargos de terceiro, caberá **recurso ordinário** se na fase de conhecimento, não havendo necessidade de depósito recursal, uma vez que não haverá condenação em pecúnia, mas será imprescindível pagar custas, ou **agravo de petição**, se ajuizados na fase de execução.

2.12.4. Identificação da peça

A identificação da peça torna-se fácil em decorrência da figura do terceiro que sofreu afetação patrimonial mesmo não sendo parte na relação processual.

Havendo indicação no problema apresentado pela banca examinadora de que uma pessoa (já vimos o conceito de terceiro) que não faz parte da relação processual teve ou está na iminência, de ter um bem seu penhorado, se faz mister a apresentação dos embargos de terceiros.

Hipoteticamente, suponha que Arnaldo Sussekind, sócio da empresa Trabalho e Trabalho Ltda., é casado com Helena Sussekind pelo regime da comunhão parcial de bens desde 6-2-1990. Na execução movida por Hans Kelsen, tentou-se excutir o patrimônio da empresa, sem êxito. Foi requerida a desconsideração da personalidade jurídica, por meio de IDPJ, a qual fora deferida, após o devido trâmite, pelo juiz com a inclusão de Arnaldo Sussekind no polo passivo da execução (parte no processo de execução, portanto), que determinou a expedição de mandado de citação, penhora e avaliação dirigido contra Arnaldo Sussekind, tendo seu veículo penhorado, o qual foi adquirido em 16-6-2010. Sendo você procurado por Helena Sussekind, qual medida adotaria? Notadamente embargos de terceiro, com fundamento no art. 674, § 2º, I, do CPC.

2.12.5. Estrutura da peça

Como os embargos de terceiro possuem natureza jurídica de ação, ou seja, instaurar-se-á um processo de conhecimento, a estrutura dos embargos de terceiro é bem simples e deve seguir a formalidade prevista no art. 319 do CPC, ou seja, deve ser elaborada observando-se algumas peculiaridades. Assim, a estrutura seguirá o seguinte modelo:

1. **Competência:** endereçamento à Vara do Trabalho na qual tramita o processo em que se quer ajuizar os embargos.
2. **Número do processo:** menção ao número do processo e entre parênteses (distribuição por dependência).
3. **Qualificação da parte embargante:** nome, prenome, identidade, CPF e endereço; informação de que a peça é subscrita por advogado regulamente constituí-

do, constando o endereço daquele, para o recebimento de notificações. Há necessidade de todos esses dados, por se tratar de ação de conhecimento e, portanto, petição inicial formal.

4. **Nome da ação que está sendo ajuizada e fundamento legal:** descrição da apresentação de EMBARGOS DE TERCEIROS, nos termos dos arts. 769 e 889 da CLT e 674 e seguintes do CPC.
5. **Qualificação da parte embargada:** nome, informação acerca da natureza jurídica (direito privado ou público, se for empresa), CNPJ e endereço para recebimento de notificação.
6. **Fatos e fundamentos jurídicos do pedido:** descrição da causa de pedir, ou seja, afirmação de que sofreu ou está na iminência de sofrer ato de constrição patrimonial; que não faz parte da demanda; que é considerado terceiro, apontando algum dos incisos do § 2º do art. 674 do CPC; demonstração pormenorizada do equívoco realizado pelo Magistrado e que importa em nulidade da execução e que a desconstituição da penhora é medida que se impõe. Apesar de teoricamente não haver necessidade de mencionar os fundamentos jurídicos (artigos de lei, súmulas, OJs etc.), na Prova da Ordem **tal requisito é indispensável, pois o candidato deve mostrar ao examinador que conhece o direito do trabalho.**
7. **Pedidos:** seja reconhecida a qualidade de terceiro do embargante, a fim de que seja determinada a desconstituição da penhora erroneamente realizada, com a liberação do bem penhorado.
8. **Requerimentos:** são os mesmos, basicamente, apresentados em uma petição inicial qualquer:
    8.1. Recebimento do presente com sua autuação em apartado.
    8.2. Requer produção de provas por todos os meios admitidos
    8.3. Notificação-citatória do embargado para, querendo, contestar os presentes embargos, sob as penas da lei.
    8.4. Que seja julgado procedente o pedido, com a condenação do embargado nas despesas processuais.
9. **Valor da causa:** Dá-se à causa o valor de R$... (...).
10. **Fechamento:** Nestes termos, requer deferimento.
11. **Data, local e assinatura/OAB:** caso o problema traga tais dados, devem ser fielmente assinaladas. Caso contrário, nenhum dado deve ser inventado, sob pena de identificação da prova, o que acarretará a atribuição da nota zero.

2.12.6. Questão da peça profissional

(XIII Exame) Rômulo Delgado Silva, brasileiro, viúvo, empresário, portador da identidade 113, CPF 114, residente e domiciliado na Avenida Brás Montes, casa 72 – Boa Vista – Roraima – CEP 222, em entrevista com seu advogado, declara que foi sócio da pessoa jurídica Delgado Jornais e Revistas Ltda., tendo se retirado há 2 anos e 8 meses da empresa; que foi surpreendido com a visita de um Oficial de Justiça em sua residência, que da primeira vez o citou para pagamento de uma dívida trabalhista de R$ 150.000,00, oriunda da 50ª Vara do Trabalho de Roraima, no Processo 0011250-27.2013.5.11.0050 e, em seguida, 48 horas depois, retornou e penhorou o imóvel em que reside, avaliando-o, pelo valor de mercado, em R$ 180.000,00; que tem apenas esse imóvel, no qual reside com sua filha, já que viúvo; que o Oficial de Justiça informou que há uma execução movida pela ex-empregada Sônia Cristina de Almeida contra a empresa que, por não ter adimplido a dívida, gerou o direcionamento da execução contra os sócios; que foi ao Fórum e fotocopiou todo o processo, agora entregue ao advogado; que nas contas homologadas, sem que a parte contrária tivesse vista, foi verificado que a correção monetária foi calculada considerando o mês da prestação dos serviços, ainda que a sentença fosse omissa a respeito; que, ao retornar para penhorar o imóvel, o oficial informou que a dívida havia aumentado em 10%, porque o juiz aplicou a multa do art. 475-J do CPC.

Diante do que foi exposto, elabore a medida judicial adequada para a defesa dos interesses do entrevistado, sem criar dados ou fatos não informados.

Obs.: A questão acima foi objeto de muita divergência na época de aplicação do XIII Exame da OAB e a banca admitiu como gabarito os embargos de terceiro e os embargos à execução. Faremos a peça como embargos de terceiro, em razão da riqueza das informações e considerando, hodiernamente, o disposto no CPC, ou seja, com as devidas adaptações.

2.12.7. Modelo da peça

AO JUÍZO DA 50ª VARA DO TRABALHO DE BOA VISTA/ RORAIMA

REF. PROCESSO N. 0011250-27.2013.5.11.0050

(DISTRIBUIÇÃO POR DEPENDÊNCIA)

RÔMULO DELGADO SILVA, brasileiro, viúvo, empresário, portador da cédula de identidade 113, inscrito no CPF 114, residente e domiciliado na Avenida Brás Montes, casa 72 – Boa Vista – Roraima, CEP 222, por meio de seu Advogado infrafirmado, com escritório na Rua..., onde receberá as notificações, vem perante Vossa Excelência, no prazo legal, ajuizar o presente

EMBARGOS DE TERCEIRO

nos termos dos arts. 674 e seguintes do CPC, aplicados de forma subsidiária, tendo em vista o disposto nos arts. 769 e 889 da CLT, em face de SÔNIA CRISTINA DE ALMEIDA (qualificação completa e endereço), pelos fatos e fundamentos que passa a expor:

1. DO CABIMENTO DOS EMBARGOS DE TERCEIRO

Como facilmente se verifica, o embargante tem legitimidade e interesse para ajuizar o presente, haja vista que não faz parte da relação processual e teve seu único bem (apartamento) penhorado, pelo valor de R$ 180.000,00, conforme auto de penhora e avaliação. Assim, nos termos do art. 674, "caput", do CPC, o presente deve ser admitido e distribuído por dependência.

2. DOS FATOS E FUNDAMENTOS JURÍDICOS

DA NÃO RESPONSABILIZAÇÃO DE EX-SÓCIO

Como se verifica com os documentos juntados, o embargante não pode ter a execução direcionada contra si, uma vez que é notadamente ilegítimo para responder pela presente execução, haja vista que se retirou da sociedade há mais de dois anos, consoante prevê o art. 1.003, parágrafo único, c/c o art. 1.032, do Código Civil, pelo que deve ser declarada a sua não responsabilização com a liberação do bem penhorado.

Atenção: Atualmente pode ser arguida a incidência do art. 10-A da CLT.

DA IMPENHORABILIDADE DO BEM DE FAMÍLIA

É notório que o bem do embargante é de família, por ser o único do executado, onde reside com sua filha, já que viúvo, não sendo passível de penhora, nos termos do art. 1º da Lei n. 8.009/90. Desta forma, deve ser desconstituída a penhora.

DA CORREÇÃO MONETÁRIA INCORRETA

Percebe-se pelas contas homologadas que há excesso de execução e, como é a primeira vez que o embargante está tendo oportunidade de falar nos autos, requer a incidência da Súmula 381 do TST, para que a correção seja feita considerando o mês subsequente ao inadimplemento.

DA NÃO APLICAÇÃO DA MULTA DO ART. 475-J DO CPC/73 (ART. 523 DO CPC)

É imperioso destacar que a jurisprudência do TST, reiteradamente, consigna que a multa do art. 475-J do CPC/73 (art. 523 do CPC) é indevida no Processo do Trabalho, pois a CLT possui regra própria, de modo que não cabe interpretação ampliativa, haja vista o disposto no art. 880 da CLT. Assim, pede a exclusão da multa.

3. DOS PEDIDOS

Pelo exposto, pede:
a) que seja reconhecida a qualidade de terceiro, bem como a não responsabilização do embargante, na forma da fundamentação "supra";
b) que seja determinada a desconstituição da penhora incidente sobre o bem de família;
c) que seja determinada realização de novos cálculos, tendo em vista a aplicação incorreta da correção monetária;
d) que seja excluída a multa do art. 475-J do CPC/73 (art. 523 do CPC)

4. DOS REQUERIMENTOS

a) Recebimento do presente com sua autuação em apartado.
b) Protesta por todos os meios de provas admitidos.
c) Notificação-citatória do embargado para, querendo, contestar os presentes embargos, sob as penas da lei.
d) Que sejam julgados procedentes os pedidos, com a condenação do embargado nas despesas processuais.

Dá-se à causa o valor de R$ 180.000,00 (cento e oitenta mil reais).

Termos em que requer deferimento.
Local... Data...
Advogado...
OAB n. ...

2.13. Execução de título extrajudicial

2.13.1. Apresentação

Não é um tema comum em exame de Ordem, particularmente sua cobrança como uma peça processual, embora seja possível ser exigida, de modo que, como nosso intuito é abordar as petições típicas do processo trabalhista, é de bom grado você ter conhecimento desta peça.

2.13.2. Características e requisitos

A execução de título extrajudicial, como o nome sugere, ocorre quando o exequente (credor) está na posse de um título executivo extrajudicial (produzido sem a ingerência do Poder Judiciário), como o termo de conciliação lavrado junto a Comissão de Conciliação Prévia, bem como cheque ou nota promissória que contenha, de forma inequívoca, dívida de natureza trabalhista (art. 13, IN n. 39/2016, TST), Certidão de Dívida Ativa, etc.

2.13.3. Competência

A competência para a execução do título executivo extrajudicial segue a mesma regra para a ação de conhecimento. Assim, se o reclamante trabalhou em Porto Alegre, eventual execução do mesmo em face de sua ex-empregadora (executada), deve ser em Porto Alegre.

2.13.4. Petição e procedimento

Estando na posse, então, de um título executivo extrajudicial, o credor não precisará lançar mão de uma ação trabalhista, já que neste caso bastará a ele redigir uma petição de execução de título extrajudicial.

Despachada a petição, não há que se falar em audiência, pois o art. 876 da CLT, parte final, determina qual é o procedimento a ser observado, que no caso é a expedição do mandado de citação, penhora e avaliação para que o devedor pague ou garanta a execução no prazo de 48 horas, sob pena de sua inércia levar à penhora dos bens, tudo na forma dos arts. 880 da CLT e seguintes, com as particularidades já estudadas por nós.

No entanto, se o título executivo extrajudicial for uma Certidão de Dívida Ativa (CDA), o procedimento a ser observado deve ser aquele estabelecido pela Lei n. 6.830/80 (Lei de Execução Fiscal), o que **não é objeto de nosso estudo nesta parte do livro.**

2.13.5. Como identificar a peça

A identificação da peça é bem simples, já que o credor terá um título executivo extrajudicial, ou seja, basta lembrar quais são os títulos que dão ensejo a uma execução autônoma, isto é, que não seja mera fase subsequente a uma sentença proferida na fase de conhecimento, daí por que você precisa saber quais são os títulos executivos extrajudiciais.

2.13.6. Estrutura da peça

1. **Competência:** indicar o juízo onde tramitará a ação de execução. Exemplo: *Ao Juízo da Vara do Trabalho de Porto Alegre...*
2. **Número do processo:** não há número do processo, já que será distribuído.
3. **Qualificação da parte exequente:** nome, prenome, identidade, CPF e endereço; informação de que a peça é subscrita por advogado regularmente constituído, constando o endereço daquele, para o recebimento de notificações. Há necessidade de todos esses dados, por se tratar de ação de título executivo extrajudicial e, portanto, petição inicial formal.
4. **Nome da ação que está sendo ajuizada e fundamento legal:** descrição da apresentação de EXECUÇÃO DE TÍTULO EXTRAJUDICIAL, nos termos dos arts. 876, 880 e 889 da CLT e 824 e seguintes do CPC.
5. **Qualificação da parte executada:** nome, informação acerca da natureza jurídica, CNPJ e endereço para recebimento da citação.
6. **Fatos e fundamentos jurídicos do pedido:** descrição da causa de pedir, ou seja, afirmação de que está na posse de um título executivo extrajudicial e que não houve o cumprimento do que nele está contido. Apesar de teoricamente não haver necessidade de mencionar os fundamentos jurídicos (artigos de lei, súmulas, OJs etc.), na Prova da Ordem **tal requisito é indispensável, pois o candidato deve mostrar ao examinador que conhece o direito do trabalho**.
7. **Requerimentos:** como é uma execução de título extrajudicial, os requerimentos resumem-se a:
    7.1. Citação da executada para pagar em 48 horas ou garantir a execução, sob pena de penhora de seus bens;
    7.2. Fixação de honorários de 5% a 15% sobre o valor exequendo (tema controvertido, pois o entendimento majoritário é que o art. 791-A só permite a fixação de honorários na fase de conhecimento).
8. **Valor da causa:** Dá-se à causa o valor de R$... (...).
9. **Fechamento:** Nestes termos, requer deferimento.
10. **Data, local e assinatura/OAB:** caso o problema traga tais dados, devem ser fielmente assinalados. Caso contrário, nenhum dado deve ser inventado, sob pena de identificação da prova, o que acarretará a atribuição da nota zero.

2.13.7. Questão da peça profissional

(Questão simulada) João era empregado da empresa Herodes LTDA., no município de Boa Vista, sendo demitido sem justa causa no dia 16-5-2019, sendo que a empresa nada lhe pagou as verbas rescisórias e, segundo João, nunca recebeu horas extras e adicional noturno. Antes de ajuizar reclamação trabalhista, resolveu apresentar uma demanda na Comissão de Conciliação Prévia constituída no seio sindical, onde fora designada uma pauta, comparecendo as partes e o conciliador. A empresa propôs pagar R$ 10.000,00 em 10 parcelas de R$ 1.000,00 cada, com multa de 20% em caso de inadimplemento, sobre o valor total, o que foi aceito por João. Assim, lavrou-se o termo de acordo, o qual foi subscrito por todos os presentes. Porém, para surpresa de João, a empresa pagou apenas as 2 primeiras parcelas, respectivamente nos dias 10-6 e 10-7 daquele ano, ficando inadimplente com as demais. Procurado por João, sabendo que ele não quer reclamar mais nada além das parcelas restantes e não pagas, promova a medida cabível.

2.13.8. Modelo da peça

AO JUÍZO DA... VARA DO TRABALHO DE PORTO ALEGRE

JOÃO... (qualificação completa e endereço), por meio de seu advogado infrafirmado, com escritório... (endereço completo), onde receberá as notificações, vem perante Vossa Excelência, ajuizar a presente

EXECUÇÃO DE TÍTULO EXTRAJUDICIAL

nos termos dos arts. 876, 880 e 889, ambos da CLT e 824 e seguintes do CPC.

Em face de HERODES LTDA., (qualificação completa e endereço), pelos fatos e fundamentos que passa a expor:

DO TÍTULO EXECUTIVO E SEU INADIMPLEMENTO

O exequente foi demitido sem justa causa no dia 16-5-2019, sendo que a executada nada lhe pagou as verbas rescisórias, horas extras e adicional noturno que seriam devidos.

Ao invés de ajuizar reclamação trabalhista, resolveu o exequente apresentar uma demanda na Comissão de Conciliação Prévia constituída no seio sindical, onde fora designada uma pauta, comparecendo as partes e o conciliador.

A empresa propôs pagar R$ 10.000,00 em 10 parcelas de R$ 1.000,00 cada, com multa de 20% em caso de inadimplemento, sobre o valor total, o que foi aceito pelo exequente, conforme faz provar com o Termo de Conciliação que segue anexo, o qual é título executivo extrajudicial, na forma do art. 876 da CLT.

Porém, a executada pagou apenas as 2 primeiras parcelas, respectivamente nos dias 10-6 e 10-7 do ano em curso, ficando inadimplente com as demais, ou seja, é devedora da quantia de R$ 8.000,000, além da multa de 20% sobre o valor total acordado, que corresponde a R$ 2.000,00.

Assim, o valor total exequendo é de R$ 10.000,00, que devidamente corrigido perfaz a quantia de R$..., conforme planilha que segue acostada.

DOS REQUERIMENTOS

Pelo exposto, REQUER:

a) fixação de honorários de 5% a 15% sobre o valor exequendo, conforme o art. 791-A da CLT;
b) citação da executada, na forma do art. 880 da CLT, para pagar a dívida exequenda ou garantir a execução, no prazo de 48 horas, sob pena de sua inércia gerar a penhora dos seus bens;
c) produção de provas, se necessário.

Dá-se à causa o valor de R$...

Termos em que requer deferimento.
Local... Data...
Advogado...
OAB n. ...

Parte III – Questões discursivas

1. DIREITO DO TRABALHO

1.1. Princípios do Direito do Trabalho

1. (III Exame) Determinada empresa, visando estimular o comparecimento pontual de seus empregados, estipulou em norma interna que o empregado que chegasse até 10 minutos antes do horário ganharia R$ 3,00 no dia, e o que chegasse até 15 minutos atrasado teria de pagar R$ 1,00 no dia. Tanto a adição quanto o desconto seriam feitos no contracheque mensal e não excluiriam a adição de hora extra pela chegada antecipada nem o desconto pelos atrasos, como já era feito. Com base no relatado acima, responda aos itens a seguir, empregando os argumentos jurídicos apropriados e a fundamentação legal pertinente ao caso.

A) É válida a norma interna em questão, em ambos os aspectos?

B) De que poder o empregador se valeu para criá-la?

GABARITO:

A) Não. No tocante ao desconto, ela é inválida porque excede o poder do empregador, além de caracterizar *bis in idem*. O desconto cuja imposição se pretende, por ser unilateral, viola o art. 462 da CLT.

B) Do poder diretivo ou de comando ou empregatício ou regulamentar ou *jus variandi*.

1.2. Empregado

2. (XXXII Exame) Jéssica trabalha como operadora de telemarketing em uma sociedade empresária, oferecendo vários produtos, por telefone (seguro de vida, seguro-saúde e plano de capitalização, entre outros). A empregadora de Jéssica propôs que ela trabalhasse de sua residência, a partir de fevereiro de 2018, o que foi aceito. Então, a sociedade empresária montou a estrutura de um home office na casa de Jéssica, e o trabalho passou a ser feito do próprio domicílio da empregada. Passados 7 (sete) meses, a sociedade empresária convocou Jéssica para voltar a trabalhar na sede, a partir do mês seguinte, concedendo prazo de 30 (trinta) dias para as adaptações necessárias. A empregada não concordou, argumentando que já havia se acostumado ao conforto e à segurança de trabalhar em casa, além de, nessa situação, poder dar mais atenção aos dois filhos menores. Ela ponderou que, para que a situação voltasse a ser como antes, seria necessário haver consenso, mas que, no seu caso, não concordava com esse retrocesso. Diante da situação retratada e dos ditames da CLT, responda aos itens a seguir.

A) Analise se a empregada tem razão em negar-se a voltar a trabalhar fisicamente nas dependências da sociedade empresária. Justifique.

B) Se Jéssica ajuizasse ação postulando horas extras no período em que atuou em seu domicílio, que tese você, contratado(a) pela sociedade empresária, sustentaria? Justifique.

GABARITO:

A) A empregada não tem razão, pois é direito do empregador retornar do trabalho realizado em domicílio para o presencial, sendo desnecessária a concordância do empregado para mudança do regime de teletrabalho para o presencial, conforme o art. 75-C, § 2º, da CLT.

B) A tese a ser apresentada é a de que o teletrabalho não enseja pagamento de horas extras, estando excluído do regime de duração horária, na forma do art. 62, III, da CLT.

3. (XXXI Exame) Reginaldo trabalha como operador de telemarketing atendendo no número de telefone do Serviço de Atendimento ao Cliente (SAC) de seu empregador, tendo sido admitido em 22-3-2018. Uma vez que Reginaldo trabalha apenas com recepção de ligação telefônica, o empregador determinou, desde o início do contrato, que Reginaldo trabalhasse em seu próprio domicílio, local onde o empregador instalou uma pequena central para a recepção dos telefonemas, bem como um computador para que Reginaldo pudesse registrar, no sistema da empresa, as reclamações e sugestões dos clientes. Em janeiro de 2020, Reginaldo pediu demissão. Diante da narrativa apresentada e dos termos da CLT, responda às indagações a seguir.

A) Se Reginaldo ajuizasse reclamação trabalhista logo após a ruptura contratual, postulando horas extras, alegando que trabalhava 10 horas diárias sem intervalo, que tese jurídica de mérito você, como advogado(a) da empresa, apresentaria em favor da reclamada? Justifique.

B) Caso você fosse contratado como advogado(a) por Reginaldo e o pedido de horas extras tivesse sido julgado totalmente improcedente, com imposição de custas e honorários advocatícios, sem que o juiz tivesse apreciado o pedido de gratuidade de justiça formulado na inicial, que medida você adotaria para sanar a omissão? Justifique.

GABARITO:

A) A tese a ser apresentada é a de que o teletrabalhador está excluído do limite de jornada e, consequentemente, não tem direito ao pagamento de horas extras, conforme previsão contida no art. 62, III, da CLT.

B) Diante da omissão do juiz na apreciação do pedido de gratuidade de justiça, a medida a ser adotada seria a oposição de embargos de declaração para supri-la, na forma dos arts. 897-A da CLT e 1.022, II, do CPC.

1.3. Empregador

4. (35º Exame) Diego era sócio minoritário da sociedade empresária Bicicletas Aro Dourado Ltda., na qual permaneceu de 2005 a 2010, quando vendeu sua participação societária e registrou a alteração contratual perante a Junta Comercial. Em julho de 2021, Diego foi surpreendido com uma citação para se manifestar acerca de uma dívida trabalhista da ex-empregada Josefina, que trabalhou na empresa de 2008 a 2018, venceu a causa que ajuizou em 2019, mas não conseguiu receber seu crédito da empresa nem dos sócios atuais, daí requereu ao juiz o direcionamento da execução em

PRÁTICA TRABALHISTA

desfavor de Diego como ex-sócio. Considerando os fatos narrados, a previsão da CLT e o entendimento consolidado do TST, responda aos itens a seguir.

A) Como advogado(a) de Diego, que tese você apresentaria para evitar que a execução recaísse sobre ele? Justifique.

B) Caso a tese não tivesse sucesso perante o juiz de 1º grau, que medida judicial você adotaria para tentar reverter a decisão contrária aos interesses de Diego? Justifique.

GABARITO:

A) Na defesa dos interesses de Diego, o examinando deverá sustentar que entre a saída do ex-sócio e o ajuizamento da ação transcorreram mais de 2 anos, liberando-o de qualquer passivo, na forma do art. 10-A da CLT.

B) Agravo de petição, na forma do art. 897, *a*, da CLT.

1.4. Terceirização

5. (38º Exame) Você advoga para um médico que ajuizou reclamação trabalhista em face de uma organização social da saúde, empregadora, Hospital Brasileiro de Bons Cuidados, o qual prestou serviços para a União, também ré nesta reclamação trabalhista, sendo que, além de contestar sua legitimidade no polo passivo, aduz serem indevidos honorários advocatícios em caso de sucumbência por se tratar de ente de direito público. Seu cliente foi dispensado enquanto o contrato entre os réus ainda estava ativo. Ao longo de todo o contrato, a União jamais efetuou qualquer tipo de fiscalização do cumprimento de direitos trabalhistas, o que foi admitido em sede de defesa como fato incontroverso, portanto. Com base na hipótese apresentada, responda aos itens a seguir.

A) Que tese jurídica você deverá sustentar na ação para obter a condenação da União? Justifique.

B) Que tese jurídica você deverá sustentar para o seu pleito de honorários de advogado em relação à segunda ré? Justifique.

GABARITO:

A) Deverá ser sustentado que a União responde subsidiariamente, porque demonstrada a culpa *in vigilando* pela falta de fiscalização, conforme a Súmula 331, V, do TST e o Tema 246 da tabela de repercussão geral do STF.

B) Deverá ser sustentado que, nas ações contra a Fazenda Pública, são devidos honorários advocatícios, na forma do art. 791-A, § 1º, da CLT.

1.5. Salário e remuneração

6. (XIX Exame) Antônio é um dos 20 vendedores da loja de calçados Ribeirinha. Em seu contracheque, há desconto mensal de 1,5% do salário para a festa de confraternização que ocorre todo final de ano na empresa, além de subtração semestral por "pé faltante" – valor dos pares de sapatos dos quais, no inventário semestral realizado na loja, somente um dos calçados é localizado, ficando, então, descartada a utilidade comercial pela ausência do outro "pé", sem a comprovação de culpa do empregado. Gilberto assinou na admissão autorização de desconto de "pé faltante". Após ser dispensado, ajuizou reclamação pedindo a devolução de ambos os descontos. A empresa pugna pela validade do desconto para a festa, pois alega que Gilberto sempre participou dela, e, em relação ao "pé faltante", porque assinou documento autorizando o desconto. Na audiência, o autor confirmou a presença na festa da empresa em todos os anos e afirmou que havia comida e bebida fartas. Não se produziram outras provas.

Diante da situação retratada e do entendimento consolidado do TST, responda aos itens a seguir.

A) O desconto para a festa de confraternização é válido?

B) O desconto a título de "pé faltante" é válido?

GABARITO:

A) O desconto para a confraternização é inválido, na medida em que não foi autorizado pelo trabalhador, violando a Súmula 342 do TST e o art. 462 da CLT, que tratam do tema.

B) O desconto a título de "pé faltante" é inválido, na medida em que, apesar de autorizado por escrito, exigiria a prova de culpa do empregado, como previsto no art. 462, § 1º, da CLT, o que não ocorreu.

7. (XXXI Exame) Carlos trabalha abastecendo veículos em um posto de gasolina. A norma coletiva de sua categoria, assim como o regulamento interno da empresa empregadora, preveem que o pagamento realizado por clientes por meio de cheques não é recomendável, mas, se isso for inevitável, o funcionário deverá anotar a placa do veículo, o número de telefone e a identidade do cliente. Ocorre que, em determinado dia, com o posto lotado, Carlos não procedeu dessa forma e abasteceu dois veículos de uma mesma família. Entretanto, o cheque utilizado para pagamento não tinha suficiência de fundos, razão pela qual o empregador descontou os valores, de forma parcelada, do salário de Carlos. Carlos ajuizou ação trabalhista pelo rito ordinário, cobrando os valores descontados. A ação foi julgada improcedente em primeira instância, mas, em grau de recurso, a decisão foi reformada e o pedido julgado procedente. Admitindo-se que a última decisão não tenha qualquer vício formal, responda aos itens a seguir.

A) Na tentativa de restabelecer a decisão originária e manter a validade dos descontos, que medida jurídica você deverá adotar?

B) Na hipótese, que tese jurídica você, como advogado(a) da empresa, deve sustentar acerca dos descontos salariais?

GABARITO:

A) Deverá ser interposto recurso de revista, nos termos dos arts. 896 e 893, III, da CLT.

B) Deverá ser sustentado que o desconto é lícito, nos termos da OJ n. 251 da SDI I do TST, do art. 7º, XXVI, da CRFB e do art. 462, § 1º, da CLT, uma vez que houve culpa do empregado ao não observar os comandos da norma coletiva.

8. (XXXIII Exame) Flávio era auxiliar de limpeza em uma empresa terceirizada, trabalhando no aeroporto internacional da cidade. Ele era encarregado da limpeza de 5 banheiros, sendo que cada um deles deveria ser limpo pelo menos 4 vezes no turno de cada empregado, em razão do intenso uso pela grande circulação de passageiros. Logo após ter sido dispensado, Flávio ajuizou reclamação trabalhista postulando adicional de insalubridade. Em defesa, a empresa reconheceu que o número de banheiros sob a responsabilidade de Flávio e a quantidade de vezes que eles deveriam ser limpos estava corretamente informada na petição inicial, mas negou o direito ao adicional desejado por não haver agente agressor à saúde do empregado. Em audiência, as partes declararam expressamente que não teriam outras provas a produzir, o que foi acatado pelo juiz, que encerrou a instrução processual e concedeu, a pedido dos advogados, prazo para razões finais escritas (memoriais). Nesse interregno, o(a) advogado(a) de Flávio faleceu e você, como advogado(a), foi procurado(a) para assumir a causa. Diante

PRÁTICA TRABALHISTA

da situação retratada, dos ditames da CLT e do entendimento consolidado pelo TST, responda aos itens a seguir.

A) Para o deferimento do adicional postulado por Flávio, e já nas razões finais escritas, que argumento jurídico você apresentaria?

B) Alguma entidade privada poderia ajuizar ação como substituto processual, com efetiva chance de sucesso, para postular o adicional de insalubridade em favor de todos os auxiliares de limpeza que trabalham no aeroporto? Indique-a, se for o caso.

GABARITO:

A) O argumento adequado é o de que a higienização de instalações sanitárias de uso público ou coletivo de grande circulação enseja o pagamento de adicional de insalubridade, na forma da Súmula 448, II, do TST.

B) Sim. A ação poderia ser ajuizada pelo sindicato de classe dos empregados como substituto processual, na forma da OJ n. 121 do TST, ou do art. 8º, III, da CRFB/88, ou art. 513, *a*, da CLT ou art. 18 do CPC.

9. (XXXIII Exame) Kleber é motorista rodoviário da Viação Canela Ltda. e atua na área urbana do Município do Recife. Quando da sua admissão, em outubro de 2021, Kleber não assinou qualquer documento, mas teve a CTPS regularmente assinada. Após realizar duas semanas de ambientação na empresa e se submeter a exame toxicológico, Kleber iniciou suas atividades profissionais. Em determinado dia, por desatenção, Kleber avançou um sinal luminoso de trânsito vermelho e, dias depois, seu empregador recebeu uma multa por essa razão. Apurado de forma criteriosa que Kleber era o condutor do veículo no momento do fato, o empregador descontou o valor integral da multa no mês seguinte, o que correspondia a 10% do salário do empregado. Irresignado, Kleber procurou você, como advogado(a), para ajuizamento de reclamação trabalhista envolvendo os fatos narrados. Considerando a situação retratada e os ditames da CLT, responda às indagações a seguir.

A) Como advogado(a) de Kleber, que tese jurídica você adotaria contra o desconto efetuado, para assim justificar a sua devolução? Justifique.

B) Caso Kleber quisesse postular indenização por dano moral por ter sido obrigado a se submeter a exame toxicológico, o que no entender dele violaria a intimidade e a privacidade, o que você, advogado(a) de Kleber, recomendaria? Justifique.

GABARITO:

A) Apesar de haver culpa do empregado, a possibilidade de desconto no seu salário por dano causado pelo empregado não foi acordada no contrato, daí não poderia ser efetuada, conforme o art. 462, § 1º, da CLT.

B) Nada deve ser feito a respeito, porque a realização do exame toxicológico para motoristas profissionais é prevista em lei, sendo, portanto, legítimo que a empresa o exija, não caracterizando assim ato ilícito, conforme o art. 168, § 6º, e o art. 235-B, VII, ambos da CLT.

10. (VIII Exame) Francisco é empregado numa empresa de máquinas e trabalha externamente. Em termos salariais, Francisco é comissionista puro, recebendo 20% sobre as vendas por ele realizadas mensalmente. Em determinado mês Francisco efetuou uma venda de R$ 50.000,00 em 10 parcelas mensais, daí por que o empregador lhe disse que pagará a comissão de acordo com o vencimento das parcelas. A partir do caso apresentado, responda aos itens a seguir.

A) Se uma das parcelas não for paga pelo comprador, como deve proceder o empregador de Francisco em relação ao pagamento da comissão correspondente? Justifique.

B) Se as parcelas estivessem sendo pagas normalmente e Francisco fosse dispensado seis meses após a realização da venda, como fica a situação da comissão vincenda?

GABARITO:

A) O empregador deve realizar o pagamento da comissão, pois não pode transferir para o empregado o risco do negócio, já que possui meios jurídicos hábeis para a cobrança da dívida em face do devedor inadimplente.

B) Nesse caso, a empresa continuará pagando a comissão a cada mês, pois a ruptura do contrato não exclui o direito do empregado nem obriga o empregador a antecipar o pagamento, na forma da CLT, art. 466, § 2º, "A cessação das relações de trabalho não prejudica a percepção das comissões e percentagens devidas na forma estabelecida por este artigo".

11. (IX Exame) Sebastião é empregado no Restaurante Galeto Delicioso Ltda., exercendo a função de garçom, com salário mensal de R$ 1.000,00 (um mil reais), que é equivalente ao piso salarial da categoria profissional previsto em convenção coletiva de trabalho. Apesar de o restaurante não incluir as gorjetas nas notas de serviço, estas são oferecidas espontaneamente pelos clientes. Diante desta situação hipotética, responda, de forma fundamentada, às indagações a seguir.

A) Qual é a natureza jurídica da gorjeta? Justifique.

B) Analise a pretensão de Sebastião, feita ao empregador, de ter o valor das gorjetas integrado na base de cálculo do FGTS.

GABARITO:

A) Nos termos do art. 457, *caput*, da CLT, a gorjeta é uma paga feita por terceiros, razão pela qual tem natureza remuneratória.

B) A pretensão procede. O valor das gorjetas integrará a base de cálculo dos depósitos do FGTS. Conforme dispõe o art. 15, *caput*, da Lei n. 8.036/90, os empregadores ficam obrigados a depositar até o dia 7 de cada mês, em conta bancária vinculada, a importância correspondente a 8% da remuneração paga ou devida, no mês anterior, a cada trabalhador. Logo, a base de incidência do FGTS é a remuneração do empregado, que inclui as gorjetas recebidas (art. 457, *caput*, da CLT, e Súmulas 63 e 354 do TST).

12. (X Exame) Pedro trabalhou numa empresa de 10-2-2011 a 20-5-2013, quando foi dispensado sem justa causa e recebeu as verbas devidas. Após, ajuizou ação pleiteando a participação nos lucros (PL) de 2013, prevista em acordo coletivo, requerendo que o cálculo fosse proporcional ao tempo trabalhado. Defendendo-se, a empresa advoga que a parcela é indevida porque uma das condições para o recebimento da PL, prevista no acordo coletivo, é que o empregado esteja com o contrato em vigor no mês de dezembro de 2013, o que não ocorre no caso. Diante dessa situação, responda:

A) Pedro tem direito à participação proporcional nos lucros de 2013? Justifique sua resposta.

B) Analise se a participação nos lucros está sujeita a alguma incidência tributária. Justifique sua resposta.

GABARITO:

A) Ele terá direito, pois a exigência do acordo coletivo não é aceita pela jurisprudência, conforme a OJ n. 390 do TST.

B) Está sujeita à contribuição fiscal ou recolhe imposto de renda, conforme Lei n. 10.101/2000, art. 3º, § 5º, ou Regulamento do Imposto de Renda.

13. **(XIII Exame)** Jocimar é auxiliar de laboratório, ganha R$ 2.300,00 mensais e ajuizou reclamação trabalhista contra a empresa Recuperação Fármacos Ltda., sua empregadora, requerendo o pagamento dos adicionais de insalubridade e periculosidade. Designada perícia pelo juiz, foi constatado pelo *expert* que no local de trabalho o frio era excessivo, sem a entrega de equipamento de proteção individual adequado, além de perigoso, pois Jocimar trabalhava ao lado de um tanque da empresa onde havia grande quantidade de combustível armazenado. Contudo, a empresa impugnou expressamente o laudo pericial, afirmando que o perito designado era um engenheiro de segurança do Trabalho, e não um médico do trabalho, como deveria ser.

Diante do caso, responda:

A) Analise, de acordo com a CLT, a possibilidade de condenação da empresa nos dois adicionais desejados, justificando.

B) Caso Jocimar postulasse o adicional de insalubridade, alegando que o ruído era excessivo, analise se seria possível o deferimento do adicional se a perícia constatou que o único elemento insalubre presente no local era o frio. Justifique.

GABARITO:

A) Impossível o deferimento de ambos os adicionais cumulativamente, na forma da CLT, art. 193, § 2º, ou NR 15, item 15.3 do Ministério do Trabalho. O empregado poderá optar pelo adicional de insalubridade ou periculosidade que porventura lhe seja devido.

B) Seria possível, pois o juiz não fica adstrito ao agente agressor indicado pela parte, na forma da Súmula 293 do TST.

14. **(XVI Exame)** Jorge é frentista do posto de gasolina Trevo Ltda. Na admissão, foi informado e assinou contrato de emprego no qual consta cláusula em que autoriza descontos quando gerar prejuízos financeiros ao empregador, decorrentes de ato culposo seu. Em norma interna do posto, de conhecimento de todos os empregados, consta que pagamentos em cheque só seriam aceitos após ser anotada a placa do veículo, além de identidade, endereço e telefone do condutor. Em determinado dia, o cunhado de Jorge, após abastecer o veículo com este, pagou em cheque. Tratando-se do cunhado, Jorge nada anotou no cheque. Dias depois foi constatado que o cheque era de terceiro, estando sustado em decorrência de furto. A sociedade empresária descontou seu prejuízo do salário de Jorge. Sobre o caso apresentado, responda aos itens a seguir.

A) Analise a validade do desconto efetuado pela empresa.

B) Caso Jorge tivesse agido em conluio com o cunhado, obtendo benefício próprio, e por conta disso a empresa quisesse dispensá-lo por justa causa, em que hipótese deveria tipificar a conduta do empregado?

GABARITO:

A) A empresa poderá descontar o valor, na forma do art. 462, § 1º, da CLT, pois o ato foi culposo e estava acertado em contrato.

B) Nesse caso, a conduta de Jorge pode ser tipificada como ato de improbidade, nos termos do art. 482, *a*, da CLT.

15. **(XVII Exame)** Rodolfo é gerente em um supermercado e recebe salário de R$ 5.000,00 mensais, mas precisou se afastar do emprego por 90 dias em razão de doença. Nesse período de afastamento, o subgerente Vitor, que ganha R$ 4.000,00 por mês, assumiu a função interinamente. Infelizmente a doença de Rodolfo evoluiu e ele veio a falecer 91 dias após o afastamento. Uma semana após o trágico evento, o supermercado contratou José como o novo gerente, acertando salário de R$ 4.800,00 mensais. Diante da situação apresentada e do entendimento consolidado do TST, responda de forma fundamentada aos itens a seguir.

A) Analise se Vitor tem direito a receber o mesmo salário que Rodolfo no período em que assumiu a função interinamente.

B) Caso José viesse a ajuizar reclamação trabalhista postulando a diferença salarial entre aquilo que ele recebe de salário e o valor pago ao finado Rodolfo, sob alegação de discriminação, que tese você, contratado pelo Supermercado, advogaria?

GABARITO:

A) Vitor tem direito a receber o mesmo salário que Rodolfo porque, na hipótese, a substituição não é eventual, razão pela qual é assegurado o pagamento do mesmo salário que o substituído, na forma da Súmula 159, I, do TST.

B) A tese a ser advogada é a de que se trata de cargo vago que, assim, não dá direito do novo empregado de receber o mesmo salário que o antecessor, na forma da Súmula 159, II, do TST.

16. **(XXIV Exame)** Lino foi empregado da sociedade empresária Calçados de Borracha Ltda. por quatro anos, atuando internamente como empacotador e, depois, como auxiliar de máquinas. Trabalhava de segunda-feira a sábado, das 6 h às 12 h, com pausa de 15 minutos. Após ter sido dispensado por alegação de justa causa, Lino ajuizou reclamação trabalhista requerendo o pagamento de adicional de periculosidade, pois se deslocava para a empresa e dela retornava de motocicleta, conforme fotografias que juntou aos autos, tendo comprovado, documentalmente, ser proprietário de uma motocicleta e ter autorização escrita da empresa para estacioná-la no pátio da ré. Lino ainda informou que a empresa custeava 40% da mensalidade do curso supletivo que ele frequentava, conforme recibos que juntou, requerendo, então, a integração desse valor ao seu salário como utilidade, com pagamento dos reflexos devidos. Diante da situação retratada, como advogado(a) contratado(a) para defender a sociedade empresária, responda às indagações a seguir.

A) Em relação ao pedido de adicional de periculosidade, que tese você advogaria? Justifique.

B) Em relação ao pedido de integração dos 40% da mensalidade do curso supletivo, que tese você advogaria? Justifique.

GABARITO:

A) No caso apresentado, o reclamante não atuava como motociclista, mas sim para deslocamento particular, sem risco de morte, pelo que descaracterizada atividade de risco, daí por que não há previsão legal para o pagamento do adicional de periculosidade, conforme previsto no art. 193, § 4º, da CLT.

B) A educação, em estabelecimento de ensino próprio ou de terceiros, compreendendo os valores relativos à matrícula, mensalidade, anuidade, aos livros e ao material didático, não é considerada salário *in natura* por expressa disposição legal, conforme o art. 458, § 2º, II, da CLT.

17. (XXX Exame) Em sentença prolatada por uma Vara do Trabalho, o juiz condenou a empresa ao pagamento dos adicionais de insalubridade e periculosidade ao reclamante, já que a perícia realizada nos autos comprovou que havia agente agressor à saúde do trabalhador e que as condições de trabalho geravam acentuado risco de morte. Na sentença, o juiz ainda condenou o ex-empregador a devolver ao autor o valor dos honorários do assistente técnico contratado pelo trabalhador. Inconformada, a empresa contrata você, como advogado(a), para recorrer. Considerando a situação posta, os termos da CLT e o entendimento consolidado do TST, responda às indagações a seguir.

A) Que tese jurídica você apresentaria em relação ao deferimento dos adicionais de periculosidade e insalubridade? Justifique.

B) Que tese jurídica você apresentaria em relação à condenação de devolução dos honorários do assistente técnico? Justifique.

GABARITO:

A) Deverá ser apresentada a tese de que não cabe o pagamento simultâneo de ambos os adicionais, conforme o art. 193, § 2º, da CLT.

B) Deverá ser apresentada a tese de que a indicação de assistente técnico é facultativa e, por isso, a parte arcará com os honorários desse profissional, não cabendo portanto esse ressarcimento, na forma da Súmula 341 do TST.

18. (41º Exame) Jandira e Marcela são irmãs e trabalham numa loja que vende celulares e acessórios, além de realizar conserto nos aparelhos. Jandira é vendedora e Marcela é técnica em conserto de celulares. Jandira recebe apenas comissões pelas vendas de celulares e acessórios, ao passo que Marcela recebe salário fixo mensal. Ambas foram alertadas por uma amiga, que não é advogada, de que teriam direito a receber também o repouso semanal remunerado à parte, nos seus contracheques. As irmãs foram à Caixa Econômica Federal (CEF) e pediram os extratos de suas contas vinculadas, verificando que faltavam diversos depósitos. Considerando esses fatos e o que dispõe a CLT, responda aos itens a seguir.

A) Alguma das irmãs teria direito a receber, no seu contracheque, o repouso semanal remunerado à parte, em título próprio? Justifique.

B) Caso a falta de recolhimento do FGTS tornasse desinteressante para as irmãs manter o contrato de trabalho, que providência judicial você, como advogado(a) delas, adotaria? Justifique.

GABARITO:

A) Jandira teria direito porque ela é comissionista pura e, por isso, o repouso semanal remunerado não está embutido no seu salário, conforme o art. 7º, § 2º, da Lei n. 605/49 ou a Súmula 27 do TST.

B) Diante desse fato, deve ser requerida a resolução contratual/rescisão indireta/despedida indireta, na forma do art. 483, *d*, da CLT.

19. (41º Exame) A sociedade empresária Estamos Juntos contratou você, como advogado(a) trabalhista, para orientá-la sobre uma questão específica. Ela concedeu plano de saúde aos empregados, sem exigir qualquer participação dos trabalhadores no custo, e quer saber se o valor do plano deve ou não integrar a base de cálculo para o pagamento de outros direitos, como o 13º salário, as férias e o FGTS. Ela quer saber, ainda, se poderá cancelar o plano de saúde dos empregados que ficarem afastados pelo INSS, em razão de alguma incapacidade temporária. Considerando os termos da CLT e o entendimento consolidado do TST, responda às indagações a seguir.

A) O valor do plano de saúde deverá integrar a base de cálculo para o pagamento de outras verbas? Justifique.

B) Em caso de cancelamento do plano de saúde dos empregados afastados em benefício previdenciário, que medidas judiciais podem ser adotadas pelos advogados dos empregados para restabelecer o plano de forma urgente? Justifique.

GABARITO:

A) Deverá sustentar que o plano de saúde não gerará qualquer reflexo por expressa previsão legal, uma vez que, por lei, não é considerado salário, na forma do art. 458, § 2º, IV, da CLT.

B) Deverá sustentar que é juridicamente inviável o cancelamento do plano de saúde dos empregados afastados em benefício previdenciário, porque o contrato de trabalho encontra-se suspenso, na forma da Súmula 440 do TST; logo, deverá ser ajuizada reclamação trabalhista com pedido de tutela de urgência, na forma do art. 840 da CLT e do art. 300 ou art. 303, ambos do CPC.

1.6. Contrato de Trabalho. Modalidades. Prazo

20. (XXXII Exame) Clotilde foi contratada, em 10-12-2019, pela sociedade empresária Viação Pontual Ltda., a título de experiência, por 45 dias, recebendo o valor correspondente a 1,5 salário mínimo por mês. Passado o prazo de 45 dias e não tendo Clotilde mostrado um bom desempenho no serviço, a empregadora resolveu não dar prosseguimento ao contrato, que foi extinto no seu termo final. Ocorre que o ex-empregador não pagou à Clotilde as verbas relativas ao rompimento contratual, o que a levou a ajuizar reclamação trabalhista pedindo justamente essas verbas, que foram liquidadas na inicial e alcançaram o valor de R$ 4.000,00 (quatro mil reais). Na sentença, e seguindo os pedidos formulados, considerando, ainda, que a sociedade empresária reconheceu que não pagou qualquer verba por estar em dificuldades financeiras, o juiz julgou procedente o pedido e condenou a sociedade empresária ao pagamento de aviso prévio, 13º salário proporcional, férias proporcionais acrescidas de 1/3, saldo salarial de 15 dias e honorários advocatícios de 10% sobre o valor da execução, conforme rol de pedidos formulados na demanda. Diante da narrativa apresentada e dos termos da CLT, responda às indagações a seguir.

A) Caso você fosse contratado(a) pela sociedade empresária, que tese de mérito apresentaria no recurso ordinário em relação ao objeto da condenação para tentar reduzi-lo? Justifique.

B) Caso fosse necessário, quantas testemunhas, no máximo, a sociedade empresária poderia conduzir à audiência na reclamação trabalhista de Clotilde? Justifique.

GABARITO:

A) A tese defensiva é a de que na extinção de contrato a termo, como é o caso do contrato de experiência, não é devido o pagamento do aviso prévio, conforme art. 487 da CLT, pois o contrato foi encerrado no termo final previsto.

B) Uma vez que o valor dos pedidos submete a causa ao procedimento sumaríssimo, a sociedade empresária poderia conduzir, no máximo, duas testemunhas, conforme o art. 852-H, § 2º, da CLT.

1.7. Jornada de trabalho

21. (XXVI Exame) Lucas trabalhou em uma rede de restaurantes localizada em determinado Estado da Federação. A sociedade empresária possui 60 empregados, divididos em dez lojas localizadas em municípios diferentes, sendo que cada unidade possui seis empregados. Após ser dispensado sem justa causa, Lucas ajuizou reclamação trabalhista postulando o pagamento de horas extras, afirmando que cumpria extensa jornada de segunda-feira a sábado, das 7 h às 21 h, com intervalo de 20 minutos para refeição. Em contestação, a ex-empregadora negou a jornada dita na petição inicial, afirmando que a labuta respeitava o módulo constitucional. Em audiência, após verificar que os controles de ponto não foram juntados, o advogado do autor requereu a aplicação da confissão em desfavor da reclamada. Diante da situação retratada, da Lei e do entendimento consolidado pelo TST, responda aos questionamentos a seguir.

A) Como advogado(a) da sociedade empresária, que tese você sustentaria em relação aos cartões de ponto? Justifique.

B) Caso você fosse contratado pelo trabalhador e a sociedade empresária juntasse controles de ponto com marcação de jornada de segunda-feira a sábado, das 8 h às 16 h, e intervalo de uma hora para refeição em todos os dias, que tese você advogaria em prol do seu cliente? Justifique.

GABARITO:

A) Uma vez que em cada estabelecimento há menos de 10 empregados, seria desnecessário manter controles escritos dos horários de entrada e saída dos empregados, conforme previsto no art. 74, § 2º, da CLT.

B) Que, exibindo os controles de ponto com horários invariáveis, o ônus da prova é transferido para o ex-empregador, na forma prevista na Súmula 338, III, do TST.

22. (XXXII Exame) Rezende, contratado em 5-4-2019 como cozinheiro no restaurante Paladar Supremo Ltda., trabalhava de segunda à sexta-feira, das 16h às 00h, sem intervalo. Em 4-9-2019, Rezende foi dispensado sem justa causa e ajuizou reclamação trabalhista postulando o pagamento de 1 hora diária com adicional de 50%, em razão do intervalo para refeição não concedido, além da integração dessa hora com adicional de 50% ao 13º salário, às férias, ao FGTS e ao repouso semanal remunerado. Considerando a situação apresentada e os termos da CLT, responda aos itens a seguir.

A) Caso você fosse contratado pela empresa, que reconhece não ter concedido o intervalo para refeição, que tese jurídica você poderia advogar em defesa dos interesses da reclamada para reduzir eventual condenação?

B) Caso a reclamação trabalhista proposta por Rezende não identificasse nenhum valor, mas apenas a indicação dos direitos que ele postulava, que preliminar você advogaria em favor da empresa?

GABARITO:

A) A tese a ser apresentada é a de que o intervalo para refeição devido, após o advento da Lei n. 13.467/2017, tem natureza indenizatória e, assim, não gera reflexo em outros direitos, conforme prevê o art. 71, § 4º, da CLT.

B) Na defesa dos interesses da empresa, deverá ser suscitada preliminar de inépcia para extinção do processo sem resolução do mérito porque não houve indicação do valor na petição inicial, em desacordo com o que determina o art. 840, §§ 1º ou 3º, da CLT, art. 852-B, I ou § 1º, da CLT, art. 330, I ou § 1º, I ou II, do CPC ou art. 337, IV, do CPC.

23. **(40º Exame)** Determinado empregado ajuizou reclamação trabalhista em face de uma sociedade empresária em 15-3-2023, aduzindo exclusivamente que, por trabalhar com aparelho de telefone celular fornecido pelo empregador em razão do trabalho, teria direito ao adicional de sobreaviso. A sociedade empresária defendeu-se, mas o juiz julgou o pedido procedente. A parte ré interpôs recurso ordinário no último dia do prazo. O TRT considerou o recurso intempestivo por um dia. Ocorre que todo o processo transcorreu em um Município em que o último dia do prazo recursal caiu em um feriado local. Você, apesar de informar esse fato expressamente no teor da petição de interposição, bem como nas razões recursais, havia entendido que era desnecessário comprovar isso no ato da interposição do recurso. Diante disso, considerando a jurisprudência consolidada do TST, responda aos itens a seguir.

A) Na qualidade de advogado da sociedade empresária, qual a tese jurídica desenvolvida em contestação e recurso para rechaçar o pedido de sobreaviso? Justifique.

B) Na qualidade de advogado da sociedade empresária, qual a tese jurídica processual a ser desenvolvida para defender a tempestividade na interposição do recurso ordinário? Justifique.

GABARITO:

A) O simples fornecimento/uso de telefone celular/instrumentos telemáticos ou informatizados não caracteriza sobreaviso. Súmula 428, I, do TST.

B) Que deveria ser concedido prazo para comprovar o feriado. Indicação da Súmula 385, I, do TST.

24. **(XII Exame)** Determinado empresário pretende contratar Gustavo para prestar serviços em dois turnos que se alternam, compreendendo horário diurno e noturno de trabalho. Considerando que a atividade da empresa não se desenvolve continuamente e que não há norma coletiva disciplinando a relação de trabalho, responda, de forma fundamentada, às indagações a seguir.

A) Qual deve ser o limite diário de duração do trabalho de Gustavo?

B) Na hipótese, como será tratado o período de trabalho que estiver compreendido entre às 22 horas de um dia e às 05 horas do dia seguinte?

GABARITO:

A) O limite diário de duração do trabalho deste empregado deve ser de 6 horas, nos termos do art. 7º, XIV, da Constituição da República, por se tratar de empregado que irá trabalhar em turnos ininterruptos de revezamento. De acordo com o posicionamento contido na OJ n. 360 da SDI-1 do TST, faz jus à jornada especial prevista no art. 7º, XIV, da CF/88 o trabalhador que exerce suas atividades em sistema de alternância de turnos, ainda que em dois turnos de trabalho, que compreendam, no todo ou em parte, o horário diurno e o noturno, pois submetido à alternância de horário prejudicial à saúde, sendo irrelevante que a atividade da empresa se desenvolva de forma ininterrupta.

B) O empregado terá direito à redução da hora noturna, posto não haver qualquer incompatibilidade entre as disposições contidas no art. 73, § 1º, da CLT e no art. 7º, XIV, do Texto Constitucional. A redução da hora noturna deve ser observada nos turnos ininterruptos de revezamento. Neste sentido, inclusive, a OJ n. 395 do TST: "O trabalho em regime de turnos ininterruptos de revezamento não retira o direito à hora noturna reduzida, não havendo incompatibilidade entre as disposições contidas no art. 73, § 1º, da CLT e no art. 7º, XIV, da Constituição Federal" e Súmula 213 STF.

25. **(XVII Exame)** Uma empregada trabalha em uma empresa cumprindo a seguinte jornada de trabalho: nos 10 primeiros dias do mês, de segunda-feira a sábado, de 08:00 às 16:00h; nos 10 dias seguintes, de segunda-feira a sábado, de 16:00 às 24:00h; nos últimos 10 dias do mês, de segunda-feira a sábado, de 24:00 às 8:00h – e assim sucessivamente em cada mês –, sempre com intervalo de 1 hora para refeição. Não existe acordo coletivo nem convenção coletiva regrando a matéria para sua categoria profissional. Com base no caso apresentado, responda aos itens a seguir.

A) Analise se há sobrejornada, justificando em qualquer hipótese.

B) Informe sobre que horário a empregada receberá adicional noturno na jornada cumprida de segunda-feira a sábado, das 16:00 às 24:00h.

GABARITO:

A) Na hipótese, há turno ininterrupto de revezamento, cuja jornada deveria ser de 6 horas diárias. Como a empregada cumpriu 8 horas diárias, terá direito às horas extras, conforme o art. 7º, XIV, da CF/88.

B) Tratando-se de horário misto, haverá direito ao adicional noturno sobre a jornada compreendida entre 22:00 e 00:00h, conforme o art. 73, § 4º, da CLT.

26. (XXV Exame) Ramiro, auxiliar de serviços gerais, trabalhou para a sociedade empresária Bom Tempo S.A., de 17-12-2017 a 25-2-2018. Cumpria jornada das 8 h às 17 h, de segunda à sexta-feira, e aos sábados, de 8 h às 12 h. De segunda à sexta-feira, deveria ter intervalo de uma hora, mas, em razão do volume de trabalho, só conseguia desfrutar de 40 minutos. Tendo Ramiro procurado você como advogado(a), considerando os exatos termos da legislação trabalhista em vigor, responda aos itens a seguir:

A) O que você deverá pleitear em sede de reclamação trabalhista quanto ao intervalo? Justifique.

B) Qual é a natureza jurídica do pagamento do intervalo suprimido de Ramiro? Justifique.

GABARITO:

A) Deverá ser requerida a indenização de 20 minutos de intervalo de segunda à sexta-feira, com acréscimo de 50%, nos termos do art. 71, § 4º, da CLT.

B) O intervalo suprimido tem natureza jurídica indenizatória, nos termos do art. 71, § 4º, da CLT.

1.8. Bancário, jornada de trabalho e alteração do contrato de trabalho

27. (VI Exame de Ordem) João da Silva exerce o cargo de caixa executivo no Banco Estrela S.A., trabalhando 8 (oito) horas diárias, com intervalo para repouso e alimentação de 1 (uma) hora, de segunda-feira a sexta-feira, e recebia gratificação de função de 1/3 (um terço) do salário do seu posto efetivo. Posteriormente, foi designado para a função de confiança de gerente do departamento de pessoal, recebendo gratificação de 50% do salário do cargo efetivo. Nesse período, a sua jornada era das 10h às 21h, de segunda-feira a sexta-feira, com 1 (uma) hora de intervalo intrajornada. Diante dessa situação hipotética, e considerando que João da Silva, após 12 (doze) anos de exercício na função de gerente, foi revertido, sem justo motivo, para o seu cargo efetivo, com a supressão de sua gratificação de função, responda, de forma fundamentada, às seguintes indagações:

A) Na função de caixa executivo, João ocupava cargo de confiança bancário? Ele prestava horas extraordinárias no exercício dessa função?

B) Na função de gerente do departamento de pessoal, João prestava horas extraordinárias?

C) Foi válida a reversão de João para o seu cargo efetivo? A gratificação de função poderia ter sido suprimida?

GABARITO:

A) João da Silva não ocupava cargo de confiança bancária, posto que não exercia função de direção, gerência, fiscalização, chefia ou equivalentes, muito menos outras funções de confiança previstas no art. 224, § 2º, da CLT, apesar de receber gratificação de função de 1/3 do salário do seu posto efetivo. Conforme o posicionamento contido na Súmula 102, item VI, do C. TST, o caixa bancário, ainda que caixa executivo, não exerce cargo de confiança. Se perceber gratificação igual ou superior a um terço do salário do posto efetivo, ela remunera apenas a maior responsabilidade do cargo e não as duas horas extraordinárias além da sexta. Logo, João trabalhava duas horas extras diárias (sétima e oitava horas), porque lhe seria aplicável a jornada de trabalho reduzida de 6 horas prevista no art. 224, *caput*, da CLT.

B) João da Silva, no exercício da função de gerente de departamento de pessoal, prestava duas horas extras diárias (nona e décima horas), pois exercia cargo de confiança bancário, nos termos do art. 224, § 2º, da CLT. E, de acordo com o entendimento consubstanciado na Súmula 102, item IV, do C. TST, o bancário sujeito à regra do art. 224, § 2º, da CLT cumpre jornada de trabalho de oito horas, sendo extraordinárias as trabalhadas além da oitava. O gerente de departamento de pessoal, ainda que receba gratificação de função igual ou superior a 40% do salário efetivo não está incluído no regramento do art. 62, II, da CLT.

C) A reversão de empregado ocupante de função de confiança para o cargo efetivo resta autorizada pela norma do parágrafo único do art. 468 da CLT, estando assim contida no poder empregatício (*jus variandi*). A gratificação de função poderia ter sido suprimida, já que o § 2º do art. 468 da CLT, incluído pela reforma trabalhista, prevê expressamente que aquela parcela não será incorporada, mesmo após 10, 20 ou 30 anos.

Comentários dos autores: Atualmente os §§ 1º e 2º do art. 468, com a redação dada pela Reforma Trabalhista, estabelecem que não se considera alteração unilateral a determinação do empregador para que o respectivo empregado reverta ao cargo efetivo, anteriormente ocupado, deixando o exercício de função de confiança. Assim, a alteração citada, com ou sem justo motivo, não assegura ao empregado o direito à manutenção do pagamento da gratificação correspondente, que não será incorporada, independentemente do tempo de exercício da respectiva função.

28. (XXVIII Exame) O gerente de uma rede de restaurantes ajuizou reclamação trabalhista postulando o pagamento de horas extras pelo excesso de jornada e por não ter pausa alimentar regular. Disse o ex-empregado na petição inicial que se ativava na extensa jornada de segunda-feira a sábado, das 8h às 22h, com intervalo de apenas 30 minutos para refeição; que ganhava salário mensal de R$ 8.000,00 (oito mil reais) e comandava a loja, tendo por atribuições fiscalizar o funcionamento da empresa e os funcionários, fazer a escala de férias dos empregados e negociar com fornecedores, além de abrir e fechar a loja (pois tinha a chave da porta e a senha do alarme). O maior salário entre os seus subordinados era de R$ 3.200,00 (três mil e duzentos reais). Diante da situação retratada e dos ditames da CLT, responda aos itens a seguir:

A) Caso você fosse contratado(a) pela empresa, que tese advogaria em juízo, em favor dela, contra o pedido de horas extras? Justifique.

B) Se, no dia e na hora designados para a audiência una, nenhuma das partes comparecer ou justificar sua ausência, de acordo com a CLT, o que ocorrerá com a reclamação trabalhista? Justifique.

GABARITO:

A) A tese é a de que o empregado ocupa cargo de confiança ou cargo de gestão, sem direito a horas extras, conforme o art. 62, II, da CLT.

B) A reclamação trabalhista será arquivada, o que equivale a uma extinção do processo sem resolução do mérito, na forma do art. 844 da CLT.

1.9. Repouso semanal remunerado

29. (VIII Exame) Uma determinada empresa aplica a seguinte jornada de trabalho: os empregados trabalham durante sete dias das 8:00 às 17:00 h com intervalo de uma hora para refeição e folgam no 8º dia – e assim sucessivamente. Além disso, recebem um bônus de dois dias fruitivos por mês, nos quais podem faltar quando desejarem, sem qualquer desconto no salário, desde que avisem previamente à chefia. A partir da situação apresentada, responda aos seguintes itens.

A) Qual é o efeito do repouso semanal remunerado no contrato de trabalho e onde se encontra o normativo de regência desse direito?

B) Analise, segundo a legislação em vigor, a política de repouso remunerado adotada pela empresa.

GABARITO:

A) O repouso semanal remunerado é causa de interrupção do contrato de trabalho e está previsto na CF/88 (art. 7º, XV), no art. 67 da CLT e na Lei n. 605/49.

B) A política empresarial está equivocada, pois o repouso semanal deve ser aproveitado durante a semana, no período de sete dias – e não após –, na forma da OJ n. 410 da SDI-1 do TST – "REPOUSO SEMANAL REMUNERADO. CONCESSÃO APÓS O SÉTIMO DIA CONSECUTIVO DE TRABALHO. ART. 7º, XV, DA CONSTITUIÇÃO FEDERAL. VIOLAÇÃO. Viola o art. 7º, XV, da CF, a concessão de repouso semanal remunerado após o sétimo dia consecutivo de trabalho, importando no seu pagamento em dobro".

1.10. Férias

30. (40º Exame) Filomena é empregada da indústria de laticínios Queijo Bom Ltda. desde janeiro de 2020. No período aquisitivo de férias 2022/2023, Filomena teve as seguintes ausências: três dias pela morte de um tio, um dia porque serviu de testemunha num processo de seu antigo empregador, quatro dias para fazer exames preventivos contra câncer, um dia para fazer a prova de um concurso público para o qual se inscreveu e dois dias para fazer alistamento eleitoral. Considerando os fatos e o que dispõe a CLT, responda às questões a seguir.

A) Qual será a quantidade de dias de férias a que Filomena terá direito? Justifique.

B) Caso Filomena queira converter 1/3 de suas férias em abono pecuniário e faça tal requerimento ao empregador 15 dias antes do início das férias, sua pretensão poderá ser juridicamente negada? Justifique.

GABARITO:

A) 30 dias, porque ela teve 5 faltas injustificadas. Arts. 473 ou 130, I, ambos da CLT.

B) Sim, pois deveria ser requerida até 15 dias antes do término do período aquisitivo, ou foi requerida fora do prazo legal. Art. 143, § 1º, da CLT.

31. (XVIII Exame) Bruno é casado com Amanda, e ambos são empregados da empresa Pequenas Reformas Ltda., como engenheiros – os únicos que a empresa possui para gerenciar as 12 obras de reforma em andamento, sendo que o cronograma de metade delas está em atraso. O casal possui um filho, Rogério, estudante, de 16 anos. Bruno e Amanda foram admitidos na mesma data (10-1-2013), e comunicados por escrito, em 1º de março de 2014, que terão as férias do período 2013/2014 concedidas nos meses de maio (para Bruno) e junho (para Amanda). Cientificados, ambos procuram, no mesmo dia, o setor de Recursos Humanos da empresa alegando que, pela Lei, têm direito ao aproveitamento das férias em conjunto e que desejam transformar 1/3 das férias em dinheiro. O gerente do setor diz que, se saírem juntos, as obras ficarão prejudicadas. Diante do caso apresentado, responda aos itens a seguir.

A) Analise se, no caso concreto, é direito de Bruno e Amanda aproveitar as férias em conjunto, uma vez que têm filho estudante menor de 18 anos. Justifique.

B) Analise, no caso apresentado, se haveria um direito potestativo do casal em impor ao empregador a transformação de 1/3 das férias em dinheiro. Justifique.

GABARITO:

A) Não há esse direito, pois a obrigatoriedade de coincidência das férias no trabalho com as férias escolares aplica-se apenas ao menor de 18 anos que seja estudante e empregado da empresa, na forma do art. 136, § 2º, da CLT ou Não há direito potestativo porque o aproveitamento das férias em conjunto traria transtorno ao serviço, na forma do art. 136, § 1º, da CLT.

B) Não há como impor a conversão das férias em pecúnia porque o requerimento não foi feito no prazo previsto em lei – 15 dias antes do término do período aquisitivo, conforme o art. 143, § 1º, da CLT.

1.11. Suspensão e interrupção do contrato

32. (IX Exame) Numa determinada escola uma professora irá casar-se no dia 10 e uma auxiliar de Secretaria, no dia 15 do mesmo mês. A direção comunicou que concederá nove dias de licença para a professora e três dias de licença para a auxiliar de Secretaria. Ciente disso, a auxiliar foi à direção reclamar contra o tratamento discriminatório, alegando violação ao princípio da isonomia. Diante disso, responda justificadamente.

A) Analise se a direção do colégio agiu corretamente na concessão de prazos diferenciados de licença.

B) Qual é o efeito jurídico da licença gala no contrato de trabalho e como ficará a questão do salário neste período?

GABARITO:

A) A direção agiu corretamente, pois o prazo de licença dos professores é especial, de nove dias, sobrepondo-se a quantidade normal que é de três dias, na forma do art. 320, § 3º, da CLT.

B) O efeito será a interrupção do contrato de trabalho, de modo que os salários serão pagos pelo empregador.

33. (XI Exame) João, empregado da empresa Beta, sentiu-se mal durante o exercício da sua atividade e procurou o departamento médico do empregador, que lhe concedeu 15 dias de afastamento do trabalho para o devido tratamento. Após o decurso do prazo, João retornou ao seu mister mas, dez dias depois, voltou a sentir o mesmo problema de saúde, tendo sido encaminhado ao INSS, onde obteve benefício de auxílio doença comum. Diante da situação, responda, justificadamente, aos itens a seguir.

A) A quem competirá o pagamento do salário em relação aos primeiros 15 dias de afastamento?

B) Caso o INSS concedesse de plano a João, dada a gravidade da situação, a aposentadoria por invalidez comum, que efeito jurídico o benefício previdenciário teria sobre o contrato de trabalho?

GABARITO:

A) Durante os primeiros 15 dias de afastamento por motivo de doença competirá à empregadora o pagamento do salário, na forma do art. 60, § 3º, da Lei n. 8.213/91 ou art. 476 da CLT ou Decreto n. 3.048/99, art. 75.

B) O contrato ficará suspenso até que haja a recuperação, na forma do art. 475 da CLT.

34. (XVIII Exame) Robson foi contratado para trabalhar na sociedade empresária BCD Ltda. em janeiro de 2005, cumprindo jornada de segunda-feira a sábado, das 7:00h às 18:00h, com pausa alimentar de 30 minutos. Em julho de 2007, Robson foi aposentado por invalidez; em dezembro de 2014, ele ajuizou reclamação trabalhista postulando o pagamento de horas extras de 2005 a 2007. Em defesa, a ré arguiu prescrição parcial, enquanto o autor, que teve vista da defesa, alegou que a prescrição estaria suspensa em razão da concessão do benefício previdenciário. Considerando a situação retratada, e de acordo com a Lei e a jurisprudência consolidada do TST, responda aos itens a seguir.

A) Qual das teses prevalecerá em relação à questão da prescrição? Justifique.

B) Indique a consequência jurídica da aposentadoria por invalidez no contrato de trabalho do autor. Justifique.

GABARITO:

A) A tese da empresa deve prevalecer, pois a suspensão do contrato de trabalho não importa em suspensão do prazo prescricional, na forma da OJ n. 375 do TST.

B) A aposentadoria por invalidez é causa de suspensão do contrato de trabalho, na forma do art. 475 da CLT.

1.12. Acidente de trabalho e FGTS

35. (Exame) Um determinado empregado sofreu um acidente fora do local de trabalho, recebeu auxílio-doença comum (B-31), e permaneceu afastado da empresa por 6 meses. Três meses após o seu retorno, o empregado foi dispensado e, em razão disso, ajuizou reclamação trabalhista com pedido de reintegração, afirmando que a sua garantia no emprego foi violada. De acordo com os dados apresentados e com a legislação em vigor, responda aos itens a seguir.

A) Informe que tese você, contratado como advogado da empresa, sustentaria contrariamente ao pedido de reintegração.

B) Caso o empregado tivesse alguma deficiência por conta do acidente sofrido, analise se ele poderia usar o FGTS para compra de uma prótese que permitisse maior acessibilidade.

GABARITO:

A) Como advogado da empresa, sustentaria que não houve acidente de trabalho, de modo que não há a garantia acidentária prevista no art. 118 da Lei n. 8.213/91, posto que o benefício recebido foi o de auxílio-doença comum.

B) Acerca do levantamento do FGTS, seria possível o saque, uma vez que há previsão legal expressa, conforme art. 20, XVIII, da Lei n. 8.036/90.

36. (XIV Exame) Carlos Sá Pereira é empregado da empresa Vinhos Especiais Ltda., exercendo a função de degustador. Para tanto, deve provar pequena quantidade de vinho de cada lote, o que gera, ao final de cada semana, a ingestão de 6 litros de vinho. Em razão disso, tornou-se dependente de álcool e passou a beber mesmo fora do serviço, o que levou ao seu afastamento do emprego e seu encaminhamento ao INSS. Foi constatado pela perícia que havia o nexo técnico epidemiológico, e o benefício correspondente foi deferido pelo INSS. Diante do caso, responda aos itens a seguir.

A) Analise se a empresa, durante o período de afastamento de Carlos Sá Pereira pelo INSS, deverá recolher o FGTS. Justifique.

B) O período de afastamento de Carlos Sá Pereira será considerado na contagem do seu tempo de serviço? Justifique.

GABARITO:
A) Sim, pois o evento equipara-se a acidente do trabalho, sendo então obrigatório o recolhimento do FGTS, na forma do art. 15, § 5º, da Lei n. 8.036/90 ou art. 28, III, do Decreto n. 99.684/90.

B) Sim, o período será computado como tempo de serviço, na forma do art. 4º, parágrafo único, da CLT.

1.13. Estabilidade provisória

37. (35º Exame) Cleuza, que trabalha na Ótica Vista Longa Ltda. há 3 anos, engravidou e teve seu bebê em 5 de janeiro de 2020. Ela aproveitou regularmente a licença-maternidade, retornou à sociedade empresária e foi dispensada, sem justa causa, pelo empregador, em 12 de junho de 2021. Inconformada com a dispensa, porque entende ter garantia no emprego, Cleuza ajuizou reclamação trabalhista em 18 de junho de 2021, com pedido de reintegração, inclusive requerendo tutela provisória para retorno imediato. Considerando os fatos narrados, a previsão legal e o entendimento consolidado do TST, responda aos itens a seguir.

A) Que tese de mérito você, contratado(a) como advogado(a) da sociedade empresária, sustentaria na defesa? Justifique.

B) Caso a tutela provisória determinando a reintegração imediata de Cleuza fosse deferida antes da sentença, que medida jurídica você, como advogado(a) da sociedade empresária, adotaria para tentar reverter a situação? Justifique.

GABARITO:
A) Que o período de garantia no emprego, que vigora por toda a gravidez e até cinco meses após o parto, já terminou, não havendo empecilho jurídico à dispensa sem justa causa, conforme o art. 10, II, *b*, do ADCT ou o art. 391-A da CLT.

B) Impetrar mandado de segurança, conforme previsto na Súmula 414, II, do TST.

38. (35º Exame) Ênio, metalúrgico na sociedade empresária Metal Pesado Ltda., candidatou-se e foi eleito diretor do sindicato dos metalúrgicos de sua categoria em 2021. Ênio foi empossado no mesmo ano para cumprir mandato de 2 anos e participava de reuniões no sindicato quando chamado. Por descuido, o sindicato não avisou ao empregador de Ênio acerca da sua eleição como dirigente sindical, somente vindo a fazê-lo 1 ano após, em 2022. Na semana seguinte a essa comunicação do sindicato, o contrato de Ênio foi rompido sem maiores explicações. Ênio, então, ajuizou reclamação trabalhista postulando sua reintegração. Em defesa, a sociedade empresária sustentou ser indevido o retorno porque a comunicação acerca da eleição acontecera fora do prazo legal (Art. 543, § 5º, da CLT) e pelo fato de a sociedade empresária ignorar o fato da eleição até então. Ademais, sustentou que a dispensa se deu por justa causa, porque o empregado utilizava grande parte do seu tempo na empresa para vender roupas, perfumes e outros acessórios, sem autorização do empregador, incidindo nos termos do Art. 482, c, da CLT. Considerando os fatos narrados, a previsão legal e o entendimento consolidado do TST, como advogado(a) de Ênio, responda aos itens a seguir.

A) Que argumento jurídico você apresentaria em réplica acerca da alegação da empresa de comunicação intempestiva da eleição? Justifique.

B) Acerca da alegada dispensa por justa causa, que argumento jurídico de natureza processual você apresentaria em réplica? Justifique.

GABARITO:

A) Na defesa de Ênio, a alegação será a de que, mesmo fora do prazo, a ciência ao empregador ocorreu na vigência do contrato de trabalho, garantindo, assim, a estabilidade do dirigente, na forma da Súmula 369, I, do TST.

B) Na defesa de Ênio, a alegação é de que seria necessário instaurar inquérito (judicial ou para apuração de falta grave) prévio para ensejar, em caso de sucesso, a dispensa por justa causa do dirigente sindical, na forma do art. 8º, VIII, da CRFB/88, ou da Súmula 379 do TST, ou do art. 543, § 3º, da CLT, ou do art. 853 ou art. 494, também da CLT, ou, ainda, da Súmula 197 do STF.

39. (XXIX Exame) Gleicimar e Rosane trabalham em uma indústria farmacêutica, sendo Gleicimar contratada como estagiária e Rosane, como aprendiz. Ambas assinaram contrato de 1 ano, tendo sido observadas todas as exigências legais. No 10º mês do contrato, ambas informaram aos respectivos superiores imediatos que engravidaram. Gleicimar e Rosane, ao serem desligadas ao final do contrato, foram orientadas por parentes e amigos que teriam estabilidade e, por isso, deveriam tomar alguma providência. Em razão disso, Gleicimar ajuizou reclamação trabalhista, na qual postulou a reintegração em virtude da gravidez, e teve a tutela de urgência deferida. Diante do caso narrado, das disposições legais e do entendimento consolidado do TST, responda às indagações a seguir.

A) Que tese jurídica você defenderia, como advogado(a) da sociedade empresária, em relação à estabilidade pleiteada por Gleicimar?

B) Que medida judicial você, como advogado(a) da sociedade empresária, adotaria para tentar reverter a tutela de urgência deferida em favor de Gleicimar?

GABARITO:

A) Gleicimar não tem garantia no emprego porque é estagiária; portanto, ela não tem vínculo empregatício, na forma do art. 3º da Lei n. 11.788/2008 OU do art. 10, II, b, do ADCT OU da Súmula 244, III, do TST. Ela não faz jus à estabilidade, pois essa pressupõe que a pessoa seja empregada.

B) Impetrar mandado de segurança, pois se trata de decisão interlocutória contra a qual não cabe recurso imediato, na forma da Súmula 414, II, do TST.

40. (XXXI Exame) Érica é empregada da sociedade empresária Laticínios Leite Bom Ltda., na qual exerce a função de auxiliar de estoque e recebe a importância correspondente a 1,5 salário mínimo por mês. Desejando tornar-se microempreendedora individual para realizar venda de bolos e tortas por conta própria, Érica pediu demissão e começou a fazer cursos de confeitaria. Ocorre que, 30 dias após, Érica descobriu que estava grávida e, pelo laudo de ultrassonografia, verificou que já estava grávida antes mesmo de seu desligamento. Então, Érica ajuizou, de imediato, reclamação trabalhista pleiteando sua reintegração ao emprego, em razão da estabilidade, inclusive com pedido de tutela provisória. Considerando a situação de fato e o que dispõe a CLT, responda às indagações a seguir.

A) Caso você fosse contratado pela sociedade empresária, que tese jurídica apresentaria na defesa contra o pedido de reintegração?

B) Caso Érica viesse a ser vencedora na causa e abandonasse o processo na fase de execução por 25 meses, mesmo tendo sido intimada pelo juízo a manifestar-se nos autos, que tese você, como advogado(a) da sociedade empresária, apresentaria em favor do seu cliente?

GABARITO:

A) A tese a ser apresentada é a de que não houve dispensa sem justa causa, que é o ato do empregador vedado no caso da gravidez, mas, sim, pedido de demissão, que não encontra óbice nos arts. 391-A da CLT e 10, II, *b*, do ADCT.

B) Na defesa dos interesses da empresa deverá ser suscitada a prescrição intercorrente, pois o processo ficou paralisado por mais de 2 anos, na forma do art. 11-A da CLT e da Súmula 327 do STF.

1.14. Término do vínculo de emprego – PDV – Fato do Príncipe

41. (**XXXIV Exame de Ordem**) Ribamar trabalhou como atendente de loja na sociedade empresária Rei do Super Açaí Ltda., de 6-2-2019 a 3-11-2021, quando foi desligado da sociedade. Ribamar não recebeu qualquer indenização e, em razão disso, ele procurou você, como advogado(a), para requerer judicialmente o pagamento das verbas da saída e horas extras. Ajuizada a reclamação trabalhista, a sociedade empresária apresentou contestação, afirmando que o motivo da extinção do contrato foi força maior, pois ela sofreu muito com a pandemia de Covid-19, de modo que a indenização, se cabível, deveria ser paga pela metade. Para ilustrar a situação, a ré informou que, dos 12 empregados que a sociedade empresária possuía à época dos fatos, atualmente, só restavam 5 funcionários. Para provar a alegação, exibiu as fichas de registro de seus empregados, que confirmam o alegado, mas não juntou controles de ponto do reclamante. Considerando os fatos narrados, a previsão legal e o entendimento consolidado do TST, responda aos itens a seguir.

A) Que argumento você apresentaria, em réplica, para tentar descaracterizar a tese de força maior? Justifique.

B) De quem seria o ônus da prova de comprovar a jornada de trabalho e por qual razão? Justifique.

GABARITO:

A) Na defesa dos interesses do reclamante, o candidato deverá sustentar que não se aplica a tese de força maior, porque não houve extinção do estabelecimento ou da empresa, como exige o art. 502 da CLT.

B) O ônus da prova será do empregado, porque a reclamada contava com menos de 20 empregados, sendo, então, desnecessário que ela mantivesse controle escrito dos horários de entrada e saída deles, conforme o art. 74, § 2º, da CLT. Considerando que a questão envolve direito intertemporal, se a resposta especificar que se refere ao período compreendido entre a admissão e a vigência da

PRÁTICA TRABALHISTA

Lei n. 13.874/2019 (19-9-2019), será aceito que o ônus da prova pertencerá ao empregador, porque o estabelecimento tinha mais de 10 empregados, e à época esse quantitativo exigia a manutenção de controle de horário, conforme o art. 74, § 2º, da CLT e a Súmula 338, I, do TST.

42. (35º Exame) Uma grande empresa multinacional, pretendendo reduzir em 15% (quinze por cento) o seu quadro de funcionários, lançou unilateralmente um programa de desligamento incentivado em outubro de 2021. Por meio dele, o empregado que aderisse ao plano receberia, além da indenização normal prevista na Lei, mais 1,5 salários por cada ano trabalhado na empresa. Nelson, empregado da multinacional há 14 anos, se interessou pela oferta e aderiu ao programa em novembro de 2021, tendo seu contrato rompido. Após receber corretamente a indenização prometida, ajuizou reclamação trabalhista, em dezembro de 2021, alegando que teve redução salarial unilateral em março de 2012, pois até fevereiro de 2012 ganhava R$ 5.200,00 (cinco mil e duzentos reais) e, no mês seguinte, o salário foi reduzido para R$ 4.800,00 (quatro mil e oitocentos reais), sem nenhuma justificativa. Requereu, então, a diferença salarial de abril de 2012 até o término do seu contrato. Considerando os fatos narrados, a previsão da CLT e o entendimento consolidado do TST, responda aos itens a seguir.

A) Como advogado(a) de Nelson, caso a empresa trouxesse na contestação a preliminar de quitação pela adesão ao programa de desligamento, que alegação você sustentaria em réplica sobre essa preliminar? Justifique.

B) Em relação à redução salarial, se a empresa apresentasse a tese de prescrição total (ato único do empregador), que alegação você sustentaria em réplica para viabilizar o pedido? Justifique.

GABARITO:

A) Para a defesa do reclamante em relação à preliminar de quitação, o examinando deverá sustentar que o plano não foi previsto em norma coletiva, motivo pelo qual não terá o efeito de liberação total do ex-empregador, na forma do art. 477-B da CLT.

B) Contra a tese de prescrição por ato único do empregador, o candidato deverá sustentar que a irredutibilidade salarial está assegurada por preceito de Lei, não cabendo, por isso, a tese de prescrição total, conforme o art. 11, § 2º, da CLT e a Súmula 294 do TST.

43. (XXXIII Exame) Rosalina era empregada da sociedade empresária Entregas Rápidas Ltda. há 2 anos, e, no mês de agosto de 2021, apresentou ao empregador um atestado médico falso para abono de 3 dias de faltas, e logo após um segundo atestado adulterado para abono de outros 2 dias de ausência. A sociedade empresária, após desconfiar de ambos os atestados, oficiou ao diretor do hospital público onde supostamente teriam ocorrido os atendimentos médicos, e obteve a resposta oficial de que ambos os atestados não traduziam a realidade. Considerando os fatos narrados e a previsão legal, responda aos itens a seguir.

A) Se você fosse consultado(a) como advogado(a) da sociedade empresária, cujo desejo é dispensar Rosalina por justa causa, como enquadraria a conduta da empregada na CLT?

B) Se Rosalina fosse dispensada por justa causa e não comparecesse à empresa, no prazo legal, para receber o saldo salarial devido, que medida judicial você adotaria na defesa dos interesses do ex-empregador?

GABARITO:

A) O enquadramento deve ser de improbidade, ato de desonestidade, conforme o art. 482, *a*, da CLT.

B) Ajuizar ação de consignação em pagamento, conforme o art. 539 do CPC ou o art. 335, I, do CCB.

44. (38º Exame) Um decreto municipal determinou que a rua em que funcionava uma oficina mecânica deveria ser fechada para a circulação de veículos, considerando-a como área de lazer. Essa medida tornou impossível a continuidade dos negócios da oficina e acarretou o encerramento das suas atividades. O empregador quitou as rescisões dos contratos de trabalho dos empregados, sem, contudo, pagar a multa rescisória. Em razão disso, houve o ajuizamento de reclamação trabalhista de um ex-empregado requerendo o pagamento da multa rescisória e da multa do Art. 477 da CLT. A sentença julgou procedente o pedido da multa rescisória e improcedente o pedido da multa do Art. 477 da CLT. Inicialmente a parte ré se conformou com a decisão. Porém, a parte autora recorreu e o processo encontra-se no prazo de resposta deste recurso da parte autora. Diante destes fatos, na qualidade de advogado da oficina mecânica ré, responda aos itens a seguir.

A) Qual a tese jurídica a ser defendida para o não pagamento da indenização rescisória dos contratos? Justifique.

B) Qual a medida processual a ser adotada para viabilizar o reexame da sentença de procedência quanto ao deferimento do pedido de pagamento da multa rescisória? Justifique.

GABARITO:

A) Deverá ser alegado fato do príncipe (ato de Autoridade/ato de Governo), na forma do art. 486 da CLT.

B) Deverá ser interposto Recurso Adesivo ou Recurso Ordinário Adesivo, conforme o art. 997, § 1º, do CPC ou a Súmula 283 do TST.

1.15. Greve

45. (V Exame) Em certo estabelecimento, em função de ordem do empregador, gerentes iniciam o dia de trabalho convocando, um a um, vários empregados até uma determinada sala. Cada empregado, ao sair da referida sala, relata aos demais trabalhadores a mesma situação, isto é, os gerentes informam ao empregado que deve assinar vários recibos salariais em branco, e quem se recusar vai ser sumariamente dispensado, sem que a empresa pague verbas rescisórias e sem que seja formalizada a dispensa por ato do empregador. Após cerca de quarenta empregados passarem por tal situação e os outros 200 trabalhadores demonstrarem muito temor, pois seriam os próximos, o empregado Zé, que não exerce cargo no sindicato da categoria nem é sindicalizado, convoca os colegas para que parem de trabalhar e se retirem do estabelecimento, de forma a iniciar um protesto na rua, o que se realiza com sucesso, já que os gerentes cessam a prática acima descrita. Com base no caso exposto, responda aos itens a seguir, empregando os argumentos jurídicos apropriados e a fundamentação legal pertinente ao caso.

A) Tendo em vista a Constituição Federal e a legislação ordinária e também os princípios do Direito do Trabalho, é possível qualificar tal movimento paredista dos trabalhadores como uma greve?

B) Tendo em vista os princípios gerais de direito, é possível considerar legítimo o ato do empregado Zé e a adesão dos demais empregados?

GABARITO:

A) Opção A: Em que pese a suspensão coletiva para efeito de protesto sobre os ilegais e abusivos procedimentos adotados pelo empregador, o movimento de paralisação não pode ser considerado como greve, cujo exercício está condicionado à decisão pela categoria em assembleia geral destinada à definição das reivindicações e deliberação sobre a paralisação coletiva da prestação de serviços (art. 4º da Lei n. 7.783/89), necessitando-se, para evitar-se abusividade, notificação, com 48 horas de antecedência, da paralisação (art. 3º, parágrafo único), além da observância dos demais requisitos previstos em lei (§§ 1º e 2º do art. 4º).

Opção B: Em que pese a inobservância dos requisitos formais previstos no art. 4º da Lei n. 7.783/89, trata-se de greve, reivindicatória da cessação da abusividade patronal descrita na questão, caracterizada pela suspensão coletiva, temporária e pacífica, da prestação pessoal de serviços e fundada no art. 9º da CF e no princípio da dignidade da pessoa humana (art. 170, da CF).

B) Sob o ângulo do direito de autodefesa ou resistência contra os abusos do poder diretivo, o ato do empregado e de seus colegas é legítimo e tem fundamento nos princípios da proteção e dignidade da pessoa humana, além dos princípios da boa-fé, razoabilidade e proporcionalidade.

1.16. Prescrição

46. (XV Exame) Raquel Infante nasceu em 5 de maio de 1995 e foi admitida na empresa Asa Branca Refinaria S/A em 13 de maio de 2011, lá permanecendo por 4 meses, sendo dispensada em 13 de setembro de 2011. Em razão de direitos a que entende fazer jus e que não foram pagos, Raquel ajuizou reclamação trabalhista em 20 de dezembro de 2013. Em contestação, a empresa suscitou prescrição total (extintiva), pois a ação teria sido ajuizada mais de 2 anos após o rompimento do contrato. A respeito do caso apresentado, responda, fundamentadamente, aos itens a seguir.

A) Analise se ocorreu prescrição total (extintiva) na hipótese, justificando.

B) Analise se Raquel poderia ser designada para trabalhar em jornada noturna, justificando.

GABARITO:
A) Não ocorreu prescrição total, porque isso só teve início quando a empregada completou 18 anos (art. 440 da CLT), ou seja, a partir de 5 de maio de 2013. Assim, a ação poderia ser apresentada com garantia de análise até 5 de maio de 2015.

B) Não poderia, pois a lei veda o trabalho noturno para menores de 18 anos, segundo o art. 7º, XXXIII, da CF/88, ou o art. 404 da CLT, ou, ainda, o art. 67, I, do ECA.

1.17. Direito coletivo do trabalho

47. (38º Exame) Uma determinada categoria profissional acertou, em convenção coletiva com a categoria econômica, que a jornada de trabalho dos empregados passaria a ser, a partir de fevereiro de 2023, de 4 horas diárias durante os 7 dias da semana. Em contrapartida, os trabalhadores não teriam repouso semanal remunerado, pois mesmo sem o repouso, a jornada seria de 28 horas semanais, inferior ao módulo constitucional. Considerando esses fatos e o que dispõe a CLT, responda às indagações a seguir.

A) Quanto à supressão do repouso semanal remunerado, a norma coletiva é válida? Justifique.

B) Se seu cliente, empregado dessa sociedade empresária, considerasse injusta a cláusula e quisesse anulá-la judicialmente, contra quem deveria ajuizar a ação? Justifique.

GABARITO:

A) Não, por se tratar de objeto ilícito, constituindo direito indisponível para efeito de negociação. Indicação art. 611-B, IX, da CLT ou Tema 1046 do STF.

B) A ação deve ser movida contra a sociedade empresária e os sindicatos de classe dos empregados e do empregador em litisconsórcio passivo necessário, conforme prevê o art. 611-A, § 5º, da CLT.

48. (XXVII Exame) Em determinada reclamação trabalhista, o autor, um ex-empregado, questionou o desconto mensal, a título de contribuição social, previsto na convenção coletiva de sua categoria, que vigorou no ano de 2018 e que foi juntada com a petição inicial. O reclamante manifestou seu entendimento de que essa cláusula normativa é abusiva e ilegal, devendo ser anulada e, consequentemente, devolvido o valor que lhe foi descontado. Ele requereu, no rol de pedidos, a nulidade da cláusula em comento e a devolução da subtração efetivada sob a rubrica "contribuição social". Diante da situação retratada e dos ditames da CLT, responda aos itens a seguir.

A) Qual o prazo máximo de vigência de uma convenção coletiva de trabalho?

B) Se a ação em questão fosse proposta exclusivamente contra a empresa, que tese processual você, contratado(a) pela empresa, deveria apresentar? Justifique.

GABARITO:

A) Uma convenção coletiva de trabalho tem vigência máxima de dois anos, conforme o art. 614, § 3º, da CLT.

B) A tese a ser apresentada é a de que a participação dos sindicatos de classe na demanda se faz obrigatória, como litisconsortes necessários, na forma do art. 611-A, § 5º, da CLT.

2. DIREITO PROCESSUAL DO TRABALHO

2.1. Competência

2.1.1. Ação possessória. Greve

49. (III Exame) O Banco Ômega S.A. ajuizou ação de interdito proibitório em face do Sindicato dos Bancários de determinado Município, nos termos do art. 932 do CPC, postulando a expedição de mandado proibitório, para obrigar o réu a suspender ou a não mais praticar, durante a realização de movimento paredista, atos destinados a molestar a posse mansa e pacífica do autor sobre os imóveis de sua propriedade, com a retirada de pessoas, veículos, cavaletes, correntes, cadeados, faixas e objetos que impeçam a entrada de qualquer empregado ao local de trabalho, abstendo-se, também, de realizar piquetes com utilização de aparelhos de som, sob pena de aplicação de multa diária no valor de R$ 10.000,00 (dez mil reais), por agência. Em contestação, o sindicato-réu sustentou que a realização de piquetes decorre do legítimo exercício do direito de greve assegurado pelo art. 9º da Constituição da República e que o fechamento das agências bancárias visa garantir a adesão de todos os empregados ao movimento grevista.

Com base na situação hipotética, responda aos itens a seguir, empregando os argumentos jurídicos apropriados e a fundamentação legal pertinente ao caso.

A) Qual será a Justiça competente para julgar essa ação de interdito proibitório?

B) Durante a greve, é lícita a realização de piquetes pelo sindicato com utilização de carros de som?

C) Procede a pretensão veiculada na ação no sentido de que o réu se abstenha de impedir o acesso dos empregados às agências bancárias?

GABARITO:

A) O interdito proibitório, que consiste em modalidade de ação possessória, foi ajuizado em razão do movimento grevista deflagrado por categoria profissional do setor privado. Assim, com fundamento no art. 114, I, da CF/88 e na Súmula Vinculante 23 do STF, a competência para julgar tal demanda é da Justiça do Trabalho.

B) A realização de piquetes com utilização de carros de som é permitida pela ordem jurídica, como meio pacífico tendente a persuadir ou aliciar os trabalhadores para aderirem ao movimento, de modo que o examinando deve responder afirmativamente, alegando que o art. 6º, I, da Lei n. 7.783/89 assegura aos grevistas o emprego de meios pacíficos tendentes a persuadir ou aliciar os trabalhadores a aderirem à greve.

C) Procede a pretensão, fundamentando no sentido de que as manifestações e atos de persuasão utilizados pelos grevistas não podem impedir o acesso ao trabalho nem causar ameaça ou dano à propriedade ou à pessoa, nos termos do art. 6º, § 3º, da Lei n. 7.783/89.

2.1.2. Competência. Decisão interlocutória. Recurso ordinário

50. (XVIII Exame) Plínio foi empregado da sociedade empresária Marca Alimentos S/A. Ele prestou serviços nos estados do Rio de Janeiro, São Paulo e Minas Gerais, residindo hoje neste último. Ao ser dispensado, ajuizou reclamação trabalhista em face da sociedade empresária, a qual foi distribuída a 99ª Vara do Trabalho de Belo Horizonte/MG. Na audiência, a sociedade empresária apresentou exceção de incompetência, alegando que a ação deveria ter sido ajuizada em São

Paulo, local da contratação e sede da ré.

Diante disso, responda aos itens a seguir.

A) Observadas as regras de competência territorial, onde Plínio deveria ajuizar a ação?

B) No caso de acolhida a exceção pelo juiz, como advogado de Plínio, que medida você adotaria?

GABARITO:

A) No caso, Plínio poderá ajuizar a ação em qualquer dos três estados da federação, nos termos do art. 651, *caput*, da CLT.

B) Como advogado de Plínio, interporia recurso ordinário, pois o processo será remetido para TRT diverso, conforme a Súmula 214, c, do TST.

51. (XXV Exame – Reaplicação de Porto Alegre) Um auditor fiscal do trabalho verificou que uma empresa de grande porte não cumpria os percentuais mínimos de empregados com deficiência e de aprendizes, razão pela qual aplicou-lhe penalidade administrativa. A empresa não se conformou com a aplicação da multa, afirmando que buscou pessoas com deficiência para que viessem integrar o seu quadro de empregados, mas não encontrou pessoas minimamente qualificadas para tal fim; em relação aos aprendizes, sustentou que possui poucas funções que demandem formação profissional. De acordo com as regras constitucionais e legais vigentes, como advogado(a) da empresa, responda aos itens a seguir.

A) Para tentar anular o auto de infração lavrado, em qual justiça proporia a ação? Justifique.

B) Caso a empresa contratasse um aprendiz com deficiência, seria possível computar este aprendiz na cota de deficientes? Justifique.

GABARITO:

A) Na Justiça do Trabalho, porque a multa foi aplicada por órgão da fiscalização da relação de trabalho, conforme o art. 114, VII, da CRFB/88.

B) Não seria possível o cômputo, pois a Lei veda tal prática, conforme o art. 93, § 3º, da Lei n. 8.213/91.

2.2. **Reclamação trabalhista**

2.2.1. Reclamação plúrima. Horas extras

52. (XX Exame) Rafael trabalha há 5 anos na empresa Come Come Gêneros Alimentícios S/A no Município de Niterói/RJ, como auxiliar administrativo. Entretanto, sem qualquer razão aparente, seu empregador decidiu transferi-lo para Taubaté/SP, onde se localiza uma das filiais da empresa. Apesar das ponderações de Rafael ao empregador, esse se manteve irredutível. Diante disso responda aos itens a seguir.

A) Analise se é possível a transferência de Rafael sob o aspecto da legalidade. Fundamente.

B) Considerando o risco iminente da transferência, na qualidade de advogado de Rafael, qual a medida a ser adotada por você? Fundamente.

GABARITO:

A) No caso em tela, com fundamento no art. 469 da CLT, afirma-se que a transferência é ilícita, pois não houve concordância do empregado, não foi demonstrada real necessidade de serviço, nem extinção de estabelecimento.

B) Como advogado, ajuizaria uma reclamação trabalhista com pedido de tutela de urgência (antecipada, ou pedido liminar), a fim de suspender a transferência até a decisão do processo, conforme autoriza o art. 659, IX, da CLT.

53. (XIX Exame) Gustavo é gerente geral de uma agência bancária e Paula é chefe de tesouraria na mesma agência. Gustavo chefia todos os gerentes da agência e Paula comanda uma equipe de oito pessoas que lhe dá apoio nas atividades diárias. Ambos recebem gratificação de função correspondente a 100% do salário auferido, cumprem jornada de 2ª a 6ª feira das 9h00min às 20h00min e, genuinamente, exercem funções de relevância na agência bancária. Ao serem dispensados, ambos ajuízam reclamação plúrima, postulando o pagamento de horas extras. Em defesa, o banco se insurge em preliminar contra o litisconsórcio ativo e, no mérito, nega o direito às horas extras. Na instrução, os autores conduzem três testemunhas que comprovam a jornada dita na inicial, e o banco não conduz testemunhas nem junta controle de ponto. Diante da situação retratada, considerando a CLT e o entendimento consolidado do TST, responda aos itens a seguir.

A) Analise os requisitos para a reclamação plúrima e se ela poderia acontecer no caso apresentado.

B) Analise se Gustavo, diante do panorama processual, pode receber horas extras, justificando em qualquer hipótese.

GABARITO:

A) Os requisitos para a reclamação plúrima estão previstos no art. 842 da CLT, quais sejam: mesmo empregador e identidade de matérias. Estando presentes os requisitos no caso apresentado, o litisconsórcio é viável.

B) Gustavo não tem direito às horas extras por ser gerente geral e, assim, estar enquadrado na hipótese do art. 62, II, da CLT, conforme a Súmula 287 do TST.

2.2.2. Reclamação trabalhista. Perempção

54. (V Exame) Reginaldo ingressou com ação contra seu ex-empregador, e, por não comparecer, o feito foi arquivado. Trinta dias após, ajuizou nova ação com os mesmos pedidos, mas dela desistiu porque não mais nutria confiança em seu advogado, o que foi homologado pelo magistrado. Contratou um novo profissional e, 60 dias depois, demandou novamente, mas, por não ter cumprido exigência determinada pelo juiz para emendar a petição inicial, o feito foi extinto sem resolução do mérito.

Com base no relatado, responda aos itens a seguir, empregando os argumentos jurídicos apropriados e a fundamentação legal pertinente ao caso.

A) Para propor uma nova ação, Reginaldo deverá aguardar algum período? Em caso afirmativo, qual seria?

B) Quais são as hipóteses que ensejam a perempção no Processo do Trabalho?

GABARITO:

A) Reginaldo não deve aguardar nenhum prazo, uma vez que não houve dois arquivamentos seguidos, conforme os arts. 732 e 844, ambos da CLT.

B) As hipóteses que ensejam a perempção no processo do trabalho estão previstas nos arts. 731 e 732 da CLT, isto é, quando o reclamante, após apresentar reclamação verbal, não comparece em cinco dias na secretaria da Vara para reduzir a termo sua reclamação, salvo se houver motivo justificado ou, ainda, quando o reclamante der causa a dois arquivamentos seguidos por ausência em audiência inicial ou una, nos moldes do art. 844 da CLT.

2.2.3. Reclamação trabalhista. Pedido. Insalubridade. Tutela provisória

55. (XIII Exame de Ordem) Jocimar é auxiliar de laboratório, ganha R$ 2.300,00 mensais e ajuizou reclamação trabalhista contra a empresa Recuperação Fármacos Ltda., sua empregadora, requerendo o pagamento dos adicionais de insalubridade e periculosidade. Designada perícia pelo juiz, foi constatado pelo expert que no local de trabalho o frio era excessivo, sem a entrega de equipamento de proteção individual adequado, além de perigoso, pois Jocimar trabalhava ao lado de um tanque da empresa onde havia grande quantidade de combustível armazenado. Contudo, a empresa impugnou expressamente o laudo pericial, afirmando que o perito designado era um engenheiro de segurança do Trabalho, e não um médico do trabalho, como deveria ser. Diante do caso, responda:

A) Analise, de acordo com a CLT, a possibilidade de condenação da empresa nos dois adicionais desejados, justificando.

B) Caso Jocimar postulasse o adicional de insalubridade, alegando que o ruído era excessivo, analise se seria possível o deferimento do adicional se a perícia constatou que o único elemento insalubre presente no local era o frio. Justifique.

GABARITO:

A) Impossível o deferimento de ambos os adicionais cumulativamente, na forma da CLT, art. 193, § 2º. O empregado poderá optar pelo adicional de insalubridade ou periculosidade que porventura lhe seja devido.

B) Seria possível, pois o juiz não fica adstrito ao agente agressor indicado pela parte, na forma da Súmula 293 do TST.

56. (XXVIII Exame) Carlos, como dirigente sindical, vinha representando ativamente os empregados de uma sociedade empresária na unidade situada em Porto Alegre/RS. No entanto, para sua surpresa, recebeu um comunicado da empresa determinando sua transferência para a unidade de Porto Velho/Rondônia. No comunicado constava que a empresa pagaria apenas o transporte de ida e volta, bem como a moradia em hotel local. O trabalho em Rondônia duraria cerca de 6 meses e seriam mantidos o mesmo salário e a mesma composição remuneratória que ele recebia em Porto Alegre. A mudança deveria ocorrer em 15 dias. Carlos procura você, como advogado(a), para uma consulta. Observando o texto da CLT, responda aos itens a seguir.

A) Que medida judicial prevista expressamente na CLT deverá ser adotada a fim de, imediatamente, evitar a transferência de Carlos? Fundamente. (Valor: 0,65)

B) Caso ocorra a transferência, Carlos terá algum direito trabalhista a reivindicar? Fundamente.

GABARITO:

A) Deverá ser ajuizada ação trabalhista com pedido de liminar a fim de sustar a transferência, na forma do art. 659, IX, da CLT.

B) Deverá ser requerido adicional de transferência, sendo ainda admitida resposta de pagamento suplementar não inferior a 25%, na forma do art. 469, § 3º, da CLT.

2.3. Audiência

2.3.1. Revelia. Confissão. Consequências jurídicas

57. (XXXI Exame) Roberto trabalhava em uma indústria de cigarros. Além do salário mensal, recebia cerca de 50 pacotes de cigarros variados por mês. Ao ser dispensado, Roberto ajuizou reclamação trabalhista pleiteando a integração do valor dos cigarros à sua remuneração, para todos os efeitos. No dia e na hora designados para a audiência, o reclamante estava presente e assistido; já o preposto não compareceu, e apenas o advogado da ré estava presente. É certo que a procuração, a defesa e os documentos já estavam nos autos. O advogado do autor requereu a revelia e a exclusão da contestação e dos documentos do processo. Diante do enunciado, na qualidade de advogado da ré, responda aos itens a seguir.

A) O que você deverá alegar acerca do requerimento formulado por seu ex adverso sobre a defesa e os documentos? Fundamente.

B) O que você deverá alegar na defesa da sua cliente quanto ao pedido de integração do valor da utilidade fornecida? Fundamente.

GABARITO:

A) Deverá ser alegado que a contestação e os documentos deverão ser aceitos mesmo na ausência do preposto, conforme previsão legal expressa, nos termos do art. 844, § 5º, da CLT.

B) Deverá alegar que dada a nocividade à saúde, o cigarro não constitui salário-utilidade, nos termos da Súmula 367, II, do TST e do art. 458, *caput, in fine*, da CLT.

2.3.2. Revelia. Preposto. Obrigatoriedade de ser empregado

58. (XVI Exame) Cleonice ajuíza ação contra a sua ex-empregadora – Limpíssimo Conservação e Limpeza Microempresa – e contra a sociedade empresária tomadora dos serviços – Sardinhas Lisboeta S.A. Postula as verbas resilitórias não quitadas, desejando a responsabilidade subsidiária da segunda ré, na forma da Súmula 331 do TST. Na audiência inicial, ambas as sociedades empresárias se fazem representar por estagiários de administração e são assistidas por advogados, que portam defesa e procuração. Em razão desse fato, o advogado de Cleonice requereu a revelia de ambas as litisconsortes

Diante da situação e da jurisprudência consolidada, responda aos itens a seguir.

A) Analise se a ex-empregadora deve ter a revelia decretada.

B) Analise se a tomadora dos serviços deve ter a revelia decretada.

GABARITO:

A) Não cabe revelia da ex-empregadora, pois o preposto não mais precisa ser empregado, conforme art. 843, § 3º, da CLT, alterado pela reforma trabalhista.

B) A tomadora dos serviços também não deve ter sua revelia decretada, uma vez que não mais se exige que o preposto seja empregado, nos moldes do art. 843, § 3º, da CLT, podendo ser qualquer pessoa com conhecimento dos fatos.

59. (XXIV Exame) Sebastiana foi empregada da Escola Preparando para a Vida Ltda. por três anos, findos os quais pediu demissão. Seis meses após a ruptura, Sebastiana ajuizou reclamação trabalhista postulando o pagamento de horas extras, a devolução dos descontos salariais que reputava ilegais e o pagamento de adicional noturno. Em audiência, os litigantes conciliaram e foi feito o termo respectivo, homologado pelo juiz, pelo qual a escola pagaria R$ 5.000,00 em duas parcelas, e Sebastiana conferiria quitação geral pelo extinto contrato de trabalho. Oito meses depois, Sebastiana ajuizou nova reclamação trabalhista, agora requerendo o pagamento de 13º salário e férias acrescidas de 1/3, sendo designada audiência. Diante da situação apresentada, responda às indagações a seguir.

A) Na condição de advogado(a) da escola, na defesa a ser apresentada na 2ª demanda, que preliminar você suscitaria? Justifique.

B) Caso a preliminar fosse acolhida, qual seria a consequência jurídica no 2º processo movido por Sebastiana? Justifique.

GABARITO:

A) Em defesa dos interesses da empresa, deveria ser suscitada preliminar de coisa julgada, porque o acordo feito anteriormente, no qual se conferiu quitação geral, abrange inclusive pedidos não formulados, conforme art. 337, VII, do CPC, OJ n. 132, da SDI-2, do TST, e art. 5º, XXXVI, CRFB/88.

B) A consequência jurídica do acolhimento da preliminar de coisa julgada é a extinção do feito sem resolução do mérito, na forma do art. 485, V, do CPC/2015.

60. (XXVI Exame) Paulo trabalhou na construtora Casa Feliz S.A. como pedreiro por três anos, findos os quais foi dispensado por justa causa sob a alegação de que estava desviando sacos de cimento da obra e vendendo esse material a terceiros. Inconformado, ajuizou reclamação trabalhista postulando horas extras e a anulação da justa causa, com o consequente pagamento das verbas como se a dispensa tivesse sido feita sem justa causa. Distribuída a demanda em 30-1-2018, foi designada audiência para o dia 10-4-2018. Na hora designada, as partes foram apregoadas e sentaram-se à mesa de audiências. O juiz indagou do preposto qual era a sua relação com a construtora, tendo ele dito que era um terceirizado da empresa que cuidava da parte de limpeza e conservação. O juiz pediu a CTPS do preposto, constatando que ela fora assinada pela Limpa Tudo Serviços Terceirizados Ltda. Com essa informação, o advogado de Paulo requereu a aplicação da revelia, porque a empresa era uma sociedade anônima e não estaria regularmente representada por um empregado. Diante da situação retratada e do comando legal vigente, responda às indagações a seguir.

A) Na qualidade de advogado(a) da construtora, que argumentação jurídica você apresentaria em relação ao requerimento do autor? Justifique.

B) De que modo, na legislação trabalhista, a alegação de desvio dos sacos de cimento para venda a terceiros deve ser juridicamente qualificada? Justifique.

GABARITO:

A) A tese a ser defendida é a de que o preposto não precisa ser empregado, independentemente do porte da empresa, conforme o art. 843, § 3º, da CLT.

B) Deve ser qualificada como ato de improbidade, ou seja, de desonestidade, na forma do art. 482, *a*, da CLT.

2.3.3. Reclamante. Substituição

61. (XXXIV Exame) Cícero é piloto da aviação comercial. Após deixar de trabalhar para uma determinada companhia aérea brasileira, porque seus salários estavam atrasados e já contava com cinco anos sem desfrutar férias, foi contratado por uma companhia aérea chinesa, que faz apenas voos locais. Cícero ajuizou reclamação trabalhista em face da ex-empregadora, mas, no dia e na hora designados para a audiência, ele não poderia estar presente, pois estava a trabalho na China, em voo de longa duração, sem a possibilidade de acesso à Internet. Ocorre que Cícero tem pressa na solução do processo. Com base na hipótese apresentada, com fundamento na CLT, responda, como advogado(a) de Cícero, aos itens a seguir.

PRÁTICA TRABALHISTA

A) Considerando que a Vara do Trabalho para qual o processo foi distribuído utiliza o sistema de audiência fracionada, que medida você deverá adotar para evitar o adiamento da audiência ou o arquivamento do processo? Fundamente.

B) Acerca da ruptura do contrato de trabalho, que tese jurídica você sustentaria na reclamação trabalhista? Fundamente.

GABARITO:

A) Deve ser requerida a representação do autor por outro empregado de mesma profissão ou pelo sindicato de classe, na forma do art. 843, § 2º, da CLT.

B) Deve ser sustentada a rescisão indireta por mora salarial e descumprimento contratual, na forma do art. 483, *d*, da CLT.

62. (XXVI Exame) Frederico, piloto da aviação civil, após três anos de trabalho para a Empresa de Transportes Aéreos Voa Alto S/A., foi dispensado sem receber parte das verbas rescisórias, as horas extras e a compensação orgânica. Além disso, foi dispensado dentro do último ano que antecede sua aposentadoria, o que é vedado por norma coletiva. Em razão disso, ajuizou ação em face do ex-empregador, tendo procurado e constituído você como advogado(a) para todos esses atos. No dia designado para a audiência, para a qual havia requerido antecipação, Frederico não poderá comparecer, pois estará voando para a China, onde conseguiu um novo e rentável trabalho. Com base na hipótese apresentada, responda aos itens a seguir.

A) Considerando a necessidade de realização da audiência na data designada pelo juiz e sua condição na qualidade de advogado(a) do autor, qual a medida a ser adotada para evitar o adiamento/arquivamento da audiência?

B) Considerando tratar-se de piloto da aviação civil, qual o instituto justrabalhista que corresponde aos períodos em que Frederico fica no aeroporto aguardando para, eventualmente, render outra tripulação? Justifique.

Obs.: O(A) examinando(a) deve fundamentar as respostas. A mera citação do dispositivo legal não confere pontuação.

GABARITO:

A) Nos termos do art. 843, § 2º, da CLT, o autor poderá fazer-se representar, devidamente comprovada a impossibilidade de seu comparecimento, por outro empregado que pertença à mesma profissão, ou pelo seu sindicato, devendo formular tal requerimento.

B) Segundo o art. 44 da Lei n. 13.475/2017, trata-se do instituto da reserva, OU prontidão, nos termos do art. 244, § 3º, da CLT.

2.4. Respostas do réu

2.4.1. Contestação. Preliminar. Terceirização ilícita

63. (IV Exame) João da Silva ajuizou reclamação trabalhista em face da Cooperativa Multifuncional Ltda. e do Posto de Gasolina Boa Viagem Ltda. Na petição inicial, afirmou que foi obrigado a se filiar à cooperativa para prestar serviços como frentista no segundo reclamado, de forma pessoal e subordinada. Alegou, ainda, que jamais compareceu à sede da primeira ré, nem foi convocado para qualquer assembleia. Por fim, aduziu que foi dispensado sem justa causa, quando do término do contrato de prestação de serviços celebrado entre os reclamados. Postulou a declaração do vínculo de emprego com a sociedade cooperativa e a sua condenação no pagamento de verbas decorrentes da execução e da ruptura do pacto laboral, além do reconhecimento da responsabilidade subsidiária do segundo réu, na condição de tomador dos serviços prestados, nos termos da Súmula 331, item IV, do TST. Na contestação, a primeira ré suscitou preliminar de impossibilidade jurídica do pedido, uma vez que o art. 442, parágrafo único, da CLT prevê a inexistência do vínculo de emprego entre a cooperativa e seus associados. No mérito, sustentou a validade da relação cooperativista entre as partes, refutando a configuração dos requisitos inerentes à relação empregatícia. O segundo reclamado, na peça de defesa, afirmou que o reclamante lhe prestou serviços na condição de cooperado e que não pode ser condenado no pagamento de verbas trabalhistas se não foi empregador. Na instrução processual, restou demonstrado pela prova testemunhal produzida nos autos a intermediação ilícita de mão de obra, funcionando a cooperativa como mera fornecedora de trabalhadores ao posto de gasolina.

Com base na situação hipotética, responda aos itens a seguir, empregando os argumentos jurídicos apropriados e a fundamentação legal pertinente ao caso.

A) É cabível a preliminar de impossibilidade jurídica do pedido?

B) Cabe o pedido de declaração de vínculo de emprego com a primeira ré e o de condenação subsidiária do segundo reclamado?

GABARITO:

A) No caso em tela não é cabível a preliminar suscitada, uma vez que a vedação prevista no parágrafo único do art. 442 não se aplica em caso de cooperativismo fraudulento, devendo incidir o art. 9º da CLT, haja vista que há nulidade de pleno direito.

B) Não cabe vínculo de empregado com a primeira ré, pois o vínculo deve ser pleiteado com o posto (segunda reclamada), conforme a Súmula 331, I, do TST e o art. 9º da CLT, uma vez que houve terceirização de atividade-fim. Ademais, não cabe responsabilidade subsidiária do posto, mas sim direta, na medida em que é o real empregador.

64. (XXV Exame – Reaplicação de Porto Alegre) Em reclamação trabalhista, o ex-empregado de uma grande empresa com 25 mil empregados postula equiparação salarial com base no art. 461 da CLT, indicando como paradigma o empregado João, sendo que, na unidade em que o reclamante trabalhou, havia 12 pessoas cujo prenome era João. Em audiência, o ex-empregado conduz como testemunha a Srta. Camila, que havia sido indicada desde a petição inicial, e que a empresa, em pesquisa junto às redes sociais, verificou ser pessoa que mantinha estreito contato com o autor, já que em postagens estavam frequentemente juntos, em clima de confraternização. De acordo com a legislação em vigor, responda aos itens a seguir.

A) Como advogado da empresa, informe que preliminar suscitaria na defesa. Justifique.

B) Ainda na condição de advogado da empresa, indique a sustentação que deveria ser apresentada em relação à pessoa indicada como testemunha. Justifique.

GABARITO:

A) Deveria ser suscitada preliminar de inépcia, na forma do art. 330, § 1º, do CPC, pois a falta de indicação do nome completo prejudica a ampla defesa.

B) Seria necessário contraditar a testemunha em razão de amizade, conforme o art. 829 da CLT OU o art. 457, § 1º, do CPC OU o art. 444, § 3º, I, do CPC.

PRÁTICA TRABALHISTA

65. **(XXV Exame – Reaplicação em Porto Alegre)** Na CIPA existente em uma sociedade empresária, o empregado João da Silva foi indicado pelo empregador, e o empregado Antônio Mota, eleito pelos empregados da empresa. Ambos tomaram posse e logo em seguida foram dispensados pelo empregador. Em razão disso, ajuizaram reclamação trabalhista plúrima com pedido comum de reintegração. Diante do caso apresentado, como advogado(a) da sociedade empresária, de acordo com a Lei e o entendimento consolidado do TST, responda aos itens a seguir.

A) Que tese poderia ser articulada em relação à situação retratada para a defesa do seu constituinte?

B) Analise a viabilidade do litisconsórcio ativo entre João da Silva e Antônio Mota, declinando os requisitos legais para que isso aconteça na Justiça do Trabalho.

GABARITO:

A) A tese a ser advogada em relação ao empregado João da Silva é que ele não é portador de garantia no emprego porque não foi eleito pelos empregados, mas sim indicado pelo empregador. Somente os membros eleitos possuem garantia, na forma do ADCT, art. 10, II, a, OU do art. 165 da CLT.

B) Seria possível a reclamação plúrima (litisconsórcio ativo) porque há identidade de matéria e se trata do mesmo empregador/ sociedade empresária, cumprindo assim as exigências do art. 842 da CLT.

2.4.2. Contestação. Compensação

66. **(VII Exame)** Cristiano é empregador de Denílson, de quem é amigo pessoal, motivo pelo qual aceitou ser fiador no contrato de locação residencial desse empregado. Ocorre que Denílson, durante quatro meses, não pagou aluguel e encargos, tendo Cristiano sido executado pela quantia de R$ 3.000,00 na condição de fiador. Para vingar-se, Cristiano dispensou Denílson. Este, a seu turno, ingressou com reclamação trabalhista contra a empresa de Cristiano, valendo-se do procedimento sumaríssimo, no qual almeja a quantia total de R$ 12.000,00. Em defesa, a empresa sustenta que nada é devido, mas, se houver vitória total ou parcial do trabalhador, pretende a compensação dos R$ 3.000,00 que Cristiano foi obrigado a pagar pelos aluguéis atrasados que o ex-empregado devia ao seu locador.

Com base no relatado, responda aos itens a seguir, utilizando os argumentos jurídicos apropriados e a fundamentação legal pertinente ao caso.

A) A fase processual para alegar o instituto da compensação, como pretendido pela ré, foi adequada?

B) A tese de defesa poderá ser acolhida?

C) Qual é a diferença entre compensação e dedução?

GABARITO:

A) Sim, a fase processual é adequada, uma vez que a compensação deve ser arguida na contestação, conforme o art. 767 da CLT e a Súmula 48 do TST.

B) Não poderá ser acolhida a tese da defesa, pois não se trata de dívida trabalhista, sendo esta natureza necessária para que a compensação seja admitida, nos termos da Súmula 18 do TST.

C) Na compensação, temos duas pessoas que ao mesmo tempo são credor e devedor uma da outra, as obrigações se extinguem até o limite que podem ser compensadas, sendo necessário que as dívidas sejam líquidas, vencidas e fungíveis e não fica vinculada aos pedidos do reclamante, sendo vedado ao juiz conceder de ofício. Já a dedução pode ser deferida de ofício pelo juiz, por ser matéria de ordem pública, a qual veda o enriquecimento em causa, devendo existir liame entre o pedido do autor e o que se deduz.

67. (XXV Exame – Reaplicação em Porto Alegre) Ricardo, funcionário da sociedade empresária Carnes Nobres Ltda., pediu demissão do emprego, informando que cumpriria o aviso prévio com trabalho, o que de fato ocorreu. Findo o contrato, Ricardo ajuizou reclamação trabalhista afirmando que durante o aviso prévio não teve a redução da sua jornada em duas horas diárias, nem faltou a sete dias corridos, razão pela qual requereu o pagamento de novo aviso prévio e sua integração para todos os fins. Considerando essa situação, você, como advogado(a) contratado(a) pela sociedade empresária, deve responder aos itens a seguir.

A) Qual a tese de mérito que você sustentaria na defesa? (Valor: 0,65)

B) Quais são os requisitos legais para que o aviso prévio possa ser reconsiderado? (Valor: 0,60)

GABARITO:

A) A tese a ser sustentada é a de que a redução da jornada no decorrer do aviso prévio só é cabível quando o empregado é dispensado, e não quando pede demissão, na forma do art. 488 da CLT.

B) Pode haver retratação, desde que a manifestação o corra no período do aviso prévio e que a parte contrária concorde, na forma do art. 489 da CLT.

2.4.3. Litispendência. Multas. Instrumento normativo

68. (X Exame) Demétrio ajuizou reclamação trabalhista pleiteando o pagamento de multas previstas no instrumento normativo de sua categoria, cujo destinatário é o empregado lesado, em virtude do descumprimento, pelo empregador, da quitação do adicional de 50% sobre as horas extras e do acréscimo de 1/3 nas férias. Em contestação, a reclamada sustentou que tais multas eram indevidas porque se tratava de meras repetições de dispositivo legal, sendo que a CLT não prevê multa para o empregador nessas hipóteses. Adiciona e comprova que, no tocante à multa pelo descumprimento do terço de férias, isso já é objeto de ação anterior ajuizada pelo mesmo reclamante e que tramita em outra Vara, atualmente em fase de recurso.

Responda, justificadamente, aos itens a seguir.

A) Analise se são válidas as multas previstas no instrumento normativo.

B) Informe que fenômeno jurídico processual ocorreu em relação ao pedido de multa pela ausência de pagamento do terço das férias.

GABARITO:

A) As multas previstas no instrumento normativo são válidas e aplicáveis em caso de descumprimento de obrigação prevista em lei, mesmo que a norma coletiva seja mera repetição de texto legal, na forma da Súmula 384, II, do TST.

B) Ocorreu o fenômeno jurídico da litispendência, previsto no art. 337, §§ 1º, 2º e 3º, do CPC/2015.

2.4.4. Poder público. Juros. Responsabilidade subsidiária

69. (XVII Exame) Lucas ajuizou reclamação trabalhista contra sua ex-empregadora, uma empresa de terceirização, e contra o ente público tomador dos serviços. No rol de pedidos, o autor deseja o pagamento de verbas da extinção contratual e indenização por dano moral, pois era humilhado pelo seu supervisor, além da condenação subsidiária do ente público por culpa in vigilando (Súmula 331, V, do TST). Em sua contestação, o ente público sustenta que, caso venha a ser condenado, devem ser observados os juros menores previstos na Lei n. 9.494/97, além de não poder ser responsabilizado pela eventual condenação por dano moral, sequer de forma subsidiária, pois não feriu qualquer direito de personalidade do autor. Considerando a situação retratada, e de acordo com a jurisprudência consolidada do TST, responda aos itens a seguir.

A) A tese do ente público, quanto à condenação em juros menores, deve ser acolhida? Justifique.

B) A tese do ente público de isenção quanto à responsabilidade pelo eventual deferimento de indenização por dano moral deve ser acolhida? Justifique.

GABARITO:

A) A tese do Poder Público não deve prevalecer, pois quando ele é condenado subsidiariamente não se beneficia dos juros menores, conforme a OJ n. 382 do TST.

B) A tese do Poder Público não deve prevalecer, pois a responsabilidade subsidiária abrange todas as verbas decorrentes da condenação no período da prestação laboral, conforme a Súmula 331, VI, do TST.

2.4.5. Exceção de incompetência territorial

70. (XXVII Exame) Patrícia foi empregada em uma sociedade empresária de gerenciamento de franquias por 8 anos. Inicialmente trabalhou em Maceió/AL e, pelo bom trabalho realizado ao longo do tempo, foi promovida a um cargo de confiança e transferida para São Paulo/SP, com todas as despesas custeadas pela sociedade empresária. Patrícia mudou-se com a família, comprou um imóvel, matriculou seus filhos numa boa escola paulista e permaneceu em São Paulo por 5 anos. Ao final desse período, a sociedade empresária, afetada pela crise econômica, encerrou suas atividades em 10-10-2018, o que acarretou a dispensa da funcionária. Após a dispensa, Patrícia mudou-se para o Rio de Janeiro, local onde ingressou com ação trabalhista requerendo o pagamento do adicional de transferência pelo período em que trabalhou em São Paulo. Considerando o caso narrado, como advogado(a) da sociedade empresária, responda aos itens a seguir.

A) Sabendo que a sociedade empresária não possui qualquer unidade no Rio de Janeiro e que nunca manteve atividade nesse local, qual a medida processual que você deverá adotar em relação ao ajuizamento da ação trabalhista nessa unidade da Federação? Justifique.

B) Com relação ao pedido da ação, o que você deverá sustentar em defesa? Justifique.

GABARITO:

A) Deverá ser apresentada exceção de incompetência territorial, na forma do art. 800 da CLT.

B) Deverá ser alegado o não cabimento do adicional de transferência, por esta ser definitiva, conforme o art. 469, § 3º, da CLT e OJ n. 113 do TST.

2.5. Provas

2.5.1. Prova pericial. Adicional de periculosidade

71. (XIX Exame) Júnior, no período de 2011 a 2014, foi empregado de um condomínio comercial como bombeiro civil. Após ser dispensado, ajuizou reclamação trabalhista postulando adicional de periculosidade, que não lhe era pago. Em contestação, o ex-empregador sustentou que não havia risco de morte na atividade e que Júnior teria o dever de fazer essa prova por meio de perícia.

Diante da situação retratada e das normas legais, responda às indagações a seguir.

A) Analise se a prova pericial é necessária na hipótese, justificando.

B) Caso o pedido formulado por Júnior fosse deferido, qual deveria ser o percentual e a base de cálculo da parcela reivindicada?

GABARITO:

A) A prova pericial não é necessária porque o profissional bombeiro civil tem direito ao adicional de periculosidade fixado em lei (art. 6º, III, da Lei n. 11.901/2009).

B) O adicional de periculosidade será pago na razão de 30% sobre o salário-base, conforme o art. 6º, III, da Lei n. 11.901/2009 e o art. 193, § 1º, da CLT.

72. (XXVII Exame) Vitor e Vitória trabalham como vigilantes na mesma agência do Banco Cifrão S.A. Ele é vigilante terceirizado e ela é vigilante contratada diretamente pelo banco. Ambos trabalham em escala de 12 x 36 horas, conforme acertado na convenção coletiva da categoria. De acordo com a situação apresentada e com os termos da CLT, responda aos itens a seguir.

A) Os empregados citados integram a categoria dos bancários? Justifique.

B) Em eventual reclamação trabalhista, com pedido de adicional de periculosidade não pago a ambos os empregados durante o contrato, deveria ser realizada prova pericial? Justifique.

GABARITO:

A) Nenhum deles é bancário, porque o vigilante integra categoria profissional diferenciada, conforme o art. 511, § 3º, da CLT e a Súmula 257 do TST.

B) Desnecessária a realização de perícia, porque o vigilante tem direito ao adicional de periculosidade em razão de preceito legal, conforme o art. 193, II, da CLT e o Anexo III da NR 16, incluído pela Portaria n. 1.855/2013.

2.5.2. Prova testemunhal. Contradita. Substituição

73. (II Exame) Na audiência inaugural de um processo na Justiça do Trabalho que tramita pelo rito sumaríssimo, o advogado do réu apresentou sua contestação com documentos e, ato contínuo, requereu o adiamento em virtude da ausência da testemunha Jussara Freire que, apesar de comprovadamente convidada, não compareceu. O advogado do autor, em contraditório, protestou, uma vez que a audiência é una no processo do trabalho, não admitindo adiamentos. O juiz deferiu o requerimento de adiamento, registrou o protesto em ata e remarcou a audiência para o início da fase instrutória. No dia designado para a audiência de instrução, a testemunha Jussara Freire não apenas compareceu, como esteve presente, dentro da sala de audiências, durante todo o depoimento da testemunha trazida pelo autor. No momento da sua oitiva, o advogado do autor a contraditou, sob o argumento vício procedimental para essa inquirição, ao que o advogado do réu protestou. Antes de o juiz decidir o incidente processual, o advogado do réu se antecipou e requereu a substituição da testemunha. Diante da situação narrada, analise o deferimento do adiamento da audiência pelo juiz, bem como a contradita apresentada pelo advogado do autor e o requerimento de substituição elaborado pelo advogado do réu.

GABARITO:

Não obstante a incidência de regra geral da audiência trabalhista una, por se tratar de causa que tramita pelo rito sumaríssimo e com espeque no art. 852-H, § 3º, da CLT, permite-se o adiamento da audiência, na hipótese de a testemunha convidada não comparecer espontaneamente. No que tange à contradita da testemunha, houve violação do art. 824 da CLT ou art. 456 do CPC/2015, que determinam a oitiva das testemunhas separadamente e de modo que uma não ouça o depoimento da outra. Por fim, ressalte-se que em razão da inexistência de regra específica na CLT sobre a substituição de testemunha, torna-se possível a aplicação subsidiária do CPC, sendo certo no caso não há possibilidade de substituição da testemunha Jussara Freire, uma vez que não se trata das hipóteses contidas nos incisos do art. 451 do CPC/2015, até porque a parte deu causa ao vício e o deferimento criaria uma violação arbitrária da isonomia de tratamento das partes litigantes.

2.5.3. Ônus da prova

74. (XXIX Exame) Você foi contratado(a) como advogado(a) por um trabalhador que requereu, em reclamação trabalhista, o pagamento de horas extras e de adicional noturno. Em audiência, após ter acesso à defesa, você verificou que a tese defendida pela reclamada foi a seguinte: em relação ao adicional noturno, negou o direito, porque a convenção coletiva da categoria prevê, em uma das cláusulas, expressamente, que a remuneração do trabalho noturno seria igual ao diurno, sem direito a adicional; em relação ao pedido de horas extras, negou a sua existência, apresentando os controles de ponto assinados pelo trabalhador, que contêm horários invariáveis de entrada e saída. O juiz concedeu prazo para manifestação acerca da defesa e documentos. Considerando a situação posta, os termos da CLT e o entendimento consolidado do TST, responda às indagações a seguir.

A) À luz da defesa e dos documentos, que tese jurídica você apresentaria em relação ao pedido de adicional noturno? Justifique.

B) À luz da defesa e dos documentos, que tese jurídica você apresentaria em relação ao pedido de horas extras? Justifique.

GABARITO:
A) O examinando deverá explorar o fato de que a norma coletiva da categoria não pode suprimir o pagamento do adicional noturno, havendo portanto nulidade neste aspecto, na forma do art. 611-B, VI, da CLT.

B) O examinando deve afirmar que controles contendo horários invariáveis são inválidos como meio de prova, invertendo-se assim o ônus da prova, que passa a ser da sociedade empresária, na forma da Súmula 338, III, do TST.

75. (II Exame) Em reclamação trabalhista ajuizada em face da empresa "Y", José postula assinatura da CTPS, horas extras e diferenças salariais com fundamento em equiparação salarial e pagamento de adicional de periculosidade. Na defesa oferecida, a empresa nega ter o empregado direito à assinatura da CTPS, dizendo ter o obreiro trabalhado como autônomo; quanto às horas extras, nega o horário alegado, se reportando aos controles de frequência, que demonstram, segundo alega, que o reclamante não as realizava; e, quanto às diferenças salariais, sustenta que o reclamante era mais veloz e perfeito na execução do serviço do que o paradigma apontado.

Considerando as normas processuais sobre a distribuição do ônus da prova, estabeleça, através de fundamentos jurídicos, a quem cabe o ônus da prova em relação a cada uma das alegações contidas na defesa apresentada pelo reclamado?

GABARITO:
No caso em tela, cabe ao empregado a prova da prestação das alegadas horas extras, por ter o empregador negado que o reclamante as fazia. Em face da negativa, não se verifica a inversão do ônus

da prova, cabendo ao reclamante a prova do fato constitutivo do direito alegado – art. 818, I, da CLT. Outrossim, cabe à empresa a prova da autonomia na prestação dos serviços, por ter admitido que houve a prestação de serviços, mas apresentado fato impeditivo do reconhecimento do vínculo, de modo que o ônus da prova passa a ser seu, ante o teor do art. 818, II, da CLT.

Por fim, no caso em exame, não há que se falar em ônus da prova, porque não há mais prova a ser produzida em relação ao fato das diferenças salariais, posto que o próprio empregador, sem alegar fato impeditivo, modificativo ou extintivo do direito à equiparação, confessa a maior produtividade e perfeição técnica do trabalho desenvolvido pelo próprio reclamante. Incidência dos arts. 374, II, c/c o art. 389 do CPC/2015.

Comentário dos autores: Mister se faz averbar que a Súmula 6, item VIII, do TST, assenta que é do empregador o ônus da prova do fato impeditivo, modificativo ou extintivo da equiparação salarial.

76. **(VI Exame)** Tício ajuizou ação trabalhista em face da empresa Hora Certa Ltda., na qual pretendia receber horas extras e reflexos. Na própria petição inicial já havia impugnado os controles de ponto aduzindo que não havia variação de horário. Na audiência, a ré trouxe os documentos, juntando-os com a contestação e declarou que pretendia produzir prova testemunhal acerca do pedido do autor. O juiz, após examinar a documentação, indeferiu a prova testemunhal da ré. Na sentença, o juiz julgou procedente o pedido do autor. Considerando as regras de distribuição do ônus da prova, o juiz agiu corretamente? Fundamente.

GABARITO:

O juiz não agiu corretamente, considerando que há inversão do ônus da prova, nos termos da Súmula 338, III, do TST, de modo que a reclamada deveria ter a oportunidade de produzir a prova testemunhal para ratificar os horários consignados nos controles de ponto.

2.5.4. Intérprete. Despesas processuais

77. **(XVI Exame)** Patrick, estrangeiro, executivo com salário elevado, não beneficiário de gratuidade de justiça, ajuizou ação em face de sua empregadora, Mineração Ltda. Arrolou como testemunha seu colega de trabalho, também estrangeiro, Paul. Contudo, a testemunha não fala português, apenas se comunicando no idioma alemão.

Com base no caso apresentado, responda aos itens a seguir.

A) Qual deverá ser o procedimento legal para colher o depoimento da testemunha que não fala o idioma nacional?

B) Em havendo despesa processual com o depoimento da testemunha, a quem caberá o pagamento?

GABARITO:

A) O juiz deverá nomear intérprete, conforme o art. 819, *caput*, da CLT.

B) A despesa caberá a parte a que interessar o depoimento, consoante § 2º do art. 819 da CLT. **Comentário dos autores:** Com a entrada em vigor da Lei n. 13.660/2018, a despesa com o intérprete passa a ser da parte sucumbente, exceto se for beneficiário da gratuidade de justiça.

2.6. Sentença

2.6.1. Dano moral. Juros e correção monetária

78. (XI Exame) Em reclamação trabalhista movida por uma empregada contra o ex-empregador, o pedido de indenização por dano moral foi julgado improcedente na sentença. Inconformada, a empregada recorreu e o TRT deferiu parcialmente este pedido. Irresignada com o valor deferido, que entendia insuficiente, a empregada ainda manejou recurso de revista, sendo mantida pelo TST a quantia já fixada. Adveio em seguida o trânsito em julgado.

Diante dessa situação, responda aos seguintes itens.

A) A partir de quando será computada a correção monetária do pedido de dano moral? Justifique sua resposta.

B) Se os juros não fossem requeridos na petição inicial, analise se haveria julgamento extra petita se o juiz os deferisse. Justifique sua resposta.

GABARITO:

A) A correção monetária do pedido de dano moral dar-se-á a partir da decisão que fixou o valor ou que alterou o valor, consoante a Súmula 439 do TST.

B) Não haveria julgamento *extra petita*, uma vez que os juros decorrem de imposição legal, o que independe de pedido ou condenação, conforme a Súmula 211 do TST.

2.6.2. Acordo judicial. Coisa julgada

79. (38º Exame) Douglas ajuizou, em 2022, ação contra seu ex-empregador, a sociedade empresária Serralheria Milenar Ltda., postulando FGTS não depositado, adicional noturno, indenização por dano moral e horas extras. Designada audiência, as partes conciliaram no valor de R$ 60.000,00, a ser pago em 10 parcelas de R$ 6.000,00, com a 1ª parcela para 30 dias após. O acordo foi homologado em ata pela juíza que presidiu os trabalhos. A pedido da sociedade empresária, foi estipulado que todo valor pago seria a título de indenização por dano moral. Cinco dias após, o autor peticionou nos autos dizendo que se arrependeu do acordo, manifestando desistência da conciliação, porque um colega em situação semelhante havia recebido valor muito superior. Como ainda não havia recebido nenhuma parcela, requereu a remarcação da audiência para instrução ou, caso o juízo se negasse, que recebesse a petição como recurso ordinário. Diante da situação retratada e dos termos da CLT, responda aos itens a seguir.

A) Caso a magistrada concedesse vista da petição à reclamada, que tese jurídica processual você, na condição de advogado(a), sustentaria em defesa da sociedade empresária? Justifique.

B) No caso apresentado, alguma entidade pública precisa ser intimada do acordo homologado judicialmente? Justifique.

GABARITO:

A) Deverá ser sustentado que o acordo homologado em juízo vale como decisão irrecorrível, fazendo coisa julgada material para as partes, na forma do art. 831, parágrafo único, da CLT ou Súmula 259 ou Súmula 100, V, ambas do TST.

B) Sim, por haver verba de natureza indenizatória indicada no acordo, a União deverá ser intimada, na forma do art. 832, § 4º, da CLT.

80. (XXIV Exame) Saulo ajuizou reclamação trabalhista contra seu ex-empregador. Na audiência, após intensa negociação entre as partes e com a colaboração do juiz, foi realizado um acordo de R$ 3.000,00, homologado pelo magistrado. Dias depois, Saulo encontrou um colega de trabalho, que lhe confidenciou que os demais ex-empregados tinham realizado acordos com a empresa na ordem de R$ 5.000,00. Indignado por ter feito acordo com valor menor, Saulo procurou seu advogado, dizendo que não mais aceitaria o acordo e que ele recorresse ao Tribunal. Diante da situação apresentada e nos termos da CLT, responda aos itens a seguir.

A) Seria possível ao advogado de Saulo interpor recurso ordinário da sentença homologatória do acordo? Justifique.

B) Caso Saulo ajuizasse uma nova ação idêntica, indique a preliminar que você, contratado pela empresa, suscitaria em contestação. Justifique.

GABARITO:

A) Não seria possível interpor recurso ordinário porque a homologação do acordo tem a força de decisão irrecorrível, fazendo coisa julgada, conforme preconiza o art. 831, parágrafo único, da CLT.

B) A preliminar a ser suscitada é a de coisa julgada, conforme o art. 337, VII, do CPC e o art. 5º, XXXVI, da CRFB/88.

2.7. Recursos

2.7.1. Decisão interlocutória. Recurso ordinário

81. (XXXII Exame) A sociedade empresária Madeiras de Lei Ltda. contratou você, como advogado(a), para defendê-la em uma reclamação trabalhista proposta pelo ex-empregado Roberto. Após devidamente contestada e instruída a demanda, a sentença foi prolatada, julgando o pedido procedente em parte. A sociedade empresária pretende recorrer da sentença porque acha que nada deve ao ex-empregado e questiona o valor dos custos desse recurso. Cientificada por você do valor das custas e do depósito recursal, a sociedade empresária diz que está acumulando capital para abrir novas filiais e ampliar sua rede, de modo que, no momento, em razão de suas prioridades internas, só tem valor disponível para as custas. Considerando a narrativa dos fatos e os termos da CLT, responda às indagações a seguir.

A) Indique a alternativa jurídica que viabilizaria a interposição do recurso ordinário sem a necessidade de a sociedade empresária desembolsar o numerário do depósito recursal, considerando que, pela narrativa, ela não é beneficiária de gratuidade de justiça. Justifique.

B) Se a sociedade empresária tivesse a recuperação judicial deferida pela Justiça Comum antes da sentença, como ficaria a questão do depósito recursal para fins de interposição do recurso ordinário por ela desejado? Justifique.

GABARITO:

A) A substituição ou apresentação do depósito recursal em dinheiro por fiança bancária ou seguro-garantia judicial, na forma do art. 899, § 11, da CLT.

B) Nesse caso, a sociedade empresária ficaria isenta do depósito recursal, na forma do art. 899, § 10, da CLT.

2.7.2. Embargos de declaração. Preparo

82. (V Exame) Inconformada com uma sentença desfavorável aos seus interesses, a empresa dela recorre. Contudo, entendeu o magistrado que o recurso era intempestivo, e a ele negou seguimento. Ciente disso, a reclamada interpôs recurso de agravo de instrumento no 5º (quinto) dia e efetuou o depósito adicional previsto no art. 899 da CLT no 8º (oitavo) dia do prazo recursal. Novamente o juiz negou seguimento ao agravo de instrumento, argumentando que ele estava deserto.

Diante dessa situação hipotética, responda, de forma fundamentada, às seguintes indagações:

A) Há alguma medida que possa ser tomada pela recorrente contra a última decisão do juiz? Em caso afirmativo, qual?

B) O que significa deserção? No caso em exame, o agravo de instrumento estava deserto? Justifique.

GABARITO:

A) A recorrente poderá opor embargos de declaração, consoante o art. 897-A da CLT e, se mantida a decisão, impetrar mandado de segurança ou intentar correcional.

B) Deserção é a ausência de preparo. No caso, o agravo de instrumento estava deserto, haja vista que o depósito recursal deve ser comprovado no ato da interposição do recurso, conforme o § 7º do art. 899 da CLT.

2.7.3. Recurso de revista. Agravo de instrumento. Embargos de declaração

83. (VII Exame) Um recurso de revista é interposto em face de acórdão proferido por Tribunal Regional do Trabalho em recurso ordinário, em dissídio individual, sendo encaminhado ao Presidente do Regional.

Diante desta situação hipotética, responda, de forma fundamentada, às seguintes indagações:

A) Se o Presidente admitir o recurso de revista somente quanto a parte das matérias veiculadas, cabe a interposição de agravo de instrumento?

B) É cabível a oposição de embargos de declaração contra decisão de admissibilidade do recurso de revista?

GABARITO:

A) Cabe a interposição de agravo de instrumento, conforme o art. 1º da IN n. 40/2016 do TST, que prevê a utilização do recurso previsto no art. 897, *b*, da CLT, quando houver a admissão parcial, sob pena de preclusão.

B) É cabível embargos de declaração, nos termos da Instrução Normativa n. 40/2016 do TST, que em seu art. 1º, § 1º, prevê a utilização dos embargos de declaração quando houver omissão no juízo de admissibilidade, sob pena de preclusão.

2.7.4. Embargos de declaração. Recurso ordinário

84. (IX Exame) Opostos embargos declaratórios pelo reclamante com pedido de efeito modificativo, o juiz dá provimento aos embargos e adiciona à condenação o pagamento de uma verba que não havia sido apreciada na sentença, apesar de requerida na petição inicial. Ciente disso, a empresa rebela-se afirmando que deveria ter sido observado o contraditório e que ela deveria ter tido a oportunidade de se manifestar. Como isso não aconteceu, sustenta ser nula a decisão dos embargos.

Diante disso, responda justificadamente, aos itens a seguir.

A) Os embargos de declaração podem ter efeito modificativo do julgado?

B) Comente se procede a alegação empresarial quanto à nulidade da decisão dos embargos declaratórios opostos contra sentença não submetidos ao contraditório.

GABARITO:

A) Sim, tratando-se de omissão no julgado, os embargos de declaração podem ter efeito modificativo, na forma do art. 897-A, da CLT e da Súmula 278 do TST.

B) Não há nulidade, pois os embargos de declaração opostos contra sentença, mesmo havendo pedido de efeito infringente, não se submetem ao contraditório, na forma da OJ n. 142, II, do TST. Tal se justifica em razão do efeito devolutivo em profundidade do recurso ordinário.

Comentários dos autores: Ressaltamos que o § 2º do art. 897-A da CLT prevê que "eventual efeito modificativo dos embargos de declaração somente poderá ocorrer em virtude da correção de vício na decisão embargada e desde que ouvida a parte contrária, no prazo de 5 (cinco) dias", o que nos convence, segundo parte da doutrina, que a OJ em tela deve ser revista (ou canelada), uma vez que o juiz, para modificar o julgado, deve ouvir a parte contrária (contraditório).

2.7.5. Recurso adesivo. Preparo

85. (X Exame) Numa reclamação trabalhista movida em litisconsórcio passivo, o autor e a empresa reclamada "X" (sociedade de economia mista) foram vencidos reciprocamente em alguns pedidos, tendo ambos se quedado inertes no prazo recursal. Porém a empresa reclamada "Y" (pessoa jurídica de direito privado), vencida também em relação a alguns pedidos na referida ação trabalhista, interpôs recurso ordinário, com observância dos pressupostos legais de admissibilidade, tendo inclusive efetuado o preparo. Em seguida, o Juiz do Trabalho notificou as partes para que oferecessem suas razões de contrariedade, em igual prazo ao que teve o recorrente.

Considerando os fatos narrados acima, responda, de forma fundamentada, aos itens a seguir.

A) Analise a possibilidade de o autor recorrer, ou não, dos pedidos em que foi vencido, e de que maneira isso se daria, se possível for.

B) Caso ambas as empresas tivessem recorrido ordinariamente, e tendo a empresa "Y" requerido sua exclusão da lide, analise e justifique quanto à necessidade, ou não, de a reclamada "X" efetuar preparo.

GABARITO:

A) É possível o autor recorrer dos pedidos que sucumbiu pela via do recurso adesivo, o qual deve ser interposto no prazo das contrarrazões, consoante a Súmula 283 do TST e art. 997 do CPC/2015 ou Instrução Normativa n. 3, IX, do TST.

B) A empresa "X" estará obrigada a efetuar o preparo porque os recursos são independentes ou há necessidade de preparo, pois a condenação não foi solidária. Indicação do art. 173, § 1º, II, da CF/88 ou da Súmula 170 do TST ou da Súmula 128, I ou III, do TST.

2.7.6. Gratuidade de justiça em sede recursal

86. (XI Exame) Roberto interpôs recurso ordinário ao ter ciência de que foi julgado improcedente o seu pedido de reconhecimento de vínculo empregatício em face da empresa NO-

VATEC LÍNEA COMPUTADORES LTDA. Ele não juntou declaração de miserabilidade na petição inicial e no recurso, mas requereu, em pedido expresso no apelo, o benefício da gratuidade de justiça, afirmando não ter recursos para recolher o valor das custas sem prejuízo do seu sustento e de sua família.

O juiz prolator da sentença negou seguimento ao recurso, considerando-o deserto.

Diante deste panorama, responda justificadamente:

A) Considerando que Roberto não juntou a declaração de miserabilidade, analise se é possível o deferimento da gratuidade de justiça na hipótese retratada.

B) Analise se, tecnicamente, a decisão que negou seguimento ao recurso está correta.

GABARITO:

A) A gratuidade de justiça está regulamentada no art. 790, §§ 3º e 4º, da CLT. A jurisprudência do TST admite que tal benefício seja requerido em qualquer tempo ou grau de jurisdição, desde que, na fase recursal, ou seja, no prazo alusivo ao recurso (OJ n. 269 da SDI-I do TST), o que ocorreu no caso em exame. Outra opção seria: Sim, seria possível o deferimento de ofício da gratuidade, desde que presentes os requisitos do art. 790, § 3º, da CLT.

b) A jurisprudência consolidada preconiza que basta a simples afirmação do declarante ou de seu advogado quanto ao seu estado de miserabilidade para que se configure a situação econômica que justifique a concessão de tal benefício, na forma da Súmula 463 do TST. Assim, incorreta a decisão.

Comentários dos autores: Atualmente, o § 4º do art. 790 da CLT estabelece que a gratuidade será deferida a parte que comprovar insuficiência de recursos, de modo que a simples declaração já não mais é suficiente. Porém, como a Súmula 463 ainda não foi alterada ou cancelada, é bom que seja estudada.

2.7.7. Recurso. Prazo. Preparo

87. (XII Exame) Um ex-empregado ajuíza reclamação trabalhista contra a ex-empregadora (a empresa "A") e outra que, segundo alega, integra o mesmo grupo econômico (a empresa "B"). Em defesa a empresa "A", afirma que pagou tudo ao reclamante, nada mais lhe devendo, enquanto a empresa "B" sustenta sua ilegitimidade passiva, negando a existência de grupo econômico.

Considerando que: 1) as reclamadas possuem advogados diferentes; 2) que o pedido foi julgado procedente, condenando-se solidariamente as rés; e 3) que a empresa "A" recorreu efetuando o recolhimento das custas e depósito recursal, responda às indagações a seguir.

A) O prazo para recurso das empresas é diferenciado, haja vista terem procuradores diferentes?

B) A empresa "B" deverá efetuar depósito recursal para viabilizar o recurso, no qual insistirá na sua absolvição por não integrar com a litisconsorte um grupo econômico?

GABARITO:

A) Mesmo possuindo procuradores diferentes, o prazo não será diferenciado porque o TST entende que o disposto no art. 229 do CPC/2015 é inaplicável ao processo do trabalho, conforme a OJ n. 310 da SDI-1 do TST.

B) Será desnecessário o depósito recursal pela empresa "B", pois havendo condenação solidária e já havendo recolhimento pela empresa "A", que não requereu sua exclusão da lide, o depósito por ela feito poderá ser aproveitado pela empresa "B", na forma da Súmula 128, III, do TST.

2.7.8. Recurso. Agravo de instrumento. Prazo

88. (XIV Exame) Dia 28-4 é feriado municipal em Tribobó do Oeste. Em ação ajuizada por Paulo, cuja sentença foi de improcedência, o último dia do prazo recursal recaiu em 28-4. Assim, o advogado de Paulo interpôs o recurso em 29-4, juntando cópia autenticada do diário oficial dispondo sobre o feriado local. O juiz substituto em exercício negou seguimento ao recurso em razão de intempestividade

Com base no caso apresentado, responda aos itens a seguir.

A) Qual o recurso cabível desta decisão denegatória de seguimento ao recurso interposto por Paulo? Fundamente.

B) O que deverá ser alegado por Paulo em seu recurso? Fundamente.

GABARITO:

A) O recurso cabível é o agravo de instrumento, nos termos do art. 897, b, da CLT ou embargos de declaração, na forma do art. 897-A da CLT.

B) Paulo deverá alegar que comprovou o feriado local no ato da interposição do recurso e, sendo feriado, o prazo estaria prorrogado para o dia seguinte, tudo na forma da Súmula 385, I, do TST.

2.7.9. Recurso de revista. Preclusão. Embargos de declaração. Cabimento

89. (XIV Exame) Sérgio Alcântara moveu ação contra a empresa Delta Promoções e Imagens, da qual foi empregado, pleiteando o pagamento de indenização por dano moral de R$ 10.000,00 e horas extras. Na sentença foi deferido o pagamento de indenização por dano moral de R$ 5.000,00 e as horas extras no quantitativo desejado na petição inicial. Somente a empresa interpôs recurso ordinário, e o TRT da Região manteve a sentença em todos os seus aspectos. Então, o reclamante interpôs recurso de revista pretendendo a majoração da indenização por dano moral para R$ 10.000,00, tal qual desejado na exordial.

Diante da situação, responda, fundamentadamente, aos itens a seguir.

A) Analise a possibilidade de Sérgio interpor recurso de revista no caso apresentado, justificando.

B) Caso a empresa opusesse embargos declaratórios contra o acórdão proferido pelo TRT, informe em que situação, à luz da jurisprudência consolidada, o autor teria de ser intimado para se manifestar.

GABARITO:

A) Não seria possível o recurso porque a decisão transitou em julgado em relação a Sérgio, ocorrendo preclusão.

B) Caso nos embargos de declaração tivesse pedido de efeito modificativo, conforme a OJ n. 142 do TST e o art. 897-A, § 2º, da CLT.

90. (XXVIII Exame) Gustavo era empregado de uma empresa, quando adoeceu gravemente. Afastado e em gozo de benefício previdenciário, o INSS o aposentou por invalidez. Contudo,

PRÁTICA TRABALHISTA

dois anos após sua aposentadoria por invalidez, foi constatado, em perícia do respectivo órgão, que Gustavo havia recuperado sua capacidade de trabalho, estando curado, razão pela qual houve o retorno à função que ocupava antes do afastamento.

Ocorre que, nesse ínterim, com cláusula expressa em contrato de trabalho dispondo que a contratação se dava em função da aposentadoria por invalidez de Gustavo, a qual poderia ser temporária, a empresa contratou Aroldo para as funções exercidas por Gustavo, tendo esclarecido acerca da interinidade do contrato.

Com o retorno de Gustavo, Aroldo foi dispensado sem que lhe fosse paga qualquer indenização. Em razão disso, Aroldo ajuizou ação trabalhista em face da empresa, pleiteando indenização.

A) Você foi contratado(a) para contestar o pedido de Aroldo. O que deverá alegar? Fundamente.

B) Admitindo que o juiz tenha julgado procedente o pedido de Aroldo e que a decisão foi confirmada pelo Tribunal Regional do Trabalho após recurso, mantida inalterada após a oposição de embargos de declaração, que medida jurídica você poderá adotar para defender a empresa? Fundamente.

GABARITO:

A) Deverá ser alegado que não cabe o pagamento de indenização no caso de contratação provisória, interina ou para substituição de empregado aposentado por invalidez, na forma do art. 475, § 2º, da CLT.

B) Deverá ser interposto recurso de revista, pois a decisão viola texto de lei federal (CLT), conforme o art. 896, c, da CLT.

2.7.10. Reexame necessário. Recurso de revista

91. (XVII Exame de Ordem) Em determinada ação trabalhista em face de um estado federado, a sentença entendeu por julgar o pedido procedente e fixar a condenação em valor correspondente a 600 salários mínimos. A matéria em discussão é controvertida nos Tribunais, ainda não estando pacificada por qualquer jurisprudência. Entretanto, o réu, ente de direito público, não recorreu.

A partir do caso apresentado, responda aos itens a seguir.

A) Ocorrerá o trânsito em julgado imediato da decisão? Fundamente.

B) Caberá recurso de revista na hipótese? Fundamente.

GABARITO:

A) Deverá haver a remessa necessária para o TRT (submissão ao duplo grau de jurisdição obrigatório) em virtude de o valor da condenação ser superior a 500 salários mínimos e por não ser matéria pacificada nos Tribunais, razão pela qual não ocorrerá o trânsito em julgado imediato, já que a parte sucumbente foi o ente de direito público, conforme a Súmula 303, I, do TST, o art. 475, I, do CPC e o art. 1º, V, do DL n. 779/69.

Comentários dos autores: É bom observar que o CPC/2015 trata do tema em testilha no art. 496, sendo certo que o § 3º alterou os valores inerentes às condenações para fins de reexame necessário, razão pela qual a questão foi adaptada.

B) Não será possível a interposição do recurso de revista na hipótese trazida na questão porque o ente público não interpôs recurso ordinário voluntário da decisão de 1ª instância, conforme a OJ n. 334 da SDI I do TST.

2.7.11. Preparo. Agravo de instrumento

92. (XXXIII Exame) Você é advogado(a) de Rodrigo, que ajuizou reclamação trabalhista contra o ex-empregador. Depois de regularmente contestado e instruído o feito, a sentença foi publicada, julgando improcedentes os pedidos formulados, fixando as custas em R$ 200,00 e indeferindo a gratuidade de justiça requerida, porque Rodrigo está trabalhando em outra empresa e recebe alto salário.

Diante da improcedência, você interpôs recurso ordinário no prazo legal, mas por descuido no preenchimento da guia própria, recolheu apenas R$ 20,00 de custas (em vez dos R$ 200,00 fixados na sentença). Em contrarrazões, a sociedade empresária requereu ao juiz de 1º grau que fosse negado seguimento ao recurso porque deserto, haja vista a insuficiência do preparo. Considerando os fatos narrados, a previsão legal e o entendimento consolidado do TST, responda aos itens a seguir.

A) Que requerimento você apresentaria para tentar viabilizar o recurso?

B) Caso o requerimento fosse indeferido e o juiz de 1º grau negasse seguimento ao recurso por deserto, acatando a tese da sociedade empresária, que medida judicial você utilizaria?

GABARITO:

A) O pedido seria de complementação das custas no prazo de 5 dias, conforme OJ n. 140 do TST e o art. 1.007, § 2º, do CPC.

B) Interpor recurso de agravo de instrumento, previsto no art. 897, *b*, da CLT.

93. (XVIII Exame) Em reclamação trabalhista movida por empregado contra o ex-empregador, o pedido foi julgado procedente em parte e a sociedade empresária pretende recorrer. Nesse sentido, apresentou a petição com o recurso no 5º dia da publicação da sentença e o comprovante das custas e do depósito recursal 15 dias após, mas explicou na peça que havia recolhido o preparo no prazo de oito dias, conforme chancela bancária, e que a demora na juntada do preparo se deveu a um problema interno do escritório. Na hipótese retratada, de acordo com a CLT e a jurisprudência consolidada do TST, responda aos itens a seguir.

A) Como advogado do autor da demanda, informe o que você sustentaria em contrarrazões sobre o aspecto processual apresentado na questão.

B) Caso o recurso interposto pela sociedade empresária tivesse seu seguimento negado, por qualquer razão, pelo juiz de 1º grau, que recurso poderia ser interposto? Justifique.

GABARITO:

A) Sustentaria o aspecto da deserção, já que o preparo foi feito, mas não foi comprovado no prazo legal, conforme a Súmula 245 do TST, o art. 789, § 1º, da CLT e o art. 7º da Lei n. 5.584/70.

B) No caso, caberia o agravo de instrumento, consoante prevê o art. 897, *b*, da CLT.

2.8. Execução

2.8.1. Massa falida

94. (XXIX Exame) A massa falida de Biscoitos da Serra Ltda. teve de romper os contratos de trabalho de todos os seus empregados quando da quebra judicial, porque o juízo estadual determinou o fechamento e lacre do estabelecimento principal e das filiais. Logo após, um dos empregados ajuizou reclamação trabalhista postulando as verbas da extinção contratual, e, na sentença, o juiz condenou a massa falida ao pagamento de aviso prévio, do 13º salário proporcional, das férias proporcionais acrescidas de 1/3, da entrega das guias para saque do FGTS, dos formulários do seguro-desemprego e das multas do art. 467 e do art. 477, ambos da CLT. Considerando a situação posta, os termos da CLT e o entendimento consolidado do TST, responda às indagações a seguir.

A) Há parcela(s) objeto da condenação que possa(m) ser questionada(s) em razão da condição de massa falida da ex-empregadora?

B) Você é contratado(a) pela massa falida para interpor recurso contra a sentença, e este teve o seguimento negado, sob a alegação de deserção. Que medida jurídica você adotaria para tentar reverter essa decisão?

GABARITO:

A) As multas do art. 467 e do art. 477, ambos da CLT, não são devidas, em razão da extinção do contrato pela falência, na forma da Súmula 388 do TST.

B) No caso, o advogado deve interpor o recurso de agravo de instrumento, na forma do art. 897, *b*, da CLT.

95. (XX Exame) Em sede de ação trabalhista movida por Célio em face da Madeireira Ltda, transitada em julgado a decisão de conhecimento, após a apresentação de cálculos pelas partes e homologado determinado valor, o juiz abriu prazo para a manifestação específica das partes em relação à sua decisão. Ambas se quedaram inertes. Posteriormente, em sede de embargos à execução, a parte ré quis impugnar os valores do débito. Na qualidade de advogado do autor, tendo você concordado com os cálculos homologados pelo juiz, responda:

A) O que você deverá alegar em sede de resposta aos embargos à execução? Fundamente.

B) Qual o recurso cabível da decisão dos embargos à execução? Fundamente.

GABARITO:

A) Nos moldes do art. 879, § 2º, da CLT, o juiz deve abrir prazo para as partes se manifestarem sobre a conta de liquidação, sob pena de preclusão. Assim, cotejando-o com o art. 884, § 3º, do mesmo diploma, fica evidente que, se o juiz abrir prazo e a parte nada fizer, ocorrerá a preclusão e a matéria não poderá ser arguida em sede de embargos à execução. Portanto, a parte autora deverá alegar a preclusão para impugnar a conta de liquidação em sede de embargos à execução, nos termos do art. 879, § 2º, da CLT.

B) Nesse caso, cabe agravo de petição, com fulcro no art. 897, *a*, da CLT.

96. (41º Exame) Bernardo trabalhava como vigilante terceirizado, atuando, por meio do seu empregador, em uma agência bancária. Após ser dispensado sem justa causa e não receber sua indenização, Bernardo ajuizou ação apenas contra o ex-empregador e continuou em atividade na mesma agência bancária, mas agora com a nova prestadora de serviços. O pedido foi julgado procedente, mas o ex-empregador desapareceu. Nem mesmo direcionando a execução contra os sócios, Bernardo conseguiu receber o crédito. Então, o(a) advogado(a) de Bernardo requereu que a execução fosse direcionada contra o banco, tomador dos serviços, já que, por lei, o banco possui responsabilidade subsidiária. O juiz determinou a intimação do banco para se manifestar em cinco dias, permitindo o contraditório antes de decidir. Sabendo que você é o(a) advogado(a) do banco, responda às indagações a seguir com base nas normas de regência e no entendimento consolidado do TST.

A) Que tese você advogaria na manifestação contra a pretensão de Bernardo de direcionar a execução contra o banco? Justifique.

B) Caso o juiz, após a sua manifestação, decidisse atender ao requerimento de Bernardo, que providência você adotaria? Justifique.

GABARITO:

A) A tese de que não se pode executar quem não participou da relação processual ou não consta do título executivo judicial, na forma da Súmula 331, IV, do TST ou do art. 513, § 5º, do CPC.

B) Interporia agravo de petição, na forma do art. 897, *a*, da CLT.

2.8.2. Reexame necessário. Execução contra a Fazenda Pública. Precatório. RPV

97. (VIII Exame) Joana e Guilherme, ambos com 30 anos de idade, ajuizaram reclamação trabalhista plúrima contra um Município, dos quais são empregados nos moldes da CLT, postulando diversos direitos lesados. A sentença, proferida de forma líquida, julgou o pedido procedente em parte e condenou o réu ao pagamento de R$ 13.000,00 para Joana e R$ 22.000,00 para Guilherme.

Com base na hipótese apresentada, responda aos itens a seguir.

A) Analise se a sentença proferida estará sujeita ao duplo grau de jurisdição obrigatório.

B) Caso a sentença transite em julgado nos termos originais, de que forma será feito o pagamento da dívida aos exequentes?

GABARITO:

A) A sentença não estará submetida ao duplo grau de jurisdição porque a condenação é inferior a 60 salários mínimos sendo caso de aplicar-se a Súmula 303, I, *a*, do TST.

B) No caso em exame, em razão do valor da condenação, Joana deverá receber o crédito por Requisição de Pequeno Valor (RPV) e Guilherme, por precatório, considerando o disposto no art. 87, II, do ADCT; art. 100, § 3º, da CF/88; OJ TP n. 9 do TST ou arts. 3º e 7º da Instrução Normativa n. 32/2007 do TST.

2.8.3. Embargos de terceiro

98. (XXXIV Exame) Você foi procurado, como advogado(a), por Hernani Gomes, que afirmou, em resumo, ter adquirido um imóvel da sociedade empresária X, em 2000, onde reside com sua família, e que, em setembro de 2021, recebeu a visita de um oficial de justiça informando a penhora do imóvel, avaliado no ato em R$ 200.000,00, para pagamento de uma dívida trabalhista de R$ 12.000,00. Hernani, que nunca foi proprietário ou sócio de empresa, e sequer sabia da existência de qualquer processo, procurou, pela Internet, informação pelo número do processo que estava no mandado e constatou que a penhora foi feita no bojo da execução trabalhista de uma empregada que se ativou na sociedade empresária X de 2019 a 2020. Pelo fato de o imóvel ter sido anteriormente da sociedade empresária X, o juiz deferiu a penhora sobre ele. Sobre a hipótese apresentada, e considerando que Hernani jamais integrou o quadro societário da executada, responda aos itens a seguir.

A) Que medida judicial você, agora contratado(a) por Hernani, adotaria para tentar levantar a penhora sobre o bem imóvel?

B) Caso a medida judicial por você adotada fosse indeferida, que recurso você interporia para tentar reverter a situação?

GABARITO:

A) A medida a ser adotada são os embargos de terceiro, conforme previsto no art. 674 do CPC, utilizado, subsidiariamente, na seara trabalhista, por força do art. 769 da CLT.

B) Interpor recurso de agravo de petição, previsto no art. 897, *a*, da CLT.

2.8.4. Execução provisória. Mandado de segurança

99. (XIII Exame) Extraída carta de sentença nos autos da reclamação trabalhista movida por Jubert Machado contra a Sapataria Monte Belo Ltda., foram homologados os cálculos e citado o devedor para pagamento que, no prazo legal, ofereceu um bem como garantia, comprovando documentalmente a propriedade do referido bem. O juiz conferiu vista à parte contrária, que não aceitou o bem ofertado, desejando a penhora em dinheiro, com base nos arts. 882 da CLT e 655, I, do CPC (art. 835, I, do CPC/2015). Feita a conclusão, o juiz determinou que a penhora recaísse sobre dinheiro, tendo o valor sido bloqueado das contas do executado.

A partir do caso apresentado, responda, fundamentadamente, aos itens a seguir.

A) À luz da jurisprudência consolidada do TST, analise se a decisão do juiz está correta.

B) Se a empresa discorda da decisão judicial de apreensão de dinheiro, indique de qual medida ela poderia valer-se para tentar a reversão e em que prazo.

GABARITO:

A) A decisão do juiz não está correta, haja vista que, tratando-se de execução provisória e tendo a empresa oferecido um bem, ele deveria ser aceito (Súmula 417, III, do TST) ou deveria ter aceitado, pois, tratando-se de execução provisória, ela deve ser feita da maneira menos gravosa para o devedor art. 805 do CPC/2015.

B) A empresa poderá impetrar mandado de segurança, no prazo de 120 dias, nos termos da Súmula 417, III, do TST.

Comentários dos autores: A Súmula 417 do TST foi revista, de modo que tanto na execução provisória quanto na definitiva é cabível a penhora em dinheiro, não havendo violação a direito líquido e certo, de modo que não cabe mais mandado de segurança.

100. (XXV Exame) O juiz, em uma reclamação trabalhista que se encontra na fase de execução, determinou que a sociedade empresária executada apresentasse os cálculos de liquidação, o que foi feito. A seguir, o magistrado abriu vista desses cálculos ao exequente, que não se manifestou. O valor apresentado pela sociedade empresária foi então homologado, e ela foi intimada a depositar a quantia, o que foi feito. No dia seguinte à garantia do juízo, o exequente apresentou impugnação de credor, apontando falhas nas contas trazidas pela sociedade empresária. Como advogado(a) da sociedade empresária, de acordo com a previsão contida na CLT, responda aos itens a seguir.

A) Que matéria processual você alegaria em contestação à impugnação de credor? (Valor: 0,65)

B) Caso o juiz julgasse procedente a impugnação de credor, você interpusesse agravo de petição no prazo legal e ele tivesse o seguimento negado, que medida deveria ser adotada? (Valor: 0,60)

GABARITO:

A) O advogado deveria alegar a ocorrência de preclusão de que trata o art. 879, § 2º, da CLT.

B) Deveria ser interposto o recurso de agravo de instrumento, previsto no art. 897, *b*, da CLT.

2.8.5. Incidente de Desconsideração da Personalidade Jurídica

101. (40º Exame) Jorge da Silva ajuizou reclamação trabalhista e se valeu do Incidente de Desconsideração da Personalidade Jurídica (IDPJ) já na inicial, alegando que a sociedade empresária havia fechado de fato suas portas, fazendo prova do alegado. Citados os reclamados, um dos sócios se insurgiu, afirmando que o IDPJ somente poderia ocorrer na fase de execução. Considerando esses fatos e o que dispõe a CLT, responda aos itens a seguir.

A) Concedida vista a você, advogado(a) de Jorge, sobre a alegação do sócio, como você defenderia processualmente o Incidente de Desconsideração da Personalidade Jurídica (IDPJ) utilizado? Justifique.

B) Caso o juiz rejeite o Incidente de Desconsideração da Personalidade Jurídica (IDPJ), caberá recurso imediato? Justifique.

GABARITO:

A) É possível a instauração do IDPJ na fase de conhecimento. Art. 134 do CPC ou art. 855-A da CLT.

B) Não caberá recurso imediato. Art. 855-A, § 1º, I, da CLT.

2.9. Prescrição

2.9.1. Prescrição. Prevenção

102. (XIX Exame) Arnaldo foi dispensado em 10-3-2012, já computada a projeção do aviso-prévio devido. Em 9-3-2014, ajuizou ação trabalhista em face do ex-empregador, pleiteando horas extras e reflexos. No dia da audiência, em 21-1-2015, Arnaldo não compareceu, sendo a ação arquivada. Três semanas depois, foi proposta uma nova ação, idêntica à primeira. Antes da citação, o advogado de Arnaldo, percebendo que a inicial estava incompleta, requereu prazo para aditar a mesma, tendo sido concedidos 10 dias. Nesse prazo, apresentou aditamento à inicial, incluindo os pedidos de indenização por dano moral e adicional de periculosidade. Com base no caso narrado, de acordo com a CLT e o entendimento consolidado do TST, responda aos itens a seguir.

A) Esclareça se há algum pedido alcançado pela prescrição. Caso positivo, indique qual(is).

B) Caso a segunda demanda tivesse sido distribuída a juízo diferente daquele no qual o primeiro caso foi arquivado, o que você, como advogado(a) da empresa, suscitaria em preliminar?

GABARITO:

A) Os pedidos de adicional de periculosidade e de indenização por dano moral estão prescritos, pois o aditamento equivale a nova ação para cada pedido, tendo sido proposta depois do decurso de dois anos, sem que a interrupção da prescrição tivesse alcançado tais pleitos, nos termos da Súmula 268 do TST.

B) O advogado deverá suscitar a prevenção do juízo que conheceu da primeira demanda.

2.9.2. Prescrição. Suspensão. Independência de jurisdições

103. (III Exame) José, administrador, foi contratado pela empresa Mão de Obra em 5-3-2001. Em 12-12-2003, foi dispensado por justa causa, sob a alegação de ter praticado ato de improbidade. Naquela ocasião, Marcos foi acusado pelo seu empregador de ter furtado um notebook da empresa, pois o levou para casa no dia 10-3-2003 e, apesar de sucessivos pedidos de devolução, até aquele momento não o havia feito. Ocorre que, além de dispensar o empregado por justa causa, no mesmo dia o empregador foi à delegacia e efetuou um boletim de ocorrência. Três meses depois, em 12-3-2004, foi aberto inquérito policial, cujo resultado foi encaminhado ao Ministério Público estadual. Em 15-5-2004, o promotor de justiça apresentou denúncia em face de Marcos, requerendo a sua condenação. O processo criminal se desenvolveu ao longo de quase cinco anos, tendo sido proferida a sentença judicial definitiva em 12-4-2009, absolvendo Marcos José da acusação por falta de provas. Em vista dessa decisão, Marcos resolveu ajuizar ação trabalhista em face do seu antigo empregador, o que foi feito em 14-2-2010. Na petição inicial, Marcos requereu a reversão da sua dispensa para sem justa causa, bem como o pagamento de aviso-prévio, férias proporcionais e indenização de 40% sobre o FGTS.

Com base na situação concreta, responda aos itens a seguir, empregando os argumentos jurídicos apropriados e a fundamentação legal pertinente ao caso.

A) As pretensões formuladas por Marcos estão prescritas?

B) O resultado do processo criminal vinculará juridicamente o resultado do processo do trabalho?

GABARITO:

A) 1. Mencionar os prazos prescricionais trabalhistas, previstos no art. 7º, XXIX, da CF/88 ou art. 11, I, da CLT, e observar que entre a data da dispensa e a do ajuizamento da ação passaram-se mais de seis anos; e, em seguida, acrescentar que o ajuizamento da demanda criminal não era causa de interrupção ou suspensão do decurso do prazo prescricional ou 2. No caso da opção contrária, afirmar que a controvérsia envolvendo a dispensa por justa causa foi submetida ao juízo criminal. E que, nesse sentido, haveria a suspensão do prazo prescricional trabalhista; e, em seguida, acrescentar que o ajuizamento da demanda criminal era causa de suspensão do decurso do prazo prescricional, por força do art. 200 do CC, segundo o qual quando a ação se originar de fato que deva ser apurado no juízo criminal, não correrá a prescrição antes da respectiva sentença definitiva.

B) 1. Genericamente, afirmar que não há vinculação jurídica entre o processo do trabalho e o processo criminal, uma vez que se trata de jurisdições independentes. Ademais, como o intuito era o de avaliar a ideia e não a literalidade da resposta, aceitou-se a colocação de noções semelhantes, tais como "competências distintas", "liberdade de convicção do juiz" ou "instituições independentes" ou 2. Especificamente, em virtude das informações obtidas no caso concreto, afirmar que não há vinculação jurídica entre o processo do trabalho e o processo criminal, uma vez que, diante de uma sentença absolutória por falta de provas, o juiz do trabalho não está vinculado juridicamente a esse resultado, podendo analisar livremente a prova dos autos e, se convencido for, confirmar ou invalidar a justa causa referida.

2.10. Ações especiais

2.10.1. Ação de cumprimento

104. (40º Exame) Em sede de dissídio coletivo, o Tribunal Regional do Trabalho do Espírito Santo prolatou sentença normativa estabelecendo reajuste para a categoria dos metalúrgicos. O sindicato profissional, insatisfeito, interpôs o recurso cabível, cuja decisão do Tribunal Superior do Trabalho transitou em julgado há um mês, a qual acolheu os argumentos da parte recorrente. Diante disso, você, na qualidade de advogado(a) do sindicato profissional, deve responder às seguintes indagações à luz da jurisprudência consolidada do TST e da legislação trabalhista em vigor.

A) Não havendo cumprimento espontâneo da decisão normativa transitada em julgado, que medida jurídica processual você deverá adotar na defesa do interesse dos seus clientes? Justifique.

B) Caso a parte contrária suscite a prescrição do direito de ação em virtude do transcurso de mais de dois anos após a decisão do TRT/ES, qual tese jurídica específica para a hipótese você deverá desenvolver para rechaçar a alegação de prescrição? Justifique.

GABARITO:

A) Ação de cumprimento. Art. 872 ou 872, parágrafo único, da CLT ou art. 7º, § 6º, da Lei n. 7.701/88.

B) Que a prescrição só se inicia com o trânsito em julgado da sentença normativa. Súmula 350 do TST.

2.10.2. Mandado de segurança. Decisão interlocutória. Recurso ordinário

105. (XXX Exame) Letícia trabalhava como operadora de empilhadeira e ganhava R$ 1.500,00 (um mil e quinhentos reais) mensais, valor previsto na convenção coletiva de sua categoria. Ocorre que na unidade da Federação na qual Letícia trabalhava foi fixado piso regional estadual de R$ 1.700,00 (um mil e setecentos reais) para a função de operador de empilhadeira. Em razão disso, após ter trabalhado o ano de 2018 e ser dispensada sem justa causa, Letícia ajuizou reclamação trabalhista postulando a diferença salarial entre aquilo que ela recebia mensalmente e o piso regional estadual. Considerando a situação posta, os termos da CLT e o entendimento consolidado do TST, responda às indagações a seguir.

A   Em relação ao pedido de diferença salarial, como advogado(a) do ex-empregador, que tese jurídica você apresentaria? Justifique.

B) Caso o pedido de diferença salarial fosse julgado procedente e o juiz tivesse concedido na sentença, a requerimento da autora, tutela de evidência para pagamento imediato do direito, que medida jurídica você adotaria para tentar neutralizar essa tutela provisória? Justifique.

GABARITO:

A) A tese a ser apresentada é a de que o negociado prevalece sobre o legislado, conforme o art. 611-A, IX, da CLT.

B) A medida adequada é a interposição de recurso ordinário e, paralelamente, a obtenção de efeito suspensivo a ele, mediante requerimento dirigido ao tribunal, ao relator, ao presidente ou ao vice-presidente do tribunal recorrido, na forma da Súmula 414, I, do TST.

106. (XXXIV Exame) Jorge Souza atua como auxiliar de produção em uma indústria alimentícia, recebendo dois salários mínimos mensais. Ainda com o contrato em vigor, Jorge ajuizou, no ano de 2020, reclamação trabalhista contra o empregador, requerendo o pagamento de insalubridade em grau mínimo, pois afirmou existir, no seu local de trabalho, um agente agressor à sua saúde. Designada audiência, as partes compareceram, e o juiz verificou que não era possível a conciliação. Então, o magistrado determinou de ofício a realização de prova pericial e que a sociedade empresária antecipasse os honorários do perito, afirmando que não reconsideraria tal comando. Considerando a situação retratada, os ditames da CLT e o entendimento consolidado do TST, responda às indagações a seguir.

A) Como advogado da sociedade empresária, que medida imediata você adotaria para evitar a antecipação dos honorários periciais? Justifique.

B) Se a perícia confirmasse a insalubridade e, na sentença, o juiz condenasse a reclamada ao pagamento do adicional desejado, na razão de 10% sobre o salário contratual do reclamante, que tese jurídica você adotaria no recurso, em defesa da empresa, para diminuir a condenação? Justifique.

GABARITO:

A) A sociedade empresária deve impetrar mandado de segurança, porque a CLT prevê, expressamente, que não haverá antecipação de honorários periciais, conforme o art. 790-B, § 3º, da CLT, a OJ n. 98 da SDI-2 do TST ou o art. 5º, LXIX, da CF/88 ou o art. 1º da Lei n. 12.016/2009.

B) A tese a ser defendida é a de que o adicional de insalubridade deve ter como base de cálculo o salário mínimo, e não o salário-base do empregado, na forma do art. 192 da CLT ou Súmula Vinculante 4 do STF.

2.10.3. Inquérito judicial para apuração de falta grave

107. (XXX Exame) Percival é dirigente sindical e, durante o seu mandato, a sociedade empresária alegou que ele praticou falta grave e, em razão disso, suspendeu-o e, 60 dias após, instaurou inquérito judicial contra ele. Na petição inicial, a sociedade empresária alegou que Percival participou de uma greve nas instalações da empresa e, em que pese não ter havido qualquer excesso ou anormalidade, a paralisação em si trouxe prejuízos financeiros para o empregador. Considerando a situação apresentada, os ditames da CLT e o entendimento consolidado dos Tribunais, responda aos itens a seguir.

A) Caso você fosse contratado por Percival para defendê-lo, que instituto jurídico preliminar você apresentaria?

B) Que tese de mérito você apresentaria, em favor de Percival, na defesa do inquérito?

GABARITO:

A) A tese a ser apresentada é a de que ocorreu decadência, porque, entre a suspensão e a instauração do inquérito, o prazo máximo é de 30 dias, conforme prevê a Súmula 403 do STF, que não foi respeitado.

B) Na defesa dos interesses do trabalhador deverá ser sustentado que a adesão simples e pacífica à greve não caracteriza falta grave, na forma da Súmula 316 do STF.

2.10.4. Ação rescisória

108. (41º Exame) Você advoga em uma reclamação trabalhista movida contra uma sociedade empresária, tendo comparecido à audiência de instrução na qual foram colhidos os depoimentos pessoais e de quatro testemunhas. As razões finais foram remissivas, fazendo-se a conclusão dos autos para sentença, sem data estipulada (*sine die*). No dia seguinte à audiência, você recebeu um e-mail anônimo com diversas fotos do Juiz que presidiu a audiência abraçado com o titular da sociedade empresária. Pesquisando nas redes sociais, você confirmou a veracidade das fotos e, mais que isso, constatou que o magistrado era muito amigo do dono da sociedade empresária, tanto assim que frequentavam as residências e as famílias saíam socialmente, chegando a realizar diversas viagens juntas, inclusive para o exterior. Considerando a situação narrada e os termos da legislação em vigor, responda às indagações a seguir.

A) Ciente desses fatos e com as provas em mão, na qualidade de advogado(a), que medida processual deve ser adotada em favor do seu cliente, nos autos do processo em curso, que está aguardando a prolação da sentença? Justifique.

B) Se o e-mail anônimo tivesse chegado ao seu conhecimento 20 (vinte) meses após o trânsito em julgado, quando o processo já estivesse arquivado com um resultado de improcedência total, na qualidade de advogado(a), que medida processual deveria ser adotada em favor do seu cliente? Justifique.

GABARITO:
A) Apresentar exceção de suspeição/impedimento, conforme o art. 802 da CLT.
B) Anulada.

2.11. Banco Nacional de Devedores Trabalhistas. CNDT
2.11.1. BNDT. CNDT

109. (VIII Exame) O juízo trabalhista da 90ª Vara do Trabalho de Fortaleza comunicou à empresa X quanto a inserção do seu nome no Banco Nacional de Devedores Trabalhistas. A respeito disso, responda às indagações abaixo:

A) Em que situações o nome do devedor é inscrito no BNDT (Banco Nacional de Devedores Trabalhistas)?

B) Qual(is) é(são) a(s) consequência(s) da inserção do nome de uma empresa no BNDT (Banco Nacional de Devedores Trabalhistas), com emissão de certidão positiva?

GABARITO:
A) Quando o devedor não cumprir obrigações estabelecidas em sentença condenatória transitada em julgado proferida pela Justiça do Trabalho, em acordos judiciais trabalhistas e acordos firmados perante o Ministério Público do Trabalho ou Comissão de Conciliação Prévia, na forma do art. 642-A da CLT.

B) Ficará impossibilitada de participar de licitações, conforme a Lei n. 8.666/93, alterada pela Lei n. 12.440/2011.

Súmulas selecionadas

  Acesse o *QR Code* e veja as súmulas que foram selecionadas pelos autores para auxiliar seus estudos.

> *https://uqr.to/1yhep*

Referências

BARROS, Alice Monteiro de. *Curso de direito do trabalho*. 7. ed. São Paulo: LTr, 2011.

BEZERRA LEITE, Carlos Henrique. *Curso de direito processual do trabalho*. 18. ed. São Paulo: Saraiva, 2020.

BEZERRA LEITE, Carlos Henrique. *Curso de direito do trabalho*. 6. ed. São Paulo: Saraiva, 2015.

CASSAR, Vólia Bomfim. *Direito do trabalho*. 14. ed. São Paulo: Método, 2017.

DELGADO, Mauricio Godinho. *Curso de direito do trabalho*. 15. ed. São Paulo: LTr, 2018.

KLIPPEL, Bruno. *Direito sumular TST esquematizado*. 6. ed. São Paulo: Saraiva, 2016.

MIESSA, Élisson. *Processo do trabalho*. 3. ed. Salvador: Juspodivm, 2016.

PEREIRA, Leone. *Manual de processo do trabalho*. São Paulo: Saraiva, 2011.

SARAIVA, Renato; MANFREDINI, Aryanna. *Curso de direito processual do trabalho*. 13. ed. Salvador: Juspodivm, 2016.